디지털 시대의 소비자와 시장

이은희 · 제미경 · 김성숙
홍은실 · 유현정 · 윤명애 지음

Σ 시그마프레스

디지털 시대의 소비자와 시장

발행일 2020년 8월 20일 1쇄 발행

지은이 이은희, 제미경, 김성숙, 홍은실, 유현정, 윤명애
발행인 강학경
발행처 ㈜ 시그마프레스
디자인 우주연
편 집 이호선

등록번호 제10-2642호
주소 서울특별시 영등포구 양평로 22길 21 선유도코오롱디지털타워 A401~402호
전자우편 sigma@spress.co.kr
홈페이지 http://www.sigmapress.co.kr
전화 (02)323-4845, (02)2062-5184~8
팩스 (02)323-4197

ISBN 979-11-6226-273-3

* 책값은 책 뒤표지에 있습니다.

이 도서의 국립중앙도서관 출판예정도서목록(CIP)은 서지정보유통지원시스템 홈페이지
(http://seoji.nl.go.kr)와 국가자료종합목록 구축시스템(http://kolis-net.nl.go.kr)에서 이
용하실 수 있습니다. (CIP제어번호 : CIP2020031465)

머리말

소비자학을 전공하는 학생들의 입문서 또는 소비자학 관련 교양과목의 교재의 필요성을 절감하고 소비자와 시장환경이라는 책을 발간한 지 20년이 넘었다. 이 책은 가히 소비자학의 발전과 역사를 함께 했다고 해도 과언이 아니다. 물론 그 사이에 네 번의 개정을 했으나, 시장환경이 빠르게 대폭적으로 변화되고 소비자들의 소비생활도 크게 변화되어 개정만으로는 한계가 있음을 절감하였다.

특히 온라인 쇼핑의 확산이 급격하게 이루어졌는데 최근에는 모바일 쇼핑이 빠르게 성장하고 있다. 또한 인터넷상의 각종 플랫폼이 다양한 상품과 서비스를 교류시키는 매개체로 등장하여 날로 진화하고 있다. 그리고 인터넷의 발달은 기업과 소비자 간의 B2C 거래뿐만 아니라 C2B 거래, 소비자와 소비자 간의 C2C 거래, 소비자와 정부 간의 G2C 등을 활성화시키고 있으며 새로운 유형의 거래가 계속 출현하고 있다. 또한 증강현실, 로봇, 인공지능, 사물 인터넷 등 과학기술의 발전이 소비생활을 혁신적으로 변화시키고 있다. 공유경제 서비스는 소유보다는 사용을 강조하는 새로운 소비패턴을 확산시켜 가고 있는 중이다.

소비환경뿐 아니라 소비자도 진화 중이다. 인터넷을 통해 필요한 정보를 획득, 공유, 확산시킴으로써 더욱 똑똑한 소비자로 거듭나고 있을 뿐 아니라 사회적으로도 바람직한 소비가치와 실천을 확산시켜 나가고 있다. 녹색소비, 공정소비, 로컬소비, 기부와 나눔 등이 많은 소비자들의 관심을 받고 있으며, 환경 친화적이고 공정한 기업의 제품 선호도가 높아지고 있다. 이와 함께 소비자의 권리 및 책임의식도 보다 성숙해지면서 소비자 주권 시대를 향해 성큼성큼 나아가고 있다.

이렇게 변화된 시장환경과 소비자 행동을 담아내기 위해 새롭게 챕터를 구성하고 집필진도 소폭 교체하여 신간을 탄생시켰다. 특히 학교를 퇴임하신 분들을 대신하여 참여하신 젊은 필자들로 인해, 시장환경과 소비자 행동의 변화무쌍함이 더욱 잘 반영되었을 것으로 생각한다.

이 책은 총 4부 12장으로 구성하였다.

- 제1부 소비자와 소비자 선택의 이해에서는 소비자중심사회에 있어 소비자에 대한 이해를 먼저 하고 소비자 선택이론과 결정 요인에 대해 알아보았다.
- 제2부 시장환경의 이해에서는 먼저 기본적인 시장구조들에 대해 살펴보고 시장에서의 기업활동들을 상품전략, 가격전략, 촉진전략 등으로 나누어 살펴보았다. 또한 디지털 마케팅과 유통경로 및 유통환경의 변화에 대해 살펴보았다. 그리고 네트워크 경제의 특성과 작동원칙에 대해 살펴보고 전자상거래의 특징과 유형, 결제시스템, 배송, 보안 등에 대해 소개하였다.
- 제3부 디지털 시장환경과 소비트렌드에서는 ICT 시장와 소비의 변화에 대해 고찰하였다. 그리고 소비문화와 소비트렌드, 지속가능소비와 윤리적 소비에 대해 살펴보았다.
- 제4부 소비자 주권 실현에서는 소비자 주권과 소비자 문제, 소비자 문제 해결, 소비자 역량 강화 등에 대해 살펴보았다.

이 책은 6명 공저로, 제1장과 7장은 유현정 교수, 제2, 3장은 제미경 교수, 제4, 12장은 홍은실 교수, 제5, 6장은 이은희 교수, 제8, 9장은 윤명애 교수, 제10, 11장은 김성숙 교수가 집필하였다. 이 책은 소비자학 입문서 또는 교양 교재로서 디지털 시대에 변화된 시장환경과 소비자 행동을 이해하기 위한 다양한 자료와 핵심 내용을 담았다. 이 책을 통해 소비생활과 관련된 시장환경의 기본 원리와 변화무쌍함을 파악하고 이런 환경에서 소비자들이 어떻게 행동하고 소비문화를 형성하며 소비자 문제를 해결할 수 있는지 이해할 수 있다. 특히 저자들은 이 책을 통해 디지털 시대의 시장환경과 소비자를 파악할 수 있는 기본 역량을 키워주고자 노력하였다. 그러나 저자들의 의욕만큼 실제 내용이 뒷받침되었는가 걱정이 앞선다. 이 책이 보다 나은 책이 될 수 있도록 소비자학 분야의 선후배, 동료, 그리고 독자들의 건설적 비평과 좋은 의견을 주기를 기대한다.

끝으로 이 책이 나오기까지 애써주신 ㈜시그마프레스 강학경 사장님 및 직원 여러분께 진심으로 감사드린다. 특히 직원이신 이호선 님이 없었다면 이 책이 나오지 못했을 정도로 아낌없는 뒷받침을 해주셨다. 깊은 감사의 마음을 전한다.

2020년 8월
저자 일동

차례

제1부 **소비자와 소비자 선택의 이해**

제2부　시장환경의 이해

제3부 디지털 시장환경과 소비트렌드

제4부 소비자 주권 실현

PART 1

소비자와 소비자
선택의 이해

소비자중심사회와 소비자

현 대사회는 소비사회라고 한다. 21세기는 경제성장의 중심이 '투자'에서 '소비'로 전환되는 시대로서 소비자는 보호의 대상을 넘어 정책의 주체로서 보다 바람직한 소비환경과 소비문화를 만들어나가는 핵심 주체가 되었다. 소비의 주된 패러다임으로는 '얼마나 소비하느냐'보다 '어떻게 소비하느냐'가 더 중요한 주제로 부상하고 있다. 이러한 소비자중심사회로의 전환은 소비자에게 많은 편의와 기회, 그리고 도전을 가져다 주기도 한다. 국경을 초월한 온오프라인의 무한한 확장과 기술혁신, 경제적 효율성을 넘어 다양한 가치의 출현과 라이프스타일의 등장은 우리의 삶을 바꾸고 있다. 소비자중심사회에서 소비자가 건전하고 합리적인 선택을 통해 소비자 주권을 실현하고 바람직한 소비사회를 만들어 나가기 위해서는 소비자의 개념과 중요성을 인식하고 나아가 소비자에게서 나타나고 있는 변화와 특성에 대해 보다 많은 관심을 기울일 필요가 있다.

또한 21세기 우리의 소비생활 환경에 직접적인 영향을 미치는 환경 변화로는 '세계화'와 '정보화'를 들 수 있다. 세계화와 정보화는 우리의 사회구조와 경제구조에 막대한 변화를 가져오고 있을 뿐 아니라, 소비자를 둘러싼 소비생활 환경과 소비자의 생활양식까지도 근본적으로 변화시키고 있다. '세계화'와 시장개방의 물결은 소비시장의 국경을 없애고 생산체계의 국제적 경쟁을 초래하고 있으며, '정보화'는 첨단 정보통신 기술을 적극 활용하는 유통업체들의 등장과 전자상거래의 확산을 가져오고 시장의 주도권이 소비자에게로 이동하는 계기를 마련해주었다. 이와 같은 소비생활 환경의 변화에 따라 소비자들의 의식과 가치관, 행동에 있어서도 커다란 변화가 초래되고 있다.

이 장에서는 소비자의 개념과 역할에 대해 살펴본 후, 소비자 특성의 변화를 인구통계적 특성의 변화와 소비가치의 변화로 나누어 살펴보기로 한다. 그리고 소비자에 대한 시각의 변화와 다양성을 살펴보고, 신소비자 유형을 소개하고자 한다.

1. 소비자의 개념과 변화

1.1 소비자의 개념과 역할

1) 소비자의 개념

모든 인간은 생명을 유지하고 일상생활을 영위하기 위해서 소비자로서 소비활동을 한다. 인간의 일상생활은 소비생활의 연속이며, 인간의 소비과정은 생명이 형성되는 순간부터 사망 후까지 계속되고, 시간상으로도 하루 24시간 계속되므로 전 생애를 통해 소비자로서의 활동을 수행하는 것이다. 또한 모든 사람이 소비자인 것이 세계인의 공통분모인 것처럼 여성뿐만 아니라 남성, 노인, 아동 모두가 소비자이며 성별과 연령, 문화를 막론하고 모든 사람이 소비자이다.

소비자를 단순하게 정의하면 '재화와 용역을 소비하는 자'라고도 할 수 있겠으나, 보다 구체적으로는 사업자가 공급하는 상품과 서비스를 생활을 위해 구입·사용하는 자로서 사업자에 대립되는 개념이며, 거래 과정의 말단에서 최종소비자로서 각자의 생활을 영위하기 위해 구매하는 생활자이다.

2) 소비자의 역할

오늘날 소비자의 역할은 개인의 사적 이익을 추구하는 개인적 차원으로부터 점차 사회적·세계적 차원으로 그 범위를 확대해가며 새롭고 활동적이며 다차원적인 역할을 수행해 나가고 있다. 과거에는 소비를 최종소비로만 정의했기 때문에 소비자의 역할을 구매 행동에만 국한시켰으나 최근에는 개인 및 가계의 소비에만 관련된 제한적 역할이 아닌, 자원의 획득, 배분, 구매, 사용 처분과정에서 사회와 상호작용하는 획득자·배분자·구매자·사용자·처분자로서의 종합적이고 광범위한 개념으로 보고 있다(이기춘, 1988). 이에 대해 구체적으로 살펴보면 다음과 같다.

- **획득자** : "어느 정도의 소득을 어떤 원천으로부터 어떻게 획득할 것인가"의 문제로 소득의 획득은 선택의 문제와 관련이 있고, 소비자의 기본 권리나 책임이 작용하게 된다.
- **배분자** : "소유한 자원을 어떤 목표를 가지고 어떻게 배분할 것인가"의 문제로 소득 중에서 어느 정도를 저축하고 지출할 것인가, 지출비목별 배분을 어떻게 할 것인가, 개인의 욕구충족을 위해 어떤 우선순위를 유지해야 하는가 등에 대한 내용이 포함된다.
- **구매자** : "어떤 재화와 서비스를 효율적으로 구매할 것인가"의 문제로 구매자로서 소비자는 어떻게 필요한 정보를 수집해서 구매의사결정을 내릴지 고민한다. 과학기술의 발달과 정보통신의 혁명으로 전자상거래를 통한 새로운 구매방식이 출현하고 있기 때문에 이에 적응할 수 있는 새로운 역할이 중요해진다.
- **사용자** : "구입한 재화와 서비스를 어떻게 효율적으로 사용할 것인가"의 문제로 자원의 유효성, 접근가능성, 대체가능성을 인식하고 효율적인 사용을 해야 하며, 현대 소비사회에서 상품의 유용성뿐만 아니라 상품이나 서비스와 가치의 의미를 잘 활용할 수 있어야 한다.
- **처분자** : 상품이나 자원의 효용가치를 최대화시켜 사용함으로써 환경오염이나 지구생태계의 파괴를 최소화하는 문제가 중요한 이슈가 된다. 환경을 의식하는 소비자 행동을 함으로써 처분자 역할을 잘 수행하게 되며, 현대사회에서 지속가능한 소비를 지향하는 데 기여하게 된다.

1.2 소비자 특성의 변화

1) 인구통계적 특성의 변화

(1) 결혼과 가족의 변화

부부와 미혼 자녀로 구성된 핵가족화로의 진전은 오래전의 이야기다. 이제는 부부 또는 독신으로 이루어진 핵가족화가 진전되고 있다. 예를 들어, 아이 없이 부부끼리만으로 살아가는 딩크족(double income no kids, DINK)의 비율이 점차 증가하고 있다. 이 외에도 여성의 사회 진출로 인한 만혼 추세와 결혼 기피 풍조, 인구의 고령화나 이혼율 급증에 기인한 독신자가 가파르게 증가 중이다.

핵가족과 독신자의 증가로 소량구매가 일반적인 현상이 되었으며, 인스턴트식품이나 패스트푸드의 수요 증가, 편의점이나 통신판매의 이용 증가, 홈오토메이션 관련 가구 및 가정용품의 이용 증가, 즉각적인 욕구충족, 자기중심의 생활방식, 개성 강조 등의 특징을 보여주고 있다.

또한 가족의 구성원이면서도 전체적인 가족과의 조화보다는 개인생활을 중요시하는 탈가족화 또는 개인화 현상이 증가하고 있는데, 예를 들어 가전제품도 가전(家電)보다는 개전(個電)의 개념을 가진 스마트폰, 태블릿 PC 등과 같은 제품들의 매출이 증가하고 있다.

나아가 밀레니얼 세대인 자녀를 둔 밀레니얼 가족들이 증가하면서 이전의 가족형태와는 완전히 다른 라이프스타일을 보여주고 있다. 밀레니얼 가족의 어머니들에게는 로봇청소기가 있고, 빨래건조기와 식기세척기가 있다. 가정간편식의 주 구매층도 1인 가구에서 다인가구로 빠르게 확산 중이며, '가족'만을 위해 헌신하는 것이 아니라 '나'부터 소중히 하는 가족의 모습으로 바뀌어가고 있다.

(2) 고령화와 새로운 노년

UN은 65세 이상을 고령인구로 정의하고 있는데 전체 인구의 7% 이상이 고령인구이면 고령화사회(aging society), 14% 이상이면 고령사회(aged society)로 분류된다. 우리나라는 이미 2000년 고령인구 비율 7%로 고령화사회에 진입했으며, 지난 2017년 고령인구 비율 14.2%를 기록하며 고령사회에 접어들었고, 2020년 3월 기준 고령인구 비율은 15.8%를 기록할 예정이다(통계청, 2020).

특히 경제성장의 주역으로 치열한 경쟁 속에서 풍요로움을 성취해 어느 세대보다 높은 자산과 소득을 획득하고 능동적인 소비주체 성향을 보이는 현재의 50~60대를 액티브시니어라고 부르며, 넉넉한 소득과 자산을 바탕으로 자신에 대한 투자를 아끼지 않는 등 적극적으로 소비하고 문화활동을 영위한다. 이러한 액티브시니어는 고령친화산업을 이끄는 주요소비자라고 할 수 있다. 이들은 과거의 노년세대에 비해 자녀에게 재산을 물려주기보다는 그 돈으로 여생을 즐겁게 보낸다는 가치관을 가지고 있다. 따라서 이들의 소비행태는 가사에 대한 지출이나 자녀에 대한 지원으로부터 취미, 여가, 레저 등 생활의 풍요로움을 창조하는 쪽으로 바뀌어 노년에도 왕성한 소비활동을 보여줄 것이다. 이미 미국에서는 부유한 노인인 우피족(well-off older people, Woopies)이 기업들의 중요한 마케팅 타깃이 되었으며(이성근, 배수현, 1996). 건강하고 교육 수준 높은 60대 소비 집단의 부상은 새로운 비즈니스의 혁명이 되고 있다(Furlong, 2007).

(3) 여성의 사회활동 및 맞벌이 증가

여성의 교육수준이 향상되면서 여성들의 사회진출도 지속적으로 확대되고 있다. 우리나라 취업 여성의 특징은 75.5%가 기혼여성이라는 점으로, 여성의 취업은 가사노동 관련 서비스나 가정용 기기의 발달, 출산의 감소와 아동 보육시설의 확충, 시간제 근무와 재택근무 등의 도입 등으로 더욱 촉진되고 있다. 여성의 취업 증가로 인해 가사노동 절약형 가전제품, 가사 대행 서비스, 육아 대행 서비스, 즉석요리 및 인스턴트식품에 대한 수요가 확대되는 동시에 가계구매 의사결정에서 여성의 주도권이 강화되었다. 또한 이들의 쇼핑시간 부족을 해결해줄 수 있는 통신판매, 인터넷 쇼핑 등의 무점포 구매에 대한 선호도가 증가되고 있다.

(4) 교육수준의 상승

교육수준의 상승은 소비자들의 합리적 구매성향을 유도하여 가격 대비 가치를 중요시하는 가치지향적 구매를 확산시키고 있다. 즉, 교육수준이 높아짐에 따라 소비자들은 단순히 가격이 저렴한 상품을 선택하는 것이 아니라, 상품 품질과 서비스 등 관련 가치를 종합적으로 고려하여 가장 가치 있는 상품을 선택하는 경향이 있다. 과소비와 과시형 소비가 축소되고 실용적인 구매가 늘어남에 따라, 브랜드 위주의 값비싼 백화점보다 품질이 좋고 가격이 싼 대형할인점과 저마진의 무점포 판매가 증가되고 있다.

또한 교육수준의 변화는 소비자의 사회적 책임의식을 증대시켜 소비자 보호와 환경보호 등 삶의 질 향상이 중시되고 있다. 특히 환경보호에 대한 소비자 의식이 높아져 기업에서는 그린마케팅(green marketing)의 중요성이 커지고 있다.

(5) 도시의 광역화

도시로의 인구 집중은 소비의 급격한 집중을 초래하였으며, 이에 따라 유통기관의 대형화, 종합화, 전문화를 촉진하였다. 또한 도시화는 상권의 변화를 가져왔다. 도시화 초기에는 인구가 도심부 근처에 집중되었고 유통시설도 도심에 주로 분포하였다. 그러나 도시화가 진행됨에 따라 인구가 외곽지역으로 분산되고, 상권도 외곽의 교통중심지를 중심으로 부도심, 교외 주거지역, 위성도시 등으로 분산되고 있다. 이에 따라 백화점과 같은 도심지역의 대형 소매점들도 생활밀착형 점포를 추구하며 신도시와 지방도시 등 서울 도심 이외 지역의 출점을 강화하고 있어 유통업체의 지방으로의 이전이 증가하고 있다.

(6) 소득과 소비의 양극화

최근 오랜 저성장의 영향으로 고용여건이 악화됨에 따라 소득이 불안정하고 소비가 위축되고 있다. 소득격차가 벌어지는 가운데 소비에서도 양극화가 여전하다. 2018년 가계동향조사(지출부문) 결과에 따르면 지난해 전국 가구의 가구당 명목소비지출은 1년 전보다 0.8% 줄고, 물가상승을 고려한 실질소비지출은 전년보다 2.2% 감소한 것으로 나타났다. 가계별 소득에 따른 지출 규모는 여전히 큰 차이를 보이고 있는 것으로 나타났다.

소득불평등의 심화와 계층양극화는 중산층의 축소를 초래하였는데, 이것의 배경으로는 첫째 신자유주의 체제하에서의 세계화와 무한경쟁의 강조로 형평성보다는 효율성을 중시한 구조조정의 가속화와 사회복지 비용의 축소로 인한 소득격차 확대, 둘째 정보화와 기술혁신의 진전에 따라 고도의 기술과 지식을 가진 지식 근로자와 단순 근로자 간의 소득불균형 현상을 들 수 있다.

이러한 소득격차의 확대는 소비자 욕구와 소비자 구매패턴의 양극화 현상을 초래하고 있다. 소비자 욕구의 양극화 현상이란 소비자들의 욕구가 점차로 극단적인 이원화의 모습을 보이고 있다는 것이다. 예를 들면, 서비스에 있어서 서비스 수준이 낮더라도 저렴한 가격을 추구하는 소비자들이 있는 반면, 높은 가격을 감수하면서 높은 수준의 서비스를 추구하는 소비자들이 있다. 소비자들의 구매패턴이 양극화됨에 따라 중간가격대 상품의 판매가 감소하고, 최고 고급상품과 저가상품의 판매가 상대적으로 호조를 보이고 있다.

(7) 소비세대의 전환

삼정 KPMG 경제연구원(2019)의 보고서에 따르면, 기존 소비시장에서는 베이비부머 세대와 X세대가 주요 소비층으로 대표되어 왔으나 이제는 후속세대인 밀레니얼 세대와 Z세대가 소비시장의 주역으로 부상하고 있으며, 이들은 소비시장에서 막강한 영향력을 지닌 세대가 될 것으로 전망하고 있다.

밀레니얼 세대는 1980년대 초반부터 1990년대 중반까지의 출생자가 속한 세대로 베이비부머세대의 자녀들이기도 하다. Z세대는 1970년부터 1980년 사이에 출생한 X세대의 자녀 세대로 1990년 중후반 이후에 태어난 세대를 말한다. 밀레니얼과 Z세대는 기성세대가 가진 가치관, 사고방식, 생활방식 등 다양한 측면에서 차이가 나타나며, 이는 곧 소비 패턴의 변화로도 직결된다고 볼 수 있다. 이들은 '나'를 중시하면서 나만의 개성과 스타일을 만들어가는 성향을 보이며, 컴퓨터와 인터넷, 스마트폰을 순차적으로 접한 세대로 디지털 세상에서 태어나고 자란 '디지털 네이티브'로서 SNS 등 다양한 채널을 통해 소통하며 자신의 가치관 및 자아 신념을 표현하는 것을 자연스럽게 여기는 등 디지털 환경에 익숙하다. 이들에게서 나타나는 다양한 성향에 따라 신소비 형태를 만들어가고 있다고 볼 수 있다.

2) 소비가치의 변화
(1) 소유에서 공유로

산업화 이후 대량생산은 소비자에게 '소유'의 개념을 형성하였고, 과잉소비와 환경문제 등과 같은 사회문제를 초래하였다. 물질적 소비를 통해 사회적 신분이나 권위를 나타내려는 물질주의적 가치관이 형성되면서 기업은 이러한 소비자의 요구에 따라 더 다양한 제품을 생산하였고, 이러한 현상은 소비로 하여금 불필요한 소유를 하게끔 만들었다. 소비자들의 무분별한 소비로 인한 물건들은 시간이 지남에 따라 필요가 없게 되어 불필요한 공간을 차지하고 있거나 그것이 충분히 가치를 지니고 있음에도 불구하고 유행을 맞추어 가려는 소비자의 소비심리에 따라 소유한 것을 빈번히 다른 것으로 바꾸려는 것을 볼 수 있다. 이러한 과잉소비는 결국 자원의 고갈과 황폐화될 수 있다는 우려의 목소리가 커지게 되었다. 이러한 현상을 해결해줄 수 있는 새로운 소비방식의 필요성이 요구되면서 자원의 사용을 최소화하자는 '지속가능한 소비'의 중요성이 부각되기 시작되었다. 또한 스마트폰이 급속하게 보급되면서 온라인과 모바일 중심의 플랫폼 비즈니스가 활성화될 수 있는 주요조건이 되면서 디지털 커뮤니티를 통한 소규모 교환, 거래, 대여, 나눔 등의 공유형 소비를 가능하게 하였고, '공유경제'라는 새로운 경제방식이 등장하게 되었다.

공유경제는 각종 지식과 재화를 소유하는 대상이 아닌 서로 함께 사용하는 것으로 인식하고 그것을 이용하여 생활하는 경제체제를 말한다. 이 개념은 2008년 하버드대학교의 로렌스 레식(Lawrence Lessig) 교수에 의해 확립되었고, 공유경제가 주목받기 시작하였다.

최근 소비자들은 소유에서 오는 만족감보다 저렴한 가격으로 같은 품질의 서비스나 제품을 사용하는 효율적인 소비에 초점을 맞추고 있어 공유경제 서비스에 많은 관심을 가지고 있으며, 이에 따라 다양한 서비스들이 나타나고 있다. 대표적인 예로 '우버'와 '에어비앤비'를 들 수 있다. 우버는 모바일 앱을 이용한 승차 공유서비스를 제공하는 기업으로 차를 소유하지 않은 상태에서 자동차를 필요로 하는 사람들과 연결해주는 서비스를 제공한다. 에어비앤비는 숙박 공유시스템으로 여행객이나 머물 곳이 필요한 사람에게 집을 빌려주는 것이다. 이 외에도 우리나라에서는 공용자전거 '따릉이', 공유 전동킥보드 '씽씽', 주방공간 및 조리시설을 공유하는 공유주방, 카셰어링서비스, 소규모 회사를 위한 사무공간을 공유하는 공유 오피스(코워킹스페이스) 등 다양한 서비스가 제공되고 있다. 향후 공유경제 서비스의 시장규모는 점차 커질 것으로 전망하고 있다.

(2) 합리성과 효율성에서 공평성(공정성)으로

소비자는 구매하고자 하는 상품들의 가격과 품질 등을 고려하여 그 상품을 소비할 때 얻게 되는 만족감과 그 상품의 소비에 따르는 기회비용을 따지며 주어진 소득 범위 내에서 여러 상품을 적절하게 선택하고 현재뿐만 아니라 먼 장래까지 감안하여 만족을 극대화하는 합리적인 소비를 해왔다. 개인의 합리적인 소비는 자원을 가장 효율적으로 사용하기 때문에 공동체 전체에 대해서도 유익하지만, 합리적 소비 지출은 개인의 가치관이나 목적에 기초를 두고 결정하기 때문에 개인의 가치와 공동체적 가치가 일치하지 않을 때에는 문제를 일으키기도 한다. 예를 들어 개인적 가치에 의해 편리성을 추구하여 자동차를 사용하고, 일회용품을 사용하는 등에 따라 환경이 오염될 수 있다는 것이다. 즉, 개인의 합리적인 소비가 사회 전체적으로 볼 때 반드시 바람직한 소비가 될 수가 없을 수도 있다는 것을 말해준다.

  최근에는 사회적인 변화의 흐름, 기후변화, 환경오염, 미세먼지 등 소비자들이 일상 속에서 체감하면서 올바른 소비란 무엇인지에 대해 생각하면서 의식 있는 소비성향을 보이고 있다. 이에 따라 환경적 가치 소비로 친환경제품 사용, 하이브리드 자동차, 일회용품 줄이기 등 에코소비를 하고 있으며, 윤리적 소비로 경제적으로 풍요롭지 못한 국가와 생산자에게 이익을 돌려준다는 취지의 공정무역 상품 구매 등이 지속적으로 확대되고 있다. 또한 사회적 이슈가 되었던 소비자의 갑질에 대한 관심이 높아지면서 소비자와 근로자의 관계가 균형을 이룬다는 뜻의 '워커밸(worker and customer balance)' 개념이 주목받기 시작하고 있다. 즉, 대접을 받고 싶으면 소비자도 매너를 지켜야 한다는 의미다. 이러한 소비자들의 의식 있고, 책임감 있는 소비는 앞으로도 영향을 미칠 것이다.

(3) 미래에서 현재로(시간 가치의 변화)

현대사회를 살아가는 사람들은 더 이상 불확실한 미래의 행복을 꿈꾸며 살아가는 것보다 현재의 행복을 대변해주는 가치를 중요하게 생각하며 소비의 성격도 변화되어 가고 있다. 현재를 살아가는 많은 사람들은 과거에 비해 물건을 소유하고자 하는 욕심보다는 경험 혹은 가치 있다고 믿는 것에 자신의 돈을 지불하려고 한다. 즉, 물질보다 경험과 무형의 가치,

여행, 자기계발, 여가문화에 대한 지출이 늘어나고 있다. 경험소비를 통해 자신의 자아를 새롭게 발견하고, 새로운 라이프에 도전할 수 있는 기회를 가지면서 성취감을 느낀다.

현재의 나를 위해 소비하는 '나심비'라는 소비형태도 보이고 있다. '나+심리+가성비'의 합성어로 내가 만족할 수 있는 것이라면 서슴없이 지갑을 열고 소비하는 것이다. 청소시간을 줄이고 여가시간에 투자할 수 있는 편의성 높은 가전제품, 식사시간을 아끼고 간단하게 건강을 챙길 수 있는 먹거리, 고가의 취미이지만 나의 만족도가 높다면 망설임 없이 지출하는 등 다양한 소비 상품들이 나타나고 있다.

2. 소비자에 대한 시각의 변화와 다양성

2.1 전통경제학의 관점에서 본 소비자

소비자 선택에 관한 경제학적 접근은 인간의 욕망은 무한한 데 비해 이를 충족시켜주는 수단이 되는 경제적 자원은 한계가 있다는 사실에서 출발한다. 소비자는 자신의 다양하고 무한한 욕망을 충족하기 위해 재화와 용역을 구입하는데, 이를 위해 사용할 수 있는 소득은 이미 정해져 있다는 사실에 의해 선택에 제약을 받을 수밖에 없다. 이 같은 현실에서 소비자는 최선의 선택, 즉 한정된 소득 내에서 가장 효율적인 선택을 하고자 할 것이다.

여기서 선택은 소비자 생활의 중심 가치로서 선택이 소비자에게 주는 이점은 다음과 같다.

- 모든 선택은 좋은 것이고 바람직한 것으로서 소비자에게 더 많은 선택이 주어질수록 좋은 것이다.
- 선택은 경제 전반에 유익한 것으로 효율성, 성장, 다양성 등을 움직이는 힘으로 작용한다.
- 선택이 존재하는 사회체계는 그렇지 않은 체계에 비해 월등히 낫고, 선택이 궁극의 가치로 작용한다.
- 소비자자본주의란 모든 사람에게 더 많은 선택이 주어진다는 것을 의미한다.

그러나 선택에는 몇 가지 제한점도 존재한다.

- 어떤 종류의 정보가 얼마만큼, 누가 제공하는 것이 소비자에게 적합한 것인지에 대한 문제이다.
- 비슷한 대안들 사이의 선택이란 진정한 의미의 선택이기보다 제한된 범위 안에서의 선택이라는 것이다.
- 자원을 가진 자에게만 국한된다면 모든 사람에 대한 선택의 이점은 감소한다는 것이다.
- 선택범위가 지나치게 넓으면 최상의 대안을 선택하는 것이 어려우며, 오히려 보상을 감소시킨다.
- 선택이 책임회피나 속임수의 연막으로 이용될 수 있다는 것이다.

소비자는 선택자로서 다양한 제반조건을 고려하여 현명하게 선택한다는 점, 문제해결자로서 문제를 어떻게 인지하고 선택의 결과를 어떻게 인지하느냐에 따라 선택이 달라진다는 점, 정보의 탐색과 평가를 통해 최상의 대안을 가려내는 정보처리자 등으로 설명되기도 한다. 소비자의 선택에 대한 여러 설명들에는 위에서 말했듯이 합리적인 선택이 밑바탕이 된다는 것을 알 수 있다.

2.2 사회학과 제도적 관점에서 본 소비자

우리는 언어를 통해 의사소통을 하지만 매일매일 사용하고 버려지는 수많은 소비제품들을 통해서도 의사소통을 한다. 즉, 소비는 자신을 타인과 구별하는 기호로서 사물을 조작하는 과정이고, 소비활동은 재화가 기호로 작용하는 언어활동이나 코드이므로 소비에 의해 사회 전체가 의사소통을 한다고 볼 수 있다.

제품의 문화적 가치와 그들을 구성하고 있는 의미에 대해 연구하기 시작한 문화인류학자와 사회학자의 관점에서는 사물의 경제가치나 교환가치가 생물학적 혹은 사회적 요구에 의해 보다 궁극적으로 문화적 가치로부터 나온다고 간주한다. 이는 소비자가 제품을 구입하는 것은 그 제품이 소비자에게 어떤 의미가 있고 소비자 자신들에 대해 무엇을 말해줄 수 있기 때문이라는 것이다.

이와 같은 특성에 초점을 맞춘 초기 이론가는 베블런과 짐멜이 있다. 소스타인 베블런(Thorstein Bunde Veblen)은 소비의 상징성과 사회적 계급 정체성을 연관시키는 선구적인 작업을 하였다. 베블런은 상류층의 사치스럽고 낭비적인 소비를 일컬어 과시적 소비라고 하였는데, 과시적 소비는 상품의 소비로부터 사용가치로서의 효용을 얻는 것이 아니라 사회적 지위의 상징적 징표로서 상품 소비를 통해 자신의 사회적 지위를 나타내고 인정받기 위한 것이라고 하였다.

게오르그 짐멜(Georg Simmel) 역시 소비를 사회적 지위와 계층이 형성되고 의사소통되는 과정으로 보았다. 짐멜은 지위경쟁이 모방뿐만 아니라 차이 혹은 차별에 일어난다고 주장하였고, 유행도 바로 모방과 차별의 동기에서 비롯된 것이라고 보았다.

베블런과 짐멜의 논리가 널리 인식되면서 소비제품이 사회적 지위를 나타내는 상징물이라는 개념이 자리 잡게 되었다. 이후 소비제품은 단지 사회적 범주와 계층을 전달하는 의사소통뿐만 아니라 다양하고 구체적이고 상징적인 의미를 구축하는 수단으로 파악되었다. 나아가 대중소비사회에서 소비는 사회집단이 공통의 소비양식을 공유함으로써 사회적 정체성을 형성하고 드러내는 데 그치지 않고 개개인의 자아정체성 구성의 근간을 이룬다는 점에도 주목할 필요가 있다.

2.3 심리학과 행동과학적 관점에서 본 소비자

앞서 설명되었던 전통경제학에서의 소비자 선택에 따르면, 소비자는 선택할 수 있는 상표와 각 상표의 가격과 품질을 알고 있다고 간주되며, 상표의 가격이 떨어질 때 소비자는 그 변화를 알고 있으며, 다른 요소가 동일하다면 효용을 극대화하기 위해 가장 가격이 저렴한 물품을 구매할 것으로 기대된다. 그러나 실제로 소비자는 자주 구매하는 물품이라도 정확한 가격을 모르고 있을 수 있고, 비교구매도 하지 않는다는 것이 관찰되기도 한다. 따라서 소비자의 수요를 가격의 함수로만 나타내는 것은 무리가 있으며, 소비자의 심리적 요소를 고려하고 있지 않다는 한계가 있다. 소비행동은 심리적·문화적·사회적 요인 등 복합적 요인에 의해 이루어지기 때문에 그 행동을 행동과학적으로 접근하여 분석하는 것이 중요하다.

1950년대에는 심리학에 근거한 구매에 대한 동기연구를 심리분석적 접근방법으로 하여 심리분석모델을 만들어 소비자행동을 설명하였고, 1960년대 후반 이후에는 인지주의 관점에서 소비자행동을 분석하였다. 1980년대 이후에는 소비자의 자각, 쾌락 등 정서적 동기를 중시하는 쾌락적·경험적 관점에서 소비자 행동을 설명하였다.

소비자 행동을 바라보는 두 가지 패러다임은 실증주의(모더니즘)와 해석주의(포스트모더니즘)로 나누어 볼 수 있다. 실증주의는 이성적 측면을 중시하는 것으로 관심 제품의 기능적 측면을 강조하는 도구적 가치로 설명할 수 있다. 해석주의는 상징적이고 주관적인 경험을 강조하는 것으로 개개인의 독특한 경험 및 사회구성원들과의 공유된 문화적 경험을 토대로 자신만의 의미를 구성하며, 제품의 가치는 소비과정에서 다양한 경험을 제공해주는지 여부에 의해 결정된다는 것이다.

2.4 소비자 운동의 관점에서 본 소비자

운동가로서의 소비자는 도덕적인 맥락에서 모든 소비자의 몫을 향상시키기 위해 집합적인 조직체의 필요성을 강조하는 관점이다. 소비자 운동의 궁극적인 목적은 소비자의 권익 옹호와 소비자 생활의 질적 향상이며, 소비자 운동이 갖는 의의는 다음과 같다. 첫째, 소비자 운동은 소비자 개개인의 건전하고 합리적인 경제생활을 영위하는 경제적 의의를 갖는다. 둘째, 소비자 운동은 소비자 보호정책을 수립하고 실행하는 정치적 의의를 갖는다. 셋째, 소비자 운동은 소비자의 기본권을 보호하고, 소비생활의 질을 높이는 사회적 의의를 갖는다. 넷째, 소비자 운동은 소비자의 지위와 역할, 권리와 책임을 자각시켜 건전한 소비생활을 영위하는 데 필요한 교육 · 문화적 의의를 갖는다.

소비자 운동의 물결은 지금까지 네 가지의 물결로 발전되어 왔다.

첫 번째 소비자 운동의 물결은 상품의 과도한 가격과 조악한 품질에 대한 노동자 계층의 협동조합적 반응으로부터 시작되었다. 소비자가 조직적인 운동을 전개한 소비자 운동의 시초는 1844년 영국의 로치데일에서 노동자들에 의해 설립된 로치데일 공정개척자조합에서 찾을 수 있다. 당시 열악한 상황에도 불구하고 소비자에 대한 이념이 탄생하였고, 소비자들이 생산에 대항하는 힘을 행사할 수 있음이 입증되었다.

두 번째 소비자 운동은 19세기 후반과 20세기 초반 미국에서 시작되었다. 미국은 대량생산과 대량소비를 하는 고도대중소비단계에 들어가면서 다양한 상품이 생산되고 이에 따라 소비자들의 소비생활도 풍부해졌지만, 조악한 상품을 구입하는 등의 피해를 입게 되었다. 이때 소비생활을 저해하는 기업의 제품정보를 비난함으로써 소비자 운동이 시작되었다. 이러한 배경에서 민간 소비자 단체들이 조직되고, 소비자에게 부과되는 위험을 인식하고 상품테스트와 소비자 교육 및 정보에 관심을 쏟기 시작하였다.

세 번째 소비자 운동의 물결 역시 미국에서 시작되었는데, 이때의 중심인물은 랠프 네이

더(Ralph Nader)이다. 랠프 네이더를 중심으로 개개의 상품뿐만 아니라 불량한 기업 자체를 고발하고 공해를 일으키는 원인까지 규명하고 인간의 생활환경을 개선해야 한다는 운동으로까지 범위가 확대되었다. 이로 인해 정보제공형 소비자 운동과 함께 고발형 소비자 운동도 함께 발전되었다. 네이더주의는 1990년대 세계적인 규제철폐와 경제블록의 대두와 함께 새로운 국면을 맞아 환경단체, 동물보호단체 등과 연합하는 범세계적인 소비자 운동으로 발전하여 국제소비자기구와 같은 국제기구의 출현 배경이 되었다.

네 번째 소비자 운동의 물결은 1970년대에 등장하여 1980년대에 가속화된 대안적 소비에 관심을 쏟게 되었다. 녹색, 도덕적, 제3세계 연대, 공정무역기구와 같은 다양한 요소를 포함하는데, 이 가운데 가장 영향력 있는 것은 환경보호적 소비자 운동이다. 환경친화적 제품 사용은 물론 소비 자체를 절제하는 등 다양한 방법으로 환경을 보호하는 데 소비자가 주도적인 역할을 담당해야 한다는 주장을 담고 있다.

소비자 운동가의 영향은 소비에 도덕적이고 정치적인 행동의 차원이 존재한다는 것을 밝혔다는 점에서 의의가 있다고 할 수 있다.

2.5 정책적 관점에서 본 소비자

현대사회에서는 생산자와 소비자 간의 지위의 불평등성으로 공정한 거래가 이루어지지 못하고, 기업의 독과점화로 인해 시장의 정상적인 기능도 수행하지 못하고, 상품 및 서비스의 결함 등으로 많은 소비자 문제가 발생하고 있다.

소비자 문제는 거래사회의 구조에 기인하고 있기 때문에 소비자 문제를 해결한다는 것은 소비자 개인의 능력을 넘어서고 있기 때문에 소비자, 기업, 정부 모두 각각의 역할 수행이 중요하다. 소비자는 스스로의 안전과 권익을 향상시키기 위해 필요한 지식을 습득함과 동시에 자주적이고 성실한 행동을 함으로써 스스로의 권익을 보호할 수 있어야 하고, 기업은 생산의 주체이며 거래의 직접적인 당사자로서 소비자 문제를 인식하고 적극적인 소비자 보호를 위한 사회적 책임을 다해야 한다. 정부는 소비자와 사업자의 거래관계에 개입하여 사업자에 의한 부당한 지배를 배제함으로써 사업자와의 사이에 실질적인 대등성이 유지되도록 해야 한다.

소비자 보호에 영향을 미치는 요소로는 법이나 정책과 같은 구조적인 요소와 정보, 소득, 사회적 지위와 같은 개인적인 요소의 두 가지가 포함된다.

피해를 경험한 소비자들의 수가 증가하면서 공동 행동을 행사하는 소비자 조직이 결성되고, 소비자 운동이 이루어지나 소비자 집단은 매우 이질적이고 개인적인 집단이기 때문에 무임승차의 유인이 크게 작용한다는 점에서 한계가 있다.

또한 소비자들이 정부기관으로부터 부적당한 정보를 얻거나 기업과 불리한 거래를 하게 될 때, 재화에 대한 높은 기대감과 끊임없는 재화에 대한 욕구로 인해 소비자는 계속해서 피해자가 된다는 지적이 나오고 있다. 소비에 의해 우리의 삶을 개선시키려는 노력을 경주하면서 우리들은 우리의 소외를 악화시키는 힘에 스스로 굴복하고 말 것이라는 것이다.

3. 소비자중심사회의 소비자 유형

최근 소비자들이 소비에 대한 주체성을 키워나가면서 소비자중심사회로 변화되어가고 있다. 이에 따라 다양한 신소비자 유형들이 나타나고 있으며, 기업 또한 이에 발맞추어 신소비자들을 위한 마케팅 전략과 판매전략을 내세우고 있다.

다음에서는 다양한 신소비자 유형을 사회 · 경제 · 인구학적 변화에 따라 경제력 · 가격 · 실용 중심형, 개인중심형, 사회 · 환경중심형에 따라 살펴보고자 한다.

3.1 경제력 · 가격 · 실용 중심형 소비자

사회경제적 상황에 따라 가격과 실용적인 것을 추구하는 소비성향을 갖는 신소비자 유형이 다음과 같이 다양하게 나타나고 있다.

① 간장족 : 간장족은 경기불황이라는 사회적 현상이 반영된 소비유형으로 간장처럼 짜고 알뜰하게 소비하는 소비자를 일컫는 말이다. 이들은 할인쿠폰을 활용해 저렴하게 치킨, 피자, 커피 등 식음료를 즐기거나 온라인 쿠폰을 미리 싼 값에 산 뒤 오프라인 매장에서 할인된 가격에 구입하며, 타임세일 행사를 활용하여 알뜰하게 소비하는 특성을 보인다(그림 1-1 참조).

② 바겐헌터족 : 바겐헌터족은 폭탄 세일만을 기다렸다가 반값 이하 가격에 구매하는 소비족을 말한다. 원래 바겐헌터족은 불황을 틈타 부동산과 증권 시장에서 저평가된 자산을 사들이는 이들을 칭하는 말이었는데, 세계적인 경기 침체와 불황이 장기화되면

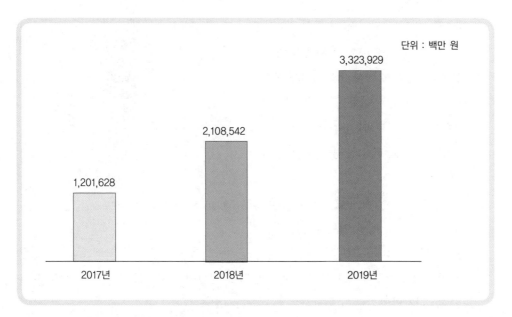

단위 : 백만 원

1,201,628

2017년

2,108,542

2018년

3,323,929

2019년

그림 1-1 온라인쇼핑을 통한 e쿠폰서비스 거래액
출처 : 통계청 온라인쇼핑몰 취급상품범위/상품군별 거래액(2017~2019)

서 소비 영역 전 분야로 확산되고 있다. 비세일 기간 중 제값을 지불하고 구매하는 것을 손해 본다고 생각하는 소비자들이 늘고 있으며, 이들은 시즌오프 세일에 대한 다양한 정보를 수집하여 미리 세일된 가격에 구매할 것을 준비한다.

③ 페이크슈머 : 페이크슈머란, '속이다(fake)'와 '소비자(consumer)'가 합쳐진 신조어로 진짜 대신 가짜를 추구하는 소비자를 말한다. 이들은 소위 말하는 짝퉁과 같은 모조품을 선호하는 것이 아니라 진짜만큼 멋지고, 가치 있다고 생각되는 것에 소비하는 것이다. 예를 들어 고가의 명품브랜드 화장품 대신 성능과 디자인이 비슷한 브랜드를 찾거나 비용과 시간 때문에 하지 못한 캠핑 대신 집안에서 캠핑 분위기를 내기 위해 텐트나 용품을 구입하는 등 실제 경험을 하는 것은 아니지만 비슷한 분위기가 느껴지거나 상대적으로 저렴한 가격으로 최대한 비슷한 물건을 구입해 만족감을 얻는다. 특히 가성비를 따지는 젊은 층의 소비문화와 개인의 만족을 중시하는 현대인의 소비패턴이 반영되었다고 볼 수 있다.

④ 노노스족 : 노노스(nonos-)는 "No Logo No Design"의 줄임말로 로고가 크게 박혀 있거

나 남들이 다 알만한 물건은 사용하지 않는 사람들을 가리킨다. 명품 선호 현상에 대한 반작용으로 나타나기 시작한 새로운 소비계층이다. 이들은 값비싼 명품이나 서비스 대신 차별화된 디자인, 제품의 느낌이나 실용성, 희소성 등을 더욱 중요시한다.

노노스족은 로고가 크게 박혀 있거나 남들이 다 알 만한 물건은 사용하지 않는 사람들을 가리킨다.

이들은 패션 업계에 큰 파란을 불러 일으켰다. 기존의 패션 아이템들이 명품임을 과시하기 위해 로고나 회사의 특징을 큼지막하게 드러냈다면, 노노스족을 겨냥한 제품들은 브랜드나 로고를 드러내지 않거나 심지어 브랜드를 없앤 제품까지, 더욱 다양한 디자인의 제품이 등장하는 데 한 몫을 했다.

⑤ **쇼루밍족과 역쇼루밍족** : 쇼루밍족이란 오프라인 매장에서 물건을 만져보고 제품을 확인한 후 온라인을 통해 가격을 비교하여 가장 저렴하게 판매하고 있는 온라인 몰에서 물건을 구매하는 소비자를 말한다. 온라인 쇼핑에 대한 거부감이 줄어들고 스마트폰을 이용한 제품의 가격 정보탐색이 훨씬 용이해지면서 나타난 소비족이라고 할 수 있다. 이들은 쿠폰과 적립금을 통해 같은 물건이여도 보다 저렴하게 구매할 수 있다는 점에서 이를 적극 활용하고 있다.

반면에 최근에는 쇼루밍족과 반대로 역쇼루밍족이 나타나고 있는데, 역쇼루밍족이란, 온라인을 통해 후기 등을 탐색하여 제품에 대한 정보를 충분히 입수한 후 오프라인 매장에서 제품을 눈으로 직접 확인하고 구매하는 것을 말한다. 이들은 공유형 SNS에서 신제품 출시 정보를 사전에 얻은 후 오프라인에 물건이 풀리면 직접 확인하고 사는 소비패턴을 보인다는 특성을 갖는다. 이처럼 쇼루밍족과 역쇼루밍족이 나타나면서 온·오프라인의 유통경계가 희미해지고 있다는 것을 알 수 있다.

⑥ **코스파족** : 코스파(COSPA)족은 코스트 퍼포먼스(cost-performance)의 일본식 발음으로 비용 대비 효용을 최고 가치로 삼는 소비형태를 말한다. 장기 불황이 이어지던 2000년대 초반 일본에서 발생한 신조어로 욜로(YOLO)족과 반대되는 의미로 한국에서 말

하는 가성비나 가용비와도 유사한 개념이다.

코스파족은 적은 지출에 비해 큰 편익을 얻는 것에서 최고의 만족을 느낀다는 특성을 갖는데, 넉넉지 않은 자신의 경제적 여건을 받아들이고, 비용 대비 효용을 극대화하는 것에서 자발적으로 즐거움을 찾는 것이다. 코스파족으로 인해 일본에서는 무한리필 식당이 인기를 끌었으며 100엔숍, 노브랜드 전략 브랜드 및 할인 매장이 다수 생겼다. 한국에서도 인터넷을 통해 일명 인간 사료라 불리는 대용량 포장 과자가 널리 인기를 끌었으며, 노브랜드 전략의 등장, 창고형 할인 매장의 성장 등 일본과 유사한 현상이 나타났다.

⑦ 시피족 : 시피(CIPIE)족이란, 'character(개성)', 'intelligence(지성)', 'professional(전문성)'의 앞 글자를 딴 'CIP'에서 나온 말로 지적 개성을 강조하고 심플라이프를 추구하는 젊은이들을 말한다. 시피족은 오렌지족의 무계획적, 감각적, 말초적인 소비패턴과 문화형태에 반발하는 지적인 개성과 심플라이프를 추구하는 신세대 젊은이들이다. 이들은 불필요한 낭비를 싫어하고 불필요한 소비로 인한 노력, 시간, 비용을 줄이고 그 시간에 좀 더 개인의 내실을 쌓는 데 주력한다. 또한 시피족은 고급스럽고 비싼 제품보다는 자신에게 어울리고 가격에 맞는 제품을 선호하는 특징을 갖는다.

⑧ 리터루족 : 리터루(returoo)족이란, '돌아가다(return)'와 '캥거루(kangaroo)'의 합성어로, 결혼 후 독립했다가 다시 부모의 곁으로 돌아가는 사람들을 일컫는 말이다. 리터루족이 늘고 있는 대표적인 이유는 주거비와 육아에 대한 부담감 때문에 나타난 현상이라고 할 수 있다.

리터루족이 늘어나면서 자녀 독립 후 자유로운 노후를 보내고자 했던 부모들에게 이른바 '황혼육아'라는 새로운 부담이 주어지면서 건강에 문제가 생기기도 하고, 노후 대비를 하지 못하는 등 문제점이 나타나고 있다. 또한 리터루족이 늘어나면서 중대형 아파트의 거래량이 꾸준히 증가하는 등 여러모로 주목해야 할 사회적 현상으로 볼 수 있다.

⑨ 피딩족 : 리터루족과 연계하여 나타나는 또 다른 신조어는 '피딩족'이다. 피딩족이란, financial(경제적인 여유), enjoy(육아를 즐기며), energetic(활동적이고), devoted(헌신적) 노인층의 줄임말이다. 이들은 은퇴 후 노년을 즐기면서 활동적으로 살아가는 신

노년층으로 대부분 자녀가 자신들의 노후를 책임져 줄 것으로 기대하지 않으며, 오히려 손주의 육아를 전담하며 높은 경제력을 바탕으로 손주를 위해서라면 아낌없이 소비하는 특징을 갖는다.

⑩ **알봉족과 편도족** : 1인 가구가 증가하면서 다양한 신조어들이 나타났는데, 대표적인 것으로 '알봉족'과 '편도족'이 있다. 알봉족이란, 과일을 세는 단위인 '알'과 시리얼 등과 같은 가공식품을 담는 단위인 '봉'에서 따온 말로 낱개로 포장된 식료품을 이용하는 소비층을 말한다. 예전에는 마트나 편의점 등에서 대용량의 포장 제품들이 주를 이루었지만, 1인 가구가 증가하면서 소량으로 낱개 포장하는 제품이 증가하였다.

편도족이란, 편의점 도시락으로 식사를 해결하는 사람들을 말한다. 1인 가구와 맞벌이 가구의 증가, 혼밥 트렌드로 인해 편의점 도시락을 찾는 비율이 높아졌다고 볼 수 있다. 편도족은 비교적 저렴하고, 시간에 구애받지 않으며, 다양한 종류의 도시락을 맛볼 수 있다는 점을 장점으로 꼽고 있다.

출처 : https://newsis.com/view/?id=NISX20140818_0013115720

1인 가구가 증가하면서 소량으로 낱개 포장하는 제품이 증가하였다.

3.2 개인중심형 소비자

사회 · 인구학적 변화에 따라 개인의 가치를 중요시하는 개인중심형 소비성향을 갖는 신소비자 유형은 다음과 같다.

① **코쿤족** : 코쿤족(cocoon)이란, '누에고치'라는 말에서 유래한 용어로 '나홀로족'이라고도 한다. 코쿤족은 집이나 차, 가상현실(사이버 공간) 등 자신만의 세계에서 모든 것을 해결한다. 사회적 의미의 '코쿤'은 미국의 마케팅 전문가 페이스 팝콘(Faith Popcorn)이 '불확실한 사회에서 단절되어 보호받고 싶은 욕망을 해소하는 공간'이라는 뜻으로 사용하였다. 그러나 한국의 코쿤은 '불확실한 사회를 살아가는 데 필요한 에너지를 재충전하는 공간'이라는 의미로 주로 사용된다.

이들은 외부로 나가는 대신 자신만의 공간에서 안락함을 추구하는데, 그 예로 자동차에 특수 오디오를 장착하고 음악을 감상하면서 드라이브를 한다든가, 방에 음악감상실 수준의 음향기기를 구비하고 음악감상을 즐기는 것 등을 들 수 있다. 또한 자신의 방에서 컴퓨터를 통해 세상과 접촉하고 배달시킨 음식을 먹으며 자신의 취미생활을 즐기는 등의 행동양식을 보인다.

코쿤족은 안정된 수입원을 갖고 있으면서 업무능력이 뛰어나고, 스트레스 등 외부자극에 대한 확실한 해결책을 가지고 있는 것이 특징이다. '에너지 충전'의 성격이 짙어 긍정적인 평가를 받기도 하지만, 코쿤족이 늘어나면서 조직을 중시하는 전통적 가치관과 마찰을 빚을 가능성이 높다는 우려도 제기되고 있다. 근래에는 코쿤족을 대상으로 인터넷게임방 · 비디오방 · 통신판매업 · 음식배달업 등의 코쿤 비즈니스가 다양하게 발달하고 있다.

② **홈루덴스족** : 홈루덴스족은 'home(집)'과 'homo ludens(놀이하는 인간)'의 합성어로 집안에서 모든 놀이와 휴식을 해결하는 사람들을 말한다. 이들은 자신의 주거공간에서 생활부터 취미활동, 친구들을 초대하여 음식을 함께 나누는 등 대부분을 집에서 해결

홈루덴스족은 집안에서 모든 놀이와 휴식을 해결하는 사람들을 말한다.

하는 특성을 갖는다. 또한 이들에게 집은 물리적 공간에서 심미적 공간으로 이해되면서 다양한 소품이나 프리미엄 가구, 가전제품 등을 구매함으로써 자신만의 공간을 질 높은 휴식공간으로 만들고자 하는 특성을 갖는다.

③ 욜로족 : 욜로(YOLO)족이란, "인생은 한 번뿐이다"를 뜻하는 "You Only Live Once"의 앞 글자를 딴 용어로 현재 자신의 행복을 가장 중시하여 소비하는 태도를 말한다. 미래 또는 남을 위해 희생하지 않고 현재의 행복을 위해 소비하는 라이프스타일이다.

　욜로족은 내 집 마련, 노후 준비보다 지금 당장 삶의 질을 높여줄 수 있는 취미생활, 자기개발 등에 돈을 아낌없이 쓴다. 한 달 월급을 취미 생활에 몽땅 쏟아 붓거나, 집을 사는 대신 세계여행을 택하는 것도 이들에게는 놀라운 일이 아니다. 이들의 소비성향은 다소 도전적이고 충동적인 부분이 있지만, 동시에 합리적인 소비를 추구하기 때문에 일반적인 충동구매와는 구별된다.

④ 슬로비족 : 슬로비(slobbie)족이란, '천천히 그러나 더 훌륭하게 일하는 사람(Slow But Better Working People)'이라는 의미로 빠르게 돌아가는 현대 생활의 속도를 늦추어 보다 천천히, 느긋하게 살려는 사람들을 말한다. 이들은 더 높은 연봉을 위해 노력하고 새로운 직장을 찾는 이들과는 다르게 하나의 직장에서 안정감을 느끼면서 상대적으로 낮은 소득을 감수하더라도 가정에 충실하고 삶의 여유을 가지며 개인의 삶의 질을 더욱 중요시한다는 특징을 갖는다.

⑤ 다운시프트족 : 다운시프트(downshifts)는 본래 "자동차를 운전할 때 저속 기어로 바꾼다"는 뜻으로, 자동차의 속도를 천천히 낮추듯이 느긋하게 삶을 영위하고자 하는 삶의 태도를 가진 사람들을 일컫는다.

　다시 말해, 빡빡한 근무시간과 승진에 쫓기는 고소득보다 비록 저소득일지라도 자신의 마음에 맞는 일을 느긋하게 즐기며 바쁜 일상에서 벗어나 생활의 여유를 가지고 삶을 즐기려는 사람들을 말한다. 이들은 금전적 수입과 사회적 지위·명예보다 시간이 더 중요하다고 생각한다. 이들에게 직장이란 돈을 벌기 위한 공간이 아니라 개인 생활과 사회 생활이 조화를 이루는, 삶의 여유와 만족을 충족시켜주는 곳이라 할 수 있다.

⑥ 에스컬레이터족 : 에스컬레이터족이란, 자신의 가치를 더 높이기 위해 노력하는 학생 또는 직장인을 가리키는 말이다. 이들은 보다 나은 학교로 편입하거나 취업 후에도 자격증 및 외국어 학습, 대학원에 진하는 모습을 보이는 특징을 갖는다.

⑦ 펀슈머 : 펀슈머란, 즐거움을 추구한다는 뜻의 'fun'과 소비자를 뜻하는 'consumer'의 합성어로 단순히 제품을 구매하는 것을 넘어 소비과정에서 즐거움을 추구하는 소비자를 말한다. 최근에 가성비(가격 대비 성능), 가심비(가격 대비 마음의 만족도)를 넘어 가잼비(가격 대비 재미)의 시대가 왔다고 칭할 만큼 이제는 물건의 성능과 만족도를 넘어 제품 구매과정에서의 재미를 찾으려는 펀슈머가 증가하고 있다고 한다. 특히 외식과 식품업계에서 펀슈머의 소비 욕구를 끌기 위한 다양한 마케팅이 펼쳐지고 있다. 펀슈머는 적은 비용으로 재미를 느끼려는 성향이 강하다는 특징을 가지는데, 예를 들어 '꽐라만시', '테이크아웃 커피 속의 떡볶이', '네넴띤', 'ㅏㅏㅏ 맛 우유' 등이 출시되고 있으며, 이러한 경향은 지속될 것으로 보인다.

펀슈머는 단순히 제품을 구매하는 것을 넘어 소비과정에서 즐거움을 추구하는 소비자를 말한다.

⑧ 포미족 : 포미(for me)족은 건강(for health), 싱글족(one), 여가(recreation), 편의(more convenient), 고가(expensive)의 알파벳 앞글자를 따서 만든 신조어로, 다소 비싸더라도 가치가 있다고 생각하는 제품엔 과감한 투자를 아끼지 않는 사람들을 말한다.

　　과거, 고가 제품의 소비가 남에게 과시하기 위한 '보여주기'의 경향이 강했던 것에 비해 포미족의 소비는 자기만족적 성향이 강하다고 할 수 있다. 특히 오디오, 카메라,

고가 화장품 등 주로 자신의 취미에 대한 소비나 관심이 많다.

포미족이 늘어나는 이유는 자신이 가치를 두는 서비스 및 제품을 구매하는 것 자체가 자신의 존재를 드러내는 하나의 수단으로 인식되고 있기 때문이다. 다시 말해, 스트레스를 해소하기 위한 자기보상심리로 작은 사치를 누린다는 것이다. 미래를 위해 절약하는 것보다 현재의 소비를 통해 행복을 얻는 것이 더 합리적이라고 생각하는 주의이다.

포미족은 다소 비싸더라도 가치가 있다고 생각하는 제품엔 과감한 투자를 아끼지 않는 사람들을 말한다.

이러한 포미족의 특별한 소비성향은 소비업계의 블루칩으로 부상하여 업계의 매출 성장을 이끄는 원동력이 되고 있다. 기업들은 가치소비에 중점을 두는 포미족을 겨냥하여 제품의 가치를 향상시키는 노력과 더불어 좀 더 세련되고 고급스러운 마케팅 전략을 진행하고 있다.

⑨ **어반그래니족** : 어반그래니(urban granny)는 '도시의(urban)'과 '할머니(granny)'의 합성어로, '멋지고 세련된 노년의 여성'을 뜻한다. 가정과 자녀라는 족쇄를 벗고 제2의 전성기를 맞이하는 집단으로, 외모, 건강 등 본인을 위한 투자를 아끼지 않는 특징을 가지고 있다.

어반그래니족은 상대적으로 경제적ㆍ시간적 여유가 많아 패션ㆍ뷰티 업계 및 외식 업계에서 주목하고 있다. 초고령 사회로 진입하게 되면서 소비의 주체 역시 중년에서 장년으로 이동하여 어반그래니족의 영향력이 더욱 확대될 것으로 예상된다. 이처럼 다양한 분야에서 주 소비층으로 입증된 어반그래니를 타깃으로 그들이 즐길 수 있는 콘텐츠를 구축하고 편리하게 접근할 수 있는 다양한 마케팅이 전개되고 있다.

⑩ **노마드족** : 유목민을 뜻하는 라틴어 '노마드(nomad)'에서 생겨난 신조어로 장소, 시간, 상황에 구애받지 않고 혜택을 찾아 움직이는 사람들을 말한다. 최근 하나의 문화로 자리잡기 시작하며 다양한 '노마드족'이 등장하고 있다.

합리적인 점심시간을 위하여 무조건 값싼 메뉴를 선호하기보다는 맛과 영양, 위생, 분위기까지 꼼꼼하게 따지는 '런치 노마드족', 첨단 디지털 장비를 구비하고 있어 시간과 장소에 구애받지 않고 일하는 '디지털 노마드족', 높은 금리를 얻을 수 있는 금융상품을 찾아다니는 '금융 노마드족', 전공과목 이외에도 자신에게 필요한 강

노마드족은 장소, 시간, 상황에 구애받지 않고 혜택을 찾아 움직이는 사람들을 말한다.

의를 들으러 다니는 '강의 노마드족', 평생직장의 개념을 허물고 자유롭게 직업을 개척하는 '잡 노마드족' 등이 있다.

⑪ **딩크족 & 딩펫족** : '딩크(DINK)족'은 "Double Income, No Kids"의 준말로 부부생활 중 의도적으로 자녀를 두지 않고 맞벌이를 하는 부부를 일컫는다. 아이를 양육하는 것보다 일에서 삶의 보람을 찾으려고 하는 사람들로, 듀오휴먼라이프 연구소의 '2018 출산 인식 보고서'에 따르면 18.8%의 미혼 남녀가 딩크족을 꿈꾸는 것으로 나타났다.

딩크족에서 더 나아가 아이를 가지지 않는 대신 반려동물을 키우는 딩펫족도 등장하고 있다.

　딩크족에서 더 나아가 아이를 가지지 않는 대신 반려동물을 키우는 '딩펫족'도 등장하고 있다. 이들은 애완동물에 자녀만큼 시간과 애정을 할애하며 반려동물을 가족같이 여기는 '펫팸족'과 함께 반려동물 산업의 고급화를 앞당기고 있는 주역 중 하나다.

3.3 사회 · 환경중심형 소비자

사회 · 환경중심형 소비성향을 갖는 신소비자 유형은 다음과 같다.

① **킨포크족** : 친척, 친족을 뜻하는 킨포크(kinfolk)라는 명칭처럼 비록 낯선 사람이지만

친척 또는 친족처럼 함께 음식을 나눠먹고 즐기는 사람들을 뜻하는 신조어다. 이른바 '소셜 다이닝(social dining)'이다.

2011년 미국 포틀랜드에서 시작된 한 작은 모임이 시초다. 농부 · 디자이너 · 사진가 · 작가 · 화가 등 처음 만난 사람들끼리 모여 함께 요리를 하고, 식사를 즐긴 이야기를 잡지

킨포크족은 함께 음식을 나눠 먹고 즐기는 사람들을 뜻하는 신조어다.

로 엮어냈고, 이는 곧 전 세계에서 화제가 되며 크게 유행하기 시작했다.

나홀로족이 증가하면서 '함께 일상을 공유하고 이야기를 나눌 누군가'가 필요해짐에 따라 우리나라에서도 2014년 초반부터 20~30대 사이에서 유행하기 시작했다. 소셜 네트워크 서비스(SNS)를 통해 공원이나 특정 장소에서 '번개' 모임을 하고, 다 같이 각자 준비해 온 음식을 나눠 먹으며 담소와 여유로운 시간을 즐긴다. 카페에 모여 소소한 취미 활동을 하기도 한다.

그러나 킨포크족들은 모든 것을 다 공유하는 소통을 꿈꾸지는 않는다. 모임을 통한 인연 찾기에 몰두하는 것도 아니다. 킨포크족들의 모임은 누군가와의 인연 만들기보다는, 만남을 통해 스스로에게 여유를 부여하고 생의 활력을 찾는 일에 방점을 두고 있다.

② 로하스족 : 로하스족(LOHAS)은 Lifestyles Of Health And Sustainability의 약자로, 건강과 지속적인 성장을 추구하는 생활방식이나 이를 실천하려는 사람들을 말한다. 로하스족은 개인의 정신적 · 육체적 건강뿐 아니라 환경까지 생각하는 친환경적인 소비형태를 보인다. 또한 자신의 건강 외에도 후대에게 물려줄 미래의 소비 기반의 지속가능성까지 고려한다. 그 예로, 장바구니 사용, 천으로 만든 기저귀나 생리대 사용, 일회용품 사용 줄이기, 프린터의 카트리지 재활용 등이 있다.

로하스의 개념은 환경과 미래에도 지속가능한 발전을 고려하는 '사회적 웰빙'이라는 점에서 개인을 중심으로 잘 먹고 잘 살기를 추구하는 웰빙과 차이가 있다. 예를 들어 가족의 건강을 위하여 집안의 벽지를 친환경 소재로 바꾸는 것은 웰빙이다. 그러

로하족은 개인의 정신적 · 육체적 건강뿐 아니라 환경까지 생각하는 친환경적인 소비형태를 보인다.

나 벽지의 원료가 재생이 가능한 것인지, 폐기할 때 환경 파괴 성분이 나오지 않는지 등을 따지는 것은 로하스이다. 또한 로하스는 개인 중심적이라는 점에서 사회참여운동의 일환인 친환경주의와도 차이가 있다.

참고문헌

삼정 KPMG 경제연구원(2016). 소비패턴의 11가지 구조적 변화. Samjong Insight, Issue Vol 43.

삼정 KPMG 경제연구원(2019). 新소비 세대와 의 · 식 · 주 라이프 트렌드변화. Samjong Insight, Issue Vol 66.

이기춘 외(2010). 소비자학의 이해. 학현사.

박명희 외(2013). 생각하는 소비문화. 교문사.

김기옥 외(2012). 시장경제와 소비자. 교문사.

김난도 외(2018). 트렌드 코리아 2019. 미래의 창.

김영신 외(2007). 새로 쓰는 소비자법과 정책. 교문사.

이기춘(1988). 소비자 교육학. 교문사.

기획재정부 경제e야기 블로그(2016.12.29.). 나는 무슨 족(族)?

　　https://m.blog.naver.com/mosfnet/220897823308

네이버 지식백과사전. 슬로비족

　　https://terms.naver.com/entry.nhn?docId=1204116&cid=40942&categoryId=31614

네이버 지식백과사전-트렌드지식사전2. 바겐헌터족

　　https://terms.naver.com/entry.nhn?docId=2718667&cid=55571&categoryId=55571 slow

　　news(2019.12.09.),

네이버 지식백과사전. 피딩족

　　https://terms.naver.com/entry.nhn?docId=3404609&cid=43667&categoryId=43667

네이버 포스트(2018). 당신은 어떤 유형의 직장인인가요?

　　https://m.post.naver.com/viewer/postView.nhn?volumeNo=16735333&memberNo=3877

　　5728&vType=VERTICAL

두산백과(2019). 노노스족

　　https://terms.naver.com/entry.nhn?docId=1233560&cid=40942&categoryId=31630

두산백과(2019). 다운시프트족

　　https://terms.naver.com/entry.nhn?docId=1224061&cid=40942&categoryId=31630

두산백과(2019). 로하스족

　　https://terms.naver.com/entry.nhn?docId=1234568&cid=40942&categoryId=32182

두산백과(2019). 코쿤족

　　https://terms.naver.com/entry.nhn?docId=1219805&cid=40942&categoryId=31630

대신저축은행 블로그(2017). 직장인들의 제한된 가치와 삶을 바꿔주는 '노마드족'

　　https://daishin-bank.tistory.com/599

시사상식사전(2019). 욜로

　　https://terms.naver.com/entry.nhn?docId=3548848&cid=43667&categoryId=43667

시사상식사전(2017). 코스파

　　https://terms.naver.com/entry.nhn?docId=3596204&cid=43667&categoryId=43667

시사상식사전(2014). 킨포크족

　　https://terms.naver.com/entry.nhn?docId=2180456&cid=43667&categoryId=43667

식품외식경제(2019.12.31.). 노잼소비 No, 가잼비·펀슈머 잡아라

   http://www.foodbank.co.kr/news/articleView.html?idxno=59053

어도비 코리아(2017). Z세대의 두 얼굴(욜로족과 코스파족)을 위한 디지털 마케팅

   https://blogs.adobe.com/digitaldialogue/digital-marketing-ko/knowing-yolo-cospa/

웹진 청정누리(2014). TREND ECHO

   https://webzine.korad.or.kr/DreamView.jsp?yearMonth=201412&pageNo=310

지형 공간정보체계 용어사전(2019). ForMe

   https://terms.naver.com/entry.nhn?docId=3476683&cid=58439&categoryId=58439

지형 공간정보체계 용어사전(2019). Urban Granny

   https://terms.naver.com/entry.nhn?docId=3483934&cid=58439&categoryId=58439

페이크슈머: 멋진 가짜에 열광하는 착한소비

   https://slownews.kr/74759

한겨레(2019.03.12.)", 꼼꼼히 따져보고 알뜰하게"', 간장족' 뜬다

   http://www.hani.co.kr/arti/economy/economy_general/885540.html

한국마케팅신문(2018). 빙글빙글 세상이야기-현대판 부족생활(2018.04.30.)

   http://www.mknews.kr/view?no=26993

한국소비자원(2018). 소비자시대 12, 키워드로 읽는 상식: 홈루덴스족, pp.44-45.

한국스포츠경제(2016). [키워드로 보는 2016] 포미족(For Me 族) ① 나를 위한 작은 사치

   http://www.sporbiz.co.kr/news/articleView.html?idxno=32549

SK Careers Journal 블로그(2019.03.22.). [밀레니얼 쇼핑 트렌드 탐구생활] 쇼루밍 vs 역쇼
   루밍" 그럼, 나는?"

   https://www.skcareersjournal.com/tag/%EC%97%AD%EC%87%BC%EB%A3%A8%EB%
   B0%8D

소비자 선택이론

소비자들은 매일의 생활에서 끊임없는 선택에 직면한다. 소비자는 여러 가지 욕망을 지니고 있지만 이를 충족시키기 위한 자원이 부족하다는 현실은 여러 대안 중에서 무엇을, 얼마만큼, 어떻게 소비할 것인가를 선택해야 하는 문제에 부딪히게 된다. 이러한 소비자 선택에 관한 이론은 경제학, 심리학, 경영학 등 다양한 학문 분야에서 연구되어왔다.

이 장에서는 소비자 선택을 설명하는 다양한 학문 분야별 접근방법을 소개하고, 소비자 선택의 과정을 구매의사결정과정 단계별로 살펴보고자 한다.

1. 소비자 선택의 제이론

초기 소비자 선택에 대한 이론은 경제학 분야에서 효용극대화를 전제로 하는 신고전학파의 **소비자수요이론**(consumer demand theory)이 대표적이다. 더 나아가 제품이 가진 특성에서 효용이 발생한다는 특성이론이 전개되었다. 그러나 심리학 분야에서는 소비자의 합리성을 가정으로 한 경제학적 접근의 한계점을 지적하면서 소비자의 심리적 작용의 중요성을 강조하고 소비자의 비합리성을 설명하였다. 소비자 선택에 대한 경제학적ㆍ심리학적 접근 역시 소비자 행동을 설명하는 데 한계가 나타나면서 여러 가지 개념과 변수를 이론적 틀로 체계화시켜 다변수모델을 개발한 행동주의적 접근방법이 나타나게 되었는데 니코시아 모델, 하워드–셰드 모델, 엥겔–블랙웰–미니아드 모델 등이 대표적이다. 최근에는 행동경제학 분야에서 경제학적 합리성은 부정하지만 인간이 어느 정도 합리적이라는 의미로 '제한된 합리성'이라는 용어를 사용하고, 프로스펙트이론이 소비자 선택을 설명하는 새로운 지평을 열고 있다.

1.1 경제학적 접근

1) 소비자수요이론

소비자 선택을 설명하는 경제학적 모델은 주어진 예산 제약과 선호 체계하에서 효용극대화를 분석한다. 이를 설명하는 이론이 한계효용이론과 무차별곡선이론이다.

(1) 한계효용이론

한계효용이론(marginal utility theory)은 재화나 용역의 소비에서 얻는 주관적인 만족감을 숫자로 표시할 수 있다는 가정하에 전개되는 이론으로 기수적 **효용이론**이라고도 한다. 예를 들어 어떤 소비자에게 커피 1단위에 대한 효용은 9이고 녹차 1단위에 대한 효용은 6일 경우, 이 소비자는 커피를 녹차보다 1.5배나 더 원한다는 말을 할 수 있다.

어떤 소비자가 일정 기간 동안 일정량의 재화를 소비할 때 얻을 수 있는 주관적인 만족의 총량을 **총효용**이라 한다. 일반적으로 총효용은 그 재화의 소비량이 증가함에 따라 증가하지만 그 재화의 소비가 어느 정도 한계에 이르면 총효용은 극대가 되고 그 이상 더 소비하면 총효용은 증가하지 않고 오히려 감소하는 경향이 있다. 이때 '그 재화의 최종 1단위의 추가적인 소비에 의한 총효용의 증가분'을 한계효용이라고 부른다. 일반적으로 어떤 재화의 소비량을 1단위씩 증가시켜갈 때 각 단위의 재화가 소비자에게 주는 한계효용은 점차 감소하는데, 이를 한계효용체감의 법칙(law of diminishing marginal utility)이라 한다. 예를 들어 배가 몹시 고플 때 먹는 첫 번째의 빵 하나에서 느끼는 만족감보다 두 번째 먹는 빵에서 느끼는 만족감이 더 떨어질 것이고 계속해서 빵을 먹는다면 도저히 먹을 수 없는 상태에까지 이르게 되어 한계효용은 계속 떨어져서 (−)에까지 이를 것이다.

일반적으로 소비자의 재화에 대한 욕망은 무한하지만, 그 욕망을 충족시킬 수 있는 수단인 소득은 제한되어 있다. 그러므로 소비자는 이 제한된 소득으로 각 재화를 구입할 때 얻을 수 있는 만족(효용)을 극대화하고자 할 것이다.

효용극대화 분석을 하기 위해서는 다음과 같은 세 가지 가정이 필요하다. 첫째, 소비자의 소득은 일정 불변이라고 가정한다. 둘째, 각 재화의 가격도 일정 불변이라고 가정한다.

셋째, 소비자의 각 재화에 대한 한계효용표는 이미 알려져 있다고 가정한다. 이러한 가정하에 소비자가 주어진 소득으로 두 가지의 재화를 구입할 경우 각 재화에 지불된 화폐 1단위의 한계효용이 균등하게 되도록 구입한다면, 소비자의 총효용은 극대가 되고 소비자 선택이 이루어진다. 이는 한 재화를 덜 사고 다른 재화를 더 사는 것이 총효용을 증가시킬 여지가 없는 상태(MUx/Px＝MUy/Py)로 한계효용균등의 법칙(law of equimarginal utility)이라고 부른다(김영신 외, 2012, pp. 140-141).

(2) 무차별곡선이론

소비자 선택에 관한 한계효용이론은 현실적으로 소비자의 효용 수준 측정이 불가능하기 때문에, 효용을 측정할 수 있다는 것을 가정하는 중대한 오류를 범하고 있다. **무차별곡선**(indifference curve)**이론** 분석은 기수적 효용 개념 대신 재화들 간의 효용의 서열관계를 나타내는 서수적 효용의 개념에 기초를 두고 있다. 소비자들은 주어진 소득으로 여러 가지 재화를 구입하려 할 것이다. 이때 소비자가 구입하는 재화의 배합 방식은 무한히 많을 것이나 그중에서 어떠한 배합을 선택하느냐는 소비자 개인의 취향, 소비자의 소득 및 각 재화의 가격에 달려 있다. 무차별곡선은 소비자에게 똑같은 수준의 효용을 제공하는 재화와 용역의 상이한 배합을 연결하여 나타낸 것이다(그림 2-1).

이러한 무차별곡선의 기본 가정은 다음과 같다. 첫째, 소비자는 재화가 2개 이상 제시되었을 때, 그에 대한 선호관계를 밝힐 수 있다. 즉 재화 A보다는 재화 B를 더 선호한다든지, 혹은 재화 B보다는 재화 A를 더 선호한다든지 재화 A와 재화 B가 균등하든지의 선호관계를 밝힐 수 있다. 둘째, 소비자의 선호관계는 이행성이 있다. 즉 재화 A를 재화 B보다, 재화 B를 재화 C보다 선호한다면 소비자는 재화 A를 재화 C보다 선호한다는 것이다. 셋째, 소비자는 적은 것보다 많은 것을 선호한다. 즉 소비자는 많을수록 더 만족한다는 것을 의미한다.

이러한 무차별곡선은 음의 기울기를 갖고, 원점에서 멀수록 더 높은 효용수준을 나타내고, 서로 교차하지 않고, 원점에 대해 볼록하다는 특징이 있다.

무차별곡선을 이용한 소비자 선택은 주어진 예산제약하에서 자신의 효용을 최대로 충족시켜주는 선택을 전제로 한다. 소비자의 예산제약은 시장에서 재화와 용역을 구입할 수 있는 소비자의 객관적 구매 능력을 말하는 것으로 이때 주어진 소득하에서 어떤 재화를 더 구매하면 다른 재화의 구매를 포기해야 하는 기회비용(opportunity cost)의 개념이 도입된다. 한편 재화와 용역에 대한 소비자의 주관적 선호는 무차별곡선으로 표현된다. 동일

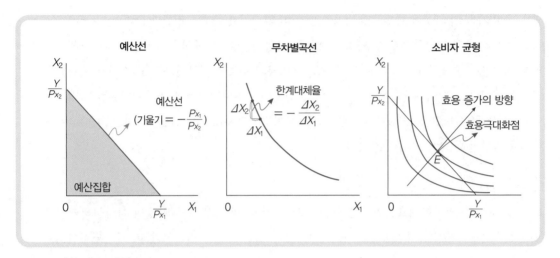

그림 2-1 소비자 균형

한 효용하에서 X_1의 소비를 늘리기 위해 줄여야 하는 X_2의 양을 한계대체율(marginal rate of substitution, $-\Delta X_2/\Delta X_1$)이라 하고, 이때 소비자의 예산제약선과 무차별곡선이 만나는 접점이 소비자 효용을 극대화하기 위한 최적 선택점이 되는 것이다(그림 2-1).

　소비자수요이론은 소비자 선택을 설명하는 데 몇 가지 한계가 있다. 첫째, 소비자는 언제나 효용을 극대화하기 위해 이성적인 판단을 통해 구매의사결정을 하지 않는다는 점이다. 때로는 예산을 초과하거나, 때로는 구매 대안에 속하지 않은 전혀 다른 제품을 선택하기도 하는데 소비자수요이론은 이러한 소비자 행동을 설명하기에 부족하다. 둘째, 소비자수요이론은 소비자 의사결정 현상에 초점을 둘 뿐 이러한 선택이 어떠한 이유로 발생했는가에 대한 원인을 설명하지 못하는 한계점이 있다.

2) 특성이론

전통적인 소비자 선택이론에서는 시장에서 구입한 재화가 직접적으로 효용을 창출한다고 가정하였다. 시장가격과 예산은 소비자가 무엇을 구매할 수 있는가를 결정하는 요소가 되는 것이다. 그러나 **특성이론**(characteristic theory)에서는 소비자가 재화나 용역이 갖고 있는 특성으로부터 효용을 얻으며, 특성이란 효용을 창출한다고 가정하는 재화의 속성을 말한다. 예를 들어 운동화를 구매하는 경우 그 소비자는 운동화가 주는 발의 편안함, 디자인, 색상, 재질, 상표 등으로부터 만족을 느끼게 된다.

특성이론의 기본 명제는 다음과 같다. 첫째, 재화는 그 자체만으로 소비자에게 효용을 주지 않는다. 재화의 특성이 효용을 주는 것이다. 둘째, 소비자는 제품의 특성을 객관적으로 측정할 수 있고, 이 같은 특성이 무엇인지 파악할 수 있다. 셋째, 소비자가 인지하는 특성은 소비자마다 동일하고 소비자는 특성의 가격을 알고 있다.

예를 들어 패스트푸드 식당에 가는 소비자는 음식과 편리함을 사는 것이고, 우아한 레스토랑에서 식사를 하는 소비자는 음식과 분위기 등 감각적인 면에 비용을 지불하는 것이다. 즉, 소비자는 재화의 특성으로부터 만족을 느끼므로 소비자 선택은 다양한 특성들에 대한 상대적인 평가에 달려있게 되는 것이다(Swagler, 1979).

이러한 견해는 소비자가 왜 어떤 상표는 구매하고, 어떤 상표는 구매하지 않는지, 왜 새로운 상품을 선택하는지에 대한 이유를 설명할 수 있다. 그러나 특성이론에도 한계가 있다. 첫째, 각 재화가 가진 다양한 특성들을 규정하는 것이 어렵다는 것이다. 둘째, 특성이론은 소비자가 재화의 특성을 객관적으로 측정하고 이 같은 특성이 무엇인지 파악할 수 있다는 것을 전제로 하고 있으나, 재화가 다양해지고 복잡해지는 요즈음 현실에서 재화의 특성을 파악하고 측정한다는 것은 쉬운 일이 아니라는 것이다.

3) 맨큐 경제학과 대안적 재해석

맨큐 경제학은 매우 간결하며 단순한 문장으로 경제학의 10대 기본원리가 기술되어 있으며 이는 경제학의 핵심 코드이다. 이 중 소비자 선택과 관련된 원리는 다음의 네 가지이다. 그러나 현실세계에서는 10대 기본원리로 설명할 수 없는 인간들의 삶과 경제 문제가 있고, 이에 대해 대안적 재해석을 내리기도 한다(홍태희, 2008).

(1) 모든 선택에는 대가가 있다

"세상에 공짜 점심은 없다"는 속담처럼 우리가 무엇을 얻고자 한다면 그 대가로 무엇인가 포기해야 한다는 것이다. 이를 사회 전체로 넓혀서 생각했을 때 사회가 직면하는 선택은 효율성과 형평성의 상충관계(trade-off)이다. **효율성**(efficiency)이란 제한된 희소한 자원으로 최대의 효과를 얻는 것이며, **형평성**(equality)이란 경제 발전의 혜택을 사회 구성원에게 균등하게 분배하는 것이다(Mankiw, 2018). 그러나 희소하다, 희소하지 않다 등도 사회적·역사적으로 결정된다는 것을 인식할 필요가 있다. 공짜 점심이 흔한 공동체에서는 대가 없는 선택이 흔한 일이 된다(홍태희, 2008).

(2) 선택의 대가는 그것을 얻기 위해 포기한 그 무엇이다

올바른 의사결정을 위해 다른 대안을 선택할 경우 득과 실을 따져볼 필요가 있다. 즉 무엇을 얻기 위해 포기한 모든 선택에 대한 **기회비용**(opportunity cost)을 정확하게 아는 것이 중요하다(Mankiw, 2018). 그러나 선택의 대가는 어떤 선택이냐에 따라 다르고, 그것이 간혹 기회비용과 같다면 우연이다(홍태희, 2008).

(3) 합리적 판단은 한계적으로 이루어진다

합리적인 사람(rational people)이란 자신에게 주어진 기회를 체계적이고 계획적으로 활용하여 자신들의 목적을 달성하기 위해 최선을 다하는 사람이다. 합리적인 사람은 현재 진행 중인 행동에서 맨 끝부분에서 일어나는 변화를 뜻하는 **한계적 변화**(marginal changes)의 이득과 비용을 비교하여 의사결정을 한다(Mankiw, 2018). 그러나 인간은 합리적이지 않고 습관과 문화, 전통 등의 영향 속에서 판단한다(홍태희, 2008, p. 351).

(4) 사람들은 경제적 유인에 반응한다

경제적 유인(incentive)이란 처벌 가능성이나 보상과 같이 사람이 행동하게 만드는 그 무엇을 의미한다. 경제적 유인은 시장이 어떻게 움직이는지 분석하는 데도 중요하다. 예를 들어 사과 가격이 상승하면 소비자들은 사과를 덜 사먹을 것이고, 사과 과수원 주인들은 인부를 고용해 사과 생산을 늘리고자 할 것이다. 즉, 높은 시장가격은 소비자에게 소비를 줄일 유

표 2-1 맨큐 경제학의 기본원리에 대한 대안적 재해석

소비자 선택 관련 맨큐 경제학의 기본원리	대안적 재해석
1. 모든 선택에는 대가가 있다.	모든 선택에는 대가가 있는 것이 아니며, 있다고 해도 물질적인 것이 아닐 수도 있고, 대가가 꼭 선택한 자에게 귀속되는 것도 아니다.
2. 선택의 대가는 그것을 얻기 위해 포기한 그 무엇이다.	선택의 대가는 어떤 선택이냐에 따라 다르고, 그것이 간혹 기회비용과 같다면 우연이다.
3. 합리적 판단은 한계적으로 이루어진다.	이치에 맞는 판단은 한계적 기준에서만 나오지도 않고, 계산은 잘되지도 않는다. 인간의 판단은 완전히 합리적이지 않고, 습관과 문화, 전통 등에 영향을 받는다.
4. 사람들은 경제적 유인에 반응한다.	대부분의 사람은 경제적 유인에 반응하지만 그 반응 정도와 반응 방법은 사람마다, 시대마다, 나라마다 다르다.

출처 : 홍태희(2008)에 기초하여 수정함.

인을 제공하고, 공급자에게는 생산을 늘리도록 하는 유인을 제공한다(Mankiw, 2018). 만약 인간이 금전적 요인에만 반응한다면 자원봉사나 무급돌봄 노동, 육아, 기부 등의 경제행위는 설명할 수 없다. 사람들은 경제적 유인에 반응하지만 그 반응 정도와 방법은 사람마다, 시대마다, 나라마다 다르다(홍태희, 2008, p. 351).

소비자 선택과 관련된 맨큐 경제학의 기본원리와 대안적 재해석을 정리하면 〈표 2-1〉과 같다.

1.2 심리학적 접근

실제 현실 속에서는 소비자가 완전정보를 가지고 시장에서 합리적인 선택을 할 수 없다. 소비자는 어떤 재화가 좋은지 판단할 수 없을 때 어느 때는 값이 비싼 재화를 선택하기도 하고, 어느 때는 그 상황에서 느끼는 느낌이나 감정을 가지고 선택하기도 한다. 1950년대 이후 소비자 행동을 설명하는 경제학적 이론에 대한 비판이 제기되면서 소비자들의 구매 동기, 구매 심리 등에 대한 심리학적 연구의 필요성이 제기되었다. 심리학적 접근은 소비자가 언제나 효용에 근거한 합리적 선택을 하지 않는다는 점을 강조하면서 소비자 선택에 대한 심리적 작용의 중요성을 강조한다. 대표적인 학자로 조지 카토나(Geroge Katona)를 들 수 있는데 그는 "저축은 소득의 함수다"라는 기본 전제의 한계를 지적하며, 사람들의 저축 성향은 소득수준이 아니라 미래에 대해 긍정적 또는 부정적 예측 정도에 따라 결정된다고 하여 심리학적 접근의 중요성을 주장하였다(박명희 외, 2013, p. 58).

심리학적 접근과 관련된 대표적인 이론은 인지일관성이론, 귀인이론, 피시바인의 다속성 태도 모델 등을 들 수 있다.

1) 인지일관성이론

인지일관성이론(cognitive consistency theory)이란 개인의 사고, 정서, 행동과 같은 인지적 요소들이 심리적인 조화를 이루고자 하는 동기에 의해 일관성을 유지하고자 한다는 것에 전제를 둔다. 따라서 소비자는 인지 요소들이 비일관성을 이룰 때 긴장이나 심리적 불편함을 겪게 되고, 이를 해소하기 위해 태도나 행동 등을 수정하여 인지의 일관성을 유지하고자 한다(제미경 외, 2017). 대표적인 이론이 1958년 프리츠 하이더(Fritz Heider)가 제안한 **균형이론**인데, 제품에 대한 소비자의 태도는 관찰자(소비자), 타인(모델), 대상(상표)의 세 가지 인지요소가 균형을 이루는 방향으로 형성된다는 이론이다. 예를 들어 소비자가 광고 모델을 좋아하면 모델이 광고하는 상표에 대해 균형 상태를 이루기 위해 호의적인 태도를 형성한다는 것이다(양윤, 2014).

2) 귀인이론

귀인이론(attribution theory)은 소비자 행동의 원인을 찾아내기 위해 추론하는 과정을 설명하는 이론이다. 귀인이론에 따르면 소비자는 행동의 원인이 기질이나 성격 특성과 같은 자신의 내적요소에 의한 것인지, 아니면 그러한 행동을 할 수밖에 없었던 상황에 의한 외적요소에 의한 것인지 결정하려 한다(제미경 외, 2017). 예를 들어 새로운 모델의 휴대전화가 출시되었을 때 소비자는 자신이 그 제품을 구매하는 이유가 그 제품이 실제로 좋은 품질인지(내부귀인), 아니면 가격을 일시적으로 할인하거나 판매원의 뛰어난 판매전략 등 외적인 요소(외부귀인) 때문인지에 대해 구매 이유를 찾으려 한다.

3) 다속성 태도 모델

마틴 피시바인(Martin Fishbein)의 **다속성 태도 모델**(multi-attribute model)은 소비자가 제품을 구매할 때 대안이 평가되는 기준이 다수일 경우 소비자는 다수의 속성을 동시에 고려하여 대상에 대한 태도를 형성한다. 어떤 재화에 대한 소비자의 태도는 그 재화에 관련된 다양한 속성의 중요도(평가)와 그러한 속성이 그 재화에 있다고 생각하는 주관적 판단(신념)으로 정의한다. 피시바인 모델은 경쟁 상표나 브랜드 간의 상대적인 강점과 약점을 제품 속성 수준에서 쉽게 파악할 수 있기 때문에 마케팅 현장에서 유용하게 활용될 수 있다(양윤, 2014).

이와 같이 심리학적 접근은 소비자 선택의 동기나 원인을 설명하기 위한 유용한 접근법이지만 소비자 선택에 대한 논리적 체계나 구체적인 행동 모델을 설정하고 수립하여 총체적인 흐름을 파악하기는 어렵다.

1.3 행동주의적 접근

1) 니코시아 모델

니코시아 모델(Nicosia model)은 기업과 잠재고객 간의 상호작용에 초점을 두고 있다. 일반적으로 기업은 마케팅 메시지(광고)를 통해 소비자와 의사소통하며 소비자는 구매라는 반응으로 기업과 의사소통한다. 기업은 소비자에게 영향을 미치려 하고 소비자는 그들의 행동으로 기업에 영향을 미치려 한다. 이 때문에 이 모델은 그 상호작용에 기초를 두고 있고, 다음의 네 가지 단계로 나누어 설명할 수 있다(김영신 외, 2012, pp. 144-145).

- 1단계는 두 분야로 나눌 수 있는데, 하나는 소비자 태도에 영향을 미치는 기업의 마케팅 커뮤니케이션 노력으로 제품, 경쟁, 대중매체의 특성, 표적시장의 선택 등이고, 다른 하나는 환경의 측면에서 기업의 메시지를 받아들이는 데 영향을 끼치는 소비자의 특성으로 개성, 경험 등을 포함한다.
- 2단계는 소비자는 제품을 탐색하며, 경쟁 상표와 비교 평가하는 단계이다. 소비자 태도가 호의적일 때 소비자는 그 기업의 상표를 구매하려는 동기를 갖게 된다.
- 3단계는 구매 행위로 기업의 상표에 대한 소비자의 동기가 그 상표를 구매하는 행위로 바뀐다.
- 4단계는 피드백 단계인데 기업에 대한 피드백은 판매실적에 관한 정보이고, 소비자에 대한 피드백은 구매 경험이 저장되고 미래 소비에 영향을 미치게 된다.

2) 하워드-셰드 모델

하워드-셰드 모델(Howard-Sheth model)은 소비자 의사결정에 대한 전반적인 이론을 개발하려는 노력으로 투입요소, 산출요소, 내생요소, 외생요소로 구성되어 있다(Howard & Sheth, 1969).

- 투입요소 : 소비자 환경 내에 있는 세 가지 유형의 자극으로 제품의 품질, 가격 등 물질적 특성(실체적 자극), 마케터가 제공하는 제품 정보인 언어적·시각적 제품 특성(상징적 자극), 소비자의 사회적 환경으로 가족, 준거집단, 사회계층, 문화 등(사회적 자극)이 있다.
- 산출요소 : 구매를 단순한 산출로 인식하지 않고 주의, 이해, 태도, 의도, 구매 행동을 포함한다. 이 같은 산출요소는 투입요소와 소비자의 내적변수와의 상호작용의 결과로 나타나는 반응을 의미한다.
- 내생요소 : 소비자가 의사결정을 할 때 작용하는 것으로 추정되는 심리적 변수로 지각 구성의 개념에는 정보 탐색, 동기, 주의, 지각적 편견이 포함되고 학습 구성의 개념에는 태도, 선별 기준, 상표 이해, 만족 등이 포함된다.

● **외생요소** : 구매의 중요성, 소비자의 개성, 시간 압박, 재정 상태, 조직, 사회계층 및 문화가 포함된다.

3) 엥겔-블랙웰-미니아드 모델

엥겔-블랙웰-미니아드 모델(Engel-Blackwell-Miniard model)은 오늘날 가장 자주 인용되는 소비자 행동의 통합 모델로서 네 가지의 구성요소로 이루어졌으며 의사결정과정에 초점을 두고 있다. 이 구성요소는 정보 투입, 정보 처리, 의사결정과정, 의사결정과정에 영향을 미치는 변수로 구성된다(그림 2-2).

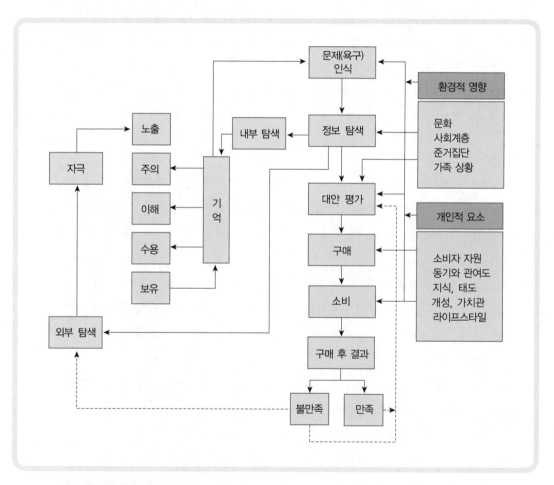

그림 2-2 엥겔-블랙웰-미니아드 모델
출처 : Engel, Blackwell & Miniard (1995)에 기초하여 수정함.

(1) 정보 투입

정보 투입은 자극을 의미하며 시장에서의 자극은 광고, 판매원의 권유, 디스플레이, 판매촉진 등의 마케팅 활동을 통해 정보가 유입되어 모델의 정보 처리 부분으로 가게 된다.

(2) 정보 처리

정보 처리는 외부로부터 자극을 받아들여 의사결정 영역으로 진입하기 위한 준비단계를 거쳐 이루어지는데, 정보처리과정은 정보에 대한 노출, 주의, 이해, 수용, 보유 등 5단계로 구성되어 있다. 어떤 메시지가 이용되기 위해서는 우선 그 메시지를 접촉한 후(노출), 정보처리능력이 배분되고(주의), 메시지를 해석하고(이해), 설득하며(수용), 이를 장기기억으로 전송하는 기억보존작용(보유)이 일어나야 한다. 메시지는 특성 중심으로 분석하는 감각기억과 의미 중심으로 분석하는 단기기억을 통과해야만 한다.

(3) 의사결정과정

의사결정과정은 5단계로 이루어져 있으며 이 모델의 핵심을 이루고 있다. 즉, 문제 인식, 정보 탐색, 대안평가, 구매, 결과의 과정을 거치는데 이 5단계는 모든 상황에서 항상 거치는 과정이 아니라 문제 해결의 유형이나 상품에 대한 관여도에 따라 과정을 달리할 수 있다. 예를 들어 본격적인 의사결정에서는 소비자들이 전체 5단계를 다 거쳐가는 것으로 보며, 일상적인 의사결정에서는 이미 자기들이 원하는 것을 알기 때문에 외부탐색이나 대안평가 등이 일어나지 않을 수도 있다.

(4) 의사결정과정에 영향을 미치는 변수

의사결정에 영향을 미치는 환경적 영향요인으로는 문화, 사회계층, 준거집단, 가족 등이 포함되고, 개인적 영향요인으로는 소비자 자원, 동기와 관여도, 지식, 태도, 개성, 가치관, 라이프스타일 등이 포함된다.

1.4 행동경제학

행동경제학(behavioral economics)이란 인간이 실제로 어떻게 '선택'하고 행동하는지 그 결과로 어떠한 사회 현상이 발생하는지를 고찰한다. 행동경제학은 인간의 합리성, 자제심, 이기심을 부정하고 인간은 완전히 합리적이지는 않지만, 어느 정도 합리적이라는 의미로 '제한된 합리성'이라는 용어를 사용한다. 행동경제학의 태동은 아담 스미스로 거슬러 올라가는데, 아담 스미스는 1759년 **국부론**에 영향을 준 **도덕감정론**을 출간하면서 인간의 경제적 행동은 다양한 심리적 감정들에 의하여 영향을 받고, 심리적 감정들은 이성적 마음으로 진정된다고 보았다. 인간은 자신의 이익만을 고려해서 움직이지 않고 다른 인간들에게 동정심을 보인다는 것이다. 그 후 1920년대 소스타인 베블런(Thorstein Veblen) 등 제도경제학자는 경제이론에서 심리적 요인의 도입이 필요하다고 주장하였고, 1960년대 허버트 사이먼(Herbert Simon)은 인간이 경제적 행위를 하기 전에 직면하는 정보의 제약을 인식하고 이를 '제한된 합리성'이라 하며, 인간의 선택은 합리적인 이익의 극대화를 추구하는 것이 아니라 만족 추구자임을 주장하였다. 행동경제학 분야를 개척한 대니얼 카너먼(Daniel Kahneman)과 아모스 트버스키(Amos Tversky) 등은 1970년대 행동경제학의 대표적 이론으로 인간 자체에 존재하는 선택행동의 두 체계, 가치와 전망이론, 휴리스틱과 편향 등을 들었고 그 외에 심리회계와 프레이밍, 후광효과 등의 이론으로 소비자 행동을 설명하였다(강상목, 박은화, 2019, pp. 95-100).

1) 선택행동의 두 체계

카너먼과 트버스키에 의하면 인간의 인지행동과 선택은 두 가지 체계를 가진다. 즉 직관적이고 본능적인 **자동시스템**(시스템 1)과 깊은 사고를 요구하는 **숙고시스템**(시스템 2)이다. 자동시스템은 직관적이고 본능적이라서 즉각적으로 뇌가 반응하여 사고가 필요없기 때문에 행위가 통제되지 않는다. 반대로 숙고시스템은 보다 신중하고 의식적이어서 느리게 진행되고 스스로 통제할 수 있다. 의식적으로 생각하는 사고가 필요하고 일정한 방식으로 규정을 지키려는 노력이 수반된다. 자동시스템은 특정 상황에서 발생하는 오류를 가지고 있는데, 바로 편향(bias)이고, 숙고시스템은 제한된 합리성이 작용한다(강상목, 박은화, 2019, pp. 126-129). 인간은 두 시스템을 통해 행동하는 자아와 계획하는 자아를 가지게 되는데 예를 들어 핸드폰 알람을 7시에 맞춰두고 잤다면(계획하는 자아) 행동하는 자아는 10분만 더 자고 일어나려 하지만 통제가 되지 않아 8시에 일어나게 되는 경우이다. 또한 사람들은 모국어를 말할 때 자동시스템을 사용하지만 다른 언어를 말할 때에는 숙고시스템을 사용하며 고군분투하는 경향이 있다. 두 시스템의 특징은 〈표 2-2〉와 같다.

　인간의 선택이론을 설명하는 행동경제학의 주된 분야는 경제학과 심리학으로 경제학 관점에서 제시한 이론은 전망이론이고 심리학 관점에서 제시한 것은 각종 인간의 편향이다.

표 2-2 자동시스템과 숙고시스템의 특성

자동시스템(시스템 1)	숙고시스템(시스템 2)
통제할 수 없다.	통제할 수 있다.
노력이 필요없다.	노력이 요구된다.
결합적이다.	연역적이다.
신속하다.	느리다.
무의식적이다.	의식적이다.
능란하다.	규칙을 따른다.

출처 : Thaler & Sunstein (2008).

2) 전망이론

(1) 가치함수

카너만과 트버스키(Kahneman & Tversky, 1979)가 창시한 **전망이론**(prospect theory)은 불확실한 상황에서 행하는 인간의 판단과 선택을 설명하는 이론으로 "사람은 변화에 반응한다"는 것이 그 출발점이다. 전통적인 효용이론에서는 개인의 효용은 절대적 부의 수준에 의해 좌우된다고 보는 데 반해, 전망이론에서는 어떤 개인이 준거점을 어디에 두는가에 의해 평가 대상의 가치가 결정된다(그림 2-3).

가치함수는 기존 주류경제학의 효용함수와 유사하지만 그 차이는 준거점, 민감도 체감성, 손실회피성에서 비교할 수 있다.

- **준거점 의존성** : 재화나 소득의 가치는 준거에 따라 달라진다. 인간은 절대적인 가치의 변화보다는 상대적인 가치의 변화에 더 민감하다. 예를 들어 연봉이 4천만 원인 사람과 5천만 인 사람 중에 누가 더 행복하느냐고 묻는다면 당연히 연봉이 5천만 원인 사람이 행복할 것이다. 그러나 두 사람의 작년 연봉이 각각 3천만 원과 6천만 원이었다고 한다면, 현재 연봉 4천만 원인 사람이 더 행복할 것이다. 준거점 의존성(reference dependence)은 상대적 출발점인 기준이 어디부터 시작되느냐에 따라 다르다는 것을 강조한다.
- **민감도 체감성** : 이는 주류경제학의 한계효용체감의 법칙과 비슷하다. 이익이든 손실이든 늘어나면 둔감해진다. 그러나 이익이나 손실의 가치가 작을 때는 변화에 민감하여

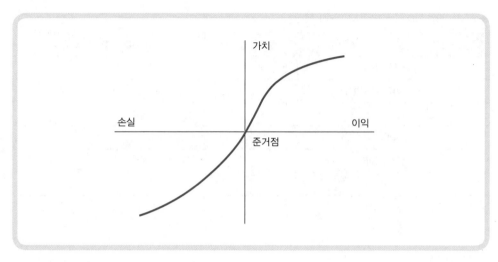

그림 2-3 가치함수

출처 : Kahneman, Daniel & Tversky (1979).

손익의 작은 변화가 비교적 큰 가치 변동을 가져온다. 예를 들어 제품가격이 10만 원
에서 20만 원으로 변화할 때가 100만 원에서 110만 원으로 변화할 때보다 더 크게 지
각되는 것이다.

- 손실회피성 : 이익을 좋아하기보다는 손실을 싫어하는 특성을 손실회피성(loss aversion)
  이라고 한다. 손실과 이익의 절댓값이 같을 경우 손실에 대해 느끼는 주관적 가치(심
  리적 고통)가 이익에 대해 느끼는 주관적 가치(심리적 만족)보다 더 크기 때문에 기준
  점을 중심으로 가치함수는 이익보다는 손실 영역에서 더 가파른 모양을 띄게 된다. 예
  를 들어 100만 원의 손실을 상쇄하려면 100만 원이 아닌 200만 원 이상의 이익이 필요
  하다. 가치함수(그림 2-3)는 준거점을 기준으로 이익 상황에서는 오목한 형태를, 손실
  상황에서는 볼록한 형태를 보인다(안광호, 곽준식, 2011, pp. 176-187; 홍훈, 2016,
  pp. 84-95).

(2) 소유효과

소유효과란 어떤 재화를 보유한 사람이 그 재화를 갖고 있지 않은 사람보다 그 가치를 더
높게 평가하는 것이다. 우리는 쓰지 않고 방치하던 물건도 누가 달라고 하면 아까워진다.
일반적으로 재화를 소유하게 되면 세 가지 비이성적인 습성을 가지게 된다.

첫째, 사람들은 자기 자신이 오랫동안 소유할수록 소지품에 대해 깊은 집착이 생긴다. 둘째, 일단 소유하게 되면 얻을 때 가치보다 잃어버릴 때의 두려움이 더 크기 때문에 잃어버리는 것에 더 집착한다. 셋째, 거래 시 제품판매자는 제품의 장점에 가치를 부여하는 반면, 구매자는 단점에 더 관심을 갖게 되기 때문에 가격 차이가 생기게 된다. 이때 판매자 입장에서는 소유효과가 작용하고 구매자 입장에서는 손실회피가 작용한다.

홈쇼핑에서 한 달간 무료체험 후 구입하라는 마케팅 전략, 환불보장제도, 통신요금 몇 달간 무료제공 전략 등은 소유효과를 자극하는 마케팅 전술이다(강상목, 박은화, 2019, pp. 136-139).

3) 휴리스틱과 편향

휴리스틱(heuristic)은 정보가 불완전한 상황에서 시행착오나 경험을 통하여 직관적으로 판단과 선택을 하는 의사결정방식이다. 어림짐작으로 이해되는 휴리스틱은 경제적인 의사결정 방식이라는 장점도 있지만 편향, 즉 오류의 가능성도 높다.

(1) 대표성 휴리스틱

대표성 휴리스틱(representativeness heuristic)이란 의사결정을 할 때 사람들이 가지고 있는 문제에 대한 대표성이나 전형적인 특징을 기초로 선입견이나 고정관념을 가지고 판단하는 것이다. 대표적인 선입견에 기초하여 휴리스틱으로 판단하는, 예를 들면 와인 선택 시 사람들에게 미국산, 프랑스산, 칠레산 와인이라는 출처를 알려주고 가장 맛있는 와인을 선택하라고 한다면 프랑스 와인을 선택할 것이다. 그러나 출처를 알려주지 않고 와인을 고르라고 할 경우 미국산을 선택하는 경우가 많았다. 이와 같이 사전 정보에 따라 맛에 대한 판단이 달라진다면 사전 정보나 판단이 사람들의 결정에 심각한 영향을 미치게 된다는 것이다(강상목, 박은화, 2019, pp. 141-142).

대표성 휴리스틱의 편향으로 첫째, 어떤 사건이 발생될 가능성에 대해 판단할 때 기저율(base rate)이나 사전확률을 무시하는 편향, 둘째, 소수의 표본이 모집단을 대표한다고 여기는 편향으로 표본 크기를 무시하는 '소수의 법칙', 셋째, 우연적 사건에 대한 잘못된 믿음으로 예를 들어 지금까지 복권이 한 번도 당첨되지 않았으니 이번에는 당첨될 거라고 믿는 경우 등 정보를 취사선택하는 오류를 범할 수 있다.

(2) 가용성 휴리스틱

가용성 휴리스틱(availability heuristic)이란 사람들이 객관적 정보보다는 경험, 직관, 논리적 사고 등 저장된 기억으로부터 바로 떠오르는 회상 용이성에 따라 판단하는 것이다. 소비자가 광고에서 자주 접하거나 최근에 접한 제품을 사는 경향이 이에 속한다. 가용성 휴리스틱의 결과로 일어나는 편향은 **사후판단 편향**으로, 결과와 관련된 정보를 떠올리면 자신이 알고 있던 것에 대해 과대평가하면서 마치 자기가 예전부터 이미 그러한 결과를 예견했던 것으로 생각하는 것을 말한다. 우리가 어떤 결과를 알고난 후 "내가 이럴 줄 알았다니까!"라고 말할 때, 이를 사후판단 편향이라고 한다(안광호, 곽준식, 2011).

(3) 기준점 휴리스틱

기준점 휴리스틱(anchoring heuristic)이란 소비자들이 손쉽게 얻을 수 있는 정보를 기준점으로 삼고 자신의 판단이나 생각을 그 기준점에 맞추는 것이다. 예를 들어, 10만 원짜리 원피스를 40% 할인하여 판매한다면 소비자의 기준점은 10만 원이 되기 때문에 소비자는 저렴하게 제품을 구매했다고 생각할 수 있다. 이때 소비자는 기준점 설정과 조정과정이 불완전하여 편향이 나타날 수 있는데 이를 **확증편향**이라 한다. 소위 "사람은 보고 싶은 것만 보고 듣고 싶은 것만 듣는다"고 말하는 것이다.

예를 들어 "하이트 맥주의 맛은 깨끗하다"는 광고를 본 소비자는 광고 주장을 가설로 받아들인 다음 하이트 맥주가 다른 맥주에 비해 특별히 깨끗한 맛을 갖고 있지 않아도 깨끗한 맛을 갖고 있다고 느끼게 되는 경향이 있다(안광호, 곽준식, 2011, p. 116).

4) 심리회계와 프레이밍 효과

심리회계(mental accounting)란 사람들이 돈의 출처에 따라서 심적인 구분을 달리해두는 것이다. 사람들은 급여로 받은 100만 원과 복권당첨으로 얻은 100만 원은 다른 종류의 돈으로 생각하여 지출한다. 공짜로 번 돈은 심리회계에 부담이 없기 때문에 쉽게 사용해 버리는 경향이 있다.

프레이밍 효과(framing effect)란 동일한 현상에 대해 사람들이 어떤 틀을 가지고 세상을 보느냐에 따라 선택이 달라진다는 것이다. 만약 신용카드로 구입할 땐 3만 3천 원, 현금으로 지불할 땐 3만 원이라면 소비자는 어느 쪽을 더 선호하겠는가? 신용카드가격이 '정가'가 되고 현금은 '할인'이 되는 것인지, 신용카드 가격이 수수료가 포함된 것이고 현금 가격이

'정가'가 되는 것인지 두 방법은 차이가 없지만 이를 카너먼과 트버스키는 '프레이밍'이라고 정의했다. 긍정적 틀을 적용할 경우 긍정적인 결론이, 부정적 틀을 적공할 경우 부정적인 결론이 내려질 가능성이 높아질 수 있다.

5) 후광효과

후광효과(halo effect)란 우리 속담에 "한 가지를 보면 열 가지를 알 수 있다"는 말처럼 어떤 대상의 일부에 대한 평가가 나머지 전체에 대한 평가에 영향을 미치는 현상이다. 후광효과는 마케팅과 광고에서 많이 활용되는데 2014년 프란치스코 교황의 한국 방문 의전차량으로 선택된 기아의 '쏘울'은 '교황이 탑승한 차'라는 후광효과로 판매량이 큰 폭으로 상승했다. 최근 케이팝이 인기를 끌면서 한국 문화와 한국식 화장법에 대한 관심이 높아지는 것도 후광효과의 한 예이다.

6) 넛지효과

넛지(nudge)란 '팔꿈치로 슬쩍 옆구리 찌르기'라는 뜻으로 개인들의 다양한 기회를 건드리지 않고 가격체계에 변화를 주지 않으면서 개인들의 선택을 바람직한 방향으로 안내하는 것이다. 우리는 이러한 안내자를 '선택 설계자(choice architect)'라 부르는데 사람들이 결정을 내리는 배경이 되는 '정황이나 맥락'을 만드는 사람이다(Thaler & Sunstein, 2008, p. 16).

넛지는 인간의 심리적 편향들을 활용하여 의사결정의 합리적인 대안을 제시하는 것으로, 예를 들어 대형마트에서 재화를 진열할 때 소비자가 별로 찾지 않는 것을 구석의 끝에 배치한다든가, 필수적인 재화는 가장 끝에 배열하여 지나가면서 다른 다양한 재화를 보고 사고 싶은 욕망이 생기도록 만들기도 한다(강상목, 박은화, 2019).

2. 의사결정과정

2.1 문제 인식

1) 문제 인식이란

의사결정의 첫 단계는 소비자가 문제나 욕구를 인식함으로써 시작된다. 소비자가 실제 상태(actual state)와 바람직한 상태(desired state) 간에 차이(gap)를 지각하게 되면 욕구가 인식

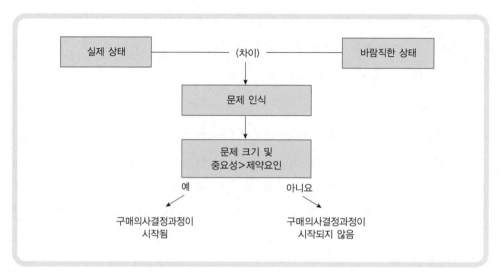

그림 2-4   문제 인식과 구매의사결정

출처 : 이학식, 안광호, 하형원(2016)에 기초하여 수정함.

되고 의사결정과정이 시작된다(그림 2-4). 예를 들어, 카페 옆을 지나가다 갓 볶은 커피향에 매료되어 커피를 마시고 싶은 생각이 들 수도 있고, 친구가 승용차를 새로 구매하면 부러움을 느끼기도 한다. 그러나 이러한 자극이 문제로 인식되었다고 해서 누구든지 문제를 해결하려고 하는 것은 아니다. 문제 인식이 의사결정과정을 거쳐 구매로 이어지기 위해서는 실제 상태와 바람직한 상태 간의 차이의 크기와 그 문제가 매우 중요한 것이어야 하며, 문제를 해결하기 위한 수단이 경제적으로나 시간적으로 가능해야 한다.

그러나 실제 상태와 바람직한 상태 간의 차이가 크지 않거나, 크더라도 문제를 해결하겠다는 충분한 동기가 없다면 문제 인식이 의사결정과정을 거쳐 구매로 이어지지 않는다.

2) 문제 인식의 유형

호킨스 등은 문제 발생이 예상되었는지 여부와 해결의 긴급성에 따라 문제 인식을 네 가지 유형으로 나누었다(표 2-3; Hawkins, Coney, & Best, 1980).

- 일상적인 문제 : 실제 상태와 바람직한 상태 간의 차이가 발생할 것이 예상되고, 발생하면 즉각적으로 해결이 필요한 문제를 **일상적인 문제**(routine problem)라고 한다. 예를 들어, 식료품이나 화장품같이 가정에서 흔히 구매하는 편의품의 경우 다 쓰게 되면 욕구

표 2-3 문제 인식의 유형

문제 해결의 긴급성 / 문제 발생의 예상 여부	즉각적 해결이 요구됨	즉각적 해결이 요구되지 않음
예상된 문제 발생	일상적인 문제	계획적인 문제
예상치 않은 문제 발생	긴급한 문제	진행 중인 문제

출처 : Hawkins, Coney & Best (1980).

충족을 위해 즉시 재구매의 필요성을 인식하게 된다.

- 계획적인 문제 : 문제 발생이 예상되지만 해결을 즉각적으로 할 필요가 없는 문제를 계획적인 문제(planning problem)라고 한다. 예를 들어, 살고 있는 집을 리모델링하려는 소비자는 기회가 있을 때마다 인테리어전문점을 방문하고, 관련 잡지책을 보거나 TV 프로그램이나 유튜브 등을 통해 리모델링 한 집에 대한 정보를 수집할 것이다.

- 긴급한 문제 : 문제 발생을 예상치 못하였으나 갑자기 문제가 발생하여 즉각적인 해결이 필요한 경우를 긴급한 문제(emergency problem)라고 한다. 예를 들어, 승용차 운전 시 갑자기 타이어가 터지는 경우 가장 가까운 타이어 상점에서 적절한 품질과 가격의 타이어를 구매할 수밖에 없다. 그런 경우 즉각적인 구매는 임시방편의 해결책이 되어 추후에 보다 나은 의사결정을 하기 위해 계획적인 문제로 바뀔 수 있다.

- 진행 중인 문제 : 발생이 예상되지도 않고 즉각적으로 해결할 필요가 없는 문제를 진행 중인 문제(evolving problem)라고 말한다. 예를 들면 인기 드라마에서 유행하는 액세서리나 옷과 같은 패션품목의 경우 처음에는 극히 일부의 소비자들만 구매하지만, 시간이 지남에 따라 이 품목이 점차 유행이 되는 것을 보면서 자신도 유행하는 제품을 갖고 싶은 욕구가 점차 생기게 된다. 이때 바람직한 상태와 실제 상태의 불일치를 크게 느끼게 되면 제품을 구매하게 된다.

2.2 소비자 정보 탐색

소비자가 문제를 인식하였을 때 그 행동을 방해하는 제약요인이 없다면 그다음 단계는 정보를 탐색하는 것이다. **정보 탐색**은 구매의 불확실성을 감소시키기 위해 재정적 · 심리적 불확실성이나 위험을 감소시켜주는 행위로, 소비자가 상점과 제품 및 구매에 대해 더 많은 것을 알기 위해 행하는 의도적인 노력이다. 소비자가 만족스러운 소비자 의사결정을 하기 위해

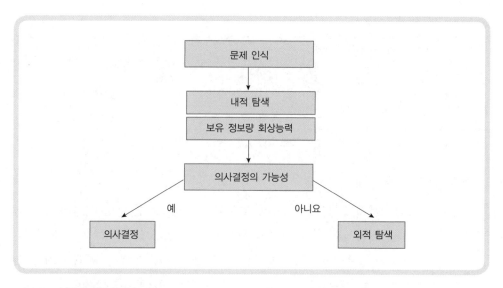

그림 2-5 정보탐색과정
출처 : Engel, Blackwell & Miniard (1995).

상황에 따라 자신의 기억 속에 보관된 경험이나 지식을 내적으로 탐색하는 것으로 그치기도
하고, 외부환경으로부터 정보를 수집하는 외적 탐색을 할 수도 있다(그림 2-5 참조).

1) 구매의사결정 유형과 정보 탐색 정도

어떤 경우에 내적 탐색을 하고, 또 어떤 경우에 외적 탐색을 하는지는 〈표 2-4〉와 같이 의
사결정 유형에 따라 달라질 수 있다. 의사결정은 곧 문제 해결이라 할 수 있으며, 크게 세
가지 유형으로 나뉜다.

- **포괄적 문제 해결** : 소비자가 대안들을 분석하는 데 많은 시간과 노력을 쏟는 구매 결
  정 과정으로 구매 결정에 따른 위험과 불확실성이 클 때 **포괄적 문제 해결**(extended
  problem solving)이 일어난다. 주택, 자동차, 내구재 등 고가품을 구입할 경우 내적 탐
  색은 물론 외적 탐색을 활발히 하게 된다.
- **제한적 문제 해결** : 소비자가 제품이나 서비스와 관련된 경험이 있거나 구매에 따른 위
  험부담이 크지 않을 때 하는 의사결정을 **제한적 문제 해결**(limited problem solving)이라
  한다. 소비자는 기억을 통한 내적 탐색과 함께 외부 정보 원천에서 제한된 정보를 수

표 2-4 구매의사결정 유형별 정보 탐색 정도

탐색의 성격	의사결정 유형		
	포괄적 문제 해결	제한적 문제 해결	일상적 문제 해결
1. 상표 수	많다	적다	하나
2. 점포 수	많다	적다	모름
3. 제품의 속성	많다	적다	하나
4. 외적 정보원 수	많다	적다	없다
5. 소요시간	길다	짧다	극소

출처 : Engel, Blackwell & Miniard (1995).

집한다. 예를 들어 주방기구나 식료품 등 저관여제품인 경우 제품에 대한 지식은 가지고 있지만 상표나 스타일, 가격대 등에 대한 지식이 부족한 경우 제한적 의사결정을 하게 된다.

● 일상적 문제 해결 : 소비자가 반복적인 구매를 할 때 이루어지는 것으로 소비자가 과거의 경험을 통해 어떤 문제를 해결하기 위한 최선의 대안을 알고 있어 문제 인식에 따라 내적 탐색에 의해 곧바로 의사결정을 하는 경우를 **일상적 문제 해결**(routinized problem solving)이라 한다. 예를 들어 커피를 좋아하는 소비자가 커피가 떨어졌을 때 자신이 늘 즐기는 상표의 커피를 사는 경우이다(Engel et al., 1995).

2) 정보 탐색 유형

(1) 내적 탐색

내적 탐색(internal search)은 소비자가 가진 사전 지식을 통해 정보를 끌어내는 행위이다. 소비자의 기억 속에는 구매의사결정을 할 때 자신의 직접적인 경험이나 기업의 광고, 비영리기관이나 언론기관 등의 발간물, 또는 의도적 혹은 비의도적으로 타인에 의해 수집된 정보가 저장되어 있는 경우가 많다. 소비자가 의사결정을 할 때 이러한 기억 속에 있는 관련 정보를 자연스럽게 회상하게 되는데 이때 의사결정을 할 만큼 충분한 정보가 저장되어 있고 회상할 수 있으며 또한 상당히 만족스러운 대안이 있으면 곧바로 그 대안을 구매하게 된다. 그러나 이러한 내적 탐색이 정보를 충분하게 제공하지 못한다면 추가적인 정보를 수집하기 위하여 외적 탐색을 수행하게 된다.

(2) 외적 탐색

보통 어떤 제품을 처음으로 구매하거나 또는 구매 간격이 너무 길어서 그동안 알던 것을 잊어버렸다거나, 신제품이 시장에 나왔을 경우에는 내적 탐색만으로는 불충분하다. 즉, **외적 탐색**(external search)은 소비자가 현재 가지고 있는 지식만으로는 충분하지 못하다고 느껴서 추가로 정보를 얻는 과정으로 관여도가 크고 구매의사결정이 중요하며 인지된 위험이 클 경우 하게 된다.

외적 탐색을 통해 입수하려는 정보는 네 가지로, 대안상표(alternative brands)에 관한 정보, 대안상표들을 비교할 수 있는 평가기준에 관한 정보, 평가기준의 중요도에 관한 정보, 신념을 형성하기 위한 정보, 예컨대 상표들이 지니고 있는 속성과 이러한 속성들이 제공하는 혜택에 관한 것이다.

3) 정보의 원천

소비자 정보의 원천은 다음과 같이 세 가지로 구분할 수 있다.

- **기업 정보원** : 광고, 판매원, 포장, 가격, 점포 내 정보, 유통경로와 같은 수단을 포함한다. 이런 정보는 적은 노력과 비용으로 즉시 얻을 수 있고 기술적으로 정확하지만, 간혹 정보가 피상적이고 믿을 수 없으며 부분적이라는 단점이 있다.
- **소비자 정보원** : 가족, 친지, 동료 등 마케터의 직접적인 통제하에 있지 않은 모든 개인 간 정보 원천을 포함한다. 이 정보원은 소비자 욕구에 맞추어 정보를 얻을 수 있고 정보비용도 낮지만, 잘못된 정보일 수 있고 소비자 스스로 얻어야 한다.
- **중립적 정보원** : 정부산하 기관이나 언론기관의 발행물, 신문, 잡지, 방송 뉴스, 통신정보 등을 포함한다. 이 정보원은 사실에 근거하고 편견이 개재되지 않은 신뢰성 있는 정보이지만, 정보 비용이 높고 최신성이 결여되었으며 정보를 이해하는 데 지적 기술이 필요하다.

2.3 대안평가

1) 대안평가의 의의

소비자는 최종 선택을 하기 위하여 상표 선택에 대한 정보를 처리한다. **대안평가**(alternative evaluation)란 소비자가 수집한 정보를 바탕으로 선택대안들을 평가하는 것으로, 이때 소비자는 평가기준과 평가방법을 결정하여 상표들을 비교하고 평가한다. 이러한 대안평가는 정보 탐색과 별개의 과정으로 이루어지기보다는 동시에 이루어지는 경우가 대부분이다. 소비자가 정보를 처리해 본 경험이 많으면 많을수록 평가시간은 짧아지며, 제품의 중요성이 높고 위험이 클수록 평가시간은 길어진다(김영신 외, 2012).

대안평가과정은 신념 → 태도 → 의도과정을 거쳐서 선택 및 구매에 이르게 된다. 신념이란 각 대안이 가지고 있는 특성에 대해 소비자가 지각하고 있는 주관적인 믿음이다. 선택대안들에 대한 평가기준과 소비자의 신념은 각 대안에 대한 호의적 또는 비호의적인 태도를 형성하고, 실제 구매 행동은 호의적인 태도에 이어 구매 의도가 형성되어야 한다. 의도가 태도와 행동을 매개하므로 소비자의 실제 구매 행동은 태도가 아니라 구매 의도에 의해서 좀 더 정확하게 예측할 수 있다.

2) 평가기준의 특성

소비자는 여러 가지 상품과 상표를 비교하기 위해 자신이 중요하다고 생각하는 속성을 평가기준을 사용하여 선정하는데 평가기준의 특성은 다음과 같다.

- **상황적 요인** : 소비자가 처한 상황에 따라 대안을 평가하는 기준이 달라질 수 있다. 예를 들면 음식점을 선택할 때 시간이 없는 소비자라면 패스트푸드 음식점에서 금방 먹을 수 있는 음식을 구매할 것이다. 또한 자신이 사용하기 위해 물건을 살 때는 유명 상표보다는 실용성과 가격을 고려하게 되고, 남에게 선물하기 위해 물건을 구매할 때는 상표명을 중요하게 생각할 것이다.
- **구매 동기** : 소비자의 제품 구매 동기는 실용적 동기(utilitarian motive)와 쾌락적 동기(hedonic motive)로 구분할 수 있다. 운동화를 구매할 때 실용적 동기를 중시한다면 가격, 충격 흡수성 등 실용적인 효용에 관심이 있을 것이다. 쾌락적 동기는 자신의 이미지 향상을 위한 방편으로 운동화 디자인이나 유명 상표를 고려하는 구매를 함으로써 즐거움을 얻고자 하는 것이다.
- **상대적 중요성** : 소비자는 여러 가지 평가기준에 의해 상표를 평가하는데 소비자에게 가장 중요한 속성이 평가기준에 제일 크게 작용한다. 이러한 기준은 소비자가 구매할 때 추구하는 제품이나 상표의 특성으로 객관적일 수도 있고 주관적일 수도 있다. 또한 주관적인 평가기준의 차이로 인해 같은 종류의 제품에 대해서도 여러 가지 평가를 할

수도 있다. 예를 들어 승용차 구매 시 소비자들은 색깔, 스타일, 연비 등 객관적 평가 기준을 중시할 수도 있고, 그 승용차가 풍기는 사회계층적 이미지나 성적 이미지와 같은 주관적 평가기준을 중시할 수도 있다.

- **평가기준의 수** : 제품의 관여도는 평가기준의 수에 영향을 준다. 승용차 등과 같은 내구 재로서 고관여 제품의 경우는 상대적으로 많은 평가기준에 의하여 선택대안을 평가하는 반면, 식료품 등 저관여 제품의 경우는 평가기준의 수가 적다. 소비자 의사결정에서 고려되는 평가기준의 수는 6개 이하인 것이 보통이며 9개를 넘는 경우는 드물다고 한다.

3) 대안평가 방법

평가기준에 의해 제품에 대한 신념이 형성되면 이러한 신념에 따라 어떤 상표를 좋아하기도 하고 반대로 싫어하기도 할 것이다. 이는 상표에 대한 소비자의 태도로 소비자는 호감을 갖게 되는 상표를 선택하려 한다. 상표대안을 평가하는 방식은 비보상적 결정원칙과 보상적 결정원칙으로 나눌 수 있다.

(1) 비보상적 결정원칙

비보상적 결정원칙(noncompensatory rules)이란 한 평가기준에서의 약점이 다른 평가기준에서의 강점에 의하여 보완이 되지 않는 평가방식이다. 소비자는 한 번에 한 속성(평가기준)만을 고려하기 때문에 평가에 사용된 특정 속성이 다른 상표보다 낮게 지각되면 다른 속성이 우수하더라도 선택하지 않게 된다. 〈표 2-5〉는 소비자가 휴대전화를 구매할 때 4개 사의 휴대전화에 대한 비교평가표로 소비자가 중요하게 생각하는 다섯 가지 속성에 대한 평가점수이다. 평가점수는 최하 1점에서 최고 5점까지 표시한 것이다.

- **사전편찬식** : 소비자가 자신이 가장 중요시하는 평가기준에서 최상으로 평가되는 상표를 선택하는 방식을 **사전편찬식**(lexicographic rule)이라고 한다. 최상의 상표가 2개이면 두 번째로 중요시하는 평가기준에 의하여 선택한다. 예를 들어, 소비자가 제품의 기능을 가장 중요시하고 가격을 두 번째로 중요시한다면 제품 기능에서는 M사와 S사가, 그다음 단계인 가격에서는 M사를 선택할 것이다.
- **순차제거식** : 소비자가 가장 중요시하는 속성에 대해 수용기준을 설정하고 평가기준의

표 2-5 휴대전화의 가상적인 속성점수표

평가기준	중요도	상표			
		L사	M사	P사	S사
기능	5	4	5	3	5
가격	4	5	3	5	2
디자인	3	1	2	4	5
상표	2	3	3	4	5
조작의 편리성	1	2	4	3	3

중요도에 따라 수용기준을 만족시키지 못하는 상표를 제거해 나가는 방식을 순차제거식(sequential elimination rule)이라고 한다. 이 원칙은 중요한 속성에서 높게 평가되지 못한 대안들을 줄이기 위해 차례차례 속성을 이용하여 불만족스러운 상표들을 순차적으로 제거하고 끝까지 살아남는 상표를 선택한다. 소비자가 수용기준을 각 속성에 대하여 3점 이상으로 한다면 가격에서 S사가, 디자인에서 L사와 M사가, 조작의 편리성에서 L사가 제거되어 소비자는 결국 P사의 휴대전화를 선택하게 될 것이다.

● **결합식** : 소비자가 상표의 수용을 위한 최소한의 수용기준을 모든 속성에 대하여 마련하고, 각 상표별로 모든 속성의 수준이 최소한의 수용기준을 만족시키는가에 따라 평가하는 것을 **결합식**(conjunctive rule)이라고 한다. 결합식 의사결정은 상표별 의사결정 방법으로 소비자가 각 속성에 대한 수용기준을 3점으로 둔다면 L사와 M사는 디자인에서, S사는 가격에서 수용기준에 못 미치므로 P사의 휴대전화를 선택하게 될 것이다. 이 방식은 첫 번째 상표를 모든 속성에 대해 평가한 다음 두 번째 대안의 평가로 넘어가게 된다.

(2) 보상적 결정원칙

어떤 상표의 속성에는 약점이 있는가 하면 강점도 있기 때문에 이를 종합적으로 평가하는 것을 **보상적 결정원칙**(compensatory rules)이라고 한다. 이 방법은 각 속성의 중요도에다 각 속성의 평가값을 곱한 각 속성의 값을 모두 합하여 그 값이 가장 큰 상표를 선택하게 된다. 대표적인 모델이 피시바인 다속성 태도모델인데 제품에 대한 태도는 속성에 대한 신념의 강도와 속성에 대한 평가로 결정된다.

〈표 2-5〉에서처럼 각각의 속성에 가중치를 부여(신념의 강도)하고 속성에 대한 평가값을 곱하여 전체적인 값을 계산한다면 S사의 휴대전화는 어떤 속성에서는 최고로 평가되지 못했지만, 속성들의 상대적인 중요성을 고려하여 계산했을 때 최상의 선택이 되는 것이다.

예 : L사 휴대전화＝$(5×4)+(4×5)+(3×1)+(2×3)+(1×2)=51$

M사 휴대전화＝$(5×5)+(4×3)+(3×2)+(2×3)+(1×4)=53$

P사 휴대전화＝$(5×3)+(4×5)+(3×4)+(2×4)+(1×3)=58$

S사 휴대전화＝$(5×5)+(4×2)+(3×5)+(2×5)+(1×3)=61$

2.4 구매

소비자는 상표를 평가한 후 최상의 만족을 주는 제품을 구매하고자 한다. 주택 구매와 같은 복잡한 의사결정의 경우 구매는 즉시 행해지지 않을 수도 있다. 소비자 의사결정과정에서는 구매를 지연하거나 구매하지 않기로 결정할 수도 있고, 예기치 않게 일이 생겨 급히 돈을 다른 곳에 써야 할 경우도 있다.

소비자가 일단 상표를 선택하게 되면 다음과 같은 구매 단계를 거치게 된다.

- **상점 선택** : 구매를 하기 위해서는 어느 상점에서 구매할 것인가가 중요하다. 요즘에는 소매점들이 대형화되고 그 종류도 다양해서 소비자들의 선택의 폭이 넓어지고 있다. 또한 상점에 직접 가지 않아도 방문판매, 통신판매, TV 홈쇼핑, 인터넷 쇼핑 등 무점포 판매가 증가하고 있는 추세이다. 소매점을 통해 구매가 이루어지는 경우 소비자의 소매점 접촉 행동을 용이하게 하기 위해 넓은 주차장을 가진 편리한 입지 확보와 각종 문화행사 개최, 소비자를 위한 휴식공간 마련, 음악·향기·잘 진열된 제품 등 쇼핑 분위기 조성, 특별 세일 기간의 광고 등으로 고객을 끌어들이고 있다(김영신 외, 2012).
- **교환·환불 문제** : 오프라인 매장에서는 구매 후 매장을 나서는 순간 단순히 소비자가 변심하거나 사이즈가 맞지 않아서 등의 이유로 또는 사용 중에 제품에 결함이나 하자가 있을 경우 교환이나 환불을 원할 수 있다. 구매 시에는 교환·환불 시기, 기준 등을 검토할 필요가 있다.

- **결제방법**: 오프라인에서의 결제방법은 현금, 외상, 신용카드를 사용할 수 있다. 이 과정에서 소비자는 무엇인가를 즉시 사야 한다는 급작스러운 동기를 가지고 충동구매를 할 수도 있고, 지나치게 소비에 집착하여 통제할 수 없는 강한 구매 욕구에 끌려 강박적 구매 혹은 중독적 구매를 하기도 한다.

2.5 구매 후 행동

1) 구매 후 만족/불만족

소비자의 구매의사결정과정은 구매 결정을 하는 것으로 끝나는 것이 아니다. 자신이 구매한 제품을 소비하는 과정에서 그 제품의 성능을 평가하고 만족과 불만족을 경험하게 된다. 이러한 과정은 소비자의 기억에 저장되어 있는 기억의 폭을 넓혀 주고, 소비자 스스로가 선택한 상표와 상점이 올바른 것이었는지 다시 점검하고, 마지막으로 그 제품에 대한 미래의 재구매 여부를 결정하게 된다.

어떤 제품을 구매한 후 소비자들은 결함을 발견할 수도 있다. 많은 소비자들은 결함 있는 제품을 원하지 않겠지만 어떤 소비자들은 결함에 무관심하기도 한다. 이러한 결함은 소비자들에게 위험스러울 수도 있다. 무엇이 소비자를 만족하게 하는지 또는 불만족하게 하는지를 결정하는가?

지금까지 소비자 만족/불만족에 관한 연구는 여러 측면에서 이루어져 왔다. 소비자 만족이란 소비자가 구매 상황에서 부여한 그의 희생이 충분히 보상되어 있는 상태를 말한다(Howard & Sheth, 1969). 소비자는 구매에 앞서서 어떤 기대를 형성하는데 이러한 기대는 제품과 서비스의 성격과 성능, 제품과 서비스를 얻기 위해 지출되는 비용과 노력, 구매의 결과로 소비자에게 돌아오는 사회적 혜택이나 비용을 포함한다. 따라서 소비자 만족은 제품의 질적 수준보다는 소비자의 기대가 충족되었는지 여부와 기대 충족을 위한 기업의 노력 등이 영향을 미치며 그 결과로서 반복 구매, 대체 구매, 구전 등을 유발시킨다(황용철, 송영식, 2019).

또한 소비자 만족/불만족에 대한 연구 중에서 중심적인 연구가 **기대불일치이론**(expectancy disconfirmation theory)이다. 기대불일치란 소비자들이 제품과 서비스를 탐색하고 소비 후 처분에 이르기까지 가지는 인지적 상태가 기대와 일치 또는 불일치하느냐에 따라 만족/불만족이 초래된다는 것이다. 일반적으로 소비자가 만족하게 되면 재구매 가능성이 증가하고 상표애호도가 생기게 된다.

2) 구매 후 부조화

소비자가 제품 구매 이후 만족/불만족을 느끼기 전에 자신의 선택이 과연 옳은 것이었는 가에 대한 불안감을 가질 수 있다. 이러한 심리적 불편함을 **구매 후 부조화**(post-purchase dissonance) 또는 인지부조화(cognitive dissonance)라 한다. 구매 후 부조화가 감소하게 되면 만족하게 되고 증가하면 불만족하게 될 것이다. 또한 제품에 대한 만족/불만족은 재구매 의도에 영향을 미치게 된다(그림 2-6). 레온 페스팅거(Leon Festinger)에 의하면 구매 후 부 조화는 두 가지 기본가정에 근거를 둔다. 하나는 부조화란 불안정한 것이기 때문에 그것을 감소하기 위한 동기가 유발된다는 것이고, 다른 하나는 부조화를 지닌 개인은 보다 많은 부 조화를 가져오는 상황을 회피한다는 것이다(황용철, 송영식, 2019).

(1) 부조화를 일으키는 상황

구매 후 부조화는 다음과 같은 경우에 발생할 가능성이 높다.

- 구매 결정을 취소할 수 없을 때
- 선택하지 않은 대안이 장점을 가지고 있을 때
- 선택하고 싶은 대안들이 여러 개 있을 때

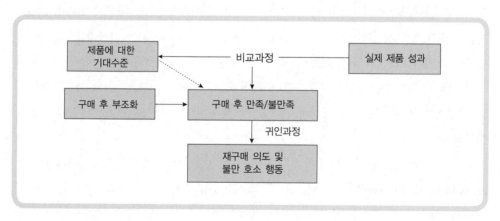

그림 2-6 구매 후 행동과정
출처 : 이학식, 안광호, 하영원(2016)에 기초하여 수정함.

- 구매자가 심리적 중요성을 갖고 그 결정에 개입했을 때
- 소비자 자신이 자기 의사에 따라 결정을 하였을 때

(2) 부조화 감소 방법

소비자가 부조화를 감소시키기 위한 방법은 다음과 같다.

- 선택한 제품의 장점은 강화시키고 선택하지 않은 제품의 장점은 약화시켜 두 대안을 양극화시킴으로써 부조화를 감소시킨다.
- 자신의 의사결정을 지지하는 정보를 탐색하고 부조화를 증가시키는 정보는 회피한다.
- 자신의 태도를 의사결정에 맞춘다. 제품에 대하여 호의적인 태도를 갖는 것은 비호의적인 태도를 가지고 제품을 되돌려주는 것보다 더 쉽다.

3) 소비자 불만호소행동

소비자가 제품을 구매한 후 불만족할 경우 불만호소행동을 취할 것인가 아닌가? 불만호소행동을 취할 경우 어떠한 방법을 사용할 것인가?

  소비자 불만호소행동은 소비자가 제품이나 서비스 구매 후 불만족했을 때 발생하는 것으로서 불만족한 경험에 대한 소비자의 표현이며(Bearden & Teel, 1983), 구매 후 불만족으로부터 오는 문제인식에서 시작되는 의사결정과정의 결과이다.

  불만호소행동의 유형은 〈그림 2-7〉과 같다. 소비자들은 어떤 행동을 취할 것인가 또는 말 것인가를 선택한다. 이때 **무행동**이란 공개적인 대응행동을 하지 않는 것이다. 만일 소비자들이 행동을 취하기로 한다면 사적 행동과 공적 행동을 취할 수 있다. **사적 행동**은 친구나 친지에게 불만을 호소하고, 구매를 중지하고 보이콧하는 행동이 포함된다. 사적 행동은 소매상이나 제조업자의 적극적인 관심을 끌지 못하지만 그러한 행동은 판매와 이익 면에서 중요한 의미를 가질 수 있다. **공적 행동**은 기업이나 제조업자에게 보상 요구를 시도하거나 불만 편지를 보내는 것이다. 대부분의 기업은 소비자 개인으로부터 얻는 직접적인 대화 내용을 전체 소비자의 불만족을 나타내는 타당한 척도라고 가정하는 경향이 있다. 또한 공적 행동은 소비자 관련 단체나 기관에 고발하거나 보상을 받기 위한 법적 행동을 모두 포함한다.

  불만족을 경험한 모든 소비자가 불만호소행동을 하는 것은 아니다. 불만호소행동은 다음과 같은 개인적·상황적 요인들이 영향을 미친다.

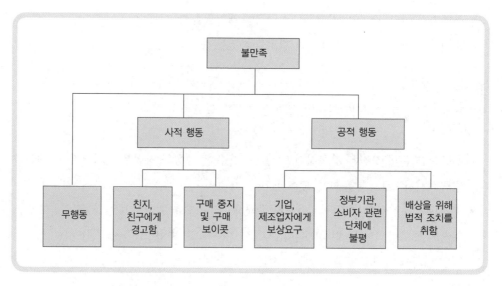

그림 2-7   소비자 불만호소행동의 유형
출처 : Bearden & Teel (1983)에 기초하여 수정함.

- **불만족의 정도** : 실제로 수행된 제품성과와 제품성과에 대한 기대 사이에서 오는 불일 치 정도에 따라 불만호소행동의 유형이 달라진다.
- **중요도의 정도** : 소비자는 제품이나 서비스의 가격이 비싸고, 정보 탐색을 많이 필요로 하고 신체적 위해를 끼칠 가능성이 있는 경우 그 제품을 중요하다고 생각한다. 소비자 가 강한 불만을 갖고 있더라도 값이 비싸지 않은 제품이나 서비스, 심각한 불편, 개인 적인 손상, 손해 등을 보지 않았다면 불만호소행동을 취하기 위해 시간을 들이거나 비 용지출을 하지 않는 경향이 있다.
- **비용/이득** : 기대되는 불평 비용에 따라 구매 대가를 고려해야 하는데, 이는 경제적인 비용 면과 심리적인 비용으로 나눌 수 있다. 경제적인 비용은 전문가의 도움, 교통비, 전화 사용, 업무 시간의 손실에 대한 보상 등의 금전, 시간, 에너지 등의 비용을 발생 시키며 소비자들은 이러한 불만호소행동의 비용에 대해 매우 민감하다.

    심리적인 비용은 소비자가 불만호소행동을 하는 동안 무례하거나 불쾌하게 취급받 는 것, 개인 및 가족생활에 영향을 받는 것이며, 이득은 분노나 좌절을 발산할 기회를 갖는 것, 불만족한 제품에 대하여 상점으로부터 사과를 받는 것, 불만호소행동을 하지 않아서 받는 죄책감을 피할 수 있는 것, 소매상이나 제조업자가 불량상품을 판매하는 것을 막도록 하는 것, 소비자로서의 권리를 주장하는 것 등이다. 소비자들은 이러한 비용/이득을 분석하여 불만호소행동을 하게 된다.

- **불만호소행동 경험** : 과거에 보상추구경험이 있거나 불만호소행동을 경험한 소비자는 소비자 문제 및 보상처리 경험에 대해 잘 알고 있다. 그러나 많은 소비자는 자신이 갖고 있는 불만호소행동의 경험을 과소평가하려고 하며, 불만호소행동을 하는 소비자에 대한 편견은 소비자에게 불만호소행동에 대한 부정적인 태도를 갖도록 유도할 수 있다.
- **개인적 요인** : 소비자의 지식, 태도, 기능 등 소비자 역량이 높을수록, 학력과 소득이 높을수록 불만호소행동을 많이 하지만 연령은 일치된 연구결과를 보이고 있지 않다.

4) 구매 후 처분

아무리 좋은 제품을 구매했을지라도 일정 기간이 지나면 유행이 지나 구식이 된다. 특히 고도의 경제성장과 생활수준의 향상으로 새로운 제품에 대한 소비욕구는 과소비와 자원의 낭비 및 환경 문제를 일으키고 있다. 처분행동이란 제품을 통한 욕구를 충족시킨 후의 처리행동이다. 소비자 개인의 처분행동은 거시적인 측면에서는 환경 문제와 관련 있는데 소비자의 입장에서 폐기하는 경우 시간과 노력이 적게 들지만 쓰레기 증가와 환경오염을 일으키는 주원인이 될 수 있다. 판매하거나 물물교환하는 경우는 제품의 수명을 연장시키고 재활용의 역할을 할 수 있으므로 바람직한 처분행동이라 할 수 있다(김영신 외, 2012).

3. 온라인 의사결정

2019년 대한민국 만 3세 이상 국민 5,050만 명 중 91.8%가 인터넷을 이용하고 있고 그 중 64.1%는 인터넷 쇼핑(만 12세 이상 인터넷 이용자 대상)을 하는 것으로 나타났다. 월 평균 인터넷 쇼핑 이용 빈도는 3.3회, 평균 구매 금액은 11만 4,163원이고, 구매 품목은 의류. 신발, 스포츠용품, 액세서리가 87.8%로 가장 높은 비율을 보였다(인터넷이용실태조사, 2020). 기술의 발달은 소비생활에 변화를 이끌어왔고 인터넷상에서는 다양한 디지털 소비시장이 펼쳐지고 있다. 온라인에서의 소비자 의사결정과정은 전통적 의사결정과정의 5단계에 기초한다. 그러나 최근 들어 인터넷의 발달과 보급은 기존 모델의 한계를 드러내면서,

수정 모델로 소비자 의사결정여정 모델이 제시되었다(이 모델은 3.2절에서 구체적으로 살펴본다).

3.1 온라인 의사결정과정

온라인 소비자 의사결정과정은 전통적인 의사결정과정의 5단계를 따르지만 각 단계마다 다른 특징을 보인다(그림 2-8).

1) 문제 인식

문제 인식이란 소비자의 욕구가 채워지지 않은 현재 상태와 이상적인 상태와의 괴리를 인식하는 단계로서 인터넷 광고, 경품, 가격 할인, 마일리지제도 등의 마케팅이 소비자가 문제를 인식하게 할 수 있다. 또한 인터넷 사용자들은 특정 관심 영역의 정보를 찾기 위한 목표지향적 탐색행위뿐 아니라 일반적인 정보를 탐색하기도 한다. 이를 달성하기 위해 사용자들은 대개 검색엔진을 활용하여 웹서칭(시간과 노력을 투자하여 원하는 정보를 탐색하는 목적지향적 행동)이나 웹서핑(특정 목적 없이 인터넷을 돌아다니며 즐거움을 추구하는 경험지향적 행동)을 하게 된다. 온라인상에서는 인터넷 도처에 주의를 끄는 자극이 산재해 있고 잠시 이탈해도 쉽게 되돌아올 수 있기 때문에 소비자의 욕구는 쉽게 변화한다.

2) 정보 탐색

(1) 인터넷 정보 탐색의 특성

정보 탐색이란 소비자가 점포, 제품 및 구매에 대해 더 많은 것을 알고자 하는 노력이라고 할 수 있다. 인터넷상에서 소비자는 수동적으로 제공되는 정보를 획득할 수 있을 뿐만 아니라 다른 사람들과 능동적으로 정보를 교환할 수 있다는 것이다(김균, 2007, p. 39). 소비자는 소비에 대한 뚜렷한 욕구가 없이 떠돌다가 웹사이트에서 정보를 탐색하기도 하고 쇼핑

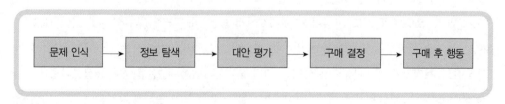

그림 2-8   온라인 의사결정과정

에이전트를 이용하거나 온라인 커뮤니티상에서 정보를 교환하기도 한다. 과거 많은 사람들이 인터넷의 도입으로 인터넷 쇼핑이 활성화되고 여러 지원서비스가 발달된다면 소비자가 내적 정보를 외부 기억 수단인 인터넷을 통해 저장하기 때문에 정보 부하가 감소하고 기억 정보의 양과 질이 증가할 것이라고 예견했었다. 온라인상에서는 정보를 머릿속에 저장하는 대신 언제든지 다시 살펴볼 수 있도록 인덱싱하는 경향이 높아진다. 인터넷 이용이 활발해질수록 인덱싱 지식이 중요해지고 자주 이용하는 북마크 기능을 통해 이를 확인할 수 있다.

(2) 인터넷 정보 탐색 방법과 정보 원천

외부환경에 있는 정보는 우연한 접촉에 의해 얻어지는 경우도 있지만 소비자의 의도적인 정보 검색과 탐색을 통하여 획득하는 경우가 많다. 의도적 정보 검색은 구매 전 검색과 지속적 검색으로 구분할 수 있다. **구매 전 검색**은 제품을 구매하는 것을 염두에 둔 경우, **지속적 정보 검색**은 당장 제품 구매를 염두에 둔 것이 아니라 평소 해당 제품에 대한 관심이 높아 그와 관련된 정보를 적극적으로 찾는 경우이다. 또한 우연적 정보 검색도 존재하는데 소비자의 의도에 의한 것이 아니라 우연한 기회에 정보를 접하게 되는 경우이다. 온라인에서는 정보 탐색 비용이 거의 없기 때문에 의도적 정보 검색이 활발하게 이루어질 것이다. 온라인 소비자 의사결정에서는 정보 탐색의 도구로 인터넷을 사용함으로써 소비자 측면에서 능동적인 탐색이 증가된 것이 전통적인 정보 탐색 방법과 큰 차이점이다. 한편 소비자는 단지 인터넷만을 이용하여 정보를 탐색하는 것은 아니며 다른 정보 원천과 함께 이용하는 성향을 가진다(송경석, 2019). 모바일 환경에서 소비자들이 중요하게 생각하는 정보 탐색 요인은 탐색 편리성, 개인 맞춤 서비스, 경제적 가치, 지각된 즐거움, 편재성 등 5개 요인이다 (김종호, 신용섭, 2002).

세네칼과 낸텔(Senecal & Nantel, 2001; 김균, 2007, p. 40에서 재인용)은 정보 제공자 형태와 스폰서의 형태에 따라 인터넷 정보를 다음과 같이 분류하였다.

- 정보의 제공자 형태 : 소비자, 전문가, 생산자 등
- 스폰서의 형태 : 상업적 사이트, 상업적 목적으로 다른 사이트와 연결된 사이트, 비상업적으로 다른 사이트와 연결된 사이트

3) 대안평가

(1) 고려상품군

고려상품군은 '소비자가 가까운 미래에 구매를 고려하는 상표들'로 정의되며(이해나 외, 2015, p. 299), 대안평가는 최종적으로 도출된 고려상품군에 속한 각 선택 대안을 평가하고 소비자의 욕구에 합치되는 특정 대안을 선택하는 과정이다. 온라인에서는 제품정보를 비교하기가 빠르고 편리하기 때문에 다양한 대안평가가 이루어지며, 고려상품군은 소비자가 구매의사결정을 할 때 정보 처리 방식에 많은 영향을 미친다. 온라인 정보 탐색자는 오프라인 정보 탐색자보다 더 많은 고려상품군을 가지고 있다(김균, 2007).

(2) 평가기준과 평가요소

소비자가 평가기준으로 고려하는 제품 속성이나 차원은 제품의 성능이나 품질과 직접 관련된 정보인 본질적 속성과 소비자들이 오랜 경험을 통해 제품의 품질을 어느 정도 예견케 할 수 있다고 여겨지는 외재적 단서로 구성된다. 온라인에서는 인터넷 사용시간이 많은 소비자일수록 구체적 속성정보를 효율적으로 찾아낼 수 있기 때문에 브랜드에 대한 의존도가 낮아지고 소비자 중심의 외재적 단서가 증가한다. 이러한 온라인상에서의 정보에 대한 신뢰와 정보의 과부하 문제를 해결하기 위해 쇼핑에이전트 서비스를 이용할 수 있다.

정보탐색과정을 거친 다음 몇 군데의 웹사이트를 대안으로 선정하여 그 웹사이트들을 집중적으로 검색하면서 자신의 의사결정 기준에 따라 각각의 웹사이트들에 대해 평가를 할 것이다. 이러한 과정 중에서 때에 따라 소비자들은 스크랩을 하거나 즐겨찾기 기능을 추가할 수 있다. 또한 검색비교, 상품후기, 게시판 등을 통해 상품비교를 하거나 검색엔진이 대안평가를 해줄 수도 있다. 소비자에게 평가의 기준이 되는 요소는 여러 가지 환경과 속성에 따라 달라진다(김영신 외, 2012, p. 173).

비교평가요소는 제품비용(가격, 설치비용, 유지비용), 제품의 성과(내구성, 효율성), 제품의 적합성(이미지, 외관, 스타일, 색채, 사이즈), 제품의 참신성, 상징적 가치나 혜택 등이다(송경석, 2019). 이러한 정보는 정교한 평가를 하는 데 제한적일 수 있어 온라인에서는 소비자 선택 기준이 가격이 되는 경향이 크다.

4) 구매 결정

(1) 온라인 쇼핑의 위험성

대안을 평가한 후에 특정 웹사이트에서 제품을 구매하거나 서비스를 사용하면 제품이나 서비스에 대한 평가와 함께 그 웹사이트에 대해서도 종합적인 구매 후 평가과정을 거치게 된다. 인터넷을 통해 정보를 획득한 소비자는 인터넷 등의 온라인을 통해서 제품을 구매할 수 있고, 오프라인 상점에서도 구매할 수 있다. 그러나 주문대금을 지불하고, 배송을 위한 결정을 내리는 과정에서 구매를 위한 사이트 가입, 신용카드 결제 등으로 인해 개인정보 누출 등의 구매 위험이 증가한다(김영신 외, 2012, pp. 173-174). 구체적으로 온라인 거래와 관련하여 소비자가 당면하는 위험은 배달 위험(제품 분실, 배달 지연 및 주문 제품과의 불일치), 지급방식 위험(신용카드 등 대금 지급방식과 관련한 위험), 개인정보유출 위험, 충동구매 위험, 쇼핑몰 관련 위험(쇼핑몰 사이트의 신뢰성과 관련한 불안감) 등이다.

(2) 온라인 에이전트

온라인상에서의 의사결정은 다양한 위험에 노출되게 되는데 이러한 문제를 해결하기 위해 등장한 것이 **온라인 에이전트**이다. 이는 인터넷 이용자의 필요를 파악하고 소비자가 원하는 것을 찾아 소유할 수 있게 도와주는 소프트웨어를 뜻하는 것으로 가격비교 에이전트, 추천 에이전트, 구매대행 에이전트 등 형태도 다양하다. 에이전트는 소비자의 기호를 파악하여 소비자를 대신하여 정보탐색, 제품선택, 가격흥정, 구매대행에 이르는 종합 서비스를 제공하는 발전된 기능을 제공할 수도 있다.

(3) 온라인 구매

온라인상에서는 웹사이트에서 제공하는 이미지나 제품 상세설명만 보고 구매 결정을 해야 한다. 따라서 소비자가 제품을 직접 경험할 수 없으므로 탐색재인 경우, 비용이 적고 구매 빈도가 높은 제품인 경우, 구매가 더 잘 이루어질 가능성이 있다. 온라인 쇼핑에 영향을 미치는 속성들로는 제품 정보의 신뢰성, 상품의 다양성, 점포 간/브랜드 간 탐색 가능성, 과거의 구매 자료 보유 여부 등이다(Alba et al., 1997). 소비자가 제품 관련 지식이 풍부하고, 편리함을 추구하며 준거집단의 위력이 높을수록, 소비자 스스로 온라인 구매행위에 대한 통제력을 가질수록 온라인 구매 가능성이 높아진다.

인터넷 쇼핑몰을 선택한 후 제품선택, 주문결제에 이르기까지 평균 5~6단계를 거쳐야 구매 가능하며, 구매를 한 후 바로 제품을 소유할 수 없고 배달 기간을 거쳐서 소유할 수 있다. 오프라인에서는 외상, 현금, 할부, 신용카드 등으로 제품가격을 지불하였다면, 온라인 쇼핑에서는 무통장입금, 온라인송금, 신용카드, 계좌이체, 인터넷통장, 휴대폰결제 핀테크 등의 새로운 지불수단을 사용하게 된다.

5) 구매 후 행동

온라인상에서 이루어지는 소비자의 구매 후 행동은 자신이 구입한 제품에 대한 것은 물론이고 자신이 이용한 온라인 쇼핑몰과 같은 웹사이트에 대해서도 구매 후 행동을 취하는 특징이 있다. 소비자의 만족과 불만족은 웹사이트 방문 전에 갖고 있던 기대와 그 사이트를 방문하여 얻은 경험을 비교하는 과정을 통해 형성된다. 소비자의 기대를 충족할 만한 경험을 못할 경우 소비자는 불만족하게 되고 불만족한 소비자는 쉽게 다른 사이트로 옮겨가거나 부정적인 구전이 빠르게 확산된다

온라인 사이트에 대한 소비자의 기대수준은 첫째, 소비자는 웹사이트 컨텐츠의 양과 질의 우수성, 사이트의 구조와 디자인, 사이트의 연계성이 탁월한 경우 만족하게 된다. 둘째, 웹사이트에 대한 소비자의 경험이 축적이 되면 그 사이트의 정보 제공 구조가 보다 편리한 것으로 지각한다. 셋째, 소비자는 컨텐츠의 흐름에 대한 통제권을 갖기를 원한다. 넷째, 온라인 소비자는 기다리는 데 인색하다. 웹사이트 클릭에 대한 반응은 3초에서 10초 사이이다(송경석, 2019). 따라서 온라인상에서의 소비자의 불평행동 관리는 오프라인에서의 불평 관리보다 세심하게 이루어져야 한다.

소비자는 기업과의 쌍방향 커뮤니케이션으로 동시다발적인 불평행동 및 카페 등을 통해서 제품에 대한 구매 후 평가 집단을 형성한다. 불만족한 고객은 인터넷의 익명성으로 인해 근거 없는 비방을 할 수도 있고, 자신이 속한 커뮤니티의 사람들에게 메일을 보내거나, 보다 적극적으로 안티 사이트를 구축하는 등의 활동으로 수백 수천의 사람들에게 자신의 경험을 전하며 오프라인에 비해 집단적인 대응행동은 물론 불평의 확산이 큰 경향이 있다.

인터넷의 기록은 남아 있는 경우가 많기 때문에 오랜 시간이 지난 제품평이라 할지라도 검색, 또는 웹서핑을 하다 그 정보를 찾을 수 있고 지속적인 평가의 대상이 될 수 있다는 측면에서 기업은 소비자 불평이나 커뮤니케이션 관리에 힘을 써야 할 것이다(제미경 외, 2017).

3.2 소비자 의사결정여정

인터넷의 발달과 보급은 기존 모델의 한계를 명확히 드러내면서 수정 모델의 필요성이 제시되었다. 온라인 환경에서는 소비자가 기업의 의사결정과정에 영향을 미칠 수 있고 소비자들의 구매 행동 자체도 복잡해지고 있다.

AISAS 모델은 일본의 광고대행사 덴츠에 의해 2004년에 개발된 모델로 관심(attention), 흥미(interest), 검색(search), 구매(action), 공유(share)의 단계로 구성되어 있으며, 소비자들의 구매 후 공유(share) 행위를 추가함으로써 상품에 대한 소비자들 간의 정보 교류를 모델에 포함시켰다. AISAS 모델은 인터넷의 발달로 인해 언제 어디서나 정보 검색과 공유가 가능해지면서 소비자 패러다임의 변화를 반영시켰다는 점에서 의의가 있다(Edelman, 2010).

던컨(Duncan, 2002)은 순차 모델이 아닌 원형적인 개념의 구매의사결정 모델을 제안했다. 그는 소비자의 구매의사결정과정을 생각하고(think), 느끼며(feel), 행동하는(do) 세 가지 영역으로 나누었으며, 이 영역들이 순환적으로 반복될 수 있는데 소비자가 처한 상황에 따라 세 영역 어디에서든 구매의사결정과정을 시작하거나 끝낼 수 있다고 했다.

이러한 원형적인 개념에 바탕을 두고 맥킨지 리포트에서는 2009년에 소비자 구매 의사결정 과정이 일회성으로 끝나는 것이 아니라 계속된다는 의미에서 **소비자 의사결정여정**(consumer decision journey, CDJ) 모델을 제시하였다(Court, Elzinga, Mulder, & Vetvik, 2009). 이 모델에서는 소비자들의 구매의사결정과정은 초기 고려 단계(initial consideration set), 적극적 평가(active evaluation), 구매 결정(moment of purchase), 구매 후 경험(post purchase experience)의 4단계로 이 단계들을 반복하며 순환하는 여정을 보낸다고 하였다.

- 초기 고려 단계 : 소비자들이 원하는 상품을 일차적으로 정하는 과정으로서 소비자는 욕구 발생 시 그 욕구를 채워줄 수 있는 제품 구매를 고려하는 단계이다.
- 적극적인 평가 단계 : 소비자가 본인의 욕구를 채울 수 있는 제품군에 대한 정보를 수집하며 인터넷이나 모바일을 통해 정보를 검색하거나, 주변 사람들을 통해서 정보를 획득하는 단계이다. 소비자가 주도적으로 다양한 정보 채널들을 탐색하고 비교 · 평가하면서 제품 후보군을 분석한다.
- 구매 결정 단계 : 구매를 결정할 수도 있지만, 새로운 제품이나 대체제를 구매 직전에 인지하게 되거나 가격을 비교하게 되면서 새로운 브랜드를 고려 대상에 포함시킬 수 있다.

● **구매 후 경험 단계** : 소비자는 구매한 상품을 경험하고, 이 경험을 공유하면서 온라인 및 소셜미디어를 통해 잠재 소비자들에게도 영향력을 행사한다. 앞서 제시한 모든 단계에서 다양한 채널로 정보의 획득이 가능하며 공유를 통한 적극적인 정보의 확산도 가능하다.

이상을 살펴볼 때 인터넷의 등장으로 기존의 구매의사결정과정이 변화하였고, 현재의 기술 환경은 인터넷 및 모바일 서비스의 고도화로 또 다른 패턴의 소비자 구매의사결정과정이 나타나고 있다. 스마트폰과 SNS 관련 서비스가 등장하면서 새로운 마케팅 방안이 활성화되었고, 4차 산업혁명의 대표적인 기술인 인공지능(AI), 사물인터넷(IoT), 클라우드 컴퓨팅, 빅데이터 등의 기술은 소비자들의 스마트화를 촉진하고 있으며 소비자들의 신기술에 대한 수용능력은 빨라지고 있다.

참고문헌

강상목, 박은화(2019). 인간심리의 경제학: 경제학의 발전과 인간의 삶. 법문사.

김균(2007). 온라인 소비자 정보탐색행동의 특성과 유형에 관한 연구. 한양대학교 대학원 박사학위논문.

김영신, 서정희, 송인숙, 이은희, 제미경(2012). 소비자와 시장환경(제4판). 시그마프레스.

도모노 노리오(2019). 행동경제학(이명희 역). 지형.

박명희, 박명숙, 제미경, 박미혜, 정주원, 최경숙(2013). 가치소비시대의 소비자 의사결정. 교문사.

송경석(2019). 소비자행동론: On-Line & Off-Line. 도서출판 책연.

안광호, 곽준식(2011). 행동경제학 관점에서 본 소비자 의사결정. 학현사.

양윤(2014). 소비자심리학. 학지사.

이학식, 안광호, 하영원(2016). 소비자행동: 마케팅 전략적 접근(제6판). 집현재.

이해나, 한상만, 최아영(2015). 온라인 정보탐색에서 온라인 구매로 연결되는 특성에 관한 탐색적 연구. 유통연구, 20(2), 295-318.

제미경, 백재화, 전향란(2017). 프로슈머시대의 현대사회와 소비자. 인제대학교 출판부.

한국인터넷 진흥원(2020). 2019 인터넷 이용실태조사.

황용철, 송영식(2019). 소비자행동론. 학현사.

홍태희(2008). 맨큐의 경제학의 10대 기본원리와 대안적 재해석. 사회경제평론, 제30호, 331-358.

홍훈(2016). 홍훈교수의 행동경제학 강의. 서해문집.

Alba, J., Lynch, J., Weitz, B., Janiszewski, C., Lutz, R., Sawyer, A., & Wood S. (1997). "Interactive Home Shopping: Consumer, Retailer, and Manufacturer Incentives to Participate in Electronic Marketplaces." *The Journal of Marketing, 61*(3), 38-53.

Bearden, W.O. & Teel, J. E. (1983). "Selected determinants of consumer satisfaction and complaint reports". *Journal of Marketing Research, 20*, 21-28.

Court, D., Elzinga, D., Mulder, S., & Vetvik, O. (2009). "The consumer decision journey". *Mckinsey Quarterly, 3*, 96-107.

Daniel K. & Tversky A. (1979). Prospect Theory: An Analysis of Decision under Risk. *Econometrica, 47*(2), 263-292.

Duncan, T. (2002). *IMC: Using advertising and promotion to build brands*. McGraw-Hill.

Edleman, D. (2010), "Branding in the digital age: You're Spending Your Money in All the Wrong Places". *Harvard Business Review, 88*(12), 62-69.

Engel, J. F., Blackwell R. D., & Miniard P. W. (1995). *Consumer Behavior*(8th ed.). The Dryden Press.

Hawkins, D. I., Coney, K. A., & Best R. J. (1980). *Consumer Behavior*. Business Publications, Inc.

Howard, J. A., & Sheth J. N. (1969). *The Theory of Buying Behavior*. John Willy.

Mankiw, G. (2018). 맨큐의 경제학(김경환, 김종석 역, 제8판). 센게이지러닝코리아.

Senecal, S. & Nantel, J. (2001). "Online influence of relevant others: a framework RBC financial group chair of e-commerce". HEC montreal. University of Montreal.

Swagler, R. M. (1979). *Consumer and Market*(2nd ed.). D.C. Health and Company.

Thaler R. & Sunstein C. (2008). 넛지(안진환 역). 리더스북.

소비자 선택의 결정 요인

소비자들이 제품을 구매하는 과정은 획일적인 것이 아니라 제품의 종류, 소비자의 개인적 특성, 제품의 구매 상황에 따라 다양한 의사결정과정을 거친다. 라면이나 샴푸를 구매하는 것과 자동차나 컴퓨터를 구매하는 것은 동일한 의사결정과정을 거친다고 볼 수는 없을 것이다. 소비자가 가지고 있는 지식, 개성, 라이프스타일 등의 개인적 요인이나 가족을 비롯한 준거집단, 사회계층, 문화와 같은 환경적 요인의 영향도 받을 것이고 상품에 대한 개인적인 관심도 수준과 마케팅 활동의 영향도 받을 것이다. 또한 웹 2.0 시대에서 다양한 형태의 SNS의 등장과 오프라인에서 온라인 기반으로 변화한 유통환경으로 소비자의 구매의사결정은 보다 복잡해졌다. 어떤 제품을 어디서 선택하느냐의 문제는 소비자에게는 효율적인 소비생활을 위해서, 마케터에게는 자사제품에 대한 효율적인 마케팅을 전개하기 위해 긴요하게 이용될 수 있을 것이다.

이 장에서는 의사결정에 영향을 주는 요인을 개인적 요인, 환경적 요인, 소셜미디어 요인으로 나누어 살펴보고자 한다.

1. 개인적 요인

소비자 의사결정에 영향을 주는 개인적 요인으로는 관여도, 라이프스타일, 개성, 지식, 타인의 소비행동 등이 포함된다.

1.1. 관여도

1) 관여도의 개념

소비자가 제품을 구입할 때 대안 제품에 대하여 신중하게 생각하여 선택하기도 하고, 상표 간의 차이에 대하여 잘 모르더라도 별다른 생각 없이 제품을 선택하기도 한다. 동일한 제품을 선택할 때도 자신이 사용하기 위하여 제품을 구매할 때보다 선물을 하기 위해 제품을 구매할 때 더 신중해진다. 이러한 차이를 설명해 주는 개념이 **관여도**(involvement)이다. 소비자 관여도란 소비자가 특정 제품의 구매에 대해 갖는 관련성의 정도를 의미한다(Shiffman & Wisenblit, 2016, p. 172). 관여도는 개인, 제품, 상황에 따라 달라진다. 관여도는 엄밀히 말하면 연속적이고 상대적인 개념이지만 보통 고관여(high involvement)와 저관여(low involvement)로 구분된다. 소비자가 어떤 제품군에서 선택할 상표를 결정하기 위하여 제품 정보를 탐색하고 평가할 때 그 제품군에 대한 관여도가 높으면 낮은 경우에 비하여 더 많은 노력을 기울이며 신중해진다.

2) 관여도의 영향 요인

(1) 개인적 요인

동일한 제품에 대해서도 개인마다 관여도는 다르다. 개인이 어떤 제품군에 대하여 지속적으로 갖는 관련성을 지속적 관여(enduring involvement)라 하는데 지속적 관여의 수준은 시간의 흐름에 따라 변할 수 있다. 새로운 제품 광고가 나올 때 평소 그 제품을 즐기는 소비자는 그렇지 않은 소비자에 비해서 그 제품 광고에 보다 관심을 갖게 된다.

(2) 제품 요인

일반적으로 소비자 자신이 중요하다고 생각하는 욕구와 가치를 충족시키는 제품이나 즐거움과 쾌락적 가치를 부여하는 제품일수록 관여도가 높아진다. 또한 구매와 사용에 있어 지각된 위험이 존재한다면 제품과 상표에 대한 관여도가 높아진다.

지각된 위험에는 신체적 위험(제품의 사용 결과 소비자가 해를 입을 가능성), 성능 위험(제품이 기대된 대로 성능을 발휘하지 못할 것에 대한 두려움), 심리적 위험(자아 이미지의 손상), 사회적 위험(제품 구매가 준거집단으로부터 부정적인 평가를 받을 위험), 재정적 위험(지출비용이 가처분 소득에 비하여 클 때 가져올 위험), 시간 손실 위험(잘못 구매 시 재구매 시간이 없을 때 생기는 위험) 등이 포함된다.

(3) 상황적 요인

제품에 대한 관여도는 소비자가 처한 상황에 따라 달라진다. 평소에는 관여도가 낮은 제품이라도 그 제품을 사용하는 데 중요한 상황이 발생한다면 관여도가 높아질 수 있다. 예를 들어 특별한 손님을 저녁에 초대한 경우에는 식음료 등을 선택하는 데 평소보다 더 많은 노력과 신경을 쓰게 된다. 반면 유행하는 옷의 경우 처음에는 관여도가 높게 나타나지만 그 유행이 지나가기 시작하면 관여도는 급격히 낮아지게 된다(김영신 외, 2012, p. 188).

3) 관여도 측정방법

관여도를 측정하기 위한 다양한 방법 중 잘 알려진 것이 류디스 자이코프스키(J. L. Zaichkowsky)에 의하여 개발된 PII(Personal Involvement Inventory)이다. PII는 제품에 대한 소비자의 인지와 행동을 평가하는데 '중요하다-중요하지 않다', '관련 있다-관련 없다' 등과 같이 7점 의미분화척도(semantic differential scale)로 만들어진 문항으로 점수가 높을수록 그 대상에 대하여 고관여 소비자로 분류된다. 관여도 측정문항의 예는 〈표 3-1〉과 같다.

표 3-1 자이코프스키의 관여도 측정문항

나에게 --- 은						
중요하다						중요하지 않다*
지루하다						재미있다
관련 있다						관련 없다*
흥미롭다						흥미 없다*
의미 없다						나에게 의미 있다
매력적이다						매력적이지 않다*
환상적이다						환상적이지 않다*
가치 없다						가치 있다
관계있다						관계없다
필요하지 않다						필요하다

*역코딩 문항

출처 : Zaichkowsky (1994).

4) 관여도에 따른 구매의사결정 유형

소비자 행동은 의사결정의 정도와 관여도에 따라 다음과 같이 네 가지의 서로 다른 행동 유형을 보인다(Assael, 1995; 그림 3-1).

(1) 복잡한 의사결정

관여도가 높고 처음으로 구매하는 경우 소비자는 **복잡한 의사결정**(complex decision-making) 과정을 거친다. 자동차, 전자제품, 가구, 항공사 등 고가의 제품의 경우 적극적으로 정보를 탐색하고 평가기준을 이용해 여러 상표를 평가한다. 이 유형은 일반적으로 구매 의사결정을 하기 위해 브랜드에 대한 태도가 형성되고 대안에 대한 평가를 하기 때문에 신념 → 평가 → 행동의 단계에 따라 구매의사결정이 이루어진다.

(2) 상표애호적 의사결정

소비자는 운동화나 잡지와 같은 제품의 경우 여러 번 구매한 후에는 과거의 만족스러웠던 구매 경험에 비추어 동일한 상표를 습관적으로 구매하게 된다. 소비자가 습관적으로 특정 상표를 반복적으로 구매하는 것을 **상표애호도**라 한다. **상표애호적 의사결정**(brand loyalty decision-making) 과정은 복잡한 의사결정처럼 신념 → 평가 → 행동의 순서를 거치기도 하고, 이미 상표에 대한 신념이 형성되어 있고 과거에 경험한 평가가 있기 때문에 신념이나 평가 없이 바로 구매 행동이 일어날 수도 있다.

(3) 제한적 의사결정

소비자는 저관여 상황에서도 제품을 최초로 구매하는 경우 약간의 의사결정이 필요할 수 있다. 새로운 제품이 등장했을 때 또는 기존 제품이 변화된 경우, 소비자는 기존 제품에 불만족해서 상표를 바꾸는 것이 아니라 변화와 새로운 것을 추구하는 다양성 추구(variety seeking) 때문에 **제한적 의사결정**(limited decision-making) 과정을 거친다. 맥주나 시리얼 같은 제품의 경우 관여도가 높지 않더라도 정보 탐색이나 상표 평가 없이 시험 삼아 비계획적인 구매가 이루어질 수 있다. 이 과정에서 소비자는 수동적 학습이 일어나는데, 상표에 대한 어느 정도의 신념이 형성되고 행동으로 이어진 후 사후적으로 평가가 일어나 신념 → 행동 → 평가의 과정을 거친다.

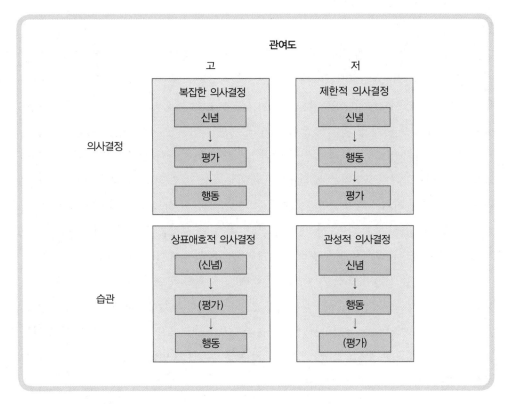

그림 3-1 관여도와 의사결정 정도에 따른 소비자 의사결정 유형
출처 : Assael & Henry (1995).

(4) 관성적 의사결정

관여도가 낮고 습관적으로 구매하는 경우에는 **관성적 의사결정**(inertia decision-making)이 일어난다. 이러한 상황에서 신념은 수동적으로 형성되고 정보처리과정 없이 의사결정이 내려지기 때문에 사후적으로 상표에 대한 평가가 이루어지므로 신념 → 행동 → 평가의 과정을 거치거나 평가를 하지 않기도 한다. 일상용품의 경우 구매한 상표가 어느 정도의 만족을 주기만 하면 재구매가 이루어지는데, 동일한 상표를 몇 번 구매한 뒤에는 이것이 고객애호도처럼 보이기 때문에 이를 가식적 애호도라고 한다. 관성적 의사결정에서 경쟁 상표가 가격 할인이나 경품 제공을 할 경우 소비자는 선호하는 상표를 쉽게 바꿀 수 있다.

1.2 라이프스타일

전통 사회에서는 계급, 신분, 거주지역 및 가족 등이 한 사람의 소비 선택권을 결정한다. 그러나 현대 소비사회에서 소비자는 자신을 규정하는 일련의 제품과 서비스 및 활동들을 자유롭게 선택한다. 사람들이 살아가는 방식은 다양한데, 어떤 소비자는 자신의 소득을 대형자동차나 고급의류 구매 등 과시적 소비에 쓰고, 어떤 소비자는 노후생활을 위해 저축을 한다. 어떤 소비자는 새로운 패션의류가 유행하면 남보다 더 유행에 관심이 있어 새로운 패션의류를 구매하고, 어떤 소비자는 유행에는 아랑곳하지 않고 조금이라도 저렴하게 구매하기 위해 세일을 이용하거나 대형할인점을 이용한다. 이와 같이 사람들이 살아가는 방식을 **라이프스타일**이라고 하는데, 이는 한 개인의 생활, 즉 돈과 시간을 쓰는 유형을 말하는 것으로, 전체 또는 일부 사회계층의 특징적이고 차별적인 삶의 형태를 말한다(Solomon, 2018).

라이프스타일은 개인이 속한 사회, 문화, 준거집단, 가족의 영향을 받아 형성되며 소비자의 개성과 가치를 반영하기 때문에 소비자 행동에 중요한 영향을 미친다. 소비자 행동 분야에서는 라이프스타일을 유형화하여 인구통계학적 정보만으로 충분히 설명되지 못하는 소비자의 구매 행동을 설명하고, 소비자들의 생활상이 어떻게 변화하는지 보여줌으로써 사회적 동향을 예측할 수 있다(이학식 외, 2016).

라이프스타일을 조사하는 측정도구는 AIO(activity, interest, opinion) 분석이 가장 널리 사용되는데 소비자의 인간적 측면이나 생활양식을 일상의 행동, 주변의 사물에 대한 관심 및 사회적·개인적 문제에 관한 의견이라고 하는 세 가지 차원에서 파악한다. 여기서 **행동**(activity)이란 자신의 일에 대해 대처하고 시간을 소비하는 방법을 말하며, 광고매체를 보는 것, 상점에서 쇼핑하는 것, 새로운 서비스에 대해 이웃과 말하는 것처럼 명백한 행동을 측정한다. 관심(interest)은 자신이 살고 있는 주위 세계에 대해서 무엇에 중요성을 두고 있는가를 의미하며, 어떤 대상이나 사건 혹은 주제에 대하여 개인이 특별한 관심을 부여하는 정도를 측정한다. 의견(opinion)은 사람들이 주위 세상과 자신에 대해 생각하는 견해를 의미하며, 어떤 자극 상황에 대하여 질문이 주어졌을 때 개인의 응답을 측정한다. 소비자의 라이프스타일은 AIO 항목들을 수십 또는 수백 개의 질문으로 응답자에게 제시하고 그에 대한 동의 정도를 측정한다.

1.3 개성

1) 개성의 의미

어떤 사람은 파티에서 남들의 주목을 받고 싶어 하지만, 또 다른 사람들은 구석에 조용히 있으면서 이런 모임 자체를 싫어한다. 이렇게 동일한 상황에 놓여 있을 때조차 서로 다르게 행동하게 되는 것은 개성 때문이다. **개성**(personality)이란 한 개인의 독특한 심리적 구성이 자신의 환경에 반응하는 방식에 어떻게 일관되게 영향을 주는지를 의미하며, 일관성 있고, 지속적인 반응을 초래하는 심리적인 특성이다(Solomon, 2018, p. 286). 소비자들의 행동은 각각 상이한 상황에 따라 달라진다. 그러나 그러한 행동에는 어떤 일관성이 존재하며, 타인과 구별해 줄 수 있고, 인간이 자신의 환경과 상호작용할 때 특이한 방식으로 행동하는 경향이 나타난다. 그러나 개성은 우리가 볼 수 있는 것이 아니고, 특정한 개성이 개인의 행동을 정확하게 예견해주지는 않는다(양윤, 2014). 소비자 행동 측면에서 살펴본 개성이론은 정신분석이론, 사회심리이론, 특성이론, 자아개념이론 등이 있다.

2) 정신분석이론

개성에 관한 프로이트의 **정신분석이론**(psycho-analytic theory)은 인간 행동을 이해하는 데 많은 영향을 주었다. 프로이트는 생물학적·성적 욕구와 같은 무의식적 욕구나 충동이 인간의 동기나 개성의 핵심이 된다고 한다. 인간의 개성은 본능, 자아, 초자아의 세 가지 시스템으로 구성되어 있다. **본능**(id)은 목마름, 굶주림, 성과 같은 기본적인 욕구와 충동을 통제하는데 이의 원칙은 즐거움을 추구하고 고통을 피하도록 행동을 하게 한다. 본능은 이기적이며 비논리적이고, 결과에 개의치 않고, 쾌락적인 행동을 추구하는 방향으로 개인의 정신적 에너지를 사용한다. **자아**(ego)는 본능의 행동을 조절하는데 주위 환경의 조건과 개인의 충동적 요구 사이에서 절충적 행동을 하게 한다. 따라서 자아는 외부 세계와 상호작용하여 성장함에 따라 객관적인 현실을 나타내는 것이다. **초자아**(superego)는 사회의 문화와 가치관이 정의하기에 옳고 도덕적인 행동을 하려는 개인의 잠재적인 시도를 나타낸다.

　요컨대, 본능은 당장 자신이 원하는 것을 구하려 하고, 자아는 자신의 욕구를 만족시키는 데 도움을 줄 수 있는 최선의 방법을 계획하고, 초자아는 주변에 있는 사람들이 원하는 것만 해야 한다고 말한다. 이러한 정신분석이론은 소비자의 동기 연구에 많은 영향을 끼쳤다(김영신 외, 2012, p. 182).

3) 사회심리이론

사회심리이론(socio-psychological theory)이 정신분석이론과 다른 점은 다음과 같다. 첫째, 본능보다는 사회적 변수가 개성을 형성하는 데 중요한 변수가 된다. 둘째, 무의식적 동기보다는 의식적 동기가 더 중요하다. 그러므로 행동은 알고 있는 욕구와 2차적 욕구에 의해 가장 자주 행해진다. 카렌 호니(Karen Horney)는 개성은 순응, 공격, 고립의 세 가지 유형으로 특징지워진다고 했다. 순응형은 타인이 원하는 대로 행동하고, 사랑받고 인정받고 필요로 하는 사람이 되고 싶어 하고, **공격형**은 타인에게 대항하는 성향이 강하고 권력 지향적이며 남보다 앞서고 성취하는 데 가치를 부여한다. 고립형은 타인과 함께 있는 것을 부담스럽게 느끼고 독립적이고 자아 의존적이다. 호니의 이론을 바탕으로 한 연구(Cohen, 1967)에서 순응형의 소비자는 비누, 구취제거제, 아스피린을 많이 구매하였는데 이는 다른 사람에 대한 배려(비누, 구취제거제)와 유명 상표(아스피린)의 구매와 관련이 있다. 공격형의 소비자는 남성적인 면을 강하게 소구하는 제품(애프터쉐이브로션)을 선호하였으며, 고립형의 소비자는 맥주보다 차를 많이 마시는 것으로 나타났다.

4) 특성이론

특성이론(trait theory)은 고든 올포트(Gordon Allport)가 도입한 개념으로 가장 실증적이기 때문에 개성을 측정하는 데 폭넓게 이용되어 왔다. 개성이란 어떤 개인을 다른 사람들과 구분 짓게 만드는 개인적인 특징으로, 일관성이나 규칙이 존재한다. 특성이론 연구자들은 성격 테스트를 이용하여 구체적인 특성들을 측정하고 점수에 따른 개인적인 차이를 설명한다(Shiffman & Wisenblit, 2016, p. 89). 개성, 즉 성격 특성을 설명하는 접근법으로 가장 많이 알려진 것이 **빅 파이브 모형**이다. 이 모형은 개방성, 성실성, 외향성, 친밀성, 정서불안정성의 5개 영역이 성격의 기초를 형성한다는 것이다(Costa & McCrae, 1992). 개방성은 외부 세계에 대한 관심 정도, **성실성**은 사회적 규칙 및 원칙을 지키려는 의지의 정도, **외향성**은 타인과의 교제나 상호작용을 원하고 관심을 끌고자 하는 정도, **친밀성**은 타인에 대한 호감도와 대인관계 성향, **정서불안정성**은 주어진 환경에 대한 심리적 부적응 정도를 나타내는 척도이다.

연구자들은 소비자 행동을 연구하기 위하여 고유한 성격 특성 테스트를 개발하고 이를 이용하여 소비자 혁신성, 물질주의, 민족중심주의 등의 특성을 연구한다. 이러한 연구는 소비자들을 효과적으로 세분화하고, 세분시장에 맞는 광고를 제작하는 데 도움이 될 수 있다

(Shiffman & Wisenblit, 2016, p. 89).

5) 자아개념이론

자아개념(self-concept theory)은 자신에 대한 개인의 생각과 느낌의 총체로 자신의 고유
속성에 대한 신념과 이러한 각 속성에 대해 자아를 평가하는 방식을 의미한다(Solomon,
2018, p. 276). 사람들은 자신이 지닌 신체적 특성, 성격, 습관, 가치관, 선호, 능력에 대한
자기 이미지를 가지고 자신의 자아개념과 일치되게 행동하려는 욕구가 있다. 이 때문에 자
신에 대한 지각이 개성의 기본을 형성하고, 이러한 자아는 시장 세분화의 기준, 제품의 판
매 촉진 수단, 제품 포지셔닝 전략의 기준으로 활용할 수 있다.

자신이 되고 싶어 하는 이상적인 자기 모습은 **이상적 자아개념**이고, 현재 자신이 지각하는
자기 모습은 **실제적 자아개념**, 타인이 자신을 어떻게 보는가에 관한 개인의 생각은 **사회적 자
아개념**이라 할 때, 어느 자아개념과 일치하는 방향으로 구매 행동이 일어나는지는 소비자에
따라 다르게 나타난다. 예를 들어, 스포츠카는 나이가 많은 사람들도 구매하는데, 이는 소
비자가 자신이 스스로 젊다고 생각하거나(실제적 자아개념), 혹은 젊게 보이기를 원하기(이
상적 자아개념) 때문이다.

1.4 지식

일반적으로 **지식**(knowledge)은 기억 내에 저장되어 있는 정보로서 시장에서 소비자의 기능
과 관련된 모든 정보를 말한다(Engel et al., 1995). 소비자가 무엇을 구매하고, 어디에서 구
매하고, 언제 구매하느냐 하는 것은 이러한 의사결정과 관련하여 소비자들이 소유한 지식
에 달려 있다. 기업은 제품에 관한 개별 소비자의 지식이 큰 차이가 있다는 것을 인지해야
한다.

소비자 지식은 제품 지식, 구매 지식, 사용 지식으로 나누어 볼 수 있다. **제품 지식**은 제품
범주와 이 범주 내에 있는 상표의 인식, 제품 용어, 제품 속성이나 특성, 상표에 대한 신념,
제품 가격 등 제품에 대한 다양한 형태의 정보가 결합된 지식이다. **구매 지식**은 제품을 얻기
위해 소비자가 가지고 있는 여러 가지 정보로 제품을 어디에서 구매해야 되고, 언제 구매
해야 되는지에 대한 정보이다. **사용 지식**은 제품이 어떻게 사용되고 제품을 사용하는 데 실
제로 무엇이 필요한가에 대해 기억 속에 있는 가능한 정보이다(김영신 외, 2012, pp. 180-
181).

소비자 지식을 측정하기 위해 소비자가 실제로 기억 속에 저장되어 있는 것을 꺼내어 기억 내용을 평가하는 객관적 지식의 측정방법과 소비자의 전반적인 지식과 친숙한 정도를 측정하는 주관적 지식의 측정방법이 있다.

1.5 타인의 소비행동

사람은 누구나 소비생활을 하면서 주위 사람들의 영향을 받는다. 소비자는 소비 자체를 통하여 직접 만족을 얻기 위해 소비할 뿐만 아니라 자신의 지위나 재력을 과시하는 경우도 있다. 개인의 선호에 따라 일관성 있는 의사결정을 통해 구매를 결정하는 것은 각자의 행동에 타당한 이유가 있는 것이다. 이와 관련된 소비행동을 살펴보면 다음과 같다.

1) 속물 효과

속물 효과(snob effect)는 다른 사람과는 다른 특별한 것을 구입함으로써 그 물품을 소유하고 있다는 사실에 가치를 부여하는 것이다. 즉 희소가치를 구입하는 것이다. 이러한 속물 근성을 가진 소비자는 제품이 유행을 하게 되면 최초 구매 시의 만족도를 계속 누릴 수 없기 때문에 유행하는 제품의 소비를 줄이게 된다. 특히 유행을 잘 타는 패션 분야에서 나타난다.

2) 밴드웨건 효과

밴드웨건 효과(bandwagon effect)는 속물 효과와는 반대로 다른 사람의 소비 성향을 무조건 쫓아가는 것이다. 다른 사람이 어떤 제품을 가지고 있을 때 그 제품에 대한 관심도 따라서 커지는 것으로 일시적으로 유행하는 제품에서 찾아볼 수 있다. 이러한 소비자는 제품 자체가 아닌 군중 속에 합류하려는 도구로서 제품을 소비하는 것으로 전체적으로 이 같은 성향의 소비자들이 가장 많다.

3) 베블런 효과

베블런은 그의 저서 유한계급론에서 유한계급에 속하는 사람들의 소비 습관을 분석했다. 부유층은 자신의 우월성을 드러내고 그에 따른 존경과 찬사를 받고 싶어 하는 경향이 있고 이러한 행동이 과시소비(conspicuous consumption)로 나타난다고 했다. 이들은 단지 비싸다는 이유만으로 물건을 구매하고 이러한 것을 남에게 보여줌으로써 다른 사람을 감동시키려 하는데, 이를 **베블런 효과**(veblen effect)라 한다. 이 효과는 보다 좋은 재화를 소비한다는 것이

부의 증거가 되기 때문에 효과적으로 과시를 하기 위해서 비싼 가격이 필요하다는 것을 역설한다.

4) 파노플리 효과

파노플리 효과(effet de panoplie)는 프랑스 철학자이자 사회학자인 장 보드리야르가 1980년대에 명명한 개념으로, 소비자가 명품을 구매하면서 자신의 지위와 부를 드러내고자 하는 욕구와 상류층에 속한다는 환상을 느끼게 된다는 것이다. 백화점 등 유통업계, 특히 백화점에서는 마케팅에 이러한 심리를 이용하기도 한다.

2. 환경적 요인

소비자 의사결정에 영향을 주는 환경적 요인으로는 문화, 사회계층, 준거집단, 가족 등을 들 수가 있다.

2.1 문화

1) 문화의 의미

문화(culture)는 여러 세대를 거치는 동안 남겨놓은 사회적 유산으로 한 집단이 공유하는 공통된 가치관, 생활 방식, 소비 습관 등 그 사회가 환경에 적응하며 살아가는 방식을 반영한다(박명희 외, 2013). 어느 가정에서는 제사를 옛날 방식으로 밤중에 지내는가 하면, 어느 가정에서는 편리한 시간에 추도 예배로 대신한다. 많은 지구촌 사람들이 쇠고기를 즐겨먹는데 인도인들은 굶어 죽으면서도 쇠고기를 먹지 않는다. 소비자들은 자신이 속해 있는 민족, 인종, 종교에 따라 각각 다른 소비 선택을 보이는데, 이러한 소비자 행동의 차이는 문화를 이해함으로써 가능하다.

선물을 주고받는 경우도 각각의 문화적 특성을 반영하여 발전해왔기 때문에 선물의 특성을 이해하기 위해서는 그 나라의 문화, 역사 등에 대한 이해가 수반되어야 한다. 예를 들어 크리스마스는 영국, 미국 등지에서는 선물을 주고받는 가장 대표적인 시기 중 하나지만, 이집트, 터키 등 역사적으로 기독교와 무관한 나라에서는 젊은 층에서 단지 하나의 기념일로 크리스마스를 보내는 경향이 짙다. 일본인에게 선물을 할 때는 흰색으로 포장하면 안 되고 주는 사람 앞에서 선물을 열어보면 안 된다. 이슬람 국가에서는 방문객들이 알코올 음료나 사진, 그림 또는 여성 조각상을 선물하면 안 된다. 아랍 국가에서는 금도금 만년필이 좋은 선물이 된다는 등 선물을 주고 받는 문화도 나라마다 차이가 있다(박명희 외, 2013). 중국인에게 가장 중요한 생일은 66세 생일로, "한평생 순조롭게 살았다"는 의미인데, 이때 자녀는 0.6근의 고기를 사드리고 66개의 물만두를 빚어서 생신을 축하한다고 한다. 우리나라에서 60세 생일은 회갑이라고 축하하는 것과 비슷하다. 한국에서 부모님께 선물하는 감사의 꽃 카네이션이 프랑스에서는 장례식에 사용되어 불길한 꽃으로 여긴다.

2) 문화와 소비자 행동

문화는 욕구 충족의 기준이 되며 규범을 제공하고, 사회 구성원들에 의하여 학습되고 공유되며, 시대 상황에 따라 점진적이고 지속적으로 변화한다. 문화는 도구, 자동차, 도로 등과 같이 사람들에 의해 변화되고 사용되어 오는 모든 물리적 실체인 물질적 요소와 사람들이 사용하는 언어, 관습, 신념, 의례 등을 포함하는 비물질적 요소로 구성된다. 소비자 행동 측면에서 볼 때 물질적 문화(material culture)의 대표적인 예는 제품과 서비스를 비롯하여 백화점, 할인점, 각종 광고물이고, 비물질적 문화(nonmaterial culture)는 소비자의 쇼핑 방식, 신제품에 대한 소비자의 욕망, 할인 판매에 대한 소비자의 반응 등이 포함된다(김영신 외, 2012).

또한 우리 민족의 문화인 설이나 추석과 같은 명절에 쓰는 재화, 집들이나 어린이 돌잔치에 필요한 재화, 특정한 사회적 모임에 따른 장소, 상황, 예의 등은 문화적 관습과 관련된 예이다. 이러한 문화적 관습은 '의례(ritual)' 또는 '의례화된 행동'으로 표현될 수 있다. 의례란 인간이 가지고 있는 독특한 행동 양태로서 일상에서 사용하는 '습관적이고 형식적'인 의미와는 달리 '상징성과 절차성'의 의미가 강한 것으로, **의례화된 행동**은 소비자의 삶과 관련되어 있다. 우리는 출생, 입학, 졸업, 결혼 등 다양한 통과의례를 거치며 의례화된 경험들을 겪는다. 뿐만 아니라 설날, 추석, 정월대보름 등과 같은 세시의례를 치르는 데도 정형화된 절차가 있고 각 의례 절차 단계마다 의미가 있으며, 절차를 적절하게 수행하기 위한 의례화된 소비 물품이 필요하다. 그 외에도 집단의례(시민 행사, 기업 행사), 유사의례(음악회, 스포츠 관람 등), 개인의례(가족행사, 기념일 등) 등은 우리의 삶의 많은 부분과 관련되어 있다(박명희 외, 2013).

2.2 사회계층

1) 사회계층의 의미

조선시대에는 사농공상이라는 엄격한 사회계층이 존재했고 이러한 사회계층에 따라 가치관, 규범, 신념이 달랐기 때문에 행동도 현격히 달랐다. 오늘날에 와서는 이러한 구분은 없어졌으나 잘 사는 사람과 못 사는 사람, 전문직 종사자와 단순 노무직 종사자, 많이 배운 사람과 못 배운 사람, 이렇듯 둘 이상이 모여 사는 사회에는 계층이 존재하기 마련이고 이에 따른 소비자 행동도 차이가 난다.

사회계층이란 '한 사회 내에서 거의 동일한 지위에 있는 사람들로 구성된 집단'으로 정의된다(이학식 외, 2016). 사람들은 사회에서 자신의 상대적 위치를 결정짓는 서열체계를 만드는데 경제적 자원을 기준으로 나누어 설명한다. 사회계층을 평가하는 기준은 **단일변수지표**로 소득 수준, 교육 수준, 직업 종류, 거주지역, 주택 형태, 소유 자산 등이 이용되고, **복합변수지표**로 직업 종류(미숙련공에서 전문직까지), 소득원천(공적부조에서 상속된 재산까지), 주택 형태(서민주택에서 호화주택까지), 거주지역(빈민가에서 뛰어난 주거지역까지) 등이 이용된다. 윌리엄 워너(W. L. Warner)는 복합변수지표에 가중치를 주어서 6개의 사회계층으로 분류한 ISC(Index of Status Characterisics, 지위특성지수)지수를 만들었다. 또한 리처드 콜먼(Richard Coleman)과 리 레인워터(Lee Rainwater)는 워너의 지표를 수정하여 최상류층(세습부유층, 0.3%), 상류층(성공한 전문직 종사자나 최고경영자인 신흥사회엘리트층, 1.2%), 중상류층(대학을 졸업한 관리자나 전문직 종사자, 12.5%), 중산층(평균 봉급의 화이트컬러 종사자와 그들의 블루컬러 친구들, 32%), 근로층(평균 봉급의 블루컬러 종사자, 38%), 빈민층(생계비 보조를 받지 않는 노동자층, 9%), 최하류층(생계비 보조를 받는 극빈곤층, 7%) 등 7개의 사회계층으로 분류하였다(Coleman, 1983).

이러한 사회계층은 몇 가지 특성이 있다. 첫째, 사회계층은 사회적 지위를 나타낸다. 둘째, 동일한 사회계층 내에서는 태도, 관심, 활동, 행동 패턴 등이 유사하다. 셋째, 사회계층은 계층적 구조를 갖는다. 넷째, 사회계층은 다차원적으로 직업, 소득, 교육 수준 및 가치관 등 복합적 요소에 의하여 결정된다. 다섯째, 봉건 시대에는 사회계층이 세습되었으나, 현재 사회계층은 동적으로 상위계층이나 하위계층으로 이동할 수 있다.

2) 사회계층과 소비자 행동

동일한 계층 내의 사람들은 서로 비슷한 점을 갖고 있기 때문에 특정 제품의 구매, 구매 장소, 구매 방법 선택 시 서로 영향을 주고받을 수 있다. 한 연구에서 미국 부유층의 삶의 방식을 보여주었는데, 백만장자의 평균은 57세 남자로 자영업자이며, 연평균 수입은 13만 1,000달러이고, 이혼 경력이 없고, 자녀들이 있으며, 옷 한 벌에 399달러 이상, 신발 한 켤레에 140달러 이상을 쓰지 않으며, 포드 자동차를 운전하고, 부유한 사람들은 그들 스스로 부자라고 생각하지 않는다고 한다. 반면 가난한 사람들이 부자에 비해 구매력이 적지만 우유나 오렌지주스 등 기본적인 주요 상품들의 구매력은 평균 소득의 가정과 같은 비율을 보였다. 그러나 최저임금 수준의 가정에서는 의료비용, 임대비용, 식료품비 소비가 평균 이상으로 많은 것으로 나타났다(Solomon, 2018, pp. 521-526).

여성들은 사회계층에 관계없이 유행하는 옷을 좋아하지만 상류층일수록 디자인과 멋에 관심을 가지고 하류층일수록 실용성과 편안함을 강조한다. 전문직이면서 상류층에 속하는 가족은 고급 주택지역에 집을 사고 주로 고급 가구와 문화 오락비에 소비 지출을 하고, 하류층일수록 무명 가구를 더 많이 구매하는 경향이 있다. 상류계층 사람들은 앉아서 일하는 직업에 대한 보상으로 동적인 것을 좋아하며, 육체적 직업을 가진 하류계층의 사람들은 보다 적게 움직이는 취미생활을 즐기는 경향이 있다.

정보 탐색에 관해서는 중·상류층은 구매정보를 신문, 잡지 등의 매체에 의존한다. 반면 하류층은 정보원이 제한되어 있고 잘못된 정보를 식별하기가 어렵고 기만을 당하는 경우가 많으므로 친척이나 가까운 친구에게 의존하는 경향이 있다.

쇼핑 장소와 방법은 하류층은 친절한 서비스와 외상 구매가 가능한 가까운 상점을 선호하며, 중·상류층은 쇼핑 자체를 즐기기 때문에 쾌적한 분위기의 상점이나 백화점에서 쇼핑하는 것을 더 선호한다(김영신 외, 2012).

2.3 준거집단

인간은 사회적 동물로서 호감가는 개인이나 집단에 '어울리려는' 욕구는 소비행동의 기본적인 동기이다. **준거집단**(reference group)은 '한 개인의 평가, 열망, 행동에 중요한 영향을 미치는 실제 또는 가상의 개인이나 집단'을 말한다(Solomon, 2018, p. 412). 소비자에게는 가족이 가장 중요한 준거집단이지만, 다른 많은 준거집단들도 있을 수 있다. 우리들은 일상생활에서 주위 사람들로부터 영향을 받을 뿐 아니라 그들에게 영향을 미치기도 한다. 마찬가지로 우리가 제품을 구매하기 전이나 구매 과정 및 구매 후에도 사회적인 영향이 발생된다.

1) 준거집단의 유형

준거집단은 목적에 따라 다양하게 분류될 수 있는데(그림 3-2) 집단 구성원으로 소속될 수 있느냐에 따라 회원집단과 비회원집단으로 분류된다.

(1) 회원집단

회원집단(membership group)은 접촉빈도에 따라 1차 집단과 2차 집단으로, 공식적 역할과 조직구조에 따라 공식집단과 비공식집단으로 분류된다(표 3-2).

- 1차적 비공식집단 : 1차적 비공식집단은 가족, 친구들과 같이 자주 접촉하고 친밀한 관계를 유지하는 집단으로 신념이나 행동 면에서 상호 유사성이 높은 집단이다.
- 1차적 공식집단 : 1차적 공식집단은 자주 접촉하면서도 1차적 비공식집단보다는 좀 더 공식적인 구조를 가지고 있는 경우인데 함께 일하는 직장 동료나 프로젝트를 같이하는 학급 친구를 들 수 있다.
- 2차적 비공식집단 : 2차적 비공식집단은 공식적인 관계는 아니지만 가끔 접촉하는 집단으로 쇼핑을 함께 다니거나 운동을 같이 하는 스포츠 동호회가 여기에 해당된다.

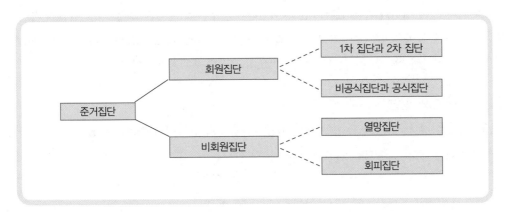

그림 3-2 준거집단의 유형

표 3-2 회원집단의 유형

구분	비공식적	공식적
예상된 문제 발생	1차적 비공식집단(가족, 친구)	1차적 공식집단(직장 동료, 학급의 급우)
예상치 않은 문제 발생	2차적 비공식집단(스포츠동호회)	2차적 공식집단(학교 동창, 사교클럽)

- 2차적 공식집단 : 2차적 공식집단은 구성원들이 자주 접촉하지 못하며 공식적인 관계에 의해서만 교류하는 경우로 학교 동창이나 향우회 집단이 여기에 해당된다.

(2) 비회원집단

사람들은 자신이 현재 소속되지 않은 집단에 의해서도 영향을 받는다. 비회원집단 (nonmembership group)은 열망집단과 회피집단로 나누어진다(Assael, 1995, pp. 528-531).

- 열망집단 : 개인이 소속하기를 원하는 집단을 열망집단(aspirational group)이라 한다. 열망집단은 기대 열망집단과 상징적 열망집단으로 나눌 수 있다. 기대 열망집단이란 언젠가는 참여하기를 원하고, 또 참여가 가능할 수도 있는 집단이다. 예를 들어 조직 위계상 높은 위치에 있는 집단의 경우이다. 상징적 열망집단이란 개인이 그 집단의 신념과 태도를 가지고 있음에도 실질적으로는 소속되기 어려운 집단이다. 성공한 기업인, 운동선수, 연기자 또는 세상의 어려움을 극복한 사람들이 이 집단에 속하는 경향이 있다. 유명한 운동선수를 광고에 등장시키는 것은 스포츠 스타와 동일시하고 싶은 소비자들에게 큰 영향을 줄 수 있을 것이다.
- 회피집단 : 개인이 속해 있지도 않고 대면관계를 유지하고 있지도 않고, 그 집단의 가치관이나 행동을 받아들이려고 하지 않는 집단을 회피집단(dissociative group)이라 한다. 회피집단과 거리를 두고 싶은 경우, 의도적으로 반대로 행동한다.

2) 준거집단의 영향

준거집단은 정보 제공, 비교기준, 규범 제공 등 세 가지 방향에서 소비자 행동에 영향을 미친다(Assael, 1995, pp. 534-540).

(1) 정보 제공

전문가의 증언이나 친지의 경험은 정보를 제공하는 의사소통의 방법이며, 준거집단의 가시적 소비(자동차, 가구, 의상 등)는 소비자에게 어느 상표 또는 제품이 집단 내에서 가장 인기가 있는지에 대한 정보를 제공한다. 예를 들어 치과의사가 껌 선전을 하면서 그 껌의 장점에 대한 정보를 제공할 때 소비자는 그 치과의사가 제공하는 정보를 긍정적으로 받아들일 것이다. 이러한 정보 제공적 영향은 첫째, 제품 구입 시 사회적, 금전적, 성능 위험이 있을 때, 둘째, 개인이 제품에 관하여 제한적인 지식이나 전문적 지식을 가지고 있을 때 중요해진다.

(2) 비교기준

소비자들은 항상 자신의 태도를 다른 집단과 비교하려는 경향이 있다. 그렇게 함으로써 동의하는 집단과는 관계를 강화하고, 동의하지 않는 집단과는 멀어진다. 소비자는 자아 만족을 제공하는 집단과 연관을 지음으로써 자아개념을 높이는 것이다. 예를 들어 새로 이사 온 사람은 다양한 이웃과 만나면서 정치 문제, 교육, 자녀 양육에 관한 이웃의 태도를 자신과 비교하게 되며, 이웃이 구매하는 제품과 상표를 자신과 비교하게 된다.

(3) 규범 제공

집단에는 구성원들이 지켜야 할 집단규범이 있다. 따라서 소비자가 그러한 집단규범에 잘 순응하면 보상을 받고, 순응하지 않으면 처벌을 받기 때문에 소비자는 집단규범에 따르려 한다. 소비자는 집단이 인정하는 브랜드와 범주에 있는 제품을 구입하기 위해 집단의 행동을 모방하게 된다.

번(Bourne, 1958)은 준거집단의 영향에 관한 연구를 통해서 집단규범에 따르려는 압력이 제품과 상표 결정에서 크게 나타나는 것을 발견하였다. 더 나아가 번의 개념적 체계를 보완해서 비어든과 에첼(Bearden & Etzel, 1982)은 제품 유형(필수품, 사치품)과 소비 상황(공공적, 개인적)의 기준을 동시에 고려해서 준거집단의 영향력을 보여주었다(그림 3-3).

- **공공장소에서 사용되는 사치품** : 제품 소유와 상표 선택에 영향을 미치는 범주에 속하는 제품들은 배타적인 제품인 동시에 가시성이 높은 제품이다. 다른 사람들이 보는 앞에서 제품이 사용되며, 소수에 의해 소유되거나 사용되는 제품으로 신제품도 여기에 속

	필수품 (제품 선택에 대한 집단의 영향이 약함)	사치품 (제품 선택에 대한 집단의 영향이 강함)
공공으로 사용하는 제품 (상표 선택에 대한 집단의 영향이 강함)	공공장소에서 사용되는 필수품 • 손목시계 • 자동차 • 양복	공공장소에서 사용되는 사치품 • 골프클럽 • 스키 • 요트
개인적으로 사용하는 제품 (상표 선택에 대한 집단의 영향이 약함)	개인적으로 사용되는 필수품 • 침대 매트리스 • 거실 램프 • 냉장고	개인적으로 사용되는 사치품 • 가정용 비디오게임 • 쓰레기 압축기 • 제빙기

그림 3-3   제품과 상표 선택에 대한 준거집단의 영향
출처 : Bearden, William & Michael (1982).

한다. 그러나 신제품의 독특성이 없어지고 대중적으로 수용된 후에는 제품 소유에 대한 영향은 약해지고 상표 선택에 대한 영향만 남게 된다.

- **공공장소에서 사용되는 필수품** : 이 집단에 속하는 제품들은 가시성은 크지만 배타성이 약한 경우이다. 손목시계, 자동차, 의류 등은 제품 소유 여부는 준거집단의 영향을 받지 않지만, 상표 선택에서 준거집단의 영향을 쉽게 받을 수 있다.

- **개인적으로 사용되는 사치품** : 배타성은 강하지만 가시성은 없는 경우로 이 집단에 속하는 제품들은 다른 사람들이 보지 않는 장소에서 소비되며, 소수에 의해서만 소유된다. 제품의 소유 여부는 준거집단의 영향을 받지만 상표가 무엇인가는 중요하지 않다.

- **개인적으로 사용되는 필수품** : 배타성과 가시성이 낮은 경우로 다른 사람이 보지 않는 장소에서 소비되며, 거의 모든 사람이 소유하고 있다. 제품 소유 여부와 상표 선택 모두 준거집단의 영향을 받지 않는다.

2.4 가족

1) 가족의 중요성

가족(family)은 구매자의 행동을 형성하는 가장 영향력 있는 1차 집단임과 동시에 가족의 가치, 규범, 행동기준을 구성원의 준거점으로 삼고 있다는 점에서 준거집단이 되고 있다. 가족 내 구성원의 긴밀한 관계는 개인의 행동에 대한 가족의 영향을 지배적으로 만든다. 그리하여 가족은 하나의 경제 단위로서 그 구성원들은 개인 혹은 집단의 소비에 있어서의 우선순위라든가, 그들의 욕구를 충족시키기 위한 제품이나 상표, 그리고 그것을 언제, 어디서, 얼마만큼 구입해서 어떻게 소비할 것인가 등을 결정하는 의사결정 단위로 중요하다. 소비자 행동에서 가족의 중요성은 구체적으로 다음과 같다.

첫째, 가족 구성원 전체가 공동 사용의 목적을 가지고 구매하는 경우, 그 자체가 하나의 구매의사결정 단위로서 소비자 행동의 주체가 된다. 둘째, 소비자 행동에서 자신이 속한 가족의 영향력이 가장 크다. 셋째, 가족생활주기에 따라 가족 구성원의 소비행동이 바뀐다. 예를 들어 독신들은 소득의 대부분을 여가활동이나 신제품 구매에 사용하지만 결혼을 한 사람은 가구나 자동차 등 가족 공동물품의 구매와 저축을 늘린다. 넷째, 여성의 사회진출 증가는 가정에서의 성역할이 변화하여 남편들이 쇼핑에 참여하고 간편식에 대한 수요가 증가한다. 다섯째, 1인 가구, 비가족 가구, 아이 없는 가구 등 전통적인 가족과는 다른 새로운 시장이 확대되고 있다(황용철, 송영식, 2019, pp. 424-425).

2) 의사결정과정별 가족의 역할

가족 구성원은 의사결정 및 구매 행동에 있어서 다음과 같은 여러 가지 역할을 수행하게 된다(그림 3-4).

첫째, **정보 수집자**(information gatherer)로 여러 가지 원천으로부터 정보를 수집하여 평가하는데, 정보원천이나 경로에 대한 전문지식을 많이 가지고 있는 구성원이 정보 수집자의 역할을 한다.

둘째, **영향력 행사자**(influencer)로 대안평가 방법에 영향을 미치는데 상표를 비교하는 평가기준을 수립하며, 그 평가기준에 잘 일치하는 상표가 어느 것인가를 결정하는 데 영향력을 행사한다.

셋째, **의사결정자**(decision maker)로 최종적으로 구매 여부를 결정하는 사람으로 가족 구성

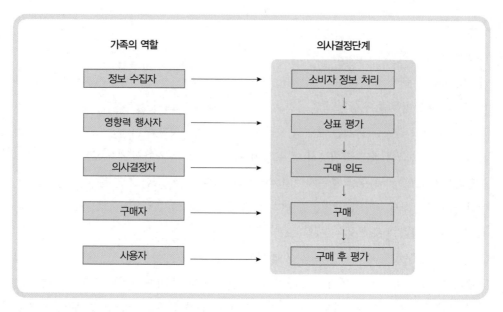

그림 3-4 의사결정단계에 따른 가족의 역할
출처 : Assael & Henry (1995)에서 재구성.

원 사이의 권력구조에 따라 한 사람 또는 두 사람 이상이 공동으로 의사결정을 할 수 있다.

넷째, 구매자(purchaser)로 의사결정자가 정한 구매 내역에 따라 실제로 제품 구매를 책임지는 사람으로, 특히 주부는 본인 및 가족의 공동구매품은 물론 자녀나 남편이 필요로 하는 제품을 대신 구매하는 구매 대리인으로서의 역할을 수행한다.

다섯째, 사용자(user or consumer)로 구매한 제품을 실제로 사용하는 사람이다. 제품을 사용하고 평가를 하며 이는 재구매 의도에 중대한 영향을 준다.

3) 구매 의사 결정영역

(1) 남편과 아내의 의사결정

가족 의사결정에 가장 중요한 역할을 수행하는 사람은 남편과 부인이다. 남편과 부인의 의사결정에 영향을 미치는 요인은 다음과 같다(Solomon, 2018, pp. 438–439).

- 성 역할의 고정관념 : 전통적인 성 역할의 고정관념을 믿는 부부들은 성을 구분하는 제품에 대해 개인들이 결정하는 경향이 있다. 오늘날은 취업 주부들의 증가로 전통적인

부부의 역할이 변화되어 전통적으로 남편의 영역으로 인정되어 온 제품에 대한 부인의 영향력이 커졌으며 반대로 부인의 영역으로 인정되어 온 제품에 대한 남편의 영향력도 증대되었다.

- **배우자의 자원** : 가족들에게 더 많은 자원을 기여하는 배우자가 더 큰 영향력을 행사한다.
- **경험** : 부부가 의사결정 단위로서 경험이 있을 때 개인적인 결정이 더 자주 이루어진다.
- **사회경제적 지위** : 상류층이나 하류층보다 중류층 가족은 공동 의사결정을 더 많이 한다.

(2) 자녀의 영향

핵가족화와 자녀 수의 감소로 가정에서 자녀의 지위가 높아짐에 따라, 가정의 구매의사결정에서 자녀들의 영향력이 증가하게 되었다. 맞벌이 부부가 증가함에 따라 자녀들의 선택지가 더 넓어졌고, 편부모 가정은 종종 자녀가 자립하고 가정에 참여하도록 종용한다. 한 예로 슈퍼마켓에서 어린아이들은 평균적으로 열다섯 가지 요청을 하며, 그중 절반은 통상적으로 허용된다(Shiffman & Wisenblit, 2016, p. 303). 자녀들은 부모에게 자신이 필요한 제품이나 서비스를 사줄 것을 더 많이 요구할 뿐 아니라, 자신이 원하는 물건을 직접 사는

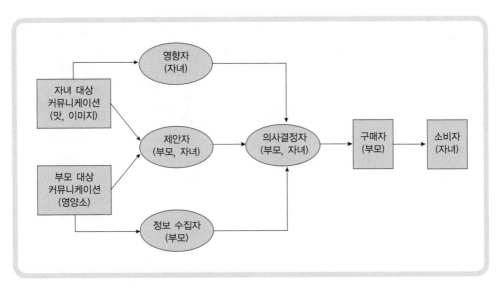

그림 3-5 어린이용 제품의 가족구매 의사결정단계
출처 : 황용철, 송영식(2019).

경우도 증가하여 가계구매행위에 직간접적으로 영향력을 행사한다.

구매의사결정 시 어머니와 자녀 간에는 자녀들의 소비자 사회화 과정을 통하여 상호작용이 이루어진다. 〈그림 3-5〉는 어린이용 제품에 관한 구매의사결정 과정으로 자녀는 구매제안자이며 영향자 역할을 한다. 부모는 관련된 정보 수집자가 되고 의사결정은 자녀와 함께한다. 자녀가 소비하거나 사용하는 제품에 대하여 구매대리인 역할을 수행하고, 자녀가 성장하면서 어머니의 대리구매는 줄어들게 된다(황용철, 송영식, 2019, pp. 441-442).

(3) 반려동물의 영향

출산율의 저하와 1인 가구의 증가 등으로 전체 가구의 29.5%는 반려동물과 함께하고 있으며, 반려동물 관련 시장(그림 3-6)은 2023년 4조 6천억 원, 2027년 6조원 규모의 시장으로 성장하리라 예상된다(박효민, 박서연, 2019). 반려동물을 키우는 가구는 반려견 한 마리당 월 10만 3천 원(가구당 평균 1.3마리), 반려묘는 한 마리당 월 7만 8천 원(가구당 평균 1.5마리) 정도 지출하고 있고, 반려동물 관련 지출 중 '사료비'와 '간식비'가 가장 큰 비중을 차지하며, '질병 예방/치료비', '일용품 구매(미용/위생 관련 용품, 용변 패드 등)'도 주요 지출

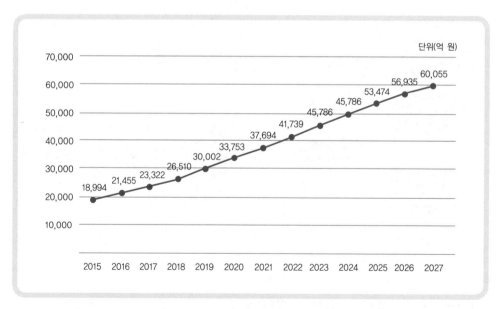

그림 3-6   한국의 반려동물 관련 산업 성장 추정치
출처 : 박효민, 박서연(2019).

항목이다. 또한 반려동물을 위한 장난감 및 액세서리, 호텔, 장묘업 등에 대한 지출도 늘어나고 있으며, 반려동물 용품 구매장소는 대형마트, 대형/브랜드 인터넷 쇼핑몰, 할인매장을 이용하고 있었다. 반려동물 양육가구의 85.6%는 '반려동물은 가족의 일원'이고, 기르는 소비자는 반려동물의 '엄마' 또는 '아빠'라 생각한다. 또한 '유기동물 사료 후원 등과 같은 온라인 소액기부 캠페인 참여의향'에 절반(50.3%)이 참여 의향을 나타냈다(황원경 외, 2018).

3. 소셜미디어 요인

스마트폰, 스마트패드와 같은 스마트 기기에 의해 촉발된 온라인 소비환경은 웹2.0의 ICT 발전으로 온라인 구매가 오프라인 구매보다 많은 비중을 차지하게 되었다. 이에 따라 소비자의 구매의사결정은 보다 복잡해졌고, 기업들도 소셜미디어를 통해 소비자 개인들 간의 소통에 개입함으로써 소비자 의사결정에 영향을 미치고 있다(유현정, 2019).

기업은 더 이상 소비자들의 관심을 끌지 못하는 광고 대신 소셜미디어를 통해 제품과 서비스에 대한 정보를 전달하고자 한다. 그러나 소비자는 상품 검색 및 구매 과정에서 많은 시간과 노력을 들여야 하며, 정보의 홍수 속에서 결정을 내리지 못하고, 이로 인해 결정을 뒤로 미루거나 타인에게 결정을 맡기는 이른바 '햄릿 증후군'을 겪는 이들도 증가하고 있다.

소비자 선택에 영향을 미치는 소셜미디어 요인은 개인적 요인으로 온라인 구전이고 이는 블로그, SNS, UCC, 메신저, 인터넷 게시판 등 소셜미디어를 통해 나타난다. 또한 온라인 쇼핑, 소셜커머스, 큐레이션 커머스 등의 미디어환경 요인도 소비자 선택에 영향을 줄 수 있다.

3.1 개인적 요인 : 온라인 구전

온라인 구전(online word of mouth)이란 인터넷을 통해 현재나 과거의 고객 또는 잠재고객 사이에 언어적 · 시각적으로 전달되는 개인 간 커뮤니케이션을 말한다(이학식 외, 2016, p. 431). 즉, 메일이나 하이퍼텍스트를 매개로 하여 소비자들이 특정 기업이나 제품 또는 서비스에 대하여 소비자 간의 직간접 경험을 통해 얻어진 긍정적 혹은 부정적 정보를 교환하는 과정이다. 최근 소비자의 온라인 소통이 증가하고, 점점 더 많은 소비자들이 전통적 미디어보다 온라인 구전(eWOM)을 신뢰하고 있다.

온라인 구전의 형태로는 사용 후기와 댓글을 들 수 있다. 사용 후기는 해당 기업의 홈페이지, 브랜드 동호회, 포털사이트들의 지식검색 서비스 등을 통해 제품에 대한 소비자들의 직접적인 경험을 다수의 예상 소비자들에게 제공한다는 점에서 구전효과를 기대할 수 있다. 댓글은 제품을 구매한 소비자가 자신의 구매 경험과 제품 사용 후 만족과 불만족에 대해 인터넷 게시물에 남기는 글이다. 제품 정보로서 온라인 댓글은 소비자 주도적 정보원으로서 구매의사결정에 중요한 영향을 미친다(박명희 외, 2013).

온라인 구전의 특징은 첫째, 온라인 구전 정보는 웹사이트, 커뮤니티, 개인 블로그, 포털사이트, SNS 계정 등을 통해 전달되므로 정보 전달자를 확인하기 어려운 상태에서 신뢰성이 중요한 평가요소가 된다.

둘째, 온라인 구전정보는 텍스트 중심의 데이터 형태나 동영상 등으로 생성되어 유통되므로 장기간 저장과 편집이 가능하다. 또한 정보 탐색 비용이 저렴하고 이용하기가 쉽기 때문에 정보 전달의 범위가 넓고 확산 속도가 빠르다.

셋째, 제품 간의 차이 비교가 가능한 유형의 제품보다 질적으로 비교 소비가 어렵고 경험 후 품질평가를 할 수 있는 무형 상품에 대한 구전이 더 많다.

넷째, 부정적 경험이 긍정적 경험보다 소비자 심리를 강하게 자극하기 때문에 부정적 구전이 긍정적 구전보다 더 많다.

기업은 온라인 구전을 이용한 바이럴 마케팅(viral marketing)을 할 수 있다. 이는 인터넷 사용자들이 블로그, SNS, UCC 등을 통해 기업의 제품과 서비스를 홍보하는 것으로 컴퓨터 바이러스처럼 확산된다고 해서 붙여진 이름이다. 소비자들이 인터넷을 통해 자발적으로 친구들에게 제품을 홍보하기 때문에 해당 콘텐츠에 흥미를 느끼면 빠르게 퍼나르는 과정을 거쳐 확산시키게 된다(황용철, 송영식, 2019; 유현정, 2019).

3.2 온라인 구전 채널

온라인에서 소비자들은 사회적 네트워크를 형성하기 위해 소셜 미디어를 이용하는데, 온라인 구전 채널로 블로그, SNS, UCC, 메신저, 게시판 등 다양하다. 전 세계적으로도 소셜미디어의 이용자 수는 2019년 7월 한 달 동안 페이스북은 23.8억 명, 유튜브 20억 명, 페이스북 메신저 13억 명, 인스타그램 10억 명으로 조사되었으며 그 수는 꾸준히 증가하고 있다(Statista, 2019).

1) 블로그

(1) 블로그의 특성

블로그는 인터넷을 의미하는 웹(web)과 기록을 뜻하는 로그(log)의 합성어인 웹로그(Weblog)의 줄임말로, 개인의 특정 일상이나 자신이 경험한 것에 대해 기록하는 1인 미디어이다. 네이버 등 포털에서는 여행, 사진, 일상 등 다양한 주제의 블로그가 있으며 검색 시 블로그 후기가 1면에 노출되어 있다. 또한 평범한 사람들에 의해 생산된 블로그 정보는 기업이 직접 운영하는 커뮤니케이션 채널에 비해 신뢰도가 높아 설득 효과가 있다. 블로그의 특성은 다음과 같다.

첫째, 정보 제공 및 이용 편리성으로 블로그는 1인 미디어로서 정보 제공자가 특별한 기술이 없어도 자신이 원하는 정보를 쉽게 제공할 수 있고, 이용자들이 목적 의식 없이도 자연스럽게 접촉이 가능하다. 국내의 주요 포털 사이트들은 검색 결과에 블로그를 우선적으로 제공함에 따라 접근성이 더욱 좋아지고 있다.

둘째, 상호작용성으로 시공의 제한 없이 사용자들이 참여하고 정보를 공유하며 관계를 맺게 되고 블로그에 게재된 내용들이 다른 사람들의 관계를 통해 끊임없이 재조명될 수 있다. 이는 블로그가 쌍방향성 매체로서의 장점을 가지고 있기 때문이다. 이러한 블로그는 전달되는 정보의 흥미를 유발하고 대상 제품에 대한 충분한 표현이 이루어질 수 있는 환경을 제공한다. 그러나 일반적으로 완결된 문장 형태로 작성하기 때문에 즉시성과 이동성은 떨어진다.

셋째, 신뢰성으로 소비자가 직접 생산한 정보는 깊은 신뢰는 주는 것으로 인식이 되어 있다. 블로그를 이용하는 정보 소비자는 정보 제공자가 특정 마케팅 목적을 가지지 않는 자신들과 동일한 소비자임을 인지하고 생생한 정보를 제공한다면 정보와 제품에 대한 믿음과 신뢰가 커지게 된다(오재신, 신재익, 2017; 장준호 외, 2010).

(2) 블로그와 소비자 선택

블로그 소비자 정보는 일상적인 생활정보와 상품리뷰와 같이 구매의사결정에 직접적으로 도움이 되는 정보로 구분할 수 있다. 생활정보는 소비자의 자발적인 노력에 의해 생산된다. 블로그는 인터넷의 특징인 '정보의 호수'를 반영하는 공간으로 상품 뉴스, 조언 제공, 개인적 경험으로 구분되는 구전의 내용 범주에 모두 해당된다(박명희 외, 2013).

구매의사결정에 도움이 되는 블로그는 차별성이 있고 소비자의 신뢰를 얻을 수 있고 기업의 블로그 마케팅에 의한 프로슈머 활동으로 소비자 정보를 생산할 수 있다. 블로그는 광고 노출뿐만 아니라 신제품 런칭, 제품광고, 고객 정보 수집, 입소문 마케팅, 브랜드 커뮤니티 형성, 기업의 고객관계관리 및 이미지 홍보를 위한 통합 마케팅 커뮤니케이션 채널로 활용되고 있다.

소비자 의사결정에 영향을 미치는 것은 블로그의 정보가 아니라 정보에 대한 신뢰이기 때문에 공정거래위원회는 '추천보증 등에 관한 표시ㆍ광고 심사지침'(2016.12.23. 일부 개정 시행)에서 소비자의 추천ㆍ보증 등에 대한 지침은 소비자가 특정 상품을 사용해 본 경험적 사실에 근거하여 해당 상품을 추천ㆍ보증 등을 하는 내용이 명시되어야 하고, 추천, 보증 등의 대가로 현금이나 물품을 지급받은 경우는 협찬 문구를 반드시 명시하도록 하고 있다. 이러한 블로그의 역할은 홍보성 포스팅보다는 객관적인 정보를 전달하는 역할이 중요하고, 인터넷 쇼핑에서 고객의 지각된 위험을 감소시키고 충성도 있는 소비자층을 형성하게 한다(장준호 외, 2010).

2) SNS

SNS(social network service)란 공통된 관심이나 활동을 하는 사람들 사이에 관계망을 구축하여 정보를 공유할 수 있도록 제공되는 온라인 서비스 또는 플랫폼을 말한다. 소셜네트워크에서 '소셜'이란 우리가 살아가는 공동체를 의미하며, '네트워크'는 사람 간에 연결된 관계망, 그리고 서비스는 개인 대 개인 혹은 개인 대 사회의 소통을 지원하는 기반을 만들어주는 것을 의미한다. 블로그가 정보 공유를 주목적으로 한다면, SNS는 새로운 인맥을 만들고 시공간의 제약 없이 다수에게 하고 싶은 말을 할 수 있고 사회적 이슈를 언론보다 더 빠르게 수집할 수 있는 1인 커뮤니티여서 사회적 이슈에 대해 자신의 생각을 표현하고 토론하는 곳으로도 사용된다.

웹 1.0에서는 단지 사용자가 정보를 볼 수 있는데 그쳤다면, 웹 2.0에서는 정보뿐만 아니라 사용자 간 정보 공유 및 활용을 할 수 있고, 사용자 스스로가 정보를 생산할 수 있는 환경으로 발전하였다. SNS의 특성은 연구의 대상이나 보는 시각에 따라 연구자마다 다양한 관점의 차이가 있는데 상호작용성, 유희성, 정보 제공성, 맞춤화(신용재, 임명성, 2019; 김보영 외, 2017) 등의 특성으로 요약할 수 있다.

첫째, 정보의 **상호작용성**(interactivity)은 쌍방향적 의사소통과 유사한 의미로 정보 제공에 사용될 수 있고 소비자 간의 커뮤니케이션을 위해 이용된다. 상호작용성은 컴퓨터를 매개로 한 커뮤니케이션의 효과를 측정하는 중요한 개념으로 사용되어 왔다. SNS 마케팅에서 상호작용성은 SNS 사용자와 SNS 사이트 간의 상호작용 및 사용자 간의 상호작용으로 정의된다.

둘째, 유희성(entertainment)은 예측되는 성과의 중요성과 상관없이 서비스 사용자가 사이트 이용 행위에 대해 스스로 재미, 흥미를 느끼거나 즐겁다고 지각하는 정도를 의미한다. 유희성으로 인해 SNS를 통해서 제품과 서비스에 쉽게 접근할 수 있다.

셋째, 정보 제공성(affordability)은 오늘날 소비자들은 기업이 제공하는 일방향적인 정보제공에 만족하지 않고 다양한 온라인 정보를 통해 정보를 획득하고 공유한다. 소비자에게 제공되는 정보의 내용이나 제공되는 정보의 질은 공지사항 및 마케팅을 위한 도구로 사용되고 브랜드 태도와 구매 의도에 정적인 역할을 한다.

넷째, 맞춤화(customization)란 특정 소비자의 요구를 반영한 제품과 서비스를 제공하는 것이다. SNS를 통하여 특정 소비자의 니즈를 반영한 정보와 서비스(예 : 추천 요일, 이벤트 정보, 할인 등)를 실행한다면 브랜드 자산에도 긍정적인 영향을 미칠 수 있다

이러한 SNS의 특성으로 많은 소비자들은 SNS를 통해 정보를 찾고 기업은 SNS를 서비스 홍보와 수익을 창출할 수 있는 마케팅 도구로 이용하고 있기 때문에 이용자 중심으로 서비스가 향상되고 발전되고 있다.

3) UCC : 유튜브

(1) 유튜브의 특성

미디어 콘텐츠 제작과 유통을 전문적으로 지원·관리하는 멀티채널네트워크(MCN) 서비스가 생기면서 1인 미디어 콘텐츠 시장 참여자는 급격히 늘어나게 되었다(윤장우, 2013). 1인 미디어 채널 중 수요가 크게 증가하는 영역이 1인 크리에이터 방송이다. 1인 크리에이터 방송은 세계적인 동영상 공유 사이트인 유튜브의 성장과 더불어 이루어졌다. 1인 크리에이터 방송이 성장하게 된 배경은 1인 가구의 증가로 개인의 취향에 부합하는 미디어 콘텐츠를 스스로 선택하여 이용할 수 있도록 하면서 새로운 문화로 자리잡게 되었다.

유튜브는 사용자가 직접 동영상 콘텐츠를 만들어 자유롭게 업로드를 할 수 있는 콘텐츠 호스팅 서비스를 제공하는 웹사이트로 2005년 2월 15일에 서비스를 개시하고 2006년 구글에 인수된 이후, 2007년 현지화 서비스를 실시하였다. 유튜브는 설립 10여 년 만에 전 세계 온라인 동영상 트래픽의 40~70%를 발생시키는 커다란 플랫폼으로 성장하였는데, 동영상

시청자들은 "좋아요"나 "싫어요"로 동영상을 평가하고, 선호하는 콘텐츠 제작자가 개설한 채널을 구독하며 새로운 콘텐츠의 업데이트 상황을 수신하는 등 적극적으로 콘텐츠를 수용한다.

소비자가 유튜브에서 하는 활동은 다섯 가지 유형으로 분류된다(송정은, 장원호, 2013).

- 첫째, 동영상 검색, 뉴스 검색, 댓글 읽기 등을 통한 새로운 정보 습득 활동
- 둘째, 동영상이나 특정 댓글에 대한 댓글 달기를 통해 이루어지는 여론 형성 활동
- 셋째, 콘텐츠 제작 및 올리기, 메시지 보내기 등을 통해서 동영상 콘텐츠의 수를 늘리고 표현 범위를 확대하는 동영상 콘텐츠 재생산 활동
- 넷째, 유튜브에 공개된 콘텐츠 동영상을 페이스북, 블로그 등 다른 매체에 전달하고 공유하는 동영상 콘텐츠 공유 및 전달 활동
- 다섯째, 유튜브를 통해서 공동체를 형성하거나 친구 관계 맺기를 하는 공동체 형성 활동

(2) 유튜브와 소비자 선택

유튜브는 개인이 만든 동영상(UCC)을 쉽게 유통하고 공유하기 위한 플랫폼으로 만들어졌다. 그러나 유튜브의 인기가 급등하면서 TV와 케이블 등 기존 영상매체들이 유튜브에 진출하고, AP 등 전통적인 뉴스 미디어들도 동영상을 제공하면서 아마추어 중심 미디어에서 전문가 지배 채널로 진화하였다.

검색 목적으로 보는 동영상은 사용자가 부담 없이 좋아하거나 싫어할 수 있도록 의사표시를 할 수 있으며 채널 운영자들이나 동일한 채널 내의 다른 사용자들과 소통의 방법도 간편하기 때문에 유튜브 플랫폼에 쉽게 몰입이 가능하다. 이 과정을 통해 형성된 정보의 신뢰성과 해당 상품 리뷰 채널에 몰입된 사용자들은 콘텐츠 제작자가 소개하는 특정한 상품에 대한 태도에 영향을 받게 된다

유튜브에서 소비자들이 제품이나 브랜드와의 관계를 자유롭고 창의적인 방식으로 연결할 수 있기 때문에 유튜브 자체 광고나 기업과의 협업으로 광고를 제작해 수익을 얻을 수 있다. 인기 채널은 평균 조회 수, 구독자 수, 좋아요 수, 댓글 수를 종합평가한다. 한 예로 메이크업 아티스트 '포니(PONY)'는 영상을 통해 올해 트렌드에 맞는 화장법을 가르쳐주고 인기 아이돌 가수의 메이크업을 직접 선보이고 새로 출시된 화장품을 소개하고 평가를 내

린다. 포니와 같은 뷰티 크리에이터가 사용하고 추천하는 제품은 구독자의 화장품 소비로 이어진다(증가녕, 김인재, 2018).

리뷰는 상품이나 서비스를 비판적으로 분석하는 동영상 제작자들이 만들어낸 컨텐츠이다. 많은 잠재고객들은 구매 전 리뷰를 보고 상품에 대한 정보 습득과 비교를 위해 유튜브를 방문한다. 영상을 통한 리뷰는 잠재적 소비자들에게 매우 직관적인 영향력을 미치며 특히 전자, 관광, 미용 등의 분야에서 의견 선도자의 역할을 수행한다. 많은 잠재적 소비자들은 기업의 광고 캠페인 대신 추천 및 권장 사항을 기반으로 한 리뷰 동영상을 통해 구매 의사를 결정하기 때문이다(장영일, 정유수, 2019). 잠재고객을 확보하려는 기업에게 유튜브는 이상적인 마케팅 채널이다. 콘텐츠 제작자가 직접 상품을 개봉하고 활용하는 과정에서 장점과 단점을 이야기하는 과정을 통해 잠재고객은 대리 소비의 만족을 느낀다. 기업은 많은 구독자를 가진 콘텐츠 제작자의 팬덤을 활용하여 그들을 통해 소비자들과 커뮤니케이션을 할 수 있다.

4) 모바일 인스턴트 메신저

인스턴트 메신저란 인터넷에서 실시간으로 메시지와 데이터를 주고받을 수 있는 소프트웨어로서 본격적으로 스마트폰의 보급이 확대되면서 **모바일 인스턴트 메신저**(mobile instant messenger, MIM) 서비스의 이용이 확대되고 있다. 모바일 인스턴트 메신저는 모바일 앱을 설치한 개인끼리 인터넷에서 실시간으로 스마트폰 등의 무선 인터넷 접속 가능 단말기에서 메시지와 데이터를 주고받을 수 있는 서비스이다. 초창기에는 단순한 채팅 수준이었으나 사진/동영상 등의 파일 공유, 음성 및 영상통화, 위치정보, 쇼핑, 게임 서비스까지 제공하여 점점 발전하고 있다.

MIM 서비스는 첫째, 데이터 이용 한도 내에서 메시지를 무료로 전송할 수 있고, 둘째, 다자간 그룹대화를 할 수 있다. 지인은 물론 불특정 다수와 관심사, 콘텐츠를 공유할 수 있다. 셋째, 텍스트로 전달하기 힘든 감정을 스티커나 이모티콘으로 전달할 수 있다. 넷째, 상대방의 메시지 수신 여부를 실시간으로 확인이 가능하다(조성완, 2012)는 특성을 가지고 있다. 모바일 인스턴트 메신저는 스마트폰이나 PDA 기기 등을 통해 언제 어디서나 연결이 가능한 유비쿼터스 커뮤니케이션 수단으로 급속하게 성장하고 있으며 대표적으로 카카오톡, 라인, 위챗 등이 있다(황용철, 송영식, 2019).

5) 인터넷 게시판

인터넷 게시판은 인터넷 홈페이지에 참여하여 자유로운 의견을 게재할 수 있는 공간으로 인터넷 구전 커뮤니케이션 수단 가운데 가장 일반적인 형태이다. 인터넷 게시판은 익명성, 쌍방적 커뮤니케이션, 수평적 커뮤니케이션, 능동적 커뮤니케이션, 메시지 분량의 무제한성, 반응성, 시공의 제약을 받지 않는 탈시간성과 탈공간성, 탈구조화된 공간이다(박성호, 2004).

인터넷 게시판은 온라인 커뮤니티를 비롯해 게시판 위주로 메뉴 구성이 이루어져 있는 개인 홈페이지에서 용도와 주제별로 나뉘어 활용된다. 특히 특정 제품 카테고리와 관련한 사이트나 커뮤니티 게시판의 경우는 제품에 대한 각종 문의가 등록되고 있으며, 해당 제품이나 서비스 등을 경험해본 소비자들의 자세한 답변이 자연스럽게 진행되고 있어 온라인 구전채널로서 핵심적인 역할을 하고 있다(황용철, 송영식, 2019, p. 536).

3.3 소셜미디어 환경 요인

1) 온라인쇼핑

통계청의 온라인쇼핑동향조사에 따르면 온라인쇼핑몰 거래액은 2019년 8월 11조 2,535억 원으로 전년 동월 대비 21.4% 증가하였고, 이 중 모바일 쇼핑 비중은 65.1%이다. 특히 음식서비스의 다양화와 가정간편식을 선호하는 소비 트렌드의 영향으로 음식 서비스 쇼핑이 전년 동월 대비 83.9%가 증가한 것으로 나타났다(통계청, 2019).

온라인쇼핑은 인터넷 웹브라우저를 통하여 소비자가 판매자로부터 재화나 용역을 직접 구매할 수 있게 하는 전자상거래 형태이다. 인터넷이 대중화되면서 온라인쇼핑은 소비자의 주요 쇼핑 방식으로 자리잡고 있다. 소비자는 어디서나 쇼핑을 할 수 있으며 쇼핑을 위하여 전문매장이나 백화점을 방문할 필요 없이 어떤 사이트든지 언제든지 방문하거나 접속할 수 있어 시간과 에너지를 절약할 수 있다. 온라인 쇼핑은 소비자에게 무한한 선택을 가능하게 하고 원하는 제품을 손쉽게 비교할 수 있게 한다. 이와 같은 이용 편리성, 사용 용이성 등으로 인해 소비자들의 온라인 점포 선택은 크게 증가하였고, 온라인쇼핑몰은 급속히 성장하게 되었다(경종수, 2019). 특히 모바일이 확대되면서 구글과 이베이 등이 새로운 모바일 결제 솔루션을 내놓거나 자사의 온라인쇼핑몰을 모바일 버전으로 출시하는 등 많은 기업들이 모바일 커머스 시장으로 진입하고 있다(유현정, 2019).

2) 소셜커머스

소셜커머스(social commerce)는 소셜미디어와 온라인 미디어를 활용하는, 즉 인스타그램, 트위터, 페이스북 등의 SNS를 활용하여 이루어지는 전자상거래의 일종으로 업체가 미리 지정한 특정 상품을 계획한 인원이 모인 경우 파격적인 가격으로 할인받는 것이다. 소셜커머스는 2005년 야후에서 제공한 장바구니 목록과 상거래 경험 공유 서비스인 쇼퍼스피어부터 시작되었다. 대표적인 형태는 공동구매형으로, 2008년 미국 시카고에서 설립된 온라인 할인쿠폰 업체 그루폰이 공동구매형 소셜커머스의 비즈니스 모델을 처음 만들어 성공을 거둔 이후 본격적으로 알려지기 시작하였다. 2010년 소셜커머스 서비스가 본격적으로 시작된 이래 쿠팡, 티켓몬스터(티몬), 위메이크프라이스(위메프) 등이 시장을 선도하고 있으며, 최근에는 소셜을 기반으로 한 전자상거래를 표방하면서 공동구매와 같은 단발성 가격할인 외 상시 상품 프로모션 판매 및 프리미엄 상품 등도 판매를 진행하고 있다.

소셜커머스의 유형은 첫째, 공동구매방식으로 '반값할인', '소셜쇼핑' 등으로 알려져 있고 하루에 제한된 수량의 제품 및 서비스를 판매하면서 일정한 조건이 충족될 경우 구매 단가를 대폭 할인해 주는 방식이다. 둘째, 기존 웹과 연계하는 방식으로 기존의 전자상거래 사이트와 SNS를 연계시키는 방식이다. 특히 사이트에서 이루어진 구매, 평가, 리뷰 등의 활동이 구매자의 소셜네트워크와 직접 연동되어 공유된다. SNS를 통해 지인들에게 전달하는 구전효과뿐 아니라 어떠한 제품에 사람들이 반응하는지 즉각적으로 파악할 수 있다. 이는 소비자가 직접 정보를 생산하고 유통시키며 기업의 제품 및 서비스 판매에 중요한 영향을 미치는데, 기업은 큰 비용 없이 구전효과를 극대화시키는 장점이 있다. 셋째, SNS 내에 탭 또는 애플리케이션의 형태로 쇼핑몰을 추가하는 방식이다(박명희 외, 2013, p. 260).

전자상거래와 비교한 소셜커머스의 가장 큰 차이점은 전자상거래에서는 집단지성이 합리성의 기준이었다면 소셜커머스에서는 소셜지성이 합리성의 기준이라는 것이다. SNS를 통한 소비자 사이의 자유로운 의견 교환은 제품이나 서비스에 대한 정보를 실시간으로 공유할 수 있게 되었다. 소셜커머스 제품 구매 시 소비자가 해당 제품을 홍보하고, 다른 구매자를 모아서 할인가격을 적용받게 되면, 자신의 경험을 SNS를 통하여 다른 소비자에게 긍정적인 영향을 주게 되고, 소셜커머스 제품 구매 과정에도 작용하게 된다.

3) 큐레이션 커머스

온라인 쇼핑 시장이 커지면서 구매의사결정 과정에 많은 시간과 비용을 투자해야 하는 상황에서 소비자들의 요구를 가장 잘 반영하여 등장한 서비스가 바로 **큐레이션 커머스**(curation commerce)이다. 전자상거래 서비스는 수많은 기업들과 소비자를 직접 연결시켜주는 '오픈마켓(커머스 1.0)'에서 최저가 패러다임을 추구하던 '소셜커머스(커머스 2.0)'를 지나 질 좋은 상품, 사용자 맞춤형 상품을 합리적인 가격에 제공하는 '큐레이션 커머스(커머스 3.0)'로 진화하게 되었다. 큐레이션 커머스는 여러 정보를 수집하고 선별해서 새로운 가치를 더한다는 뜻을 가진 'curation'과 거래의 총칭을 뜻하는 'commerce'가 합해진 말로 특정 분야 전문가가 소비자 입장에서 필요한 상품을 선별하여 구매를 유도하는 전자상거래를 뜻한다(이효주, 박민정, 2018).

커머스 3.0세대의 소비자들은 믿을 수 있는 전문가나 지인인 '큐레이터'가 자신의 상황과 취향에 맞게 선별된 제품을 합리적인 가격으로 구매할 수 있는 맞춤 서비스를 지향한다. 정보의 홍수 속에서 결정을 내리지 못하는 일명 '햄릿 증후군'의 소비자들에게는 많은 지인들의 추천에 의해 그 중요성과 신뢰성이 검증된 '큐레이션된' 정보에 대한 의존도가 높아지고 있다. 이들은 상품을 골라 소개할 때 단순히 가격만을 고려하는 것이 아니라 좀 더 질 좋은 제품을 소비자 유형에 맞추어서 소개하는 데 초점을 둔다. 경쟁력 있는 고품질의 제품을 소비자들에게 합리적인 가격에 판매하는 것으로 소비자는 포화된 정보로 인한 피로함을 낮추고 기업은 상품을 손쉽게 홍보하는 장점이 있어 소비자와 기업 모두에게 높은 만족도를 줄 수 있다(이효주, 박민정, 2018).

큐레이션 커머스는 서브스크립션 커머스와 SNS형 큐레이션 커머스 두 가지 종류로 나뉜다.

(1) 서브스크립션 커머스

서브스크립션 커머스란 정기구독료를 지불하고 나만을 위해 선별된 제품들이 담긴 상자를 정기적으로 집 앞까지 가져다주는 방식으로 정기적인 구매가 필요하거나 소모 주기가 빠른 제품에 대해 전문가의 큐레이션과 개인별 맞춤화가 가미된 서비스다.

주 고객층은 '가격'보다는 "특별한 노력이나 시간의 투자 없이도 누군가 나를 위해 괜찮은 제품을 골라 내 집 앞까지 가져다준다"는 것에 더 큰 가치를 부여하는 소비자다.

매월 10달러의 구독료를 내면 화장품 견본을 4~5개씩 제공하는 미국의 스타트업 기업인 버치박스, 국내 서브스크립션 커머스의 시초인 글로시박스(뷰티제품), 펫츠비(반려동물용품), 미미박스(뷰티제품 전문), 마켓컬리(식자재와 신선식품) 등이 그 사례다.

(2) SNS형 큐레이션 커머스

SNS형 큐레이션 커머스란 서브스크립션 방식의 정례화된 큐레이션 서비스보다는 의류나 잡화, 디자인용품 등 패션 카테고리에 대해 그때그때 맞춤형 서비스를 제공하는 것이다.

개인 스타일리스트의 서비스를 받아볼 수 있는 큐레이션 커머스로 전문 스타일리스트가 개인의 체형과 취향을 고려해 스타일을 제안하고 고객에게 배송하는 미국의 트렁크 클럽 서비스, MD들이 상품을 선별해 추천하는 서비스로 트렌드 라이프와 관련된 상품을 추천, 판매하는 G마켓의 G9 서비스가 그 사례다.

이러한 서비스가 가능해진 이유는 다양한 전문성을 바탕으로 콘텐츠 포맷의 다각화, 전문가 의견의 접근성 강화, 친교 네트워크의 확대 등의 환경 변화 때문이다.

참고문헌

경종수(2019). 교차쇼핑을 유발하는 온라인과 오프라인 쇼핑몰의 점포속성에 관한 연구. e-비즈니스연구, 20(3), 85-104.

김보영, 계경흥, 박준용(2017). SNS 특성이 브랜드 자산과 소비자 구매의도에 미치는 영향. *Journal of Information Technology Applications & Management*, 24(2), 1-15.

김영신, 서정희, 송인숙, 이은희, 제미경(2012). 소비자와 시장환경(제4판), 시그마프레스.

노승욱(2013.5.20.). '서브스크립션 커머스'가 뜬다-판매자가 골라주니 소비자는 환호-. 매일경제.

박명희, 박명숙, 제미경, 박미혜, 정주원, 최경숙(2013). 가치소비시대의 소비자 의사결정. 교문사.

박성호(2004), 인터넷 자유 게시판의 PR 효과 연구: 경찰청 인터넷 게시판의 대 공중 커뮤니케이션 모델을 중심으로. 홍보학연구, 8(1), 70-109.

박효민, 박서연(2019). 반려동물 정책의 쟁점과 대안. 이슈 & 진단, 380. 2019.07.31. 경기연구원.

송정은, 장원호(2013). 유튜브(YouTube) 이용자들의 참여에 따른 한류의 확산. 한국콘텐츠학회논문지, 13(4), 155-169.

신용재, 임명성(2019). SNS 사용자의 소셜미디어 행동의 특성에 관한 연구. e-비즈니스연구, 20(1), 3-22.

양윤(2014). 소비자심리학. 학지사.

오재신, 신재익(2017). 블로그 정보 특성이 신뢰의 전이와 구매의도에 미치는 영향. 인터넷
　전자상거래연구, 17(4), 167-180.

유현정(2019). 소비자와 미디어. 충북대학교 출판부.

윤장우(2013). 스마트미디어 시대의 도래 및 발전 방향. 방송공학회지, 18(1), 10-22.

이학식, 안광호, 하영원(2016). 소비자행동: 마케팅 전략적 접근(제6판). 집현재.

이효주, 박민정(2018). 패션 소셜 큐레이션 커머스의 지각된 가치가 만족도, 검색의도 및
　사용의도에 미치는 영향에 관한 연구. e-비즈니스연구, 19(5), 151-168.

장영일, 정유수(2019). 유튜브 상품 리뷰채널 구독자의 상품태도 형성과정에 관한 연구. e-
　비즈니스연구, 20(2), 77-97.

장준호, 이광호, 황영현(2010). 의사실험 접근을 통한 관광목적지 웹사이트와 블로그의 특
　성 비교. 관광레저연구, 22(3), 409-427.

정보통신정책연구원(2018). SNS(소셜네트워크서비스) 이용추이 및 이용행태 분석. 정보통
　신정책연구원 KISDI STAT Report, 18(11).

조성완(2012). 모바일 인스턴트 메신저의 딜레마. LG Business Insight 2012.4.4. 17-23.

증가녕, 김인재(2018). 유튜브 뷰티 채널에서 화장품 구매의도에 미치는 영향요인 분석. 인
　터넷전자상거래연구, 18(6), 409-425.

통계청 보도자료 온라인쇼핑동향조사(2019.10.2.). 2019년 8월 온라인쇼핑동향. https://
　kostat.go.kr/portal/korea/kor_nw/1/12/3/index.board

황용철, 송영식(2019). 소비자행동론. 학현사.

황원경, 정귀수, 김도연(2018). 2018반려동물보고서-반려동물 연관산업 현황과 양육실
　태-. KB금융지주경영연구소.

Assael, H. (1995). *Consumer Behavior and Marketing Action*(5th ed.). Cincinatti, Ohio: South
　Western College Publishing.

Bearden, W. O. & Etzel M. J. (1982). Reference group influence on product and brand
　purchase decisions. *Journal of Consumer Research*, 19, Sep. 183-194.

Bourne, F. S. (1958). Group influence in marketing and public relations. In R. Likert & S. P.

Hayes, Basil (Eds.), *Some Application of Behavioral Research.* Switzerland: UNESCO.

Cohen, J. B. (1967.) An interpersonal orientation to the study of consumer behavior. *Journal of Marketing Research*, August 6, 270−278.

Coleman, R. P. (1983) The continuing significance of social class to marketing. *Journal of Consumer Research, 10*, December, 265−280.

Costa, P. T., & McCrae R. R. (1992). Normal personality assessment in clinical practice: The NEO Personality Inventory. *Psychological Assessment, 4*(1), Mar, 5−13.

Engel, J. F., Blackwell R. D., & Miniard P. W. (1995). *Consumer Behavior*(8th ed.). The Dryden Press.

Shiffman, L. G., & Wisenblit, J. (2016). 소비자행동론(황용철, 김나민, 김소현, 박소진, 박영근, 서재범, 손민희, 이재환, 황연희 외 역, 제11판). 시그마프레스.

Solomon, M. R. (2018). 소비자행동론(황장선, 이지은, 전승우, 최자영 역, 제11판). 경문사.

Statista. https://www.statista.com/statistics/272014/global−social−networks−ranked−by−number−of−users /(검색일자: 2019.09.14.)

Zaichkowsky, J. L. (1994) The personal involvement inventory: Reduction, revision, and application to advertising. *Journal of Advertising, 23*(4), 59−70.

PART 2

시장환경의 이해

시장환경의 기초

우리는 날마다 경제적 선택을 하며 살아간다. 생산과정에 참여해 소득을 얻고 그 소득으로 시장의 다양한 경로에서 필요한 상품과 서비스를 구입한다. 우리가 시장에서 상품을 선택하는 것들이 모여서 시장 수요가 되며, 이러한 소비자 수요는 생산자의 공급과 시장가격에 영향을 주면서 경제순환과정에 참여하게 된다. 이때 우리의 시장경제활동의 장이 되는 곳이 바로 시장 혹은 시장환경이며, 이 장에서는 시장의 개념과 시장경제체제, 시장의 기능, 경쟁의 의미, 시장의 구조 및 형태, 그리고 글로벌 시장경제환경을 살펴볼 것이다.

1. 시장과 시장경제

1.1 시장의 개념

시장(market)이란 경제적 재화를 사고 팔고자 하는 사람들이 유용한 결과가 있을 것을 기대하며 모이는 장소 혹은 매매가 이루어지는 매개체이다. 전통적인 시장은 구체적인 장소에서 면대면으로 매매가 이루어졌으나 현재는 구체적인 장소로서 시장뿐 아니라 다양한 매체의 네트워크를 통해 시간과 공간을 초월하여 시장이 형성되기도 한다. 다시 말해 시장은 농산물시장이나 증권거래소와 같이 판매자와 구매자가 일정한 시간과 장소에서 만나 거래하는 정교하게 조직된 시장만을 의미하는 것이 아니다. 체계적으로 조직되어 있지 않지만, 그리고 거래시간이 따로 정해져 있지 않거나 눈에 보이는 장소가 아니더라도 상품을 팔려는 사람과 사려는 사람 사이에 서로 밀접하게 연결되어 매매가 이루어지면 하나의 시장이 형성되는 것이다. 특히 경제학에서 말하는 시장의 개념은 '남대문시장'과 같이 구체적인 장소만을 뜻하지 않고, 특정한 경제적 재화의 지속적인 수요와 공급에 의해 매매가 이루어지게끔 하는 매개장치 또는 제도를 지칭한다.

다수의 판매자는 하나의 집단으로서 산업체(industry)를 이루어 상품과 서비스의 공급을 결정하고, 다수의 구매자 역시 하나의 집단으로서 상품과 서비스에 대한 수요를 결정한다. 시장은 판매자 집단과 구매자 집단의 특정 상품에 대한 수요와 공급에 의해 그 상품의 가격이 형성되어 교환이 이루어지는 추상적인 메커니즘이다.

시장에서의 거래는 가격을 매개로 이루어지는데 가격은 수요와 공급이라는 각기 상반된 힘으로 표출되는 두 가지 힘이 균형을 이루었을 때 형성된다. 즉 수요자(소비자, 가계)의 효용의 극대화와 공급자(생산자, 기업)의 이윤의 극대화 목표에 이르기 위한 과정에서 시장수요와 시장공급이 만나는 균형에서 우리가 일반적으로 가격이라고 부르는 **균형가격**(equilibrium price)이 결정되는 것이다.

1.2 시장경제체제

인간의 욕망은 무한한 데 비해 그 욕망을 충족시켜 줄 수 있는 자원은 한정되어 있다. 이러한 자원의 희소성이 경제문제의 근본적인 원인이다. 이를 해결할 수 있는 방법은 가장 효율적으로 생산하여 가장 공평하게 분배하는 것이다. 자원의 희소성으로 인해 발생하는 기본적인 경제문제들을 해결하기 위해서는 무엇을, 얼마만큼 생산하며, 어떻게 생산할 것인가의 **효율성**(efficiency)에 관한 문제들을, 그리고 누구를 위해 생산할 것인가의 **공평성**(equity)에 관한 문제들을 해결해야 한다.

이러한 기본문제를 누가 어떻게 해결하는가의 경제문제의 해결방식을 **경제체제**라고 하며, 현대사회에서 경제체제는 기본적으로 자본주의와 사회주의 혹은 시장경제와 계획경제로 분류된다. 자본주의 경제체제는 앞서 이야기한 기본적인 경제문제를 시장에 참여한 모든 경제주체의 자유로운 선택에 의해 해결하는 **시장경제**(market economy)체제이고 사회주의 경제체제는 정부 관료들의 계획·통제·조정에 의해 기본적인 경제문제를 해결하는 계획경제(planned economy) 혹은 **명령경제**(command economy), 통제경제(controlled economy)체제이다.

시장경제체제는 사적 소유와 밀접하게 결합되어 있기 때문에 흔히 **자본주의 경제체제** 또는 **자유기업경제**라고도 한다. 시장경제체제에서는 시장에 참여하는 모든 경제주체들이 시장 가격에 따라 자유롭게 자신의 이익을 추구하는 선택을 함으로써 조화를 이루고 결과적으로 생산과 소비는 효율적인 경제순환으로 작동하게 되어 공적이익을 증대시키게 된다. 보이지 않는 시장의 원리가 작동하여 기본적인 경제문제가 해결되는 것이다.

자본주의 경제 원리의 고전인 **국부론**(國富論, 1776)을 저술한 아담 스미스(Adam Smith)는 인간의 본성이 이기적이므로 이를 변화시키려고 하기보다 수용하는 시장경제체제가 가장 효과적이며 현실적인 기본 경제문제를 효율적으로 해결할 수 있다고 하였다. 개인의 이기심에 따라 자유롭게 경쟁하면 경제는 조화롭게 발전한다는 것이다. 즉 시민사회에서 개인의 사적 이기심에 입각한 경제적 행위가 결과적으로 사회적 생산력의 발전, 즉 경제성장을 가져오고, 개인의 사적 이익을 추구하는 '보이지 않는 손(invisible hand)'에 의해 예측하지 못한 사회 전체의 이익을 가져온다는 것이다. 아담 스미스는 인간의 이기심과 자유로운 선택, 그리고 자유경쟁에 의해 조화롭게 작동되는 자본주의의 역동성이 경제성장을 가장 효율적으로 이끌 수 있기 때문에 정부는 간섭을 하지 말아야 한다고 주장한다.

현대사회에서는 정부가 완전하게 통제하는 사회주의 경제체제나 시장원리에 모든 것을 내맡기는 순수한 자본주의 시장경제체제의 예를 찾아보기는 어렵다. 정도의 차이가 있겠지만 어느 국가든 시장경제와 계획경제가 섞여 있는 **혼합경제**(mixed economy)체제의 성격을 띠고 있다. 시장경제체제가 완벽하게 작동된다면 정부의 개입이 필요 없겠지만 시장경제체제도 중대한 결함이 있기 때문에 어느 정도 정부의 개입을 필요로 한다.

생산과 소비의 경제순환과정이라고 할 수 있는 시장경제체제는 경제주체인 가계와 기업이 모든 자원을 효율적으로 배분하도록 유인하는 시장이라는 기구(mechanism)가 작동하도록 하는 경제체계이다. 시장경제체제가 시장기구를 통하여 기본적인 경제문제를 해결하는 경제의 순환과정을 가장 단순하게 표현하면 〈그림 4-1〉과 같다.

무엇을 얼마만큼 생산할 것인지에 대한 경제문제는 민간 경제주체인 가계와 기업이 생산물시장을 매개로 한 〈그림 4-1〉의 구간 ㉮와 구간 ㉯에서 결정된다. 소비주체인 가계는 생산물시장에서 수요자로서 효용의 극대화를 추구하는 **화폐투표**(dollar voting), 즉 원하는 상품선택을 통해 상품의 종류와 양을 결정한다(구간 ㉮). 이윤의 극대화를 추구하는 생산주체인 기업은 소비자가 원하는 상품을 원하는 만큼 공급하고 이윤을 얻는다(구간 ㉯). 시장

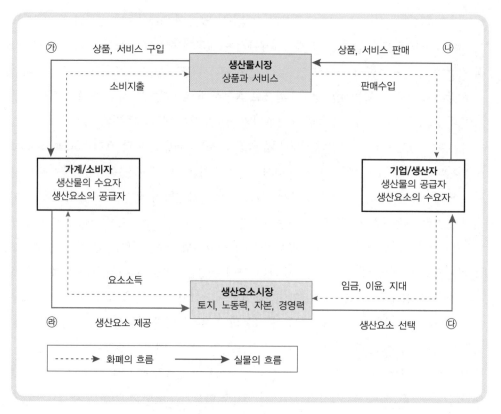

그림 4-1 시장경제체제에서의 경제순환모형
출처 : 강남호, 김경표(2019)에 기초하여 수정함.

의 원리에 따르면 상품(생산물)의 공급은 소비자들의 자유로운 선택, 즉 화폐투표에 의해 결정되는 이른바 소비자 주권(consumer sovereignty)이 실현되는 것이며, 소비자와 생산자가 모두 만족하는 생산물에 대한 자원배분이 조화와 균형을 이루게 된다.

어떻게 생산할 것인지에 대한 경제문제는 〈그림 4-1〉의 구간 ㉯와 구간 ㉰에서 결정된다. 기업이 소비자가 원하는 상품을 경쟁력 있는 품질과 가격으로 생산물시장에 내놓기 위해(구간 ㉯) 생산요소시장에서 생산성이 높은 생산요소를 선택하여 효율적인 생산 공정과 생산 기술을 적용시켜야 한다(구간 ㉰). 시장경제체제는 계속적인 경제순환과정에서 효율적인 생산자에게는 이윤으로 보상하지만 비효율적인 생산자에게는 그 산업으로부터 퇴출시키거나 파산시키는 처벌을 가한다.

누구를 위하여 생산할 것인지에 대한 경제문제는 〈그림 4-1〉의 구간 ㉰와 구간 ㉱에서 결정된다. 기업은 생산에 필요한 토지, 노동력, 자본, 경영력 등의 생산요소를 선택하는 과정에서 기업의 이윤을 극대화하는 요소조합을 선택한다(구간 ㉰). 가계는 소유한 생산요소들을 기업에게 공급하고 그 대가로 가계소득을 받게 된다(구간 ㉱). 이 과정에서 기업은 생산요소시장의 수요자로서 경쟁력 있는 상품을 생산하기 위한 효율적인 생산요소의 조합을 선택하게 되고, 가계는 생산요소시장의 공급자로서 기업이 원하는 생산요소를 원하는 만큼 공급하게 된다. 높은 가격의 생산요소를 제공한 가계는 높은 소득을 획득하지만 그렇지 못한 가계는 낮은 소득을 유지하게 된다. 가계의 소득은 생산물시장에서 구매력의 크기로 작용하여 화폐투표에 영향을 미친다(구간 ㉱와 ㉮).

〈그림 4-1〉과 같이 시장경제체제는 시장이라는 유인메커니즘을 통해 경제주체가 모든 자원을 효율적으로 배분하도록 의사결정하는 경제순환을 거듭하면서 기본적인 경제문제를 해결하려는 방식인 것이다(강남호, 김경표, 2019).

시장 내의 가격기구가 자유롭게 작동할 때 효율이 극대화되므로 정부의 개입을 반대하는 경제학자들이 있지만, 현실 경제에서는 모든 것을 시장에만 맡겨두면 안 되는 경우가 있으며 이를 시장실패(market failure)라고 한다. 시장정보의 불완전성, 외부효과, 공공재 등은 시장실패의 요인으로 작용하여 자원의 효율적인 배분을 시장에 맡길 때 오히려 효율성이 극대화되지 못하는 상태가 되며 어느 정도 정부가 시장에 개입해야 한다는 것이다. 정부의 경제적 역할을 중시하는 케인즈학파는 모든 것을 시장에만 맡겨두기보다 정부가 적극적으로 시장에 개입해서 경기과열이나 경기침체, 물가불안, 실업, 소득 불평등, 독과점 등과 같은 문제를 해결해야 한다고 주장한다(안홍식, 2019).

따라서 현실경제에서의 경제순환모형에는 경제정책의 주체로서 정부가 포함되어 가계와 기업과 함께 국민경제의 3주체로서 상호 연결되는 국민경제순환모형이 형성된다. 정부는 필요한 생산요소와 생산물을 가계와 기업으로부터 조달받고 그 대가를 지불하며, 세금을 거두어 가계에는 공공서비스와 이전소득 등을 제공하고 기업에는 지원정책을 통한 보조금과 공공서비스를 제공한다.

2. 시장의 기능과 경쟁

2.1 시장의 기능과 역할

시장은 필요한 상품과 서비스를 사려는 소비자와 판매자 사이에 수요와 공급이 계속적으로 일어나서 상품의 시장가격이 형성되어 매매가 발생하는 매개체이다(이기춘 외, 2001). 시장에서는 협력과 조화보다는 지속적으로 발생하는 이해관계의 상충이나 경쟁으로 인해 거래당사자에게 모두 이익을 가져다주며 전체 경제 입장에서 볼 때 발전적인 질서를 형성하는 것이다.

시장은 자율적인 거래와 경쟁을 촉진시키는 역할을 하고, 경쟁의 촉진은 계속적인 혁신과 기술발전을 유도하여 결국 수요와 공급의 원리에 따라 '보이지 않는 손'에 의해 효율적인 자원배분을 가능하도록 한다. 이러한 기능을 통해 시장은 개별 경제주체의 복지는 물론이고 사회 전체의 복지를 증진시키는 역할을 한다. 이러한 시장의 기능 혹은 역할을 구체적으로 살펴보면 다음과 같다.

1) 자율적인 거래를 통한 이익 추구

시장은 생산자와 소비자가 각자의 이익을 위해 자율적인 거래를 할 수 있도록 해준다. 만약 정부나 타인에 의해 강제로 이루어지는 거래라면 경제주체의 복지가 감소될 수 있으나 시장을 통해 자신에게 유익한 거래를 자율적으로 한다면 거래에 참여하는 모든 경제주체는 이익을 얻을 수 있다. 즉 시장에서 다수의 생산자와 소비자가 각각 자신의 이익에만 관심을 가지고 경제활동을 하는데도 불구하고 시장이 경제활동을 조직화하여 거래주체의 경제적 복지수준을 전반적으로 향상시키는 역할을 한다는 것이 역사적 경험을 통해 입증되었다(강남호, 김경표, 2019).

2) 경쟁의 촉진

경쟁은 시장활동에 참여하는 경제주체들로 하여금 최선의 선택을 하도록 하며, 경쟁의 결과 모든 경제주체가 좋은 성과를 얻을 수 있게 된다. 구체적으로 살펴보면 시장에서 소비자와 판매자가 거래할 때 항상 서로 상반된 이해관계를 갖는 대립되는 힘이 작용한다. 다수의 판매자들은 서로 경쟁관계에 있어서 그들은 소비자들에게 가장 좋은 조건으로 상품을 판매하고자 한다. 또한 판매자를 하나의 집단으로 보면 그들은 소비자 집단과도 이해관계가 상반된다. 다수의 소비자들 역시 서로 경쟁관계에 있고 판매자들로부터 가장 좋은 조건으로 상품을 구매하려 한다. 즉 경제주체들은 서로 상충되는 이해관계 속에서 끊임없이 경쟁을 하며 시장에서 자신의 이익을 추구하는 경제활동을 하지만 오히려 모든 거래 당사자에게 이익을 가져다주는 복지를 증진시킨다(이기춘 외, 2001).

따라서 경제주체들은 시장이라는 매개체를 통해 각자의 이익을 추구하는데, 대부분 '보이지 않는 손'에 의해 전체 사회에도 이익을 가져오는 이타적인 결과를 낳는다. 다시 말해 소비자와 생산자는 각기 이기적인 동기에 의해 경제활동을 하지만 시장을 매개로 타인의 필요를 충족시키는 이타적인 행위를 하게 된다는 것이다.

3) 혁신과 기술발전

시장에서의 경쟁은 경제주체, 특히 생산자들에게 소비자의 선호에 부응하는 고품질의 상품을 저렴한 가격에 공급하도록 유도한다. 시장경쟁에서 살아남기 위해 기업은 최소의 비용으로 최대의 이윤을 얻도록 계속적인 혁신을 시도하며 눈부신 기술발전을 이루어왔다(허경옥, 2010). 시장은 기업으로 하여금 경쟁사보다 우위를 점령하기 위해 끊임없는 기술개발 연구를 하도록 하며, 보다 편리한 삶을 위한 품질 개선과 혁신적인 신제품을 내놓도록 한다.

이러한 시장의 원리에 의해서 발전된 현대 기술수준은 과거 인류가 상상조차 할 수 없을 정도로 인간의 삶의 질을 향상시켜 경제발전의 원동력이 되었으며, 미래 소비생활을 보다 혁신적으로 이끌어갈 것이다.

4) 효율적인 자원배분

시장은 상품의 수요와 공급을 조절하여 생산과정에 자원을 적절하게 배분하는 기능을 수행한다. 소비자들의 선호나 수요가 시장가격에 반영되면 생산자는 무엇을 얼마나 생산할 것인지를 결정할 수 있게 된다. 수많은 소비자와 생산자가 시장에서 거래하는 과정에서 소비자의 수요량이 공급량보다 많으면 생산자는 가격을 인상하거나 공급량을 늘려 수요에 따른 공급의 균형을 이룬다. 반면 소비자의 수요량이 공급량보다 적으면 생산자는 가격을 인하하여 판매 증가를 꾀하거나 공급량을 줄여서 수요 감소에 대한 공급을 조절한다.

한편 시장은 생산에 필요한 어떤 자원이 부족하면 상대적으로 시장가격을 상승시켜 소비자의 수요가 줄도록 유도하고, 다른 자원이 풍부할 때는 상대적으로 가격을 낮추어 수요를 부추김으로써 자원의 희소 정도에 따른 공급의 조절작용을 하여 사회가 필요로 하는 생산과정에 적절하게 자원을 배분하는 기능을 수행한다.

시장에서의 수요와 공급조절 과정을 거쳐 상품에 대한 소비자의 수요량과 생산자의 공급량이 일치하면 균형가격이 형성되며 이 가격에서 소비자는 원하는 만큼 상품을 구매할 수 있고 생산자(판매자)는 원하는 만큼 상품을 판매할 수 있으므로 모두 만족스러운 상태가 된다. 이렇게 시장은 수요자의 힘과 공급자의 힘이 평형을 이루는 시장균형을 이루게 함으로써 자연스럽게 효율적인 자원배분의 역할을 하는 것이다.

시장의 자원배분기능은 모든 경제주체 활동에 중심이 되는 주요 기능이며, 과거 계획경제 국가에서 정부 관료들이 시장가격 대신 계산가격을 사용하여 생필품 부족과 자원낭비와 같은 자원배분의 왜곡현상이 나타난 예들이 있다.

2.2 시장경쟁과 소비자 이익

시장에서의 경쟁(competition)은 어느 개별 생산자나 소비자가 시장가격에 영향을 미칠만한 힘을 갖고 있지 않아서 구조적으로 시장성과에 영향을 주지 않는 독과점이 없는 상태를 말한다. 이상적인 경쟁의 상태로서 완전경쟁은 인식할 수 없을 만큼 수많은 생산자와 소비자가 존재하여 동질의 생산품을 제공하므로 어느 누구도 시장을 지배할 수 없으며 결정된 가격을 주어진 것으로 받아들인다.

시장에서 판매자들이 경쟁을 하면 소비자들은 좋은 품질의 제품을 낮은 가격으로 구매할 수 있어 소비자의 편익이 증대된다. 사업자 간 경쟁의 촉진은 시장경제체제의 모든 국가에서 노력하고 있는 방법으로 경쟁을 통해 공급이 증대되며 품질이 개선될 수 있고, 가격에도 영향을 미칠 수 있다. 영국의 몰로니 보고서(Final report of the committee on consumer protection, 1962)에서 '경쟁은 소비자의 가장 좋은 친구'라고 할 정도로 소비자의 이익보호를 위해 경쟁이 지니는 의미는 크다. 반대로 소비자의 이익에 가장 해로운 것은 민간과 공공에 의한 독점이므로, 소비자 이익을 증대시키는 효과적인 수단은 바로 자유경쟁인 것이다.

시장에서 경쟁 정도를 측정하거나 평가하는 데 '시장구조'와 '거래형태'는 매우 중요하다. 시장구조는 시장에 참여하고 있는 사업자의 수와 참여한 사업자의 시장점유율에 따라 그 형태를 나눌 수 있다. **독점시장**은 사업자가 하나이기에 시장점유율은 100%이며, **과점시장**은 사업자의 수가 3~5개이므로 그 참여 사업자들이 시장을 분할하고 있다. 일반적으로 독점이나 과점의 시장구조에서는 경쟁이 없거나 활발하지 못하기 때문에 경제적 효율성과 소비자 복지가 좋지 못하다(문정숙 외, 2010).

거래형태는 시장에서 활동하는 사업가가 사업을 하는 방식이나 행태를 말하며, 다수의 사업가가 존재할지라도 이들이 최대의 이익을 얻기 위해 경쟁을 하지 않고 가격이나 생산량을 담합할 경우 소비자 복지와 경제 전체에 독점적인 시장구조와 같은 좋지 않은 효과를 줄 수 있다. 따라서 정부는 시장구조나 거래형태를 대상으로 하여 경쟁촉진을 위한 불공정 거래행위를 금지하고 있다.

3. 시장구조의 결정 요인과 시장의 형태

3.1 시장구조의 결정 요인

시장구조는 경제주체들의 경쟁의 정도에 따라 경쟁적인 시장인지 독점적인 시장인지 달라지며, 경쟁 상태에 따라 완전경쟁시장과 불완전경쟁시장, 독점시장으로 분류된다. 특히 완전경쟁은 시장의 기본모형의 전제가 되는 개념으로 완전경쟁시장이 성립하려면 몇 가지 조건이 충족되어야 한다. 그러나 완전경쟁시장은 요구되는 조건이 무척 까다로워서 현실에서 찾아보기 어려우나 현실적인 예측력이 있어서 하나의 이상적인 시장형태로 삼고 있다. 여기서는 시장구조의 결정 요인을 완전경쟁시장의 네 가지 전제조건을 기준으로 살펴볼 것이다.

1) 공급자와 수요자의 수

시장의 구조를 결정하는 핵심적인 요인이 시장에서 상품과 서비스를 제공하는 공급자와 그것을 구매하는 수요자의 수이다. 경쟁시장의 경우 다수의 공급자와 다수의 수요자가 존재하며, 독점시장은 단 하나의 공급자 또는 수요자가 존재한다. 시장에 인식할 수 없을 만큼 무수히 많은 공급자와 수요자가 존재하게 되면 경쟁적으로 제품을 생산, 판매하고 경쟁적으로 구매하기 때문에 어떠한 공급자(생산자/판매자)나 어떠한 수요자(소비자/구매자)도 시장에서 가격을 통제할 수 없으며 시장가격은 수많은 수요와 공급에 의하여 자연스럽게 결정된다. 즉 너무나도 많은 판매자와 구매자가 있어서 어느 한 판매자나 구매자는 시장가격에 영향을 행사할 만한 힘을 갖지 못하는 것이다. 판매자와 구매자의 수가 많고 시장규모에 비해 이들은 소규모이기 때문에 어느 한 기업이나 소비자가 그 생산량이나 소비량을 늘리거나 줄여도 특정 생산물의 가격에 영향을 미치지 못하는 것이다.

  따라서 경쟁시장에서 생산자와 소비자는 시장에서 자연스럽게 결정된 시장가격을 그대로 받아들여야 하는 **가격수용자**(price taker)일 뿐이다. 특히 완전경쟁시장에서는 어떤 개별적인 경제주체도 시장지배력은 전무하다. 그러나 공급자와 수요자의 수가 적을 때에는 비경쟁적 시장구조를 형성하기 때문에 특정 공급자나 수요자가 가격결정에 있어서 우위의 역할을 하게 된다. 경제주체의 많고 적음이 가격결정 또는 가격수용에 영향을 미치지만 경쟁시장의 결정 요인은 경제주체의 수보다 각 경제주체가 가격수용자로서의 행동을 하는지의 여부가 보다 중요하다(김기옥 외, 2012).

2) 상품의 동질성 또는 유사성 정도

상품의 동질성(homogeneous)은 시장에서 거래되는 상품이 질적인 면에서 동일한지의 여부로 상품의 질적인 차이가 없을수록 경쟁은 강화되고 질적인 차이가 클수록 경쟁은 약화된다. 곧 완전경쟁시장에서 생산된 상품과 서비스는 동질적이어야 한다. 이는 어떤 기업의 상품이 다른 기업의 상품과 구분되는 상품차별이 없음을 의미하며, 소비자는 자신과 거래하는 판매자에 대해 전혀 관심을 갖지 않고 특정 시장에서 모든 판매자의 상품을 동일하게 생각한다. 이때 판매자와 소비자 어느 누구도 시장 지배력 행사가 나타나지 않는다. 금이나은, 쌀, 달걀, 채소 등은 비교적 동질적인 상품이라고 할 수 있으나 의류나 사치품은 질적인 면에서 차별성이 크다. 동질적인 상품이 시장에서 판매된다면 생산자나 판매자는 굳이 제품 광고를 할 필요가 없으며, 구매자들도 제품에 대한 정보탐색을 하지 않을 것이다.

  최근에는 극히 예외적인 경우를 제외하고 판매자들이 대부분 상품에서의 질적인 차별화를 꾀하고 있어서 과거에 완전히 동질적이었던 쌀이나 달걀, 육류까지도 고급화와 차별화 전략을 실시하여 상품을 이질화시켜 소비자에 대한 독점력을 행사하려 한다.

3) 시장 진입과 탈퇴의 자유

어떤 특정 산업에 새로운 기업이 들어오거나 기존의 기업이 빠져나가는 것이 자유로운지의 정도는 시장구조를 구분하는 주요 결정요소이다. 완전경쟁시장에서는 모든 경제적 자원이 경제의 어느 부문으로든 자유롭게 이동할 수 있어서 시장 진입과 탈퇴가 자유롭고 그 장벽이 높지 않아 자유로운 경쟁이 나타난다.

  노동력과 자본을 포함한 모든 경제적 자원은 이익이 있는 방향으로 자유롭게 이동 가능하며, 기업이 이윤을 기대하며 어떠한 제약 없이 언제나 현행 가격에서 특정 산업에 진입하고, 손해로 인해 탈퇴를 원할 때에도 자유롭게 탈퇴할 수 있어야 함을 의미한다. 완전경쟁시장에서 기업은 시장 진입과 탈퇴에 대한 어떠한 형태의 인위적인 제약도 존재하지 않으나 현실에서는 시장 진입과 탈퇴의 장벽이 존재하며, 산업형태에 따라 진입장벽의 정도에 차이가 있다. 예를 들어 스마트폰 산업에서 기업들이 막대한 이익을 얻고 있다고 해도 다른 기업이 스마트폰 산업으로 쉽게 진입할 수 있는 것은 아니다. 그러나 외식산업은 다른 산업에 비해 진입과 탈퇴의 장벽이 상대적으로 낮다고 할 수 있다.

4) 시장에 대한 정보소유 여부

경제주체들이 시장에서 거래와 관련된 경제적 · 기술적 정보를 가지고 있는지의 여부는 시장구조를 결정하는 요인이 된다. 완전경쟁시장의 경우 소비자와 판매자는 상품의 가격과 질, 속성에 대한 완전한 정보를 가지고 있으며, 정보를 얻는 데 비용이 크지 않다. 반면 시장에 대한 정보를 누군가 독점하는 독점시장은 정보의 비대칭에 의해 불공정한 경쟁이 유발된다(허경옥, 2010).

만약 판매자 간 가격에 차이가 있다면 소비자들에게 가격정보가 곧 알려지기 때문에 소비자는 최저 가격에 구매하려고 할 것이며, 이것은 다시 높은 가격을 부른 판매자들로 하여금 가격을 낮추도록 압력을 가하게 되어, 결국 하나의 가격으로 범위가 모아질 것이다.

3.2 경쟁 정도에 따른 시장의 형태

시장은 경쟁 정도에 따라 완전경쟁시장, 불완전 경쟁시장, 독점시장으로 나뉘며, 불완전 경쟁시장은 다시 독점적 경쟁시장과 과점시장으로 분류된다(〈표 4-1〉). 완전경쟁시장과 독점시장은 상반된 극단적인 시장구조이며, 이들 두 극단 사이에 완전경쟁도 아니고 독점도

표 4-1 시장구조 형태별 특성

	완전경쟁시장	독점적 경쟁시장	과점시장	독점시장
공급자의 수	다수	제한적 다수	소수	하나
상품의 동질성	동질적	차별적(어느 정도 이질적)	동질적 혹은 차별적	단일제품(대체재 부재)
진입과 탈퇴	자유	자유로운 편임	독점시장보다는 장벽 약함	진입장벽 존재
정보	완전한 정보	불완전한 정보	불완전한 정보	불완전한 정보

아닌 불완전경쟁 시장인 과점시장과 독점적 경쟁시장이 있다. 우리가 매일 구매하는 상품과 서비스는 대부분 과점시장이나 독점적 경쟁시장에서 생산한 것으로 완전경쟁시장과 독점시장이 극단적인 시장구조였다면 과점시장과 독점적 경쟁시장은 현실적인 시장이라고 할 수 있다.

기업은 시장에서 이윤을 극대화할 수 있는 가격과 산출량을 결정할 수 있는데 시장구조에 따라 기업의 이윤극대화 조건을 충족하는 시장균형이 다르게 형성된다.

1) 완전경쟁시장

완전경쟁시장(perfect competition market)은 자본주의 경제체제의 기본 이념이 되는 시장으로 가장 이상적인 시장구조에 해당한다. 시장의 구조를 경쟁에 의해 구분할 때 경쟁이 전혀 없는 독점시장과 완전히 상반된 완전경쟁상태의 시장으로 하나의 극단적인 형태이다. 완전경쟁시장의 예는 실제로 거의 찾아보기 어려움에도 불구하고 완전경쟁시장은 경제이론의 체계성을 확보하는 데 많은 이점을 가지기 때문에 이론적으로 완전경쟁시장을 가정하는 경향이 있다.

(1) 완전경쟁시장의 성립조건

완전경쟁시장이 성립되기 위해서는 다음과 같은 네 가지 조건이 충족되어야 한다.

- 가격수용자로서의 다수의 공급자(생산자)와 수요자(소비자)가 존재하여야 한다. 시장에 참여하는 공급자와 수요자의 수가 많아 어떤 개별 공급자나 개별 수요자도 상품의 가격에 영향을 줄 수 없어야 한다. 완전경쟁시장에서는 무수히 많은 생산자와 소비자가 있어서 개별 생산자나 개별 소비자가 독자적으로 영향력을 행사할 수 없고, 오직 시장 전체의 수요량과 공급량에 의해 결정된 시장가격에 순응하는 가격수용자가 되는 것이다.

  다수의 공급자와 수요자가 존재한다고 할지라도 그들이 집단적인 행동을 하면 가격에 영향을 줄 수 있으나 완전경쟁시장에서는 집단행동의 영향력이 장기적으로 볼 때 의미가 없을 정도로 경제주체의 수가 많음을 말하며, 그 경제주체들이 시장에서 가격수용자로서 행동을 하느냐의 여부가 완전경쟁시장에서는 중요하다.
- 거래되는 모든 동종의 상품은 동질적이어야 하고, 수요자 입장에서 어느 상품이든 무

차별하여야 한다. 상품의 동질성은 품질뿐만 아니라 판매조건과 방식, 기타 서비스 등 상품 관련 모든 조건이 같다는 것을 의미하기 때문에 구매자는 공급자가 누구이냐에 관심을 갖지 않아 시장에서의 동종의 상품은 완전대체재이다. 예를 들면 일반적으로 맛 차이를 크게 느끼지 못하는 아이들에게 쌀과 같은 곡물류, 생선, 달걀, 채소는 완전 대체재에 해당할 것이다.

- 모든 경제적 자원의 완전한 이동성이 보장되어야 하며, 자유롭게 시장에 진입하고 탈 퇴할 수 있어야 한다. 완전경쟁시장에서의 경제자원은 시장의 어느 부문으로든 완전 히 자유롭게 이동될 수 있어야 한다. 생산요소시장에서 생산요소는 어떤 경제주체에 의해서도 독점되지 않고 자유롭게 이동하고, 생산물시장에서도 어떤 산업분야든 새로 운 기업이 자유롭게 진입할 수 있고, 기존 기업도 자유롭게 탈퇴할 수 있다는 것을 의 미한다.

- 개별 공급자나 개별 수요자는 시장에 대한 완전한 정보를 가지고 있거나, 정보를 아무 런 비용 없이 얻을 수 있어야 한다. 모든 경제주체들은 상품의 생산, 가격, 시장 등 상 품과 관련된 경제적·기술적 정보를 완전하게 인지하고 있어 정보의 비대칭을 일으 키지 않아야 한다. 완전한 정보의 조건은 엄밀히 말해 과거와 현재뿐만 아니라 미래에 관해서도 모든 경제주체가 정확한 지식을 갖추기를 요구한다.

현실에서 완전경쟁시장의 조건을 모두 충족하는 시장은 없다. 단지 농산물시장이나 증 권시장은 처음 세 가지의 조건을 비교적 충족하기 때문에 완전경쟁시장의 조건을 대략 충 족시켜주고 있다고 볼 수 있으나 '완전한 정보의 조건'은 현실적으로 거의 불가능하다.

이러한 조건의 비현실성에도 불구하고 완전경쟁시장 모형은 경제적 현실 세계에서 매우 유용한 통찰력을 제공해주기 때문에 가장 많이 논의되고 있으며, 완전경쟁시장 모형에서 도출된 결과들은 현실 세계에서의 수많은 경제적 행동을 설명하고 예측하는 데 유용하다는 것이 입증되었다. 즉 완전경쟁시장의 가장 이상적인 자원배분 상태를 알고 있을 때 현실시 장에서의 문제점들을 알 수 있으며 그 차이를 평가하여 현실경제에서 추구해야 할 목표와 방향을 설정할 수 있을 것이다.

(2) 완전경쟁시장의 성격(경제적 효과)

완전경쟁시장과 실제 시장상황의 경제적 이윤은 장기적인 관점에서 볼 때 어느 정도 차이를 줄일 수 있다. 예컨대 공급자와 수요자는 이윤과 효용이 높은 쪽으로 움직이는 유동적인 경향이 있어서 단기적으로는 어느 한쪽이 횡재를 하거나 손해를 볼 수 있으나 장기적으로 볼 때 모두 공평한 이익을 나눠 가지게 된다. 완전경쟁시장이 경제적 분석에서 차지하는 중요한 의미와 특성은 다음과 같다(김기옥 외, 2012).

- 완전경쟁시장은 후생경제면에서 효율성이 매우 높다. 완전경쟁은 이론분석이 간단하며 모든 시장구조의 표준이 된다. 완전경쟁시장에서는 장기적으로 시장가격과 평균비용이 일치하기 때문에 최적의 생산량을 산출하기 위해서 사용되는 생산요소의 총비용이 극소화되며 그 결과 자원배분의 효율성을 달성할 수 있다. 즉 시장가격과 평균비용이 일치한다는 것은 생산자원이 소비자들의 선호에 따라 효율적으로 배분된다는 것을 뜻하며, 생산자는 소비자들이 원하는 상품이나 가장 우수한 상품을 생산해야지만 자원배분의 효율성을 달성할 수 있다. 이렇게 되면 어느 경제주체 간에도 더 이상 거래로는 이익을 얻지 못하는 파레토의 적정 상태(Pareto optimality), 즉 효율적인 자원배분이 이루어지는 상태가 달성되어 사회적 후생이 극대화된다.
- 완전경쟁시장에서 생산자는 초과이윤이 배제된 정상이윤만을 취득할 수 있다. 생산자가 부존자원(endowed resources)에 대하여 평균수입 이상의 이윤인 초과이윤 또는 비정상이윤을 단기적으로나마 확보하기 위해서는 기술적·경영적 혁신을 통한 비용절감이 필요하며, 수요의 변화에 민감하게 대처하여 쇠퇴산업에서 성장산업으로 이전해야 한다. 그러나 완전경쟁시장에서는 초과이윤을 단기적으로는 취득할 수 있으나 장기적으로는 완전경쟁시장의 장기균형에 의해 초과이윤을 취득할 수 없고, 정상이윤만을 취득할 수 있다는 것이다. 따라서 완전경쟁체계에서는 효율성의 향상과 성장이 자연적으로 유도된다.
- 가격의 매개변수(parameter) 기능이 완전히 작용하는 완전경쟁시장에서 상품의 시장가격은 사회·경제적 관점에서 본 가치의 척도가 된다. 즉 장기 완전경쟁균형하에서는 모든 것이 한계비용이 가장 낮은 상태에서 생산된다. 곧 상품의 가격은 그 한계효용의 금전적 평가에 상응하므로 상품의 사회·경제적 가치로 볼 수 있으며, 인간의 욕망을 충족시켜줄 수 있는 상대적 가치인 것이다.

  따라서 완전경쟁시장에서 높은 가격의 상품은 낮은 가격의 상품에 비해 상대적으로 보다 높은 효용을 가지고 있으며, 진정 싼 것이 비지떡이 된다. 완전경쟁시장에서는 주어진 모든 생산요소를 가지고 가능한 한 최대의 사회경제적 가치를 창출할 수 있으므로 사회의 희소한 생산자원을 최적의 상태로 사용할 수 있는 시장구조이다.

- 완전경쟁시장에서는 소비자 주권이 강하게 작용한다. 소비자 주권이란 경쟁시장에서 소비자들의 영향력으로 모든 기업의 생산 활동과 자원 배분이 소비자의 화폐투표 영향력에 의해 결정되는 것이다. 즉 기업이 무엇을 얼마만큼 생산하며 어떻게 생산할 것인가, 그 상품의 가격을 어떤 수준에서 결정할 것인가 등이 궁극적으로 소비자의 수요에 의해 결정되는 것을 의미한다.

이와 같이 완전경쟁시장의 사회·경제적 효과로 인해 완전경쟁시장은 현실의 시장 작용을 분석하는 데 중요한 모델로 평가되고 있다. 한편 실제 경제정책을 수립할 때 완전경쟁을 대신해 사용되고 있는 경쟁의 개념은 유효경쟁(effective competition)이며, 완전경쟁시장의 조건에서 다수의 공급자와 수요자, 상품의 동질성, 진입과 탈퇴의 자유 등이 완벽하지는 않아도 공급자 간에 실질적인 경쟁으로 시장가격이 한계비용 수준에 근접하면 유효경쟁시장이라고 한다. 즉 미국의 경제학자 메이슨(E. S. Mason)에 의하면 유효경쟁의 조건은 상당한 수의 판매자와 구매자가 존재하고, 그중 누구도 시장의 대부분을 점유하고 있지 않으며, 그룹 간의 결탁이 없고, 새로운 기업에 의한 시장참여의 가능성이 있다는 점을 들었다.

2) 독점시장

일반적으로 독점(獨占, monopoly)은 시장에서 공급자가 하나인 공급독점을 말하지만 수요자가 하나인 수요독점과 공급자와 수요자가 다 같이 하나인 쌍방독점도 있다. 독점시장은 완전경쟁시장과 정반대로 대립되는 극단적인 시장구조이며, 경쟁이 완전히 제한된 상태로서 다른 생산자가 시장에 진입할 수 없는 시장진입의 장벽에 의해 조성된다.

(1) 독점시장의 성립조건

독점시장은 하나의 공급자 또는 수요자가 가격설정자(price maker)로 행동하며, 대체재가 존재하지 않으며, 경쟁의 진입장벽을 활용해 장기적으로 초과이득 확보가 가능한 시장이다. 완전경쟁시장과 마찬가지로 현실에서 정확히 부합하는 예를 찾기 어렵지만, 완전경쟁과 독점의 양극단으로 시장구조를 단순화하여 이해하는 데 의미가 크다. 독점시장의 성립조건을 모두 충족한 시장형태를 순수독점(pure monopoly)이라고 하며, 그 특성은 다음과 같다.

- 시장에 유일한 공급자(또는 수요자)가 존재한다. 시장에 동종의 상품이나 대체재를 생산하는 경쟁 상대가 없이 유일하게 하나의 공급자가 한 상품의 시장 전체 총공급을 지배하는 시장을 독점시장이라고 한다. 독점기업은 이윤을 극대화하기 위하여 산출량과 가격수준을 탄력적으로 조정하는 가격결정력, 곧 독점력을 가진다.
- 단일상품을 공급하며 대체재가 존재하지 않는다. 하나의 공급자가 존재하는 독점시장에서는 단일 상품을 공급하며, 경쟁 공급자가 없으므로 같은 상품이나 대체재가 존재하지 않는다. 만일 어떤 기업이 상품에 대한 독점력을 갖고 있더라도 그 상품을 대체할만한 다른 상품이 새로 출시된다면 더 이상 독점적 지위를 사용하지 못하게 된다.
- 자원의 이동이 제한적이며 진입장벽이 존재한다. 독점산업에서의 생산요소의 이동은 극히 제한적인 범위에서만 가능하며 다른 공급자가 시장에 진입할 수 없도록 만드는 진입장벽이 존재해야 독점이 가능하다. 기업의 독점력은 주로 진입장벽에 의해 발생한다. 다른 경쟁자가 진입하지 못하도록 하는 진입장벽이 존재하는 원인은 크게 두 가지로 구분된다.

정부가 대량생산에 따른 비용 절감 차원에서 규모경제의 이점을 활용하기 위하여 인위적으로 하나의 기업만을 지정하여 시장을 독점하도록 제도적 또는 법적으로 허용하는 경우이다. 예컨대 우리나라 KT&G는 담뱃잎 생산농가로부터 수확물을 공급받는 유일한 수요자여서 수요독점을 하고 있으며, 과거 외국 담배의 수입을 전면 금지하던 시절에는 담배를 제조하여 판매하는 유일한 공급자여서 공급독점 기업이었다. 그밖에 공기업에서 제공하는 수도와 전기, 철도와 같이 막대한 자본이 투입되지만 자본회수율이 더디어 민간 기업이 하지 못하는 공공재의 생산도 독점시장이지만 이는 정부가 이윤을 추구하기보다 국민 복지를 위해 생산과 가격책정을 하는 독점시장이라고 할 수 있다.

한편 기업에서는 특정 상품의 생산기술이나 생산 원자재를 독점적으로 확보한 경우 독점이 가능하다. 의약품시장에서 어떤 제약회사가 새로운 약품을 개발하면 특허제도에 따라 이 회사는 독점권을 보장받아 특허권이 소멸되기 전까지 일정 기간 동안 독점권을 보장받아 독점적인 가격결정을 한다. 독점 가운데 가장 중요한 것은 경제적 독점으로 어떤 특정 산업에 기득권을 지닌 독점기업이 거대하여 시장을 지배하고 있을 때 아무리 높은 이윤을 얻고 있더라도 타 기업이 그 산업에 진입해 독점기업에 대항하는 것은 실질적으로 불가능하다.

- 넷째, 독점시장에서 경제주체는 불완전한 정보를 지닌다. 제품에 대한 정보 역시 기업이 독점하기 때문에 소비자는 매우 제한된 시장정보와 지식을 갖고 있다.

(2) 독점시장의 성격(경제적 효과)

일반적인 공급독점에서 독점기업은 경쟁기업이 존재할 때보다 가격을 높게 설정하므로 투입비용보다 기업 소유주에게 돌아가는 이득이 커서 결국 독점기업이 이익을 많이 남기게 된다. 이러한 독점시장의 비효율적인 자원 배분 결과로 창출되는 경제적 잉여는 경쟁시장보다 작을 것으로 예측된다. 독점시장의 경제적 효과를 구체적으로 살펴보면 다음과 같다.

- 독점시장에서 독점자는 자기 이익이 극대화되도록 가격을 조절할 수 있는 가격결정자가 된다. 현실적으로 문제가 되는 독점은 공급독점으로 독점시장은 공급자가 생산량을 줄여 높은 가격으로 판매함으로써 이윤을 극대화할 수 있다.

  시장에서 유일한 독점기업은 생산량을 조절하여 시장가격을 변경시킬 수 있는 시장지배력을 가지며 구매자의 사정은 고려하지 않고, 자기 이윤이 극대화되도록 원하는 바에 따라 시장가격을 임의로 결정하는 입장에 서게 된다. 완전경쟁시장에서는 개별 기업이 초과이윤을 획득할 수 없었던 반면에 독점시장에서는 독점적인 초과이윤을 획득하며, 이는 소비자의 손실에 해당한다. 즉 독점시장에서 소비자는 완전경쟁시장보다 훨씬 더 높은 가격을 지불해야 한다.

- 독점시장에서 독점기업은 효율적인 생산에 대한 관심은 크지 않다. 경쟁의 압력이 존재하는 경쟁시장에 비해 독점시장에서는 경쟁자의 진입을 막는 장벽을 구축하는 것만 성공하게 되면, 효율성을 추구할 동기가 없어진다. 일반적으로 독점기업은 효율적인 생산보다 독점유지를 위한 진입장벽에 더 큰 관심을 가지며, 독점기업이 진입장벽을 구축하는 데 쏟아 붓는 낭비적 지출의 규모가 꽤 커서 이는 사회적 비용에 포함된다. 그리고 소비자에게 부담이 전가되는 악순환을 낳는다.

  또한 독점시장에서 독점기업은 사회 전체의 관심에서의 최적 수준보다 적게 생산한다. 즉 완전경쟁시장과는 대조적으로 자원의 효율적인 배분에 관심이 없고 효율적인 자원배분을 달성하지 못해 비경쟁의 비효율성이 나타나 사회적 손실을 야기한다.

- 독점기업은 기술혁신에 대한 압력으로부터 자유롭기 때문에 기술혁신이 활발하게 이루어지지 않는다. 기술혁신으로 이윤을 획득하려 하기보다 진입장벽을 높여 독점이윤을 유지할 가능성이 높고 진입장벽 뒤에 안주하려는 경향이 있으며 이윤에 도움이 되지 않으면 오히려 기술혁신을 억압할 수도 있다.

  하지만 상반된 견해도 있다. 모든 기술혁신의 기본적인 동인이 독점이윤을 획득해 보려는 욕망에서 작용되는 것이기 때문에 충분한 독점이윤을 누리고 있는 독점기업만이 장래가 불투명한 연구나 혁신적인 제품 개발에 과감하게 투자할 수 있다는 것이다. 독점이윤은 기업들의 기술혁신을 자극할 수 있고, 독점이윤의 축적은 기술개발의 자원으로 재투자될 수 있다는 주장이다.

- 독점시장은 다양한 종류의 상품을 시장에 내놓지 않고 한 종류만 내놓을 가능성이 높기 때문에 소비자들이 누릴 수 있는 선택의 자유에 제한을 가한다. 경쟁의 압력이 없는 독점시장에서 독점기업은 이윤의 극대화를 위해 상품의 가격을 올려 소비자의 실질구매력을 떨어뜨리면서 선택의 기회마저 제한하기도 한다. 독점기업의 상품의 질이 아주 나쁘다고 할지라도 시장에는 이를 대체할 대체재가 존재하지 않으므로 이를 구매할 수밖에 없다. 영화관에 외부음식 반입이 금지되었던 과거에는 영화관 내 상점이 음식판매를 독점하여 그 음식이 싫어도 소비자의 선택은 참고 먹거나 사먹지 않는 것 외에는 대안이 없었다. 독점기업의 제품을 구매하는 소비자는 독점기업이 높은 가격을 제시하더라도 제시하는 가격을 지불하는 것 외에 별다른 방법이 없기 때문에 소비자의 복지가 감소한다.

- 독점시장은 자원배분의 효율성 문제 외에도 분배의 측면에서 부의 편중을 심화시켜 분배의 공평성을 훼손시킨다는 문제점을 지닌다. 유명한 세계 부호들의 상당수가 엄청난 재산을 축적하는 데 독점이윤이 결정적 역할을 한 것을 알 수 있다. 독점으로 인하여 경제력이 소수에게 집중될 수 있고 경제력 집중으로 인해 사회적·정치적 권력 역시 이들에 의해 장악될 가능성이 커 정경유착의 문제를 야기하기도 한다.

독점기업은 일반적으로 사회적 최적 생산량보다 적은 양을 생산하고 한계비용보다 높은 가격을 설정한다. 이렇게 독점시장은 자원배분 측면에서 비효율적이며 불공평하여 사회적 복지를 감소시키기 때문에 대부분의 시장경제국가에서 정부는 여러 가지 수단을 동원하여 독점을 규제하고 있다. 우리나라는 '독점규제 및 공정거래에 관한 법률'을 제정하여 공정거래위원회에서 산업의 독점여부를 판정하고 특정 기업의 시장점유율을 파악하여 시장 지배적 최상위 기업을 감독하고 있다.

현실적으로 주로 사용되고 있는 직접 규제방식인 가격규제는 정부가 독점가격보다 낮은 공정가격을 설정하여 이보다 높은 가격으로 판매하지 못하도록 가격수준의 상한선을 정해 규제하는 방식이다. 조세를 통한 간접 규제방식은 독점이윤이 독점기업에 귀속되지 못하도록 조세를 부과하여 정부가 독점이윤을 환수하는 방식이다. 또한 정부는 독점의 폐해를 줄이기 위해 독점시장에 기존의 독점기업을 분할하거나 새로운 기업이 진입하도록 유도하여 시장구조 자체를 경쟁 상태로 변화시킬 수 있는 경쟁촉진정책을 활용할 수 있다.

3) 과점시장

완전경쟁과 독점의 중간 상태인 **과점**(寡占, oligopoly)은 어떤 상품을 소수 사업자가 공급하는 시장형태이다. 과점시장의 한 극단적인 형태로 단지 두 사업자에 의해 어떤 상품이 공급되는 시장을 **복점**(複占, duopoly)이라고 하며, 복점도 과점에 속한다. 시장은 공급자의 수에 따라 독점, 복점, 과점으로 불리며 이들 시장형태는 시장에서 공급자의 수가 적어 공급량의 증감에 의하여 시장을 지배할 수 있다는 특성을 지닌다. 한편 독점과 과점을 합한 독과점은 경쟁이 결여된 시장으로 한 산업이 소수의 기업에 의해 점유되어 신참기업의 진입이 곤란한 시장형태를 말한다.

우리나라의 경우 특정 산업의 독과점 여부를 상위 3개 기업의 시장점유율로 판단하는데 시장점유율이 75% 이상이면 시장지배적 독과점 사업자로 추정한다. 주로 자동차, 반도체, 핸드폰, 액정디스플레이, TV, 항공, 정유, 영화관, 맥주 등의 시장이 과점시장의 형태를 보이고 있다.

(1) 과점시장의 조건

소수의 거대기업이 특정 산업의 대부분을 차지하는 형태인 과점시장은 서로 대체할 수 있는 유사한 상품 혹은 다소 이질적인 상품을 생산하면서 상호경쟁을 한다. 하지만 과점시장에서 소수의 생산자는 강한 상호의존관계가 형성되어 생산량과 가격을 합의하는 담합행위가 일어날 수 있고 소수 기업들이 이렇게 한 덩어리로 움직이면서 독점력을 행사한다. 과점

시장의 구체적인 조건은 다음과 같다.

- 소수의 사업자가 시장 공급량의 대부분을 장악하고 있다. 몇 개의 사업자가 존재해야 과점시장인지는 명확하지 않지만, 분명한 것은 소수의 경쟁사업자들이 서로의 존재를 인식하기에 충분할 정도의 적은 수여야 한다. 이들 사업자는 서로 가격인하 경쟁으로는 시장우위의 지배력을 차지할 수 없다는 것을 알고 있어서 각종 협정으로 공존을 추구하며, 경쟁은 서로 상대의 태도와 반응을 고려하면서 가격경쟁이 아닌 비가격경쟁을 벌인다.

  대규모 업종이면 현실에서 흔히 볼 수 있는 시장형태이며, 때로는 수많은 기업이 존재한다고 하더라도 실질적으로는 소수의 기업이 시장을 장악하고 있다면 과점시장의 성격을 갖는다고 할 수 있다.

- 과점시장에서의 상품은 동질적일 수도 있고 사업자들마다 조금씩 다를 수도 있다. 거래되는 상품의 질이 동질적이어서 완전대체가 가능하면 순수과점(pure oligopoly)이라고 부르고, 상품의 질에 차이가 있어 교차탄력성이 큰 이질적 상품이라면 **차별화된 과점**(differentiated oligopoly)이라고 부른다. 차별화된 과점은 모형설정 및 예측이 복잡하기 때문에 일반적으로 과점을 설명할 때는 소수의 공급자가 동질적인 상품을 공급하는 것을 전제로 삼고 있다.

- 시장으로의 진입은 독점보다는 비교적 용이하나 분명히 상당한 정도의 진입장벽이 존재하고 있다. 일반적으로 과점시장에서의 생산시설의 규모는 매우 커서 기존 소수의 사업자를 제외한 나머지 사업자들은 경쟁에서 탈락하여 퇴출되는 경향이 있고, 시장진입에 막대한 자본이 소요되기 때문에 신규 사업자의 시장진입을 어렵게 만든다. 시장진입장벽은 독점에서와 같이 완벽하지는 않지만 독점적 경쟁시장보다는 훨씬 높다.

  과점이 발생하는 이유는 여러 가지가 있으나 독점과 마찬가지로 각종 진입장벽의 존재로 새로운 기업이 경쟁상대로 등장하기 어려운 것이 가장 대표적인 이유이다. 규모의 경제(economy of scale)도 과점시장으로의 진입을 방해하는 장벽이 되기도 한다. 기존의 과점기업이 시장을 선점하여 과점적 구조를 형성하여 규모의 이익을 창출하고 있으면 신규 기업이 참여하기란 그리 쉬운 일이 아니다.

- 과점시장에서 경제주체들은 불완전한 정보를 가진다. 특히 소비자는 제한된 시장정보와 지식을 갖고 있다

(2) 과점시장의 성격

과점시장에서 사업자의 수는 소수여서 상호의존성이 강하고, 경쟁이 서로에게 불리하다는 인식 아래 상호협조적인 행동을 취하려는 경향이 높으며, 완전한 담합이 어려워 경쟁을 해야 한다면 주로 비가격경쟁을 한다. 과점시장의 성격을 요약하면 다음과 같다.

- 과점의 본질적인 특징은 각 사업자의 행동이 상호의존적이라는 점이다. 소수의 경쟁 기업이 존재하는 과점시장에서는 어느 한 기업의 생산량이나 가격의 변화가 나머지 기업들에게 큰 영향을 미치게 되기 때문에 각 과점기업은 경쟁기업들의 반응을 민감하게 고려하면서 신중하게 자신의 생산량 수준과 가격 수준을 결정한다. 이렇게 소수의 사업자만이 존재하는 과점시장에서는 생산되는 상품이 유사하든 차별화되든 과점기업 간의 상호의존 관계가 매우 강하다.

- 과점기업들은 상호경쟁을 해봤자 이익을 얻기보다 오히려 막대한 희생이 있다는 것을 알고 있기 때문에 과도한 경쟁을 피하고 공동이익을 추구하도록 어떻게든 협조체제를 구축하고자 하는 강한 유인이 존재한다. 즉 과점시장에서 기업들은 담합, 묵계(말없는 가운데 서로 뜻이 맞음)에 의한 가격선도제 또는 카르텔 등과 같이 합법적 또는 비합법적인 방법으로 경쟁을 제한함으로써 가능한 독점력을 행사하려는 성격이 강하다.

  담합(談合, collusion)은 사업자들이 서로 의논하여 가격을 결정하거나 거래상대방을 제한함으로써 그 분야의 실질적인 자유경쟁을 방해하는 행위를 가리킨다. 동종의 사업자들끼리 가격을 사전에 합의하여 올려 받거나 고의로 공급물량을 제한하고 다른 사업자의 진입과 참여를 막는 행위 등이 포함된다. 과점시장 안의 사업자들은 담합을 통해 서로 손해가 되는 과열경쟁을 피하고 독점력을 확보하는 등의 많은 이득을 얻는다. 하지만 담합행위는 사업자 간의 자유경쟁을 제한하여 경쟁사업자에게 불이익을 줄 뿐 아니라 실제로 자유경쟁을 할 때보다 더 높은 수준의 가격이 책정되므로 궁극적으로 소비자에게 독점력에 대한 부담을 전가하게 된다.

  한 기업이 가격을 결정하거나 변경하면 다른 기업들은 그 결과에 암묵적으로 따라가도록 되어 있는 가격선도제(price leadership)는 과점기업들이 암묵적인 상호협조 관계를 통해 공동의 이익을 추구하는 가격체제이다. 보통 다른 기업에 비해 압도적으로 우월한 위치에 있는 지배적 기업(dominant firm)이 가격을 선도하고 나머지 기업은 이를 따름으로써 암묵적인 협조체제를 유지한다.

카르텔(cartel, 기업연합)은 시장통제나 독점화를 목적으로 동일한 산업에 속하는 독립 기업들이 협정에 의해 결합한 기업연합체이다. 주로 과점기업들이 서로 가격이나 생산량, 출하량, 판로나 판매조건 등을 협정해서 불필요한 경쟁을 피하고 공동의 이윤 극대화를 확보하려는 독점과 같은 행위이다. 과점시장 안의 기업들이 공동보조를 취하기로 약속한 담합이 공식적으로 완전하게 이루어져 마치 하나의 통합된 기업처럼 행세하여 독점기업에 준하는 시장지배력을 확보하는 것이다. 대표적인 국제 규모의 카르텔은 석유수출기구(Organization of the Petroleum Exporting Countries, OPEC)가 있다. 보통 카르텔은 국민경제의 효율적인 발전을 저해하는 폐해가 있어서 많은 국가에서 금지하거나 규제하고 있다. 우리나라도 독점규제 및 공정거래에 관한 법률 등에 의해 카르텔이 금지되어 있다.

- 과점시장에서 가격은 경직적이며, 광고나 제품차별화를 통한 비가격경쟁이 치열하게 일어난다. 과점기업은 독자적인 의사결정을 하지만 그러한 의사결정 시 다른 기업의 반응을 고려하는 제한적 경쟁하에서 가격이 정해지게 된다. 과점시장에서 한 기업만이 상품가격을 인상하면 경쟁기업에게 시장을 뺏기게 되며, 반대로 시장을 확장하기 위해 가격인하를 시도하면 경쟁기업도 이에 대항해서 가격을 인하하므로 확장효과를 기대하기 어렵다.

  일반적으로 과점시장에서의 가격경쟁은 피차 손해가 되므로 지배력이 강한 한 사업자가 설정한 가격을 암묵적으로 따르거나 가격협정 등의 수단을 이용하여 경쟁을 제한하여 비교적 가격변동이 적은 '경직된 가격'의 특성을 보인다. 이렇듯 과점기업 간에는 가격인하 경쟁이 서로에게 불리하다는 것을 알고 있기 때문에 가급적 가격경쟁을 피하고 광고나 상품의 차별화, 판매조건 등의 비가격경쟁에 의존하게 된다. 과점시장에서의 과점가격은 자유경쟁이 있는 경우에 얻어지는 이윤 이상의 초과이윤, 즉 독점적인 이윤이 확보되도록 가격을 정하게 되므로 독점에서와 마찬가지로 소비자는 정당한 비용 이상의 값을 치러야 한다.

- 과점시장은 생산자 주도의 시장으로 소비자 주권 달성을 저해한다. 과점시장은 소비자 주권이 달성되어 소비자의 욕망과 필요를 충족시키는 시장구조가 아닌 과점기업들의 완전한 담합을 통해 카르텔을 형성하는 생산자 주권의 경제제도가 형성되도록 하

는 시장구조이다.

 과거 우리나라는 축적된 자본과 기술이 부족했기 때문에 성장 위주의 경제정책을 추진하며, 강력한 산업정책을 전개했기 때문에 여러 산업분야에 과점적인 시장구조가 형성될 수밖에 없었다. 대표적으로 자동차, 가전, 비료, 석유, 타이어, 조선, 철강 등의 산업은 과점시장이며, 최근 해외시장의 개방 압력과 함께 수입품목 관세인하, 인터넷의 확산, 소비자들의 의식 변화 등으로 과점시장이 경쟁시장 형태로 변화해 가지 않으면 살아남을 수 없게 되어가고 있다.

4) 독점적 경쟁시장

독점적 경쟁(monopolistic competition)시장은 완전경쟁시장과 독점시장의 중간적 성격을 지닌 불완전 경쟁시장으로 시장 내 기업들이 서로 이질적인 제품을 생산한다는 점을 제외하고는 완전경쟁시장과 비슷한 면이 많다. 시장 내 다수의 사업자가 경쟁적으로 차별화된 상품을 공급하는 시장으로 현실에서 흔히 볼 수 있는 식당, 미용실, 주유소, 제과점, 동네병원, 카페, 문구, 의류, 음료수 등의 시장이 여기에 속한다.

(1) 독점적 경쟁시장의 조건

독점적 경쟁시장은 다수의 공급자와 수요자가 존재하고, 시장으로의 진입과 탈퇴가 자유롭고, 완전하지는 않지만 시장에 대한 충분한 정보가 존재한다. 구체적인 조건은 다음과 같다.

- 독점적 경쟁시장에는 다수의 공급자와 수요자가 존재하여 각 사업자는 경쟁 사업자의 행동을 고려하지 않고 독자적으로 전략적 의사결정을 한다. 즉 사업자의 수가 충분히 많기 때문에 어느 한 사업자의 행동은 시장에 미치는 영향이 거의 없다고 볼 수 있다.
- 완전경쟁시장을 기준으로 하였을 때 독점적 경쟁시장의 가장 큰 특성은 제품이 동질적이지 않다는 것이다. 동일 상품이더라도 독점적 경쟁시장에서의 개별 상품은 대체성은 높으나 동질이 아니고 차별화된 것이 많다. 즉 생산물의 차별화를 수반하는 경쟁을 말한다.
- 새로운 기업의 시장진입과 기존기업의 시장탈퇴가 완전경쟁시장만큼 자유롭지는 않지만 상당히 자유롭다. 독점적 경쟁시장에서 사업자가 얻는 이윤이 존재할 때 진입을 시도하는 수많은 잠재적 경쟁 사업자들이 등장한다.

- 완전한 정보는 아니더라도 시장에 관한 어느 정도 충분한 정보를 가지고 있다.

(2) 독점적 경쟁시장의 성격

'독점'과 '경쟁'이라는 상반된 개념으로 이루어진 독점적 경쟁이라는 명칭은 이 시장 형태에 존재하는 '시장지배력'과 '경쟁의 힘' 간의 기본적인 긴장관계를 나타낸다고 할 수 있다. 시장지배력이라는 독점적 요소와 경쟁의 힘이라는 경쟁적 요소를 동시에 가진다는 의미이다. 다시 말해 시장에서 개별 사업자가 약간씩 다른 차별화된 상품을 생산하여 독점시장에서처럼 어느 정도 가격결정에 영향을 미칠 수 있는 힘, 즉 시장지배력을 가졌다는 면이 독점적 요소가 된다. 하지만 대체 가능한 상품을 생산하는 다수의 경쟁 상대가 존재하며 시장진입과 탈퇴가 자유롭다는 면에서 어느 정도의 경쟁이 이루어진다는 것은 경쟁적 요소가 된다.

- 독점적 경쟁시장에서 사업자들이 단기에는 약간의 독점력을 갖고 행동할 수 있지만, 시장에 공급자의 수가 무수히 많고, 새로운 사업자들의 진입이 쉬워서 어떤 특정 사업자의 공급량이 전체 시장의 총공급량에 비해 매우 적어 시장가격과 다른 경쟁기업에 대한 영향력도 크지 않으며 장기적으로는 완전경쟁의 형태에 가까워져 독점적인 지위를 누릴 수 없게 될 수 있다.
- 독점적 경쟁 사업자는 동종의 상품을 생산하더라도 경쟁 사업자와는 다른 차별화된 상품을 생산해낸다. 상품의 차별화로 인하여 소비자는 자신이 선호하는 상품만을 고집하고 다른 상표의 상품은 외면하는 경향이 있다. 예를 들어 어떤 여성은 특별한 사정이 없는 한 늘 가던 미용실만 고집스럽게 간다면 그 미용실은 독점의 지위를 차지하는 셈이다. 즉 미용실은 무수히 많아 경쟁적이지만 개별 소비자가 미용기술의 차별성을 느껴 선택한 특정한 미용실은 하나의 사업자에 의해 공급되는 독점 형태가 될 수 있다.
- 독점적 경쟁시장에서 사업자들은 서로 대체성을 갖고 있으나 약간씩 차별화된 상품으로 경쟁하기 때문에 가격경쟁보다는 가격 외적인 요소로 주로 경쟁을 하게 된다. 따라서 소비자들에게 제품의 차별성을 부각시키기 위해서 사업자는 상표와 품질, 포장, 디자인 등과 같은 측면에서 제품의 차별화전략을 구사하고 광고나 판매조건, 판매점의 위치, 애프터서비스 같은 비가격경쟁을 활용하고 있다. 특히 자사의 상품이 다른 경쟁사의 상품과 다른 것이라는 것을 강조해야 하므로 상표나 상호명, 광고 등을 중시한다.
  개별 소비자는 상품의 디자인과 브랜드명, 포장 등에 의하여 시장 상품을 차별화하고, 점포의 소재지 등의 관계도 더해져서 특정 사업자 또는 특정 점포에서 구매하려는 경향을 보인다. 이와 같이 생산물의 차별화가 이루어지면 특정 상품을 판매하는 사업자는 그 상품을 즐겨 찾는 소비자와 특수한 시장을 만들어 어느 정도의 독점력을 갖는다. 이와 같은 상태일 때에는 판매자가 가격을 약간 인상하여도 고객의 전부를 잃는 일은 없다. 독점적 경쟁시장에서 사업자들의 비가격경쟁은 판매비용을 높이고, 이는 다시 소비자에게 전가되어 완전경쟁시장보다 상품가격이 높으나 독점이나 과점보다는 낮다.

독점적 경쟁시장에서 사업자는 상품의 동질성 대신 상품의 차별화로 다소 독점력과 시장지배력을 갖게 되지만, 이는 소비자들의 상표충성도에 따라 또는 상품을 차별하는 정도에 따라 동종 상품 간의 대체성이 달라져 완전경쟁시장 또는 과점시장에 가깝게 된다. 만약 상품 대체성이 높으면 이것이 경쟁요인으로 작용하게 되어 집단으로서 소비자는 완전경쟁의 경우에서와 같이 커다란 힘을 발휘할 수 있다. 즉 상품 대체성이 높으면 사업자는 약간의 지배력을 가질 뿐이며, 소비자들이 상표 간에 질적 차이가 없다고 느끼면, 특정 상표에 대한 수요는 완전경쟁시장과 비슷해진다.

4. 글로벌 시장경제환경

과학기술의 발달로 세계는 급속한 변화를 경험하고 있으며 새로운 자유무역주의의 글로벌 세계경제환경이 조성되고 있다. 국제화 시대가 열려 지역주의와 보호무역주의가 붕괴되어 시장이 자국을 넘어선 국제적인 글로벌 시장으로 확장됨에 따라 새로운 시장경제환경을 맞이한 것이다. 각 나라 경제의 급속한 개방화와 시장의 규제완화, 급속한 기술혁신에 따라 금융자본시장에서도 국제금융시장과 국내금융시장의 연계와 상호의존이 확산되고 있다. 우리나라 역시 경제, 문화, 정치, 환경 등에서 여러 나라와 교류하며 국제사회에서 공통으로 사용되는 가치, 준칙, 제도, 관행을 수용하며 국제경쟁과 경제발전을 꾀하고 있다.

4.1 시장의 개방과 국제화

우리나라 현대 시장경제환경에서 가장 큰 변화는 1995년 세계무역기구(WTO)의 탄생과

1996년 세계경제협력기구(OECD)의 가입이라고 할 수 있다. 세계무역기구와 세계경제협력기구에 가입하면서 자유무역주의, 다국적기업의 팽창으로 인해 수입개방의 압력이 커지고 수출뿐 아니라 수입 개방도 가속화되었다.

세계무역기구를 탄생시킨 우루과이라운드에서 각 나라의 시장개방 확대를 위해 농산품, 공산품, 천연자원, 섬유, 서비스, 지적 재산권 등의 무역협상을 타결하여 경제 전반의 시장개방이 시작되었고, WTO의 탄생으로 각 나라의 시장개방과 국제화가 본격화되었다. 1994년 농업협정으로 농산물 개방이 논의되었으며 단계적으로 수입관세를 줄이며 일정한 유예기간을 걸쳐 전면 개방하기에 이르렀다. 영화시장도 1994년 이후 전국 개봉관 수를 의미하는 프린트 벌수 제한조치가 풀리면서 영화의 배급규모가 커지기 시작했고, 미국 직배 영화들이 전국 40~50여 극장에서 개봉하는 등 시장 개방이 극대화되었다(김미현, 2013). 금융시장도 1994년 채권시장 부분개방에서 1997년 말 외환위기 이후 채권시장 전면개방, 1998년 5월 일반 상장법인 및 KOSDAQ 등록법인에 대한 전체 및 1인당 외국인 투자한도를 폐지함으로써 우리나라 주식시장이 외국인에게 전면 개방되었다. 그 밖에 방송시장, 광고시장, 법률시장, 부동산시장, 문화산업시장, 의료시장 등의 개방이 확대되고 있다.

시장개방에 대한 국제 협상체결 외에 과학기술의 발달로 인한 정보통신 기기의 발달은 자본주의 시장경제의 시장개방과 국제화를 촉진시키는 데 큰 역할을 하였다. 근래 초연결시대의 인터넷 소비환경은 B2C 국제 상거래를 급속히 증가시켜, 자국 중심의 소비가 국경을 넘나드는 글로벌 소비로 전환되었으며, 이러한 추세는 앞으로도 더욱 강하게 나타날 것이다.

4.2 세계무역기구 체제하의 세계경제환경

제2차 세계대전 이후 1944년 미국을 포함한 연합국은 미국 브레턴우즈 협정에서 환율 안정, 부흥개발기금 제공 및 자유무역체제 확립을 통해 국제경제의 번영을 추구하기 위해 3개의 국제기구인, 국제통화기금[1](international monetary fund, IMF), 국제부흥개발은행[2]

---

[1] 국제통화기금은 각 나라의 국제무역규모, 국민소득액, 국제준비금 보유량 등에 따라 회원국 정부의 출자로 이루어진 국제금융기구이다. 회원국은 일시적인 국제수지 불균형이 있을 경우 필요한 외환을 IMF로부터 자국통화로 구입할 수 있다. 회원국들의 일시적인 국제수지 불균형을 지원하기 위한 방편들도 마련하고 있다.

[2] 당초 설립목적은 제2차 세계대전 후 세계경제부흥과 경제개발 원조였으나 현재는 주로 개발도상국에 대한 원조기관 역할을 하고 있다. 한국은 1955년에 가입하여 1960~70년대 경제개발과정에서 저금리의 장기자금을 빌리는 혜택을 누렸다. 1995년 말 융자대상국에서 제외됐다가 1997년 외환위기를 맞아 금융지원을 받은 바 있다. 2010년에는 IBRD 회원국 중 17번째로 많은 후원금을 내는 나라로 성장을 했다.

(international bank for reconstruction and development, IBRD), 국제무역기구(international trade organization, ITO)의 설립을 추진하였다. 그러나 국제무역기구 설립에 관한 하바나 헌장이 각 나라의 경제현실에 맞지 않아 대부분의 국가가 자국 내 의회의 비준을 받지 못해 국제무역기구는 설립되지 못하였다. 그래서 하바나 헌장의 내용을 대폭 축소하여 각 나라의 합의가 이루어진 부분만을 선택하여 1948년 1월에 23개국 간 임시 국제협정으로 '관세 및 무역에 관한 일반협정(general agreement on tariffs and trade, GATT, 가트)'이 발효됐다.

GATT는 많은 예외규정을 두고 있고 법적기구의 성격을 갖지 못해 국제협정으로서 법적 구속력이 한정되어 협정 참여국들의 불공정 행위 및 자위적 행위를 효과적으로 규제하기 어려웠다. 그래서 1986년에 시작된 우루과이라운드에서 GATT 체제 다자간 무역기구화하는 협상과제로 채택하여 세계 125개국 통상대표가 7년 반 동안이나 협상을 해오다가 1994년 4월 15일 모로코 마라케시에서 '마라케시 선언'을 하면서 협상을 종료하고 세계무역기구 설립을 결정하였다. 즉 세계무역기구(world trade organization, WTO)는 1947년 이후 국제 무역질서를 규율해 오던 GATT 체제를 대신하여 국제 무역질서를 바로 세우고, 우루과이라운드[3](Uruguay Round, UR) 협정의 이행을 감시하는 국제기구가 된 것이다(외교부, 1994).

WTO는 무역 자유화를 통한 전 세계의 경제 발전을 목적으로 1995년 1월 1일 정식 출범하였고, 우리나라에서는 WTO 비준안 및 이행방안이 1994년 12월 16일 국회에서 통과되어 WTO 출범과 함께 회원국으로 가입하였다.

WTO는 회원국 사이에서 발생하는 경제 분쟁에 대한 판결권을 가지며, 판결의 강제 집행권을 통해 국가 간 발생하는 마찰과 분쟁을 조정한다. 그 전 GATT에 주어지지 않았던 세계무역 분쟁 조정, 관세 인하 요구, 반덤핑 규제 등 준사법적인 권한과 구속력을 일관성 있게 행사하며, 농산물, 서비스, 무역 관련 지적재산권, 무역 관련 투자 등 새로운 무역 과제도 포괄하여 국제무역 규범의 적용범위를 크게 확대시키는 역할을 하고 있다. 특히 다자주의를 지향하여 일방적 조치나 지역주의 등을 배제하는 역할을 한다.

무역협정의 관리, 운영을 위한 제도적인 틀을 제공하는 이외에 세계무역기구는 다자간 무역협상의 장을 제공하고 협상결과의 이행을 위한 제도적 장치를 마련하며, 세계 경제정

------

[3] 남미 우루과이에서 1986년 9월 GATT 각료회의를 출발점으로 하여 1993년 12월 여덟 번째 회의에서 타결된 다자간 무역협상으로 공산품 관세인하 및 농산물 시장개방, 서비스 산업개방 등을 주요 내용으로 하고 있다.

책 결정의 일관성 제고를 위하여 IMF, IBRD 및 관련기구들과 협력을 한다.

스위스 제네바에 본부를 둔 WTO는 총회, 각료회의, 일반이사회, 사무국 등으로 구성되어 있으며, 합의제를 원칙으로 하여 의사결정하며, 합의 도출이 어려울 때는 1국 1표의 다수결 원칙에 의해 의결한다. 이 밖에 분쟁해결기구(dispute settlement body, DSB)와 무역정책검토기구(trade policy review body, TPRB)가 설치되어 회원국 간의 무역분쟁을 해결하고 있으며, 회원국의 무역 관련 제도에 대한 검토를 하고 있다.

회원국은 1995년 설립 협정 시 가입한 76개국의 원 회원국과 후에 가입한 일반 회원국 88개국을 합한 164개국(2020년 6월)으로 거의 대부분의 국가가 가입되어 있다. 회원국은 국내 법률규정, 행정절차를 부속협정에 규정된 자국의 의무에 일치시켜야 한다. 세계무역기구가 법인격을 갖추고, 회원국은 국내법을 세계무역기구 협정에 합치시켜야 하는 것으로 다자간 국제무역체제가 강화되었다.

WTO 체제하의 자유경쟁과 자유무역으로 우리나라에서 수입이 개방되자 정부와 기업은 소비자 지향적 정책과 경영을 펼쳤으며, 가격과 품질, 서비스 등의 경쟁이 촉진되어 소비자들의 선택 권리가 실현되었다. 한편 수입품과 관련된 수많은 소비자 피해와 과소비와 같은 불합리한 소비를 조장하는 등 부정적인 면도 있다.

4.3 경제협력개발기구

경제협력개발기구(organization for economic cooperation and development, OECD)는 회원 국가 간의 상호 정책조정 및 정책협력을 통해 회원국의 경제사회발전을 모색하고 나아가 세계 경제문제에 공동으로 대처하기 위해 만들어진 국가 간 경제사회 정책협의체이다.

제2차 세계대전 후 유럽의 경제위기를 극복하기 위해 미국은 마셜플랜[4]을 실시하였고, 이를 통해 어려움을 극복한 18개 서유럽 국가가 유럽경제협력기구(organization for european economic cooperation, OEEC)를 설립하였다. OEEC는 생산설비의 현대화, 생산의 증가, 자유무역, 화폐의 태환성과 화폐가치 안정을 공동과제로 정하여 경제적 집단안보체제의 기능을 하였다. 그 후 1961년 미국과 캐나다가 합류하면서 OEEC가 경제협력개발

---

[4] 제2차 세계대전 직후, 1947년부터 1951년까지 미국이 서유럽에서 시장경제체제를 채택한 16개 나라에 행한 '유럽부흥계획(european recovery program, ERP)'이다. 당시 미국 국무장관이었던 조지 마셜(George C. Marshall)이 공식 제안하였기 때문에 그의 이름을 따서 '마셜플랜'이라고 한다.

기구(OECD)로 이름이 바꾸어 총 20개 창설 회원국으로 OECD가 설립되었다.

OECD는 여러 국제기구와 긴밀한 관계를 구축하면서 경제정책, 국제무역, 에너지, 식량, 과학, 환경, 노동 등과 같은 사회분야 정책 전반에 관하여 걸쳐 수시 논의 및 협력을 추진한다. OECD는 초기에는 선진국을 회원국으로 하여 국제경제의 안정과 무역의 확대에 힘쓰는 선진국 경제협의체였으나 1990년대 이후에는 비선진국으로 회원국 및 협력관계를 확대하여, 전 세계적 규모로 영향력을 확대하여 글로벌 경제기구가 되었다. 한국은 1996년에 29번째 회원국이 되었으며 2020년 기준 36개의 회원국이 있다.

OECD의 목적(협약 제1조)은 첫째, '회원국의 경제 성장과 금융 안정을 촉진하고 세계경제 발전에 기여'하고, 둘째 '세계 각국의 건전한 경제 성장에 기여'하며, 셋째 '다자주의와 비차별 원칙에 입각한 세계무역의 확대에 기여'하는 것이다. '다원적 민주주의', '개방된 시장경제', '인권 존중'이라는 3대 가치관을 가지고 있어서 OECD 회원국이 되기 위한 기본 자격은 다원적 민주주의 국가로서, 시장경제체제를 택하고 있으며 인권을 존중하는 국가여야 한다. 그리고 정치 제도의 투명성과 정당성, 법체계의 완성도, 사회보장 제도의 유무, 경제성장의 잠재력 등의 기준이 있다.

최근 OECD의 주요 활동(외교부, 2016)을 살펴보면 첫째, 세계 금융위기를 극복하기 위한 정책 보고서를 발간하며, G20 정상회의 참여 등을 통해 세계 금융위기의 원인을 분석하고 새로운 정책권고 방향을 마련하고 있다. 즉 2012년부터 추진한 '경제적 도전에 대한 새로운 접근(new approaches to economic challenges, NAEC)'이라는 사업을 통해 경제위기로부터 교훈을 도출하고 OECD의 정책 분석 능력을 강화하고 있다.

둘째, 녹색성장을 위한 전략 수립 및 기후 변화에 대응하기 위한 노력을 하고 있다. 회원국이 기후 목표를 효율적으로 달성하도록 기후 정책과 조세, 무역, 금융 등 다른 분야와의 정책의 연계성을 강화시키고, 녹색성장포럼을 통해 경험과 지식을 공유하고 있다. 한편 탄소가격 정책, 기후 재원 연구, 화석연료보조금 감축 등 기후 대응을 위한 노력을 지속적으로 전개하고 있다.

셋째, OECD는 다국적 기업 가이드라인 개정을 통한 기업의 사회적 책임을 강조하고 있다. OECD 비회원국의 세계경제에서 차지하는 비중이 증가하고 기후변화 대응 및 글로벌 경제위기 이후 시장의 신뢰회복을 위해 한층 더 높아진 기업의 사회적 책임 요구에 부응할 수 있도록 가이드라인을 개정하였다. 가이드라인에 인권 관련 부분을 신설하였고 공급사슬에 관한 다국적 기업의 책임 강화 및 노동권 보호 등 실체적인 내용에 대한 규정을 보완하였다. 또한 가이드라인의 실효성을 높이기 위해 각국의 국내 연락사무소 구성과 운영에 관한 절차규정을 강화하였고, 회원국 간 동료 평가를 정책권고 사항에 포함시켰다.

넷째, OECD는 2004년부터 OECD 세계포럼을 개최하여 삶의 질, 사회발전에 대한 측정의 필요성을 회원국과 공유하여 연구 프로젝트를 수행하였으며, 2009년 미국 피츠버그 G20 정상회의에서 '경제발전에 사회 및 환경 측면을 감안해야' 한다는 데 공감대를 형성하고, 2010년 OECD 각료이사회는 '사회발전지표 개발'의 필요성을 제시하였다. 이에 2011년부터 매년 '더 나은 삶 지수(Better Life Index)'를 발표하고 있고, 2013년에는 그간의 연구 결과를 바탕으로 한 주관적 복지 측정에 관한 가이드라인(Guideline on the Measurement of Subjective Well-being)을 발간하였다(〈그림 4-2〉). 더 나은 삶 지수는 크게 '삶의 질'과 '물질적 조건'으로 나뉘며, 삶의 질에는 건강 상태, 일-삶 균형, 교육과 역량, 사회적 관계, 시민의 참여와 통치, 환경의 질, 개인의 안전, 주관적 행복이 포함되고, 물질적 조건에는 소득과 재산, 직업과 수입, 주거가 포함되어 전체 11개 영역에 대한 24개 지표로 구성되며, 지표 값을 바탕으로 영역별 지수를 도출하였다.

다섯째, OECD는 2007년 5월 각료이사회에서 혁신전략 개발에 합의하고 지속적인 성장과 지구적 문제에 대응하기 위해 정책결정자들이 효과적인 혁신정책을 수립하고 실행하기 위한 전략 마련을 요청하고 2008년 2월 혁신전략의 목표와 중점 작업분야, 추진체계 및 일정을 제시하는 OECD 혁신전략프레임워크(Innovation Strategy Framework)를 발표하였다. 이후 2010년 5월 각료이사회에 혁신의 필요성, 혁신의 증거, 추세 및 정책에 대한 시사점, 혁신 촉진전략 등을 분석한 최종보고서를 제출하였고 계속적인 보고서 개정을 하고 있다.

여섯째, OECD 회원국이 진행해온 다양한 교육정책의 개혁 사례들을 종합하여 유용한 정책함의를 제공할 수 있도록 '교육정책전망(Education Policy Outlook)'을 발간하였고, 개인의 삶의 질과 포용적 성장(inclusive growth)을 위한 주요 동력으로서 인적역량을 강조하면서 청년의 노동시장 참여와 국가 차원의 역량시스템 구축을 지원하고 있다.

일곱째, OECD 디지털경제정책위원회(CDEP)는 2015년을 시작으로 2년마다 회원국의 디지털 경제동향과 정책 등을 종합적으로 분석하여 평가해 발표함으로써 디지털 경제의 잠재력을 극대화하기 위해 규제관행 및 정책 옵션에 대한 정보를 정책담당자에게 제공하고자 하였다.

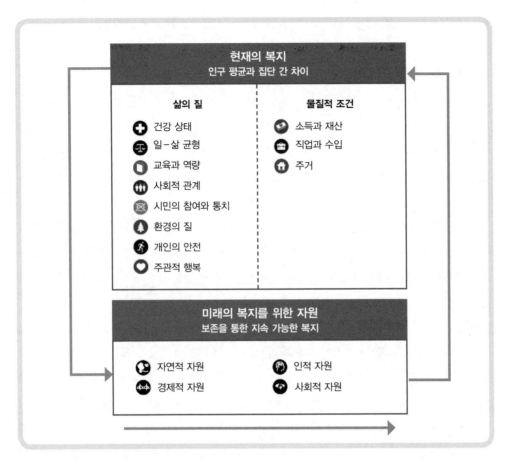

그림 4-2 복지와 진보를 위한 OECD의 프레임워크
출처 : OECD (2017).

　여덟째, OECD의 글로벌 영향력을 확대시키기 위해 핵심협력국과의 공동협력 프로젝트를 추진하고 이들의 OECD 법률도구의 준수를 위한 노력을 강화하고, 지역프로그램, 국가프로그램, 글로벌 포럼 등 다양한 대외협력도구들을 통한 아웃리치 활동을 전개하고 있다.

　OECD는 전문 분야별로 총 14개의 국(directorate)이 있어 이사회 및 각종 위원회를 분담 지원하고 있다. 그 가운데 과학 · 기술 · 혁신국(Directorate for Science, Technology and Innovation, STI)에서 지원하는 소비자정책위원회(CCP)는 회원국의 소비자 정책 개선을 위한 연구와 분석활동을 통해 정책권고안을 작성하는 작업을 하며, 산하에 소비자제품안전작업반을 설치 · 운영하고 있다.

소비자정책위원회는 1999년 '전자상거래에서 소비자보호를 위한 OECD 권고'를 마련하여 도입하였고, 시간이 지나 많은 변화가 생겨 2016년 권고문을 개정하였다. 주요 개정 내용으로는 먼저 C2C 플랫폼, 디지털 콘텐츠, 온라인 결제시스템 등 소비자 피해가 증가하는 분야로 적용 대상을 확대시킨 것이다. 전자상거래 일반원칙과 관련된 것으로는 음악, 도서, 게임 등의 거래에서 기술적 한계, 이용의 제한 등에 대한 정보를 충분히 제공하여야 하고, 소비자 참여가 왜곡 없이 투명하게 관리되어야 하며, 이동통신기기의 소형화, 기술적 복잡성 등을 이용한 기만적인 행위를 금지하고, 개인정보 보호와 보안 강화 및 결제보호를 위해 정부와 업체가 효과적인 소비자 보호 기준을 마련해야 한다는 것이다.

이행 원칙과 관련된 개정 내용으로는 소비자 보호 당국의 전자상거래 관련 정책 집행능력을 향상시키기 위해 디지털 정보수집 및 분석 능력을 강화해야 한다는 것과 수집된 전자상거래 관련 정보를 정보경제학 및 행동경제학적 시각을 활용해 분석하고 정책에 반영해야 한다는 것이다.

마지막으로 국제협력원칙과 관련된 개정내용은 글로벌 전자상거래의 확산에 따라 회원국의 소비자 정책 당국 간 정책협력을 확대함은 물론이고, 중국이나 인도 등 비회원국과의 협력도 강화하는 것이었다. 이와 같이 소비자정책위원회는 소비자 보호 및 소비자 지위 향상, 시장기능의 개선, 국가 개입 지양 등의 활동을 통해 소비자 보호 활동을 하고 있다.

OECD는 '다국적기업에 관한 가이드라인'을 정하고 있는데 이는 다국적기업에 대한 법적 강제력이 없는 권고적 성격임을 명시하면서도 동 가이드라인 수락국 정부에 대해서는 관련된 이사회 결정을 수용할 것을 의무화하고 있다. 가이드라인 가운데 소비자 보호(제8장) 부분에서는 생산제품의 구성·보관·사용방법 등 소비자의 의사결정에 충분한 정보를 제공해야 하며, 소비자 기만이나 오해 유발, 사기 및 불공정한 기업관행을 해서는 안 되며, 소비자의 프라이버시를 존중하고 개인정보 보호를 위해 노력할 것과 소비자의 민원에 대해 투명한 처리절차를 마련하고 합리적인 분쟁해결을 위해 노력해야 함을 명시하였다.

참고문헌

강남호, 김경표(2019). 경제학원론. 정독.

김기옥, 정순희, 허경옥, 김혜선(2012). 시장경제와 소비자. 교문사.

김미현(2013). 한국영화 정책과 산업. 커뮤니케이션북스.

김영신, 서정희, 송인숙, 이은희, 제미경(2012). 소비자와 시장환경. 시그마프레스.

김용조(2014). 재미있는 지구촌 경제 이야기. 가나출판사.

김철환(2008). 즐거운 경제학. 글을 읽다.

문정숙, 이영애, 최은희, 송태회, 홍미경, 이의선, 임수지(2010). 소비자경제학. 교문사.

안홍식(2019). 경제학원론. 삼영사.

외교부(1994). 우루과이라운드 협상결과 및 평가. 외교정책, 자료실.

외교부(2016). 2016 OECD개황. 외교간행물, 자료실.

이기춘 외(2001). 소비자학의 이해. 학현사.

이준구(2013). 미시경제학(6판). 문우사.

한국학중앙연구원(2019). 한국민족문화대백과.

허경옥(2010). 소비자학의 기초. 교문사.

Cassidy, J. (2009). *How Markets Fail*. FSG.

Mankiw, N. (2018). 맨큐의 핵심경제학(김경환, 김종석 역). Cengage Learning Korea.

OECD (2017). How's Life? 2017: Measuring Well-being, OECD Publishing, Paris. https://doi.org/10.1787/how_life-2017-en.

기업 활동과 유통환경

산업혁명 이후 생산력이 확대되면서 각종 생활용품도 놀랄만큼 다양하게 많이 생산되고 있다. 생산자와 판매자는 소비자의 필요보다 과잉 생산된 물건들을 더 많이 판매하기 위해 각종 노력을 아끼지 않고 있다. 사실 소비자 행동을 이해하기 위하여 수행된 각종 연구와 이론의 발달은 판매 대상인 소비자를 더 잘 알기 위해 노력한 결과의 산물이며, 이러한 소비자 행동에 대한 지식은 곧바로 판매 증진을 위한 각종 마케팅 전략 수립의 기초로 이용되고 있다. 그 결과 판매자의 시장전략은 눈부시게 발전했다. 그러면 판매전략이 이처럼 발전한 만큼 소비자도 시장에 대한 지식과 사업자의 행동에 대한 이해가 증가하고 있는가? 아마 그렇지 않다는 데 쉽게 동의할 수 있을 것이다. 시장에서 공정하고 효율적인 거래가 이루어지려면 거래 주체 간에 상대방의 활동에 대한 기본적인 이해가 필요하다.

유통기관은 소비자들의 소비생활을 가능하게 하는 기관이다. 만일 유통기관이 없다면, 소비자들은 구매하고자 하는 제품의 생산 기업들을 일일이 찾아다니며 구매해야 할 것이다. 기업들 또한 유통기관을 거치지 않고 소비자를 상대로 직접 판매한다면, 본연의 업무인 제품개발 및 생산활동에 전력투구할 수 없을 뿐만 아니라 유통과정에서 발생하는 많은 비용을 직접 부담하게 된다. 그러나 유통기관이 존재함으로써 소비자들은 유통기관들의 마진을 지불해야 하며, 유통경로가 지나치게 복잡하거나 불합리한 경우 마진은 더욱 커지게 된다. 따라서 소비자들은 제조가격이나 산지가격에 비해 지나치게 높은 소비자 가격을 지불해야 한다.

이 장에서는 소비자가 시장환경을 이해하기 위해 필요한 기업의 마케팅 활동에 대해 소개하고 마케팅 전략을 상품전략, 가격전략, 촉진전략으로 나누어 알아본다. 또한 쇼핑의 대세가 되고 있는 온라인 쇼핑 시대에 디지털 마케팅이 어떻게 이루어지고 있는지 살펴보고자 한다. 그리고 소비를 위한 구매활동이 이루어지는 유통기관에 대해 살펴보기로 한다. 이를 위해 유통경로의 개념과 기능, 유통환경의 변화에 대해 살펴보고 다양한 소매업태들에 대해 살펴본다.

1. 기업 활동과 마케팅의 이해

1.1 마케팅의 기본 개념

마케팅(marketing)은 기업이 고객에게 제품을 판매하여 고객의 욕구를 충족시킴으로써 기업의 목적을 달성하고자 하는 행위를 가리키며 마케팅 활동은 교환이 이루어지는 시장을 대상으로 이루어진다. 마케팅이란 용어 자체도 시장(market)에 −ing를 붙인 것으로, 시장을 중심으로 이루어지는 모든 활동이라 할 수 있겠다. 따라서 마케팅을 이해하기 위해서는 소비자인 인간의 욕구, 유형·무형의 제품, 서로의 효용을 증대하는 과정인 교환, 그리고 구매력을 갖춘 고객들의 집합으로 이루어진 시장에 대한 이해가 필요하다.

기업의 목적은 그 기업의 제품이나 서비스를 시장에서 판매하고 고객이 구매함으로써 달성된다. 그러나 기업이 제품을 판매하고자 하는 시장에는 대부분의 경우 경쟁자가 있기 마련이며, 고객은 자신들의 욕구를 보다 잘 충족시켜주는 기업의 제품을 구매하게 된다. 그러므로 기업이 시장에서 경쟁기업에 대처하기 위해서는 고객의 욕구를 파악하여 경쟁기업보다 더 잘 충족시킬 수 있도록 해야 할 것이다. 이를 위해서 기업은 고객이 원하는 제품을 개발하고 적합한 가격을 설정해야 하며 적절한 유통경로를 통해 시장에 제공해야 한다. 또한 자사제품의 특징을 고객에게 알려야 하며 판매 이후에도 적절한 사후 서비스를 제공해야 할 것이다.

이와 같은 일련의 활동을 마케팅이라고 할 수 있는데, 2013년 미국마케팅학회에서는 마케팅을 고객, 클라이언트, 파트너, 그리고 넓게는 사회를 위한 가치 있는 제공물을 만들고, 창출하고, 전달하고, 교환하기 위한 활동 및 일련의 제도와 과정을 말한다고 정의하였다. 이 정의는 영리적인 기업의 상품 판매를 위한 활동만을 가리키던 초기의 마케팅 범위를, 고객을 포함한 이해 당사자들과 사회 전반에 대한 가치 창출로까지 넓힌 정의라 할 수 있다.

1.2 마케팅 전략과 소비자 조사

마케팅 전략이란 마케팅 활동을 위해 시장의 관련 자료를 수집 · 분석하고 제품, 가격, 유통 및 촉진 등에 관한 계획을 수립하고 실행하며 그 성과를 평가 · 피드백하는 것이다. 이러한 마케팅 전략 수립의 전체적 과정을 도식화하면 〈그림 5-1〉과 같다. 먼저 기업 목표의 설정을 토대로 기업 수준에서의 마케팅 전략이 수립되면 그다음 단계로 각 제품군(사업 단위)별 최적의 제품시장에 접근하기 위한 마케팅 전략이 수립되는데 시장세분화와 표적시장 결정이 이루어지고 표적시장 내에서의 제품 포지셔닝이 행해진다. 즉, 비슷한 욕구와 구매과정을 지녀 동일한 마케팅 믹스에 의해 충족될 수 있는 고객집단들로 시장을 세분화(market

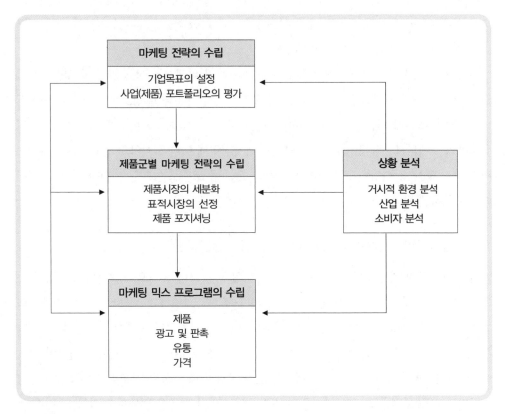

그림 5-1 마케팅 전략 수립의 전체적 과정
출처 : 안광호(2018).

segmentation)하고, 이 중 해당 기업이 가장 경쟁력이 있다고 판단되는 목표집단을 **표적시장**(target market)으로 선정한다. 한편 소비자의 마음속에 특정 상표가 경쟁 상표와 비교하여 상대적인 어떤 위치를 차지하도록 **제품 포지셔닝**(product positioning)이 필요하다.

제품군 수준에서 마케팅 전략이 수립되면 그다음 단계로, 제품군 내의 제품계열이나 상표 수준에서 제품디자인이나 제품구색, 가격, 유통경로, 촉진방법 등과 같은 통제 가능한 마케팅 수단들, 즉 마케팅 믹스에 대한 의사결정을 내림으로써 마케팅 목표를 달성하고자 한다. 요컨대 **마케팅 믹스**(marketing mix)란 마케팅 목표를 달성하기 위해 마케팅 활동에서 사용할 수 있는 여러 수단을 적절히 조합하는 것이다.

이러한 과정에서 마케팅 관리자는 기본적으로, "첫째 우리의 고객은 누구인가? 둘째, 고객의 욕구는 무엇인가? 셋째, 우리가 하고 있는 사업에서 부딪히는 경쟁자들은 누구인가? 넷째, 우리가 갖고 있는 자원과 능력은 무엇인가? 다섯째, 우리는 어떻게 가장 효과적으로 고객의 욕구를 충족시킬 수 있는가? 여섯째, 우리가 처한 환경은 무엇인가?"와 같은 질문에 답하고 이에 기초해 목표를 정해야 한다.

마케팅 전략 수립 과정에서 최적의 의사결정을 하기 위해서는 여러 가지 자료와 정보가 필요하다. 따라서 기업들은 체계적으로 자료를 수집하고 분석한 정보를 활용하여 마케팅 의사결정을 내리게 되는데, 이를 위해 다양한 소비자 조사가 이루어지게 된다. 예를 들면 소비자의 구매의사결정에 대한 조사, 자사의 촉진전략에 대한 소비자의 반응 조사, 또는 소비자 만족 조사 등 다양한 조사가 이루어져 그 결과를 토대로 마케팅 또는 마케팅 믹스 전략을 수립하게 된다.

1.3 기업의 판매 전략과 소비자 행동을 보는 관점

기업의 다양한 판매 전략은 기본적으로 소비자 행동을 어떤 관점으로 보는가에 따라 달라지게 되므로 이에 대한 이해가 필요하다. 소비자 행동을 설명하고자 하는 노력은 경제학의 효용 이론과 무차별곡선 이론에서 출발하였다. 그러나 심리학과 사회학의 발전에 따라 경제학적 분석이 가지는 한계점을 보완하여 여러 변수를 고려하는 행동과학적 접근이 점차 이루어졌다. 이후 소비자 행동 연구에 적합한 이론과 개념을 종합한 소비자 행동 모형들이 개발되고 이들 모형은 소비자 정보처리 관점에서 소비자 행동을 설명하고 있다. 소비자 정보처리 모형에서는 소비자를 논리적ㆍ체계적인 의사결정자로 보며, 의사결정 과정에 많은 인지적 노력이 투입되는 것으로 가정된다. 특히 제임스 엥겔(James F. Engel), 로저 블랙웰(Roger D. Blackwell), 폴 미니어드(Paul W. Miniard)의 모형으로 대표되는 **소비자 정보처리 모형**은 현재까지 소비자 행동 연구에서 지배적인 개념 틀이 되고 있다.

1980년대 이후로 소비자의 정서적 측면을 강조하는 쾌락적·경험적 접근에 의해 소비자 행동을 설명하려는 연구들이 이루어지면서 이를 적용한 마케팅 전략들이 증가하고 있다(이학식 외, 2020). **쾌락적·경험적 관점**은 소비자의 구매 행동이 합리적이고 논리적인 사고보다는 정서적 동기에서 이루어진다고 보는 관점이다. 소비자는 정서적 동기에서 구매 행동을 하며 소비과정에서 즐거움, 판타지와 같은 좋은 느낌을 경험하고자 한다고 가정한다. 쾌락적·경험적 모형에서는 제품을 단순히 물리적 속성들의 집합이 아니라 사랑, 긍지, 지위, 기쁨을 표현하는 주관적 상징물로 본다. 소비자가 즐거움, 판타지, 감각적 자극을 추구하기 위해 제품을 구매한다는 이 관점은 패션의류, 스포츠, 여가 또는 취미활동에 대한 구매 행동들을 잘 설명할 수 있다.

소비자 행동의 관점에 따라 소비자의 제품 구매동기와 평가기준에 대한 이해가 다르다(표 5-1 참조). 즉, 정보처리론적 관점은 소비자가 제품의 효용적 가치를 기준으로, 반면에 쾌락적·경험적 관점은 제품의 상징적 가치를 기준으로 구매를 한다고 본다. 자동차 구매를 예로 들어 보자. 정보처리론적 관점에서는 연료비나 성능과 같은 객관적 제품 속성이 상표 대안들의 평가기준이 되지만, 쾌락적·경험적 관점에서는 제품 사용으로 얻는 즐거움과 같은 쾌락적 정서나 상징적 이미지에 의한 자아 이미지의 강화 등이 평가기준이 된다는 것

표 5-1 소비자 행동을 설명하는 두 가지 관점

차이점	소비자 정보처리론적 관점	쾌락적·경험적 관점
구매 행동과 구매 동기	신중한 의사결정, 합리적이고 논리적인 동기	즐거움, 판타지, 감각적 자극 추구, 정서적 동기
소비제품	물리적 속성 복합체	자아를 표현하는 주관적 상징물
제품 평가기준	객관적 제품속성	쾌락적 정서 또는 상징적 이미지
광고 내용	구체적이고 충분한 상품정보, 제품의 기능적 측면 강조	짜릿함, 즐거움, 환상적 이미지 등 감정 유발적 요소 제공
광고 소구	합리적 소구	감정적 소구

출처 : 김영신 외(2012).

이다. 광고나 포장 등의 내용을 어떻게 할 것인가도 소비자 구매 행동을 보는 관점에 따라 달라진다. 소비자가 신중한 의사결정을 거쳐 최선의 상표를 선택한다고 보면, 소비자에게 구체적이고 충분한 정보를 제공하게 된다. 그러나 소비자가 즐거움, 판타지, 쾌감을 얻기 위해 상품을 구매한다고 보면, 감정을 유발할 수 있는 요소들을 제공하게 된다(안광호, 2018).

그런데 소비자 교육자들은 소비자 능력을 향상시키고자 할 때, 객관적인 제품 속성과 효용적 가치를 기준으로 구매하는 소비자를 합리적이고 바람직한 소비자로 보아 왔다. 이러한 관점에서 볼 때 1980년대 이후 쾌락적·경험적 관점의 소비자 행동 연구가 증가하고 이에 근거한 마케팅 노력이 이루어지는 것에 대해 주의해야 한다. 왜냐하면 쾌락적·경험적 관점이 소비자 행동의 일면을 설명할 수는 있지만, 이러한 관점에 의존한 마케팅 전략이 증가하면서 소비자를 합리적 구매로 이끌기보다는 지나친 쾌락적·정서적 구매로 이끌 수 있기 때문이다.

소비제품을 단지 물리적인 속성을 가진 것으로 보는 것이 아니라 사랑, 긍지, 지위, 기쁨을 표현하는 주관적 상징물로 보기 때문에 광고의 내용도 소비자의 합리적 결정을 돕는 정보를 제공하기보다는 정서적·쾌락적 동기를 제공하는 내용을 담게 된다. 예를 들면, 청바지나 화장품을 광고할 때도 제품의 기능적 측면을 알리고 강조하기보다 제품사용 과정에서의 짜릿함, 즐거움, 환상적 이미지 등을 강조하고 있다. 또한 자동차나 컴퓨터와 같이 기능적 효용이 중요한 제품조차도 유명 스포츠인이나 연예인을 등장시켜 그들의 이미지와 제품 이미지를 결합시키는 광고를 하고 있다. 이에 따라 소비자는 제품의 기능적 효용보다 광고에서 제공하는 상징적 이미지에 반응하여 구매 결정을 하고 때로는 불필요한 제품까지 구매하게 된다. 특히 자아가 충분히 형성되지 않은 청소년의 경우 이러한 영향을 더 크게 받게 된다. 따라서 소비자는 광고나 표시, 제품포장 등에 소비자가 합리적으로 선택하는 데 필요한 정보와 상징적 소구를 위한 감정적 요소가 혼합되어 있음을 항상 생각하고 제품을 구매할 때 이러한 요소들을 이해하여 적절히 취사 선택하는 것이 바람직하다.

2. 기업의 마케팅 전략

2.1 상품전략

1) 상품수명주기

한 제품이 시장에 소개된 후 철수될 때까지의 생애를 **상품수명주기**(product life cycle)라 한다. 최근 들어 상품의 수명이 계속 짧아지고 있다. 이렇게 제품의 수명이 짧아짐으로써 들게 되는 신제품 개발의 비용은 고스란히 소비자에게 전가되어, 소비자는 기존 제품보다 더 비싼 가격의 신제품을 구입하게 되거나 기업의 판촉전략에 굴복하여 기능이 멀쩡한 내구재를 신제품으로 교환하게 된다.

그러나 기업의 입장에서도 상품수명주기가 짧은 것이 반가운 현상은 아니다. 그들도 시장에 제품을 출시한 후 가급적 오랜 기간 동안 소비자에게 선택되기를 원한다. 그러나 소비자 요인, 기술적 요인, 경쟁 요인 등으로 인해 신제품은 기대한 방향으로 변화하지 않는다. 그러면 상품수명주기는 어떠한 단계를 거치며 이를 단축시키는 요인은 어떤 것들일까? 이에 대해 구체적으로 살펴보기로 한다.

(1) 상품수명주기 단계

상품수명주기는 일반적으로 도입기, 성장기, 성숙기, 쇠퇴기의 4단계로 구분할 수 있다. 상품수명주기는 다양한 형태를 가질 수 있지만 전형적인 상품수명주기는 S자형을 가진다. 그러나 모든 형태가 S자형인 것은 아니다. 어떤 제품은 시장에 도입된 후 바로 사라지지만, 매우 오랫동안 성숙기에 머물러 있는 제품도 있다. 또 어떤 제품은 새로운 용도 혹은 소비자를 개발하거나 기존 고객의 소비량을 증대시킴으로써 제품수명이 계속 연장되기도 한다(이학식 외, 2002). 상품수명주기의 각 단계별 특징을 살펴보면 다음과 같다(그림 5-2).

- 도입기 : 도입기에는 신제품이 시장에 출시된 후 소비자들의 반응을 얻기까지 상당한 시간이 소요되므로 판매량이 매우 적다. 일반적으로 도입기의 상품 가격은 높은데 이는 적은 생산량으로 인해 규모의 경제를 실현하지 못하고, 높은 제품개발 비용, 초기 시설투자 비용, 촉진 비용 등을 조기에 회수하고자 하기 때문이다. 그러나 보다 더 중요한 이유는 신제품의 초기 구매자들은 가격에 대해 비탄력적이어서 높은 가격을 개의치 않는다는 사실이다.
- 성장기 : 성장기에는 도입기에 수행한 판매촉진, 유통망 확장, 소비자들 사이의 구전 효과 때문에 판매량이 급격히 증가한다. 이에 따라 제품원가가 급격하게 하락한다. 이시기에 다른 기업들이 새로운 특징을 추가한 모방 제품을 가지고 시장에 진입하게 되며, 이에 따라 약간의 제품 개선과 다양화가 이루어진다.
- 성숙기 : 성숙기는 그 제품을 사용할 의향이 있었던 소비자들은 대부분 제품을 수용한

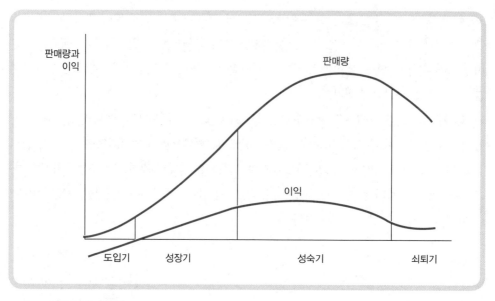

그림 5-2 상품수명주기
출처 : 이학식 외(2002).

상태이므로 판매성장률이 감소하게 된다. 이에 따라 성장기에 확대된 기업들의 과잉 생산 능력으로 경쟁이 치열해진다. 이 시기에 기업들은 제품을 다양화하거나 제품의 질을 개선하거나, 제품에 새로운 특징을 더하거나 가격을 낮추어 경쟁에 대비한다. 따라서 소비자들은 개선된 제품을 저렴한 가격으로 구입할 기회를 갖게 된다. 그러나 제품 간에 실질적인 차이는 거의 없으며 주로 광고를 통해서 제품의 이미지나 일부 특징을 부각시켜 제품을 차별화하고자 한다. 혹은 바겐세일이나 경품 판매 등을 이용하여 타 상표로부터의 상표 전환 또는 자기 상표에 대한 상표 충성을 유도하고자 노력한다.

● **쇠퇴기** : 쇠퇴기에는 소비자 기호의 변화와 대체품의 출현으로 판매량이 감소하기 시작한다. 이 단계의 제품 가격은 낮으나 기술혁신 등에 밀려 낙후된 제품으로 변화되는 경우가 많으므로 소비자들은 구매에 신중을 기해야 한다.

(2) 상품수명주기 단축의 원인

● **소비자 욕구의 변화** : 소비자의 욕구는 부단히 변한다. 좋아하던 제품도 일정 기간 사용하면 싫증을 느끼며, 단순히 어떤 제품이 새 것이라는 이유로 그 제품을 선호하는 경

향도 있다. 새 것은 새로운 경험도 안겨주지만 자랑스러운 느낌(pride)을 갖도록 하기 때문이다.

- **기술 개발** : 기술 개발을 토대로 더 좋은 제품이 출현하면 이것은 기존 제품을 대체하게 된다. 매년 새로운 모델을 출시하는 스마트폰이 기술 개발로 인한 상품수명주기 단축을 극명하게 보여준다. 뿐만 아니라 4차 산업혁명은 소비생활을 빠른 속도로 변화시킬 것으로 예상된다.
- **정치, 법률 및 기타 환경요인의 변화** : 각종 제재 조치나 규제가 생기거나 또는 없어짐으로써 상품수명주기가 단축될 수 있다. 예를 들어, 환경을 오염시키는 자동차 배기가스 규제가 강화됨으로써 기존 자동차 부품의 수명주기가 단축될 수 있다.
- **경쟁 기업들의 활동** : 한 기업의 경쟁적 위치와 제품 판매량은 경쟁 기업의 제품과 마케팅 활동이 우수할수록 저조하고, 따라서 제품 수명을 단축시킬 가능성이 커진다. 따라서 기업 간 경쟁이 치열할수록 경쟁 기업들의 상품수명주기가 단축될 가능성은 더욱 커지며 때론 기업 간 소모적 경쟁으로 귀결되기도 한다.

(3) 상품수명주기 단축의 문제점

기술 개발을 토대로 소재, 기능, 스타일 등에서 더 좋은 제품이 출현해서 상품수명주기가 단축될 경우, 이는 곧 소비자 생활수준의 향상과 기술 발전으로 인한 경제의 능률과 효율을 높이는 결과를 가져온다. 그러나 이 경우에도 문제는 있다. 즉, 사용하던 제품이 기능 수행에 아무 문제가 없는데도 불구하고 소비자는 신제품 구입 욕망에 휩싸일 것이고, 기업은 신제품을 위한 마케팅 활동에 막대한 비용을 지불해야 할 것이며 이는 궁극적으로 소비자에게 모두 전가될 것이다. 상품수명주기 단축으로 인한 문제점을 구체적으로 살펴보자.

첫째, 소비를 촉진시켜 소비자의 경제적 부담이 늘어나며, 신제품 개발과 관련하여 생산 설비, 판매촉진, 유통망 확장 등 기업의 비용 부담이 증가하는데 이는 곧 소비자에게 전가된다. 또한 소비 증가와 기업의 생산 활동 증가로 인해 자원의 소모 및 낭비가 심화되고 생활쓰레기 및 산업 폐기물을 증가시켜 환경에 악영향을 가져온다.

둘째, 소비자 의사결정의 어려움이 가중된다. 제품수명주기가 짧아 시장에 계속 신제품이 나올 경우 소비자가 알아야 할 소비자 정보량이 증가하고 기존 제품과 신제품 등 수많은 모델과 상표 중 선택해야 하는 어려움에 처하게 된다.

셋째, 소비자 문제가 발생할 가능성이 높다. 예를 들어, 기존 제품이 단종되었을 경우 이를 수리하고자 할 때 부품 구입이 어려워지거나 불가능해지는 경우도 있다. 또한 상품의 성능 테스트가 완벽하게 끝나지 않은 채 신제품을 판매하는 경우도 있고, 또 여러 차례 시험을 거친다 해도 미처 발견하지 못한 결함이 제품 출시 후에야 파악되는 경우가 흔하기 때문에 소비자 문제 발생 가능성이 크다.

2) 신제품과 계획된 진부화

(1) 신제품과 계획된 진부화

상품수명주기가 다한 제품을 대체하기 위해 기업들은 신제품을 개발한다. 신제품의 개발은 단순한 외형의 변화일 수 있지만 제품의 실질적인 개선일 때가 많으며, 이는 곧 소비자 생활수준의 향상을 의미한다. 또한 신제품은 대부분 기술의 소산이며 신제품 개발 경쟁은 기술의 발전을 낳게 되고, 이는 곧 경제의 능률과 효율을 높이는 결과를 가져온다. 그러나 이런 긍정적인 측면과 달리 기업들은 제품차별화 전략의 일환으로 신제품 개발을 하게 되는데, 제품의 실질적 개선에 의한 차별화가 아닐 경우 이는 소비자의 불필요한 구매를 유도하고 국가적으로도 자원을 낭비하는 결과를 초래하게 된다. 또한 신제품을 구입한 사람과 구입할 능력이 없는 사람 간에 계층의식을 조장할 가능성도 있다. 기업들은 특히 내구소비재의 경우 계획된 진부화를 시도하는 경우가 많다.

계획된 진부화(planned obsolescence)란 의도적으로 제품의 물리적 수명 자체를 단축시키거나, 혹은 물리적 수명이 다하기 전에 신제품으로 교체하도록 유도하는 사용수명 단축 전략이다. 구체적인 방법으로는 파손되기 쉬운 자재나 부품으로 제품을 만들어 물리적 수명을 단축시키는 '자재에 의한 계획된 진부화', 제품의 스타일을 바꾸어 구매를 유도하는 '스타일에 의한 계획된 진부화', 그리고 제품의 기능적 특징을 조금씩 개선해서 아직 기능을 수행하는 기존 제품을 신제품으로 바꾸도록 유도하는 '기능에 의한 계획된 진부화'가 있다. 기업들은 계획된 진부화를 성공시키기 위하여 신제품을 계속 개발하고자 하는데 이는 현대 기업에서는 당연한 일처럼 굳어졌을 뿐만 아니라, 신제품 개발을 게을리하거나 추진할 능력이 없는 기업은 존립 자체가 어려워지고 있다.

(2) 신제품의 채택

기업은 신제품을 개발한 후 누구를 먼저 공략하는가? 그리고 누가 신제품을 먼저 채택하는가? 신제품은 혁신물의 일종이므로 혁신적인 소비자가 새로운 것에 대해 호의적이다. 농어

촌보다는 도시가, 저소득층 소비자보다는 고소득층 소비자가 보다 혁신적이다. 또한 구성원들이 서로 동질적인 경우에 혁신물이 쉽게 확산된다. 소득수준, 학력, 연령 등 여러 면에서 서로 같거나 비슷한 이웃끼리는 사회적인 교섭이 빈번하여, 이러한 교섭망(network)을 따라 신제품 정보가 자연스럽게 번져 나간다. 그러나 더 중요한 것은 형편이나 배경이 같은 사람 사이에는 경쟁의식이 강하며, 모방 구매할 가능성이 높다는 것이다. 비교적 동질성이 높은 아파트 단지에서 아파트 평형에 따라 특정 수준의 자동차 구입이 확산되는 것은 이 때문일 수 있다.

한편 신제품을 포함한 혁신물을 채택하는 속도에 따라 소비자를 다섯 카테고리로 구분하고 이를 **채택자 카테고리**(adopter categories)라고 부르는데(〈그림 5-3〉), 이 중 누구의 영향도 받지 않고 자발적으로 신제품을 채택할 성향을 가지고 있는 사람은 혁신자와 조기채택자이다. 먼저 **혁신자**(innovators)는 신제품을 제일 먼저 받아들이는 시장 구성원으로서 통상 시장의 2.5%를 점유한다. 이들의 가장 중요한 심리적 특성은 모험적이고 새로운 경험을 계속 추구한다는 것이다. 또한 사교적이고 활동영역이 넓으며 미디어도 폭넓고 다양하게 접하므로 정보 교환이 활발하다. 뿐만 아니라 재정적으로 여유가 있어 신제품 초기의 높은

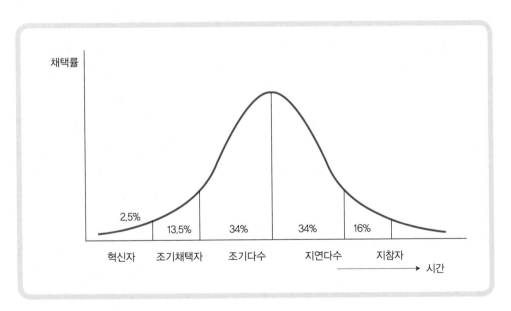

그림 5-3 신제품 채택자 카테고리

출처 : 이우용(2011).

가격에 대해 별로 부담을 느끼지 않으며, 전문성이 높고 나이가 젊은 편이다.

　　조기채택자(early adopters)는 시장 구성원 중 13.5%를 점유하는데, 가장 중요한 특징은 그 사회의 존경을 받는 지도층 인사들이라는 점이다. 조기채택자가 신제품을 비교적 쉽게 채택하는 것은 그들의 활발한 정보활동과 비교적 넉넉한 경제 형편 때문이기도 하지만, 지도자 또는 의견선도자(opinion leader)의 지위를 유지하자면 제품 소비를 포함한 많은 일에 있어 다른 사람들에게 뒤처져서는 안 되기 때문이다. 그러나 너무 빨리 새 것을 받아들이면 자칫 그 사회의 규범을 어길 가능성이 있다. 따라서 혁신자에 앞서서 혁신물을 채택하지는 않는다. 이를 통해 한 사회의 소비생활을 이끌어 나가는 데 있어 중요한 역할을 하는 사람이 어떤 사람들인지를 확인할 수 있다.

2.2 가격 전략

1) 가격의 중요성

가격이란 구매자가 상품에 대한 대가로 지불하는 화폐의 양이다. 가격 수준은 생산자가 소비자에게 상품이 주는 다양한 혜택에 견주어 가장 가치 있는 제품으로 인지되도록 설정되며, 또한 유통기관들이 받기를 기대하는 수준의 적정 이윤도 함께 고려된다. 유통경로에 있어서 가격이 중요한 것은 결국 최종 소비자 가격이 유통경로에 의해 결정되기 때문이다. 아무리 질 좋은 제품이라도 가격의 편차가 큰 경우 소비자는 그 제품을 신뢰하지 않게 된다. 더구나 제품의 질을 소비자가 판단할 수 없는 경우 가격의 혼란은 그 현상을 더욱 가중시키게 된다.

　　유통경로상에서 가격 결정은 경쟁 상황에 따라 다르게 나타난다. 하나는 **상표 내 경쟁**(intrabrand competition)으로, 같은 상표가 서로 다른 유통경로를 거치면서 최종 소비자에게 다른 가격으로 판매되는 경우를 의미한다. 우리나라에서는 2010년부터 오픈프라이스 제도가 실시되어 최종 판매점포가 상품의 판매가격을 스스로 결정하여 판매하게 되었다. 다른 하나는 **상표 간 경쟁**(interbrand competition)으로, 이는 동일한 유통경로 내에서 다른 상표가 가격경쟁을 하는 것을 의미하며, 다른 상표에 대한 가격우위는 시장점유율의 확대로 연결된다. 만약 두 상표가 대체가능성이 높은 경우라면 가격경쟁이 심화되고 대체가능성이 낮으면 가격경쟁은 약해진다(이성근, 배수현, 1996).

2) 가격 결정 전략

소비자들은 보통 기업이 어떤 제품의 가격을 결정할 때 그 제품의 생산원가에 적정한 이윤을 덧붙인 액수로 결정할 것이라고 생각하기 쉽다. 그러나 실제 기업은 이렇게 원가중심적 가격 결정만 하는 것이 아니라 경쟁 제품과의 비교를 통한 가격 결정이나 소비자가 제품의 가치를 얼마로 보는가에 따른 가격 결정을 하기도 하며 또는 여러 가지 상황에 맞추어 판매를 촉진하기 위한 세부적인 가격 조정을 하기도 한다(안광호, 2018).

먼저 **원가중심적 가격 결정**은 단위당 원가에 일정률의 마진을 더해 판매가를 결정하거나 혹은 제품 생산을 위해 투자된 금액의 목표 이익을 정하여 이것이 실현되도록 정하는 것이다. 이에 비해 소비자가 지각하는 제품 가치에 맞춰 가격을 결정하는 소비자 중심의 가격 결정은 제품 원가에 상관없이 소비자가 제품의 가치를 높이 평가하면 고가격을 책정한다. 예를 들어, 샤넬 향수나 게스 청바지가 매우 비싼 가격에 팔리는 이유는 이들 제품의 원가와는 관계없이 소비자가 그만한 가격을 지불할 가치가 있다고 보기 때문이라는 것이다.

또한 제품의 원가나 수요보다 경쟁 제품의 가격을 근거로 비슷하게 정하거나 또는 기존 제품이 있는 시장에 새로 진입하는 기업이 시장점유율을 높이기 위해 경쟁자보다 낮게 정하기도 한다. 혹은 품질이 경쟁제품과 비슷하지만 자사의 명성이 높거나 상표 인지도가 높은 경우 경쟁제품에 비해 높은 가격으로 책정하여 더 우수한 품질의 제품인 것으로 느끼게 하기도 한다. 예를 들어, 한국네슬레가 인스턴트 커피시장에 진입하면서 테이스터스 초이스의 제품가격을 경쟁제품인 동서식품의 맥심이나 모카골드에 비해 높게 책정하였다. 이것은 가격이 높으면 보통 품질이 좋을 것으로 연상하는 **가격품질 연상심리**(price-quality association)를 판매 전략에 이용하는 사례라고 할 수 있다. 즉, 소비자가 제품의 품질 차이를 쉽게 알 수 없는 경우에 실제 제품의 품질과 상관없이 높은 가격을 책정해 소비자에게 좋은 품질의 제품인 것으로 느끼게 하는 전략이다.

3) 가격 전략의 종류

(1) 매일저가 전략

매일저가(everyday low price, EDLP) **전략**은 경쟁 유통업체들의 정상가격과 세일가격의 중간선에서 가격을 설정하고, 계속 이 가격을 유지하는 것이다. 그러므로 EDLP의 저가(low)는 반드시 최저 가격(lowest)을 의미하는 것이 아니고, 특별한 가격 변동이 없는 'everyday stable price'이다. 따라서 경쟁자의 특별 할인가격이나 회원제 창고점의 가격이 더 저렴할 수 있다. 주로 대형 할인점들이 이 전략을 채택하고 있는데, 항상 최저가를 유지하기 어렵기 때문에 최저가격 보상 정책을 채택하기도 한다. 이것은 해당 지역에서 경쟁자보다 저렴한 가격을 제공하겠다는 약속을 하는 것이며, 이것이 지켜지지 않았을 경우는 가격 차액에 대한 환불까지도 한다. 그러나 오늘날 온라인 쇼핑의 저가공세에 이 전략을 택하고 있는 대형할인점들의 입지가 점점 어려워지고 있다.

(2) 고가/저가 전략

고가/저가(high/low) **전략**은 EDLP 가격 전략보다 높은 가격에 판매하면서, 세일기간 동안 낮은 가격으로 할인판매를 하는 것을 의미한다. 과거에 유행상품의 경우에는 시즌 막바지에, 생활용품의 경우에는 공급업체가 판매촉진을 하거나 과잉재고가 있을 때 저가격 정책을 사용하였다. 그러나 오늘날 소매업체들은 보다 빈번한 가격 세일을 통해 가치에 민감한 고객들에게 보다 경쟁적으로 대응하고 있다. 그런데 세일 직전에 가격을 올려놓고 이걸 기준으로 할인율을 정하는 사례가 많아, 공정거래위원회는 일정 기간 동안 판매된 가격을 기준으로 할인율을 정하도록 하는 등 세부적인 규제지침을 마련하고 있다.

(3) 선도가격 전략

선도가격 전략은 핵심 상품들을 정상 마진 가격 수준 이하, 심지어는 원가 이하로 판매하여 고객을 점포로 끌어들인 뒤 정상적으로 마진이 더해진 다른 상품들을 판매하기 위한 전략이다. **선도품목**은 소비자들에게 잘 알려져 있으면서 자주 구입되는 품목이어야 하고 가격할인의 효과도 눈에 쉽게 띄는 상품이어야 한다. 선도품목의 종류는 다음과 같다.

- 로스 리더(loss leader) : 원가 이하로 판매하는 상품으로 고객의 점포방문을 늘리기 위한 것이 주목적이다.
- 로우 리더(low leader) : 원가 이상이지만 정상 마진 이하로 판매하면서 고객을 점포로 유인하기 위한 것이 주목적이다.
- 베이트 리더(bait leader) : 소위 미끼상품으로 고객을 유인한 뒤 고가 상품으로 대체 판매하려는 것이 주목적이다. 미끼상품은 처음부터 팔 의도가 없으며 대신 고가 상품으로 바꾸어 사도록 설득하거나, 미끼상품은 문제가 있으므로 판매할 수 없다고 하든지, 혹은 미끼상품에 대한 재고가 이미 소진되어 없다면서 다른 상품으로 대체 구매할 것

을 요구하는 수법이다. 한마디로 불법적인 판매기법이다.

(4) 묶음가격 전략

묶음가격 전략은 제품을 묶어서 가격을 제시하는 방식이다. 묶음가격의 목적은 제품 단위당 판매가격을 싸게 느끼게 하여 수요를 자극하거나, 잘 팔리지 않는 상품을 잘 팔리는 상품과 함께 팔기 위함이다. 소비자로서는 필요 이상의 제품을 한 번에 많이 구매하게 되어 낭비가 되는 등의 문제점이 있다. 묶는 방식에는 여러 가지가 있다.

- **동일한 제품묶음** : 동일 제품 여러 개를 묶어 판매하는 방법이다. 다량 구매에 따른 할인 기대심리를 이용하는 전략이다. 그런데 어떤 소매업체들은 실제는 할인되지 않는데도 할인되는 것처럼(예 : 1개 4,900원, 3개 15,900) 위장시키는 기만적인 방식을 사용하기도 한다.
- **상이한 제품묶음** : 다른 제품들을 세트로 묶어서 판매하는 방식이다. 개별 구입할 때보다 전체 가격을 싸게 함으로써 전체 매출도 올리고 잘 팔리지 않는 품목의 매출도 함께 증대시키는 방법이다. 패스트푸드점의 세트 메뉴가 대표적이다.
- **제품과 서비스의 묶음** : 흔히 제품 판매가격에 배달, 설치, 수리 등의 제반 서비스 가격을 미리 포함시켜 판매하는 방식인데, 자동차의 3년간 무상수리 보증이 사례이다.
- **서비스와 제품의 묶음** : 서비스 업체에서 서비스 차원으로 제공하는 제품 등을 생각할 수 있는데, 호텔에서 무료로 제공하는 과일과 음료수가 좋은 예가 된다.
- **상이한 서비스 묶음** : 서로 다른 서비스를 묶어서 판매하는 것으로, 예를 들면 호텔에서 제공하는 무료 여행 및 수영장 사용 등을 들 수 있다.

(5) 단수가격 전략

단수가격(odd pricing) **전략**은 심리가격의 일환으로서 가격의 끝자리를 짝수 대신 홀수로 남겨 상대적으로 저렴하게 느껴지도록 하는 방법이다. 예를 들면 20,000원 대신에 19,999원 등으로 표기하여 상품의 가격이 2만 원대가 아닌 만 원대로 느끼도록 하는 방식이다. 19,990원 혹은 19,900원 등으로 표시하는 것도 비록 끝자리 수는 짝수지만 단수가격 전략으로 간주한다.

(6) 구속가격 전략

구속가격(captive pricing) **전략**은 프린터와 프린터잉크, 카메라와 필름, 컴퓨터와 소프트웨어 등의 완전 보완재의 경우 주품목의 가격은 저렴하게, 부품목의 가격은 비싸게 책정하여 판매하는 방식이다. 먼저 주품목의 가격을 저렴하게 책정하여 구매를 유도한다. 일단 주품목을 구입하더라도 부품목이 없으면 무용지물이므로 부품목의 가격은 조금 비싸더라도 소비자들은 구입하게 된다.

(7) 가격대의 설정

일반적으로 가격범위는 흔히 저가대, 중간대, 고가대 등의 3단계로 나뉜다. 소매업체들은 이 중에서 하나의 가격대를 표적으로 정하고, 거기서 구체적 가격들을 설정한다. 예를 들어 중간대 가격의 여성 가디건 가격을 15만 원, 20만 원, 29만 원으로 설정한다. 보통 소비자들은 두 번째로 비싼 모델을 선택하는 경향을 보이는데, 제일 저렴한 모델과의 가격도 5만 원에 불과하다. 소매업체들은 이런 점을 활용하여 가격을 설정한다.

(8) 단위가격 전략

단위가격(unit pricing) **전략**은 상품의 길이, 부피, 무게 등의 단위를 기준으로 가격을 표시하는 방법이다. 따라서 고객들이 용량이 다양한 상품들의 가격을 비교할 수 있도록 해준다.

(9) 유동가격 전략

유동가격 전략은 시간, 장소, 사람에 따라 가격이 다르게 적용되는 전략으로, 재래시장이 대표적인 예이다. 유동가격의 적용은 개인적 판매 노력이 요구될 경우, 비행기표와 같이 제품이 표준화되지(동일하지) 않은 경우, 서비스가 요구되는 경우, 구매율이 일정치 않은 경우 등에서 흔히 일어난다. 소비자들의 구매동기를 자극할 수 있으나 판매활동비, 판매시간, 고객불만족(비싸게 구입하는 경우)이 늘어날 수 있는 단점도 있다(이동대, 2002).

(10) 공격적 가격 전략

공격적 가격(predatory pricing) **전략**은 시장에서 경쟁업체를 몰아낼 정도로 상품 가격을 정하는 것으로, 지방 중소지역에서 대형할인점이 제품을 원가 이하로 팔고 다른 소매업체들이 도산한 후 지역 시장을 장악하고 나면 가격을 올려 받는 것이다. 미국의 경우 월마트가 이런 문제로 법적 제소가 되기도 했다.

2.3 촉진 전략

1) 광고

현대 시장환경에서 소비 촉진 전략 중 비중이 가장 큰 것은 **광고**라 할 수 있다. 오늘날 광고는 양적으로 확대되었을 뿐 아니라 질적으로도 소비자 심리를 이용한 적극적 전략을 구사하고 있다. 이러한 광고 전략이 소비자의 물질주의적 생활방식을 촉진시키고 새로운 욕구를 창출하고 있다. 즉, 소비자들이 광고되는 제품을 구매하여 소유 또는 소비함으로써 더 행복해질 수 있다는 물질주의적 생활방식을 전달하고 있다. 특히 자아개념이 정립되어 있지 못한 청소년들은 광고의 유혹에 무방비 상태로 넘어가기 쉽다. 일반적으로 기업들이 사용하는 광고 전략은 대단히 다양하고 방대하다. 여기서는 광고의 일반적 전략보다는 소비자들이 특히 주의해야 할 내용에 한정하여 살펴보고자 한다.

(1) 제품의 상징성을 강조한 광고

제품 상징주의(poduct symbolism)에 따르면 소비자는 자신을 표현하기 위해 제품을 구매하거나 사용한다. 소비자의 자아개념은 제품 선택에 영향을 미치지만 반대로 소비자가 선택하는 제품이 소비자의 자아개념에 영향을 미친다. 예를 들면 우리는 특정 옷을 입거나 장식을 함으로써 자신의 이미지를 향상시킬 수 있다고 생각한다.

자아개념의 이러한 확장은 개인과 개인의 환경에 존재하는 상징들 간의 상호작용을 강조하므로 상징적 상호주의로 불린다. 따라서 제품은 소비자의 자아개념을 향상시키는 상징적 가치 때문에 구매되기도 한다. 예를 들어, 고가의 의류나 보석 등은 그러한 제품이 지니는 상징성에 의해 자신을 보다 돋보이고 싶어 하는 욕구 때문에 구매되므로, 이들 제품의 광고는 종종 이러한 열망을 갖는 소비자들의 심리를 자극하는 방식으로 실행된다.

(2) 광고의 신뢰도를 높이려는 전략

광고의 가장 큰 한계점은 소비자들이 광고의 신뢰성을 원천적으로 의심하므로 광고의 주장을 그대로 받아들이지 않는다는 점이다. 이를 극복하기 위한 다양한 전략들은 다음과 같다.

- 첫째, 양면적 광고의 활용이다. 양면적 광고란 상품의 긍정적 측면뿐만 아니라 부정적 측면까지도 솔직하게 제시하는 양면적 메시지를 사용하는 것이다.
- 둘째, 광고되는 상품에 대해 전문성을 갖고 있으면서 믿을 만한 의사전달자를 활용하

는 것이다. 예를 들면 건강제품 광고에 소비자들에게 잘 알려져 있는 전문 의료인이나 운동선수를 등장시키는 추천이나 증언식 광고를 많이 이용하고 있다.

- 셋째, 신문광고에서 기사처럼 편집한 광고를 이용한다. 광고 내용을 기사와 거의 유사하게 만들고 편집하여 독자가 그 내용을 기사로 착각하게끔 하는 것이다.

(3) 간접광고

명문대학 교수가 발표한 연구결과를 믿고 상품을 구입했는데 알고 봤더니 해당 상품 제조 사가 연구비를 대 준 것이라면? 책을 구입하는 데 결정적인 참고자료가 된 서평이 사실은 출판사가 돈으로 산 광고라면? 이와 같은 다양한 간접광고가 광고에 대한 소비자의 거부감 또는 신뢰도 부족에 대한 대응책으로 이용되고 있다. 즉, 간접광고란 공식적인 광고가 아니 라 각종 후원사업을 통해 간접적으로 판매를 촉진하는 방법이다.

또한 PPL(product placement) 광고도 대표적 간접광고인데, 특정 기업의 협찬을 대가로 영화나 드라마에서 해당 기업의 상품이나 브랜드를 노출시키는 광고기법이다. 기업 측에서 는 화면 속에 자사 상품을 배치하여 소비자들의 무의식 속에 상품 이미지를 심어 거부감을 주지 않으면서 상품을 자연스럽게 인지시킬 수 있고, 영화사나 방송사에서는 제작비를 충 당할 수 있어 많이 사용된다.

2) 사은품과 경품 제공

소비자를 대상으로 하는 주요한 판매촉진 수단에는 견본품 제공, 가격할인, 보상판매, 리베 이트, 프리미엄, 사은품, 경품 등이 있다. 먼저 견본품은 많은 화장품 회사들이 신제품 출하 시 소비자들에게 제공하여, 이것의 사용을 통해 품질을 식별한 후 구매토록 유도하고 있다. 다음으로 가격할인은 정규가격에서 일정률을 소비자에게 할인함으로써 구매욕구를 자극하 는 것이다. 최근에는 광고전단이나 SNS 등을 활용하여 할인쿠폰을 제공하고 이 쿠폰을 지 참한 경우에 할인하여 판매하고 있다. 판매자 입장에서는 쿠폰을 지참한 사람에게만 할인 판매할 수 있어, 소비자를 가격에 민감한 집단과 그렇지 않은 집단으로 나누어 차별적 가격 으로 판매함으로써 최대의 이익을 얻을 수 있다. 보상판매는 소비자가 자사제품을 구매하면 서 중고품을 가져오는 경우 판매가의 일부를 깎아 주는 것인데 보통 액수는 매우 작다.

리베이트란 구매 액수에 대한 일정 비율의 액수를 현금이나 상품권으로 반환해주는 것이 다. 주로 상품권을 지급해 재방문을 유도한다. 프리미엄은 많이 구매할 경우 제품을 더 얹어 주는 것이다. 예를 들면 화장지 구입 시 3개 구매하면 하나 더 준다든가 하는 경우이다. 사은품이란 일정액 이상 구매자 모두에게 제공하는 무료상품인데, 보통 구매 제품이 아닌 다른 것을 제공한다. 예를 들면, 주유소에서 주유 고객들에게 휴지나 생수를 제공하는 것 등이다. 이에 비해 **경품**은 일정 조건에 의해 응모한 소비자를 대상으로 추첨을 통해 일부 소비자에게만 상품을 제공하는 방식이다.

본래 이러한 판매촉진 수단은 자사 제품의 우수한 품질을 소비자가 몰라볼 때 품질을 알게 하기 위한 촉진활동으로 이용되지만(안광호, 2018), 실제 소비자들은 본 제품보다 제공되는 각종 사은품이나 경품에 의해 구매선택을 함으로써 올바른 소비자 선택이 저해되고 있는 실정이다. 경품으로 핸드폰, 승용차, 해외여행, 콘도, 아파트, 현금까지 제공된 사례가 있는데 이 같은 과열 경품경쟁은 사행심을 부추기고 구매욕구를 상승시켜 필요 이상의 소비를 하게 만든다. 또한 일정액 이상 구매하면 사은품을 제공하는 경우, 소비자는 구매액수를 기준에 맞추기 위해 별로 필요하지 않거나 계획에 없던 물건을 사게 되기도 한다. 이러한 경품 및 사은 행사는 유통점들이 소비자에게 선심을 쓰는 듯 생색 내지만 비용 부담은 거의 하지 않고 제품가격에 전가된다. 결국 소비자들이 이러한 판매촉진에 몰입할 경우, 유통점들은 상품의 품질이나 가격 경쟁보다는 경품 등에 의해 쉽게 소비자를 유인하는 판매전략에 유혹될 수 있다.

3) 점포 내 전략

소비자를 특정 점포에 들어오도록 유인하고 오래 머무르도록 하는 전략뿐만 아니라, 일단 판매장소에 들어온 소비자를 구매자로 전환시키고자 하는 노력도 강화되고 있다. 즉, 점포 내 판촉방법이 다양하게 개발되고 있다. 예를 들면, 우리나라 백화점의 매장 배치는 보통 계획구매를 하는 가정용품을 맨 꼭대기층에, 식품을 지하층에 배치함으로써 올라가고 내려가는 동안 의류나 장신구 등을 충동구매할 수 있도록 유인하는 샤워방식을 택하고 있다. 또 매장 내 음악도 예민한 바이올린 연주나 느린 음악은 피하면서 소비자의 구매심리를 자극할 수 있도록 선곡하고 있다. 또한 유리창을 최소화하여 시간이 흐르는 것을 인지하기 어렵게 하고 있다.

그 밖에도 자녀들의 요구가 가정에서보다 점포에서 더 받아들여지는 경향을 이용하는데 스낵류, 캔디, 껌 등의 제품을 계산대 가까이에 배치하여 계산하는 동안에 자녀들이 사달라고 조를 수 있도록 하고 있다. 이런 식으로 세심하게 판매를 촉진하기 위해 매장 내 배치와 진열을 관리하여, 소비자가 물건을 가능한 많이 구매하도록 유인하고 있다.

4) 신용의 제공

신용카드나 할부제도처럼 당장 현금이 없어도 사고 싶은 물건을 살 수 있도록 도와주는 제도가 확대되어, 소비자는 현재 지불능력이 없어도 미래의 수입을 담보로 얼마든지 물건을 살 수 있게 되었다. 소비를 촉진하는 현대 소비환경 속에서 각종 신용제도는 소비자의 자원 이용에 융통성을 부여한다는 신용제도 본래의 긍정적 기능 외에, 지불능력을 넘어서까지 소비하게 하는 역기능을 초래하고 있다.

비판 사회학자들은 할부로 물건을 구입하고 이 대금을 갚기 위해 쉬지 않고 일해야 하는 현대인의 모습을 노예로 묘사하기도 한다. 종래 소비자 신용이 보급되기 전에는 소비자 입장에서 구매력이 없는 것이 사업자의 판매 권유에 대한 방어역할을 하였다. 그러나 신용카드를 비롯한 소비자 신용이 확대되면서 상황이 달라졌다. 다니엘 벨(Daniel M. Bell)도 미국 사회의 변화에 대한 묘사에서 프로테스탄티즘의 윤리관을 붕괴시킨 최대 병기의 하나는 할부판매법 혹은 신용카드의 발명이었다고 지적하고, 그 이전에는 무엇을 사려면 금전을 저축해야 했으나 이제는 신용카드로 당장 만족을 얻을 수 있어 신용카드가 소비욕구 즉시 충족의 성격을 가지고 있음을 지적하였다. 즉, 신용카드는 빚을 지는 데 대한 전통적 죄책감으로부터 해방시키고 판매촉진 전략으로 재화에 대한 욕망을 자극시키는 동시에 구매력을 제공하는 방식으로 변화하는 소비환경과 상호작용하여 소비자를 계속적인 소비로 이끌게 한다고 할 수 있다(김진욱 역, 1990). 장 보드리야르(Jean Baudrillard)는 자본주의 체제가 생산 면에서는 임금노동을 통해서 노동자의 노동 능력을 체계적으로 이끌어내고 생산성을 높였듯이, 소비생활 면에서는 신용판매 제도를 통해 소비자가 가능한 많이 소비하도록 유도한다고 비판하였다(이상률 역, 1991).

사업자들이 판매를 증가시키기 위해 신용카드 가입 및 사용을 권유하는 것은 여러 곳에서 확인할 수 있다. 예를 들면 백화점의 경우 백화점 카드 가입 고객을 늘리기 위해 가입 시 사은품을 제공하거나 각종 혜택을 제공하고 있다. 일단 자사 카드에 가입한 고객은 단골고객으로 확보될 가능성이 높고 현금 구매 고객보다 평균 구매액이 높아 매출액의 증대에도 기여한다. 또한 최근 몇 년 사이에 카드회사들이 가입 고객을 늘리기 위해 실제 지불능력이 없는 무자격자에게도 카드가입을 권유함으로써 카드대금의 연체액이 늘어나 사회적인 문제가 되기도 하였다.

3. 디지털 마케팅

3.1 디지털 마케팅의 정의

디지털 마케팅이란 디지털 기술을 마케팅에 접목하여 고객과의 양방향 소통과 상호작용을 실현함으로써 소비자들과 지속적인 관계를 유지하고 발전시키는 새로운 형태의 마케팅이다. 파슨스 등(Parsons et al, 1998)은 "디지털 마케팅이란 디지털 기술을 활용하여 고객의 니즈와 욕구를 충족시키기 위해 맞춤화된 제품 및 서비스를 개발하고, 적절한 시간, 가격, 장소를 통해서 고객과 상호작용하여 소통하고 프로모션하는 일련의 과정으로서, 고객의 경험을 극대화하고 그들과의 지속적인 관계를 유지하는 데 목적을 둔다"고 정의하였다.

여기서 디지털 마케팅의 키워드는 총 다섯 가지로 디지털 기술, 상호작용적 커뮤니케이션, 맞춤형 서비스, 고객경험 극대화, 지속적 고객 관계유지이다. 이 중 가장 핵심이 디지털 기술과 상호작용적 커뮤니케이션이라 할 수 있다. 즉, 디지털 마케팅이란 인터랙티브 미디어의 역량을 십분 활용하여 마케팅 믹스 요소들을 통합시키는 것인데, 여기서 인터랙티브 디지털 미디어가 핵심이라고 할 수 있다.

디지털 기술을 통한 소비자와 마케터, 그리고 소비자와 소비자 간의 상호작용성은 소비자의 역할 변화를 가져왔다. 다시 말해서, 상호작용을 통해서 소비자의 파워가 점점 더 커지고 있다. 인터넷이 나오기 전까지 대부분의 소비자들은 시장에 제공된 상품 정보를 토대로 상품을 선택할지 말지 결정하는 소극적이고 수동적이며 제한적인 역할만을 수행해왔다. 또 많은 사람들과 소통이 어려웠고, 본인의 의견을 다른 사람들과 공유하거나 확산시키기 힘들었다.

그러나 현재 소비자의 파워는 달라졌다. 게시판에 글을 올리기도 하고, 웹사이트를 만들기도 하고, 가상 커뮤니티에 참여하고, UCC를 제작하기도 한다. 상품에 대한 정보와 메시지를 많은 사람들에게 전달할 수 있다. 요즘은 마음만 먹으면 블랙 컨슈머가 될 수도 있다. UCC나 SNS 또는 웹사이트에 부정적인 글을 올릴 수도 있다. 영화나 소프트웨어도 쉽게 제작할 수 있다. 상품이나 서비스를 직접 만들 수 있는 능력까지 생겼다. 이제는 단순한 수동적 소비자가 아니라 능동적으로 제품을 둘러싼 다양한 영역에 영향을 미치는 힘을 가진 소비자로 진화했다. 따라서 소비자를 새롭게 정의하는 것이 필요하다. 이제 소비자는 단순 구매자로서의 소비자가 아니고 구매자(buyer)이며 동시에 확산자(disseminator), 다른 사람에게 영향을 미치는 인플루언서(influencer)이자, 판매자(selling agent), 그리고 제작자(producer)의 역할까지 할 수 있는 적극적 참여형 소비자로 재정의되어야 한다. 이와 같은 새로운 정의에 근거하여 소비자를 마케팅의 모든 단계에 적극 참여시켜서 상호작용을 극대화하고자 한다. 이것이 인터랙티브 디지털 마케팅의 핵심이라고 볼 수 있다(조창환, 이희준, 2018).

3.2 디지털 마케팅의 특징

디지털 마케팅의 특징을 마케팅 믹스 요소별로 살펴보기로 한다.

1) 제품 : 제품 제작 참여형 소비자

디지털 마케팅 환경에서는 소비자로 하여금 제품을 기획하고 생산하는 단계에 적극 참여하도록 독려한다. 이를 **프로슈머**(prosumer)라고 부른다. 말 그대로 생산자(producer)와 소비자(consumer)의 합성어이다. 구체적으로는 소비자들을 대상으로 제품 개발 아이디어와 디자인 공모전을 개최하여 소비자 의견을 상품화에 반영하거나, 주문 제작(customization, 맞춤화) 형태로 음식이나 안경, 의류, 신발 등을 주문 생산하는 방식이 있을 수 있다. 소비자의 주문 제작은 아파트 구조, 생활가구, 자동차 등과 같은 내구 소비재에까지 폭넓게 적용되고 있다.

최근 원하는 '레터링(문구 삽입)'이나 이미지를 옷에 프린트해 소량으로 맞춤 생산해주는 업체가 늘고 있다. 이는 포토샵 등의 전문 디자인 프로그램을 다룰 줄 모르는 소비자도 쉽게 이용할 수 있다. 고급 소형차 브랜드 미니의 고객들은 온라인 툴 킷을 사용하여 차량의 지붕이나 사이드 미러의 디자인과 색상 등을 결정하고 데칼 스티커를 부착할 수 있다. 개인 맞춤화 서비스는 식음료 제품군에서도 제공되고 있는데, 초콜릿 브랜드 엠앤엠즈는 웹사이트에서 25가지 기본 색상 중 자기가 원하는 초콜릿의 색을 정하고 조합하여 자신만의 패키지 상품을 배송받을 수 있다.

2) 가격 : 소비자 희망 가격 중심의 창의적 가격 책정

디지털 마케팅에서는 마케터 측면이 아니라 소비자 측면을 강조한다. 소비자에게 인지된 가격(perceived price)을 기반으로 가격을 책정하도록 일종의 선택권을 부여한다는 것이다. 좋은 예로, 미국의 프라이스라인닷컴이라는 온라인 여행 관련 기업은 소비자로 하여금 특정 지역의 호텔 등급을 선택하고 원하는 가격을 제시하도록 한다. 이것을 기준으로 프라이스라인닷컴은 전략적 제휴를 맺은 호텔들 가운데 적합한 호텔을 연결해준다. 물론 소비자의 희망 가격대와 등급의 호텔을 한 번에 만족시켜주지 못할 수 있으나, 가격 조정 절차를 통해 소비자의 제시 가격보다 낮은 호텔이 있으면 바로 연결시켜주는 것이다. 이런 식으로 렌터카, 항공권의 구매도 가능하다.

3) 유통 : 소비자 편리 중심의 유통 채널

디지털 마케팅에서는 기업 또는 마케터가 마케팅 활동의 중심이 아니다. 소비자가 편리하다고 생각하는 유통구조나 유통채널로 언제든지 새롭게 변화하는 상황이다. 처음 인터넷이 유통채널로 등장했을 때 많은 기업들은 소매상들의 반발을 우려하여 온라인 유통채널 사용을 꺼려했다. 그러나 지금은 소비자가 편리하게 생각하는 유통채널로의 변화를 당연하게 여기고 있다. 따라서 e커머스(e-commerce)와 모바일 커머스(mobile-commerce)에서 나아가 T커머스(T-commerce), V커머스(Video-commerce), 소셜커머스 및 라이브 커머스(Live-commerce)도 나타났다.

4) 프로모션 : 양방향성 참여형 프로모션

전통적 마케팅에서의 프로모션 활동이 소비자가 수동적으로 메시지를 받는 일방향적 형태였다면 디지털 마케팅에서는 양방향으로 이루어진다. 즉, 소비자의 참여를 통한 긍정적인 교감을 형성하는 데 중점을 둔다. 이와 같은 맥락에서 '애드슈머(adsumer)'라는 개념도 등장하였다. 이는 광고(advertising)와 소비자(consumer)의 합성어로 소비자가 기업의 광고 제작에도 참여할 수 있게 하는 것이다. TV 광고의 결말을 시청자에게 물어 후속편을 제작하거나, 소비자의 아이디어를 받아 기획하거나, 또는 소비자가 자신의 에피소드를 동영상 UCC로 제작해 공모전에 출품하고 이를 기업이 방송용 광고로 그대로 사용하는 등 소비자의 광고 참여가 속속 등장하고 있다.

몇 년 전 삼성전자의 기업 PR '또 하나의 가족' 캠페인이 대표적인 애드슈머 광고이다. 이 광고는 평범한 가정의 문제적인 상황을 소비자들에게 보여주었다. 즉, "기말고사에서 5개 틀리고도 느긋한 훈이, 친구와 축구 경기를 하느라 학원을 빼먹은 훈이에게 소비자가 훈이의 엄마, 아빠라면 어떻게 할 것인가요?"라고 묻고 온라인 사이트를 통해 의견을 받아 그 결말 광고를 제작하였다.

표 5-2 디지털 마케팅의 특징

시장구조 특성	전통적 마케팅	디지털 마케팅
제품	소비자	제작 참여 프로슈머
가격	이익 중심 책정	소비자 희망 가격 중심의 창의적 가격 책정
유통	마케터 효율성 중심	소비자 편익 중심
포지셔닝	제품 중심	소비자 경험 중심
프로모션	일방향성	양방형 참여형, 애드슈머
판매	소비자	판매 참여 세일즈슈머

출처 : 조창환, 이희준(2018).

5) 판매 : 구전을 통한 소비자 판매 참여

전통적 마케팅에서 소비자는 제품을 구매만 하는 위치에 있었다. 그러나 디지털 마케팅에서는 온라인 구전을 통해 소비자를 판매원으로까지 활용한다. 즉, 제품 구매 후 사용 경험을 다양한 소셜 네트워크를 통해 주변 사람들에게 전할 수가 있다. 일반적으로 광고보다 지인들의 상품평을 더 신뢰하기 때문에 구매에 미치는 영향이 훨씬 크다. 소비자들을 제품 판매 단계에까지 참여시켜서 판매원으로 활용하려면 우선적으로 소비자를 만족시켜야 한다. 좋은 제품을 만들어서 소비자를 만족시키고 만족한 소비자들과 지속적으로 우호적인 관계를 맺어야 한다. 이것이 디지털 마케팅 커뮤니케이션의 핵심 중 하나이다(조창환, 이희준, 2018).

3.3 디지털 마케팅 트렌드

1) 모바일 시대

구글의 전 최고경영자 에릭 슈미트(Eric E. Schmidt)는 "현재의 모바일 퍼스트(mobile first) 시대를 넘어 향후 5년 내에 모바일 온리(mobile only) 시대가 될 것이다"라고 역설하며, 한국을 포함한 아시아 주요 국가들이 여기에 앞장설 것이라고 예측한 바 있다. 모바일 기기는 소비자와의 지속적이고 양방향적인 마케팅 커뮤니케이션이 필요한 현재의 마케팅 패러다임에 가장 적합한 매체가 되었다. 모바일의 특성인 즉시성, 위치성, 상황성을 토대로 앞으로도 모바일은 기업과 소비자가 상호 커뮤니케이션을 할 수 있도록 도와주는 가장 중요한 매체가 될 것이다. 이러한 경향을 두고 **마이크로 모멘트**(micro-moment)의 시대라고 부르기도 하는데, 이는 소비자가 원하는 정보를 곧바로 찾고, 보고, 구매하는 욕구를 모바일 디바이스를 통해 즉시 충족하는 시대를 말한다.

2) 인터랙티브 브랜디드 엔터테인먼트

브랜디드 엔터테인먼트란 엔터테인먼트 콘텐츠와 광고가 통합된 형식으로, 브랜드 메시지가 콘텐츠의 스토리라인에 녹아들어간 형태를 의미한다(Hudson & Hudson, 2006). 이는 상업적 메시지를 직접 드러내지 않기 때문에 소비자들의 광고 회피 현상을 극복함과 동시에 마케팅 메시지를 유용하게 전달할 수 있다. 종류로는 브랜드 스토리를 포함한 드라마나 영화 형태의 애드 무비(ad movie), 만화 형태의 브랜드 웹툰(brand webtoon), 게임을 활용한 애드버 게임(adver-game) 등이 있다. 브랜디드 엔터테인먼트 역시 일방향에서 향후에는 소비자가 콘텐츠에 참여하고, 콘텐츠와 소비자 간 상호작용에 따라 다양한 브랜드 경험을 할 수 있는 인터랙티브 엔터테인먼트(interactive entertainment)의 형태로 진화해 나갈 것이다. 특히 가상현실(VR) 및 증강현실(AR) 기술을 활용한 콘텐츠 제작이 늘어나고 소비자가 직접 기기를 조작하고 콘텐츠에 참여하면서, 브랜드를 경험하는 체험형 콘텐츠 활용이 더욱 활발해질 것이다.

3) 챗봇

사람들이 스마트폰을 통해 가장 자주, 그리고 많이 사용하는 앱이 카카오톡과 같은 메신저 앱이라는 사실은 앞으로 인공지능(AI)에 기반한 챗봇이 고객과의 상호작용을 담당하는 인터페이스로 등장하게 될 가능성이 높다는 것을 말해준다. 고객들은 기업이 자신이 원하는 정보나 요구사항에 즉각 대답해주기 바란다. 현재는 고객서비스 센터를 통한 전화 응대 또는 기업의 홈페이지 게시판이나 SNS를 통한 서비스 요청에 답해주는 방식이 대부분이다. 또한 주말이나 심야 등 근무 외 시간에는 직원의 실시간 대응이 불가능하다. 더욱이 서비스 직원의 수는 응대해야 할 고객의 숫자에 비해 절대적으로 부족해서 고객은 늘 순서를 기다리기 마련이다. 이제 메신저와 챗봇의 결합으로 메시징을 통한 다수 고객과의 상시적 관계 형성과 유지가 가능해질 것이며, 이는 기업들의 인건비 절감에도 효과적일 것이다.

앞으로 챗봇은 대화형 커머스 플랫폼의 주축을 이루며 발전할 것으로 기대된다. 간단하게는 고객에게 매장 영업시간이나 제품의 사용 방법을 알려주는 것이 가능하다. 더 나아가 항공권, 호텔, 레스토랑, 병원을 예약하거나 사용자 주변의 맛집을 추천해주는 것도 가능하다. 또한 카카오가 가전제품을 제어하는 챗봇을 출시하겠다는 계획을 발표한 바 있는데, 만약 카카오 챗봇이 상용화된다면 현재 가장 많은 메신저 사용자를 보유한 카카오톡을 이용해 더운 여름철 집에 도착하기 전에 카카오톡 챗봇에게 메시지를 보내 거실의 에어컨을 켜두는 것이 가능해질 것이다. 이렇게 챗봇들이 고객의 필요에 대한 대응 역할을 하는 것을 넘어서, 대화를 나누는 친구가 되어주는 서비스도 등장할 수 있다. 2013년 개봉한 SF 로맨틱 영화인 '그녀(Her)'에서 남자 주인공은 인공지능인 '사만다'와 대화를 나누고 사랑에 빠지는데 머지않아 이것이 현실이 될지도 모른다.

4) 고객 여정에 대한 정확한 이해

향후 디지털 기술의 발전은 **고객 여정**(customer journey)에 대한 정확한 이해를 가능하게 해줄 것이다. 그리고 이렇게 파악된 고객 여정은 차별화된 고객 경험을 보다 쉽게 제공할 수 있을 것이다. 디지털 마케팅 시대에 있어서 고객 경험은 소비자와 브랜드 간의 수많은 접점과 그에 따른 소비자 반응에 따라 적절한 피드백을 주는 것을 의미한다. 다양한 디지털 접점에서 수집되는 수많은 고객 행동 데이터는 빅데이터로 축적된다. 그리고 이것을 체계적으로 관리하고 분석할 수 있는 시스템을 갖추고, 이를 활용해 고객과의 상호작용을 수행한다면 일관되고 긍정적인 고객 경험의 전달이 가능해질 것이다.

5) 동영상 콘텐츠의 확산

디지털 마케팅 시대에 동영상 콘텐츠는 텍스트나 이미지 중심의 콘텐츠를 대체하게 될 것으로 보인다. 이미 사람들은 포스팅된 글을 읽거나 단순 배너 광고에 주목하는 대신, 페이스북이나 인스타그램 등에 올라온 동영상을 보고 즐기는 것에 익숙해져 있다. 모바일 인터넷 트래픽이 급격히 증가하는 가운데 동영상 트래픽 증가율이 급증하고 있는데, 이것은 LTE 같은 초고속 인터넷 이동통신 서비스가 보편화되었고 무제한 데이터 요금제 등 동영상 콘텐츠 소비를 유도하는 기술이 뒷받침되었기 때문이다.

오늘날 사용자들 간에 공유된 콘텐츠의 90% 이상이 비디오 콘텐츠이며, 향후 전체 온라인 트래픽의 80% 이상을 비디오가 차지할 것이라는 예측이 나오고 있다(Digitaldoughnut. com, 2017). 이는 동영상 콘텐츠 서비스 중심의 채널(예 : 텀블러)의 사용자 증가 추세가 페이스북과 트위터 등을 앞서고 있는 데서도 확인되며, 다수의 소셜 미디어들은 라이브 비디오 서비스를 채널에 추가하고 있다. 따라서 향후 특정 이용자 그룹에 특화된 고품질의 동영상 콘텐츠는 다른 어떤 유형보다 그 가치를 주목받게 될 것이다(조창환, 이희준, 2018).

4. 소비자와 유통경로

생산자들이 만든 제품이 소비자의 손에 이르기까지의 전 과정을 유통경로라고 한다. 제품에 따라, 지역에 따라, 또는 기업의 전략적 목적에 따라 유통경로는 매우 다양하게 나타날 수 있다.

4.1 유통경로의 개념과 효용

1) 유통경로의 개념

기업이 소비자가 만족할 수 있는 제품을 생산하는 것도 중요하지만, 이러한 제품의 생산만으로는 소비자의 욕구를 만족시키고 기업의 목표를 달성하는 것은 불가능하다. 이를 달성하기 위해서는 제품이 표적시장의 소비자에게 적절한 시간에, 접근 가능한 위치에, 적절한 수량으로 제공되어야 하며, 이 같은 효용을 창출하는 기능이 **유통경로**이다.

　유통경로는 제품이 이전되는 단계에 따라 도매기관, 소매기관 등으로 나누어진다. 대체적으로 **도매기관**은 생산자로부터 제품을 구입하여 소매기관에 판매하는 유통경로 구성원이며, 소매기관은 도매기관으로부터 제품을 구매하여 소비자에게 판매하는 유통경로 구성원들을 의미한다. 그리고 도매기관과 소매기관을 합하여 **유통기관**이라고 한다.

2) 유통경로의 효용

유통경로는 일반적으로 소비자에게 다음의 네 가지 효용을 제공한다.

　첫째, **형태적 효용**이란 제품과 서비스를 고객에게 좀 더 매력 있게 보이게 하기 위해 그 형태 및 모양을 변경시키는 여러 활동을 포함한다. 슈퍼마켓에 맛있어 보이는 사과가 진열되어 있기까지, 유통기관은 상품 분류·포장·전시 등의 여러 기능을 수행하고 있다.

　둘째, **시간의 효용**은 고객이 원하는 시기에 필요한 상품을 구매할 수 있는 편의를 제공하는 것이다. 이를 위해서 유통기관은 상품의 저장 및 보관 기능을 수행하며, 때로는 특정 계절에 공급되는 상품도 연중 꾸준히 생산될 수 있도록 금융 기능을 수행하기도 한다.

　셋째, **장소적 효용**이란 고객이 원하는 장소에서 제품이나 서비스를 구입할 수 있게 해주는 것이다. 만일 유통기관이 없다면 생산자는 고객을, 고객은 생산자를 찾아 나서야 하는 번거로움과 불편함이 발생한다.

넷째, 소유의 효용이란 유통기관이 고객으로 하여금 제품을 소유할 수 있도록 도와주는 것을 의미한다. 즉, 제품의 가격을 지불하면 상품에 대한 소유권을 생산자로부터 고객에게 효율적으로 이전시키는 것이다.

4.2 유통경로의 기능

유통경로의 존재에 대해 부정적인 반론을 갖는 이유는 소비자들이 유통기관들의 마진을 지불해야 하며, 유통기관들의 불공정 거래 행위나 각종 부조리로 터무니없이 비싼 마진을 지불하는 경우도 많기 때문이다. 더욱이 유통경로가 비합리적으로 구성되어 있거나 지나치게 복잡한 경우는 소비자들에게 미치는 폐해가 더욱 크고 경제 전체에도 바람직하지 않은 결과를 초래할 것이다. 그러나 유통경로의 각 단계는 소비자들이 물품을 구입 · 조달하는 데 있어 겪을 수 있는 많은 장애들을 없애주며, 창고와 보관 기능을 통하여 수요와 공급을 적절히 조절해주는 역할도 한다. 이러한 유통경로의 기능을 살펴보기로 한다(이성근, 배수현, 1996).

1) 거래의 효율성 증대

유통기관은 소비자가 생산자를 일일이 찾아다니는 번거로움을 덜어줄 뿐만 아니라 거래 횟수를 줄여주어 거래를 효율적으로 만들어준다. 〈그림 5-4〉는 유통기관을 이용하는 것이 왜 경제적인가를 보여준다. 유통기관이 없는 경우 각 기업과 개별 소비자는 직접 거래를 해야 하므로 총 아홉 번의 거래가 필요하다. 그러나 유통기관이 개입될 경우 제조업자와 소비자는 유통기관과 거래가 이루어지므로 총거래 수는 여섯 번으로 감소한다. 따라서 제조업자와 소비자 사이에 유통기관이 개입됨으로써 총거래 수가 현저히 감소되며 사회적 비용 자체도 감소된다.

2) 구매자와 판매자의 연결

유통기관들은 구매자와 판매자를 연결해준다. 유통기관이 없으면 소비자들은 제조 기업에 대해 일일이 파악해야 하고, 제품구매 및 관련 정보 획득에 상당한 탐색 비용을 지불해야 한다. 또한 제조업자들은 혼자 힘으로 도달할 수 있는 잠재고객보다 유통기관을 이용하면

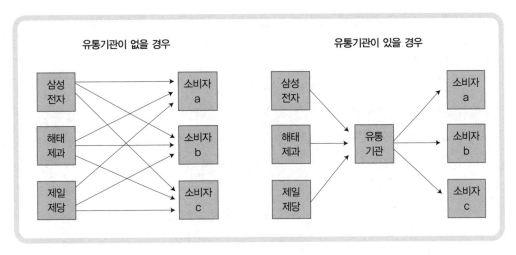

그림 5-4 유통기관을 이용할 경우의 거래효율성
출처 : 김영신 외(2012).

더 많은 잠재고객에게 도달할 수 있다. 왜냐하면 유통기관들은 제조업자에 비해 잠재고객들이 어디에 위치하고 어떻게 이들에게 도달할 수 있는지 더 잘 알 수 있기 때문이다.

3) 구색 갖춤

소비자는 제품 구매 시 많은 대체안 중에서 고르고 싶기 때문에 다양한 제품을 요구한다. 유통기관들은 다수의 생산자들과 거래하기 때문에 고객의 욕구를 충족시킬 수 있는 다양한 제품들을 구비해놓을 수 있다. 이와 같이 유통기관들은 소비자들이 한 번의 거래로 욕구를 충족시킬 수 있도록, 다양한 제품을 준비하여 복잡한 거래를 단순화시켜준다. 이를 구색 갖춤 기능이라고 한다.

4) 제품의 소량 단위화

유통기관들은 생산자가 대량생산한 제품을 소량 단위로 나누는 기능을 한다. 생산자가 소량단위를 필요로 하는 소비자와 직접 거래하게 되면 많은 거래비용이 발생하여 저렴한 가격으로 판매할 수 없을 뿐만 아니라, 생산보다는 분배 기능에 더 치중할 수밖에 없다. 예컨대, 생산자 입장에서 치약을 1개 단위로 판매하는 것은 거래의 효율성 면에서 바람직하지 않다. 한편 소비자의 경우도 소비량이나 비용 측면에서 대형 박스 단위로 제품을 구매하는 것은 바람직하지 않다. 이때 유통기관들이 대형 박스 상태로 구매를 하고 이를 다시 소량으로 분리하여 소비자들에게 판매함으로써 소비자들의 구매 어려움을 덜어준다.

5) 상품의 선별 제공

유통기관은 생산 및 공급 부문에서 제공되는 많은 상품 중에서 품질 좋고 가격이 적당한 상품을 엄선하여 소비자가 안심하고 선택할 수 있도록 한다. 물론 생산 및 공급 부문에서 사회로 공급되는 상품들은 대부분 생산단계나 도매단계에서 일단 엄선된 것이다. 그러나 소매단계의 검토는 단순히 기능이나 재질 면의 결점을 찾는 데 그치는 것이 아니라, 색상·감촉·감각이나 패션 및 용도 면에서 종합적으로 상품가치를 살펴보는 것이다. 특히 소매단계 이후에는 상품에 대한 검사기관이 존재하지 않기 때문에 소매기관의 상품 검토는 중요하다.

6) 고객서비스 제공

유통기관은 상품의 배달이나 설치, 품질보증과 애프터서비스의 제공, 사용방법 교육 등의 서비스를 제공한다. 그리고 신용판매나 할부판매 제도를 마련하여 불가능한 구매를 가능하게 해주기도 한다.

7) 소비자 정보의 제공

생산자 입장에서 잘 팔리는 제품을 생산하기 위해서는 소비자들의 욕구를 파악할 필요가 있으며, 소비자들의 입장에서도 최선의 선택을 하기 위하여 구매에 관한 정보를 얻기를 원한다. 유통기관들은 소비자와 생산자의 중간에 위치하여 양자에게 소비자 정보를 제공하는 역할을 한다. 먼저 유통기관은 상품의 판매기관일 뿐만 아니라 상품정보·유행정보·생활정보와 같은 무형의 가치도 소비자에게 제공해준다. 이러한 정보는 상품진열, 각종 광고, 판매원의 대인판매, 각종 행사활동 등을 통해서 소비자에게 전달된다.

  한편 유통기관은 상품에 대한 소비자의 요구(품질, 디자인, 용기, 포장, 가격 등)에 관한 정보를 생산자에게 전달해준다. 소매업은 물건을 판매하는 과정에서 소비자들의 충족되지 않는 욕구를 누구보다 잘 파악할 수 있으며, 이런 최신 정보를 생산 및 공급업자에게 전해줄 수 있다. 이러한 소비자들의 요구에 관한 정보가 신속하고 풍부할수록 생산자들은 소비자의 기대에 적합한 상품을 계획하고 제조할 수 있게 된다.

4.3 유통환경의 변화

유통시장의 전면 개방으로 국내외 유통기업들의 무한경쟁 시대가 되면서 소비생활과 유통 시스템의 괄목할 만한 변화가 이루어졌다. 다양한 종류의 신업태가 등장했을 뿐만 아니라 오프라인 쇼핑 매출의 증가율이 2018년부터 마이너스로 돌아선 반면 온라인 쇼핑은 매년 20% 전후의 높은 매출 증가율을 보이고 있으며, 온라인 쇼핑에서도 모바일 쇼핑이 주류로 등장하고 있다. 여기서는 유통환경의 변화를 유통경제 관점에서의 변화와 유통의 마케팅 변화로 나누어 살펴보고, 소매업태의 개념과 종류에 대해 알아보고자 한다.

1) 유통경제 관점에서의 변화

(1) 유통시장 개방과 그 이후

유통시장 개방은 유통산업 변화의 가장 큰 변수인데, 1980년대 말부터 시작하여 1996년에 완전 개방되었으며 2005년에는 거의 모든 제품과 서비스 시장이 개방되었다. 시장 개방 이후 다국적 유통업체 진출 및 신업태 출현으로 국내 소매유통 기업들은 체질 강화와 해외 진출 기회를 맞이하게 되었고 2000년대 초 이후로는 온오프라인 영역 파괴와 동일 업태 간, 이종 업태 간의 멀티 경쟁 환경에 놓이게 되었다. 2010년 후반기부터 온라인 유통기업이 급속하게 성장하고, 외자계 유통기업의 퇴조가 눈에 띄게 증가하고 있다.

(2) 유통규제 완화 및 규제

유통시장 개방과 맞물려 유통규제 정책이 완화되기 시작하였다. 예를 들어 과거의 도·소 매업진흥법에서는 대규모 소매점이 개설 허가를 받아야 하는 데 반해, 유통산업발전법에서 는 등록하는 것으로 변경되었다. 그러나 유통규제 완화로 2006년 이후 대기업의 대형 할인 점들이 대형 슈퍼마켓(SSM)을 골목상권까지 진출시키는 등 시장 잠식이 심화되었다. 이에 따라 2010년 이후 중소상인 보호를 위한 법 제정과 지자체 압력이 강화되고 있다.

(3) 다점포 출점과 규모의 경쟁 및 지방 유통업체 몰락

시장 개방은 지방의 백화점 등 유통업체에 커다란 자극이 되어, 점포 증축과 다점포화를 통한 경쟁력 강화에 주력하였다. 그러나 차입경영 의존으로 일부 유통업체들의 경영체제에 문제가 발생하기 시작했다. 1997년 IMF 위기 이후 중소규모 지방 백화점들의 잇단 도산으로 지역 유통산업의 몰락과 침체가 이어졌고, 2010년 후반까지도 지방 유통업체와 중소 유통업체는 업태 전환 등 다양한 돌파구를 모색하였지만 여건은 호전되지 못하고 있다.

(4) 인수합병 가속과 외자계 철수, 신업태의 확산

대형마트를 중심으로 인수합병이 가속화되었으며, 시장 개방으로 진출했던 외자계가 철수하였다. 국내 기업들이 외자계를 인수하면서 대형마트들의 시장 포화에 따른 차세대 성장동력 개발의 과제가 대두되고 있다. 대형마트 업계는 업태 내와 업태 간 경쟁이 격화되면서 복합화 추구, 부지난 해결을 위한 대형 슈퍼마켓(SSM) 진출, 출점방식 변형으로 상품구색의 변화를 통한 고객 확보, 편의점(CVS)에 신선식품을 보강한 슈퍼마켓(SM) 구색으로 1인 가구 고객을 위한 업태 개발 등 변화를 시도하고 있다.

(5) 대형마트 등 점포의 과포화 상태 논란

1997년 IMF 위기 이후 대형 유통업체들의 점포 부지 선정 열기는 점포의 과포화 논란을 가져왔다. 이것은 지방 중소도시까지 확대되어 지방의 전통시장 등 중소 유통업체의 도산과 쇠퇴를 가져다주었다. 특히 골목상권에 진입한 대형 슈퍼마켓은 상권 내 경쟁으로 기존 전통 상권(중소 및 전통시장)뿐만 아니라 편의점과도 경쟁을 하고 있다. 또한 대형 유통기업들은 인터넷과 기존 오프라인을 연결하면서 고객 편의성 제고에 노력하고 있다. 그러나 온라인 쇼핑의 약진과 오프라인 쇼핑의 침체로 대기업들은 오프라인 점포들을 철수시키기 시작하고 있다.

(6) 무점포 업태, 특히 온라인 쇼핑의 약진

오프라인 쇼핑의 침체와 온라인 쇼핑의 약진은 빠른 속도로 진행되고 있다. 특히 모바일 쇼핑 상승세가 뚜렷한데 이용자의 지속적 증가, 소비 트렌드 확산, 고객서비스 강화로 2010년 중반 이후 고속 성장세를 보여주고 있다. 품목도 비식품 위주에서 식품 분야 구매도 대폭 확대되고, 업체 간 경쟁의 치열로 구매 편의 및 고객서비스가 강화되었으며, 종합 인터넷 쇼핑몰도 대형화되고 있다. 특히 SNS 등장 이후 모바일 앱을 토대로 모바일 쇼핑시장이 급속도로 확대되고 있다. 한편 TV 홈쇼핑은 성장은 둔화되었지만 중국, 인도, 대만 등 해외진출 가속화 등으로 매출 신장과 외부환경 변화(채널 연번제, 중소기업 홈쇼핑 출현 등)에 따른 시장 구도 변화가 예측되고 있다(윤명길, 김유오, 2017).

2) 유통의 마케팅 변화

(1) 오픈프라이스제의 확산

오픈프라이스제(open price)는 제조업체가 출하가격만을 표시하고 그 후 가격은 소비자 수요와 비용, 이윤을 고려하여 유통업자가 결정하는 것을 말한다. 이는 가격경쟁의 심화 요인으로, 동일한 상품도 얼마든지 다양한 가격으로 판매될 수 있다. 따라서 제조업체가 판매가격을 정하는 희망(또는 권장)소비자가격에 비해, 오픈프라이스제에서는 제조업체를 포함한 모든 유통단계 구성원들이 경쟁력을 확보해야만 생존이 가능하다. 이에 따라 소비자가 원하는 상품구색과 가격경쟁력을 갖추지 못한 유통업체들의 도태가 가속화되고 있다.

(2) PB의 확산

유통산업의 경쟁이 치열해지면서 대형 유통업체들이 경쟁력 강화를 위해 **PB**(private brand, 유통업체 상표) 상품 개발에 적극 나서고 있다. PB는 흔히 NB(national brand, 제조업체 상표)와 비교되는 개념으로, 유통단계 축소를 통한 저가격과 고수익을 추구할 수 있다는 점에서 유통업체들에게 매력적이다. 또한 유통업체들은 PB 도입을 통해 가격인하 요구 등 제조업체에 대한 발언권을 높일 수 있기 때문에, NB의 염가판매를 위해서도 PB를 도입하려고 한다. 백화점의 경우는 주로 의류부문에서 PB상품 개발을 강화하고 있는 데 비해, 할인점과 편의점 업계에서는 식료품과 공산품에서 PB상품 개발이 활발하다.

(3) 제조업체에서 유통업체로의 힘의 균형 이동

유통시장 개방 이전에는 제조업이 유통시스템을 장악하고 있는 제조업체 지배형의 유통구조였던 데 반해, 지금은 유통업체 지배형으로 바뀌었다. 특히 파워 유통업체들이 규모의 경제와 구매력 바탕의 경쟁력을 토대로 제조업체들에 대해 가격 압박을 가중시키고 있으며, 또한 앞선 정보시스템에 기초하여 소비자에 대한 강력한 자료를 구축함으로써 제조업체에 비해 유리한 고지를 점하게 되었다.

(4) 제조업체와 유통업체 간 전략적 동맹

제판동맹(製販同盟)은 제조업체와 유통업체가 상품 공동 개발과 정보 공유를 중심으로 전략적 제휴관계를 맺는 것이다. 즉, 상품 개발을 비롯해 제조부터 판매까지 합리적 체계를 구축하므로 재고 축소, 배송시스템 개선 및 가격 인하에 도움이 되고 있다. 여기에는 정보시스템의 공유가 가장 중요한 역할을 하는데, 월마트와 P&G의 제휴가 중요 사례로 거론된다.

당시 P&G는 소매상과 도매상들의 주문이 일정치 않고, 주문량이 제품 인기도에 따라 차이가 나는 등 재고관리 비용이 매우 컸다. 그러나 월마트와 정보망을 연결해서 판매시점(POS) 정보와 재고 정보를 실시간 공유함으로써 적기납품 시스템을 구축할 수 있었다. 제판동맹 체결 후 한 달 만에 P&G의 평균 재고물량은 반으로 줄었고 재고비용은 3분의 1로 낮아졌으며 상품회전율도 높아졌다. 또한 단품별 판매정보 제공에 따라 실시간 시장정보를 파악해 마케팅 전략을 입안할 수 있었다. 월마트도 물류비와 재고관리 비용을 절감할 수 있었을 뿐 아니라, P&G가 비용 삭감분만큼 판매가격을 내려 구입비용을 절감할 수 있었다.

(5) 제조에서 유통까지 통합된 전문소매점(SPA) 확대

SPA는 'specialty store retailer of private label apparel'로 자사의 브랜드 상품을 직접 기획, 디자인, 제조하여 유통까지 하는 전문 소매점을 의미한다. 즉 기획, 생산, 유통 과정을 수직적으로 통합시켜 한 업체가 모두 담당함으로써 비효율성을 제거하는 전략이다. 이를 통해 제조원가를 낮추고 유통단계를 축소시켜, 저렴한 가격에 빠른 상품 회전으로 소비자 니즈를 충족시킨다. 또한 소비자의 라이프스타일을 정확하게 파악하여 짧은 주기로 즉시 반영시켜 상품을 기획한다. 그리고 본사에서 직접 매장을 관리하여 재고를 철저히 파악하고 관리하여 과잉 공급을 방지한다. SPA 브랜드는 메이커형과 리테일형으로 분류할 수 있는데, 전자는 제조업체가 생산한 상품을 직접 판매하기 위해 매장을 운영하는 형태이고 후자는 유통업체에서 상품을 직접 개발하여 판매하는 형태이다. 대표적인 업체로는 자라, 미쏘, 스파오, 유니클로, H&M 등이 있다.

(6) 컴퓨터와 정보시스템 등 첨단기술의 활용

유통업에 있어서 경쟁우위 확보를 위한 정보기술의 중요성이 급격히 증대하고 있다. POS(point of sale), EDI(electric data interchange), 바코드 시스템, 통신 시스템 등 첨단 정보기술을 적용시켜 모든 거래를 전자화함으로써 재고 파악, 소비자 선호에 맞는 상품 전시, 서비스 제공 등 구매·재고·입출고·판매관리 전반에 걸쳐 유통업체의 효율성을 제고시키고 이는 저가격과 대고객 서비스 향상으로 이어지고 있다. 특히 인터넷 쇼핑이 활성화되면서 첨단기술의 활용이 비약적으로 발전하고 있는데, 유통업의 업무 효율화 및 소비자의 쇼핑체험 측면에서 예상을 뛰어넘을 정도의 발전이 있을 것으로 기대된다.

(7) 포지셔닝 전략의 실행

업태 간 경쟁이 치열해짐에 따라 유통업에서도 표적고객을 명확히 해서 업태 개념을 위치화하는 **포지셔닝**(positioning)이 핵심 성공요인으로 부상하고 있다. 제품처럼 업태도 표적고객을 명확히 하고 그들에게 적합한 가격, 전시, 운영, 서비스 등을 명확히 위치화하고 있다. 갭이나 베네통 등 많은 성공적인 소매상들은 고객층을 넓히기보다는 표적고객층을 분명히 하고 그들에게 특화된 마케팅 전략을 펼치고 있다. 즉, 대중 마케팅(mass marketing)이 아니라 마이크로 마케팅(micro marketing)을 실행하는 것이다. 또한 각 지역의 점포들은 지역의 고객 특성에 맞게 ① 점포별로 기존고객과 잠재고객에 대한 자료수집과 분석, ② 고객 특성에 맞는 상품 구색과 전시, ③ 고객 특성에 적합한 촉진매체 이용 및 이벤트 개최 등을 실행한다. 마이크로 마케팅의 효율적 전개를 위해서는 고객 데이터베이스 구축을 통한 데이터베이스 마케팅(database marketing)이 필수적이다(김상현 외, 2002).

3) 소매업태

(1) 소매업태의 개념과 특성

유통업의 영업형태를 세분하면 업종과 업태로 나눌 수 있다. **업종**(types of business)은 '무엇을 판매하는가'를 의미하는 반면, **업태**(types of operation)는 '어떠한 방법으로 판매하는가'를 의미한다. 따라서 업종은 상품의 종류에 의한 분류방법으로 컴퓨터 판매점, 가전판매점, 채소가게, 생선가게, 정육점, 의류점, 가구점, 완구점 등이 여기에 해당한다. 반면 업태는 소비자의 구매 행동과 관련된 판매시스템과 밀접한 관계가 있는 분류방법으로 백화점, 편의점, 전문점, 슈퍼마켓, 드러그 스토어 등이 여기에 해당한다.

업태는 소매점의 근대화와 함께 시작되었다. 즉, 전통적인 업종점이 근대화됨에 따라 전략적으로 접근하면서 업태점이 출현한 것이다. 국내에서도 업태라는 용어의 사용은 1990년대 초반부터이며, 법에 등장한 것은 유통산업발전법 제정 이후이다. 종전 법인 도·소매업진흥법에는 업태라는 용어가 없었다. 일반적으로 업태란 소비자의 구매관습의 변화에 대응한 소매업자의 영업 형태이고, 업종과는 다르게 '소비자 지향적인 분류'라고 정의한다. 다시 말해 업태란 마케팅 관점(formula)의 분류로 업종을 초월한 개념이다. 업태 유형은 상품 구성방법에 대한 분류를 말하는데 백화점, 전문점과 같은 비식품 중심의 유형과 슈퍼마켓(SSM 포함) 등의 식품 중심의 유형이 있다. 소매업태는 소매환경의 변화 및 기술의 발달, 그리고 소비자 구매 행동의 변화에 의해서 변화가 이루어진다. 따라서 새로운 업태의 등장과 함께 살아 남기 위한 기존 업태의 진화는 계속될 것이다.

(2) 소매업태의 종류

소매업태는 점포의 유무에 따라서 무점포판매와 점포판매, 경영방식에 따라 단독점과 체인점, 점포의 상황에 따라 단점포와 집합점포, 상품판매 방법의 특징에 따라서 백화점, 슈퍼마켓, 편의점, 할인점 등으로 분류할 수 있다. 최근에 와서는 소비자 욕구의 변화에 따라서 업태의 한계가 애매해지는 경향을 보이고 있으며 새로운 소매업태가 등장하고 있다. 따라서 기준을 두지 않고 현재 운영되고 있는 소매업태들을 전반적으로 살펴보기로 한다.

① 편의점

편의점(convenience store, CVS)이란 말 그대로 '편의성을 파는 소매점'으로 입지 편의성과 시간 편의성, 상품 구색의 편의성을 제공한다. 즉, 심야영업으로 언제든지 구매할 수 있고, 주거지 근처에 위치하여 손쉽게 접근할 수 있으며 식료품과 일용잡화를 중심으로 2,500개 내외의 상품을 취급하고 있다. 대부분의 편의점들은 다점포화에 있어서 프랜차이즈 체인 방식으로 운영되고 있는 것이 큰 특징이며, 고도의 상품회전율과 정확한 상품구색을 필요로 한다. 최근 소비자들의 편의주의 성향 및 1인 가구 증가와 맞물려 크게 활성화되고 있는데 고객 맞춤형 도시락 개발, 카페형 휴식공간 설치, 택배 픽업 서비스 및 간단한 은행업무와 관공서 업무 취급 등 장소와 시간적 편의성을 토대로 소비자들의 필요를 정확하게 공략하여 향후 발전 가능성도 매우 크다고 할 수 있다.

② 슈퍼마켓과 기업형 슈퍼마켓

슈퍼마켓은 식료품 및 일용잡화를 위주로 소비자의 셀프서비스에 의해 판매되는 유통업을 말한다. 우리나라의 경우 매장 면적이 165m² 이상이어야 하며, 일반 식품점보다 선택 범위가 넓고, 하이퍼마켓보다는 작다. 전통 슈퍼마켓은 1층의 넓은 공간을 차지하며 소비자의 편리를 위해 주거 지역 근처에 위치한다.

기업형 슈퍼마켓은 대형 유통업체들이 운영하는 슈퍼마켓으로, 대형 슈퍼마켓 또는 기업형 SSM(super supermarket)이라고도 부른다. 대형 유통업체들이 새로운 대형마트의 부지 확보와 출점이 어렵게 되자 개인업자가 운영하던 슈퍼마켓 시장으로 진출을 확대하면서 생긴 중·대형 슈퍼마켓을 뜻한다. 매장 면적 330m² 이상 3,000m² 이하의 규모로, 대체로 일반 슈퍼마켓과 편의점보다는 크고 대형마트보다는 작다.

③ 할인점

할인점(discount store)은 식품과 일용 잡화 중 소비재를 중심으로 중저가 브랜드 중 유통 회전이 빠른 상품을 취급하여 묶음이나 박스 단위로 판매하는 것이 특징이며, 철저한 셀프서비스하에 매일저가로 판매하는 대규모 소매점이다. 따라서 특정 기간, 특정 상품에 한정되는 바겐세일과는 그 성격이 다르며 '모든 상품의, 모든 소비자에 대한 상시적인 할인판매'라고 할 수 있다. 주로 전국적으로 유명한 상표의 상품만을 취급하며, 상품라인 구성은 백화점과 유사하지만 백화점과 다른 점은, 첫째 저마진을 유지하기 위해 건물이나 인건비, 일반 관리비 등을 낮게 운영하고, 둘째 상품회전율이 백화점보다 높으며, 셋째 셀프서비스 채택 등을 꼽을 수 있다. 우리나라의 할인점은 수퍼마켓에 할인점을 결합시켜 식품 대 비식품이 6:4 비율인 하이퍼마켓, 또는 할인점에 수퍼마켓을 결합하여 식품 대 비식품이 4:6 비율인 수퍼센터라고 하는 게 더욱 정확하다. 그러나 최근 온라인 쇼핑의 저가격으로 오프라인 할인점의 경쟁력이 떨어져 매장의 철수가 시작되고 있다.

④ 회원제 도매클럽

회원제 도매클럽(membership wholesale club, MWC)은 회원 가입 고객만을 대상으로 판매하는 업태로, 매장은 거대한 창고형으로 꾸며지고 실내장식은 거의 하지 않으며 진열대에 상자째로 진열하고 고객이 박스 단위로 구매함으로써 할인점보다도 20~30% 더 싸게 판매하는 업태이다. 이렇게 저렴한 가격은 철저한 저경비 운영과 8~9%의 낮은 판매마진율, 현금판매, 대량판매 및 회원들의 회비를 자금운용에 활용하기 때문이다.

⑤ 전문점

전문점은 특정 상품군만을 취급하는 소매점으로, 깊이 있는 상품 구색과 질 높은 고객서비스를 제공한다. 주류 전문점, 커피 전문점, 보석 전문점, 패션 전문점 등이 있으며 특정 제품계열에 대해 다양한 상품, 크기, 색깔, 스타일, 모델 등을 갖추고 있어 고객에게 최대한의 선택 기회를 준다. 향후 고소득층 소비자 집단의 강한 구매력에 기초하여 고급 브랜드 및 수입 전문점의 확대가 예상되고 있으며, 백화점과의 치열한 경쟁이 예상된다.

⑥ 전문 할인점

전문 할인점(special discount store)은 '카테고리 킬러'라고도 불리는데, 한 가지 상품군(예 : 장난감)에 대해 방대한 제품구색을 갖추고 할인점보다 훨씬 더 낮은 가격에 판매하는 점포를 지칭한다. 미국에서의 전문 할인점은 주로 토이저러스와 같은 완구류, 갭이나 마샬 같은 의류, 서킷 시티와 같은 가전, 홈데포와 같은 홈센터를 중심으로 발전해왔다. 그러나 토이저러스는 온라인 쇼핑의 공세에 견디지 못하고 막대한 부채 압박으로 2017년 미국 버지니아주 파산법원에 파산보호를 신청하고 매장 폐쇄 절차에 돌입했다. 한편 미국에서는 전문 할인점들을 한 군데로 모은 파워센터가 성업 중인데 낮은 가격을 무기로 강한 집객력을 가진 염가점들을 모아 놓은 대형 소매점으로 10만 평 정도의 광대한 부지, 대형주차장, 각 매장의 독립적인 운영 등이 특징이다.

⑦ 쇼핑센터

쇼핑센터란 글자 그대로 쇼핑(shopping)의 중심지(center)로서, '각종 소매점의 밀집 또는 집합체로 교통이 편리하며 소비자들의 어떤 다양한 욕구든지 충족될 수 있도록 상품이나 서비스들의 취급 장소가 모여있는 곳을 의미하는데, 소위 개발자(developer)라고 일컬어지는 계획 개발자에 의해 인위적으로 형성된다. 쇼핑센터는 소비자, 즉 생활자가 추구하는 보다 좋은 공간, 문화 발신지, 상품력, 오락기능 등을 충족시키도록 구성된다. 그리고 북적거림 전략, 드라마화 전략, 개성화 전략을 바탕으로 커다란 집객 장치를 창조적으로 만든다. 특정 연령층을 타깃으로 이벤트, 행사 등을 실시하여 그곳에 가면 무언가 있다는 기대감과 열기를 줄 수 있다. 이것이 단순한 상업시설에 지나지 않는 백화점, 할인점 등 단독점과 큰 차이가 나는 부분이다. 서울 강남에 위치한 코엑스를 예로 들 수 있다.

⑧ 테마파크

테마파크(theme park)는 일관된 주제(테마)하에 조성된 유원지로서 도쿄 디즈니랜드, 나가사키 네덜란드촌, 스페이스 월드 등이 있다. 이들을 한마디로 정의하면 '비일상적인 특정 테마(대부분 즐거움을 추구)를 바탕으로 시설 및 운영이 통일되어 이루어지는 유원시설'이라고 할 수 있다. 테마파크의 핵심 성공요인은 '어느 곳에서도 존재하지 않는 즐거움을 주는 테마의 매력'인데, 예를 들어 도쿄 디즈니랜드의 경우 그 내부는 외부세계와 단절된 디즈니랜드가 연상되도록 꾸며져 있다. 백화점이 반복고객을 타깃으로 하는 데 반해, 테마파크는 관광객 등의 방문객을 타깃으로 한다(변명식 외, 2011). 최근에는 카카오프렌즈 샵 등 테마 쇼핑점들이 소비자들의 각광을 받고 있다. 이는 체험소비를 중시하는 소비 트렌드를 반영하는 것으로, 포토존 및 각종 테마 굿즈가 소비자들을 즐겁게 만들고 있다.

⑨ 무인판매점

아마존고는 미국 최대 전자상거래 기업 아마존이 운영하는 세계 최초의 무인 슈퍼마켓으로, 계산대와 계산원이 없다. 2018년 1월 문을 연 이 매장에는 인공지능(AI), 머신러닝, 컴퓨터 비전(컴퓨터가 사람의 눈같이 이미지를 인식하는 기술) 등 첨단기술이 활용됐다. 이 매장을 이용하려면 아마존 회원 가입을 하고 스마트폰에 애플리케이션(앱)을 다운로드하면 된다. 매장에 들어가기 전 앱을 켜고 QR코드를 출입문에 댄 후, 사고 싶은 상품을 들면 천장의 수많은 카메라와 블랙박스 센서들이 자동 감지하고 앱에 연결된 신용카드로 비용을 청구한다. 소비자는 길게 줄을 서 계산을 기다리지 않아도 되기 때문에 편리하고 유통업체는 이익률을 올릴 수 있다. 반면 계산원 등 많은 유통업 종사자들이 일자리를 위협받게 된다.

⑩ 무점포 판매의 유통

무점포 판매로는 전자상거래, TV 홈쇼핑, 직접판매, 자동판매기 등을 들 수 있다. 이 중 전자상거래는 오프라인 쇼핑을 능가하여 대세로 자리잡고 있으며 향후에도 엄청난 발전 가능성을 보여주고 있다. 따라서 전자상거래는 장을 달리하여 따로 설명하고자 한다.

- TV 홈쇼핑 : TV 방송을 통한 구매로, 우리나라의 경우 짧은 기간에도 불구하고 케이블 TV 가입자의 지속적인 증가, 정보화 사회의 진전, 케이블 TV 수신료 인하 등으로 TV 홈쇼핑 시장이 엄청나게 커졌다. 그러나 최근 성장이 둔화되고 있는데 중국 및 동남 아시아 진출을 가속화하고 있으며, 방송 동영상을 온라인으로 확산시키는 V(비디오) 커머스, IPTV와 결합한 T 커머스 등으로 발전해나가고 있다.

- 직접 판매 : 직접 판매(direct selling, door-to-door selling, 방문 판매)는 판매원들이 직접 가정방문을 통해 제품이나 서비스를 판매하는 방법으로, 점포를 방문하지 않아도 되는 편리함과 자세한 정보제공, 광범위한 상품 소개 등의 장점이 있다. 소비자들의 편의주의 추구 성향으로 계속 호응을 얻고 있으며, 제품과 관련한 서비스를 추가 제공하는 방식을 취하기도 한다. 야쿠르트, 웅진 코웨이 등을 들 수 있다.

- **자동판매기** : 가장 오래된 무점포 구매수단으로서, 제품판매뿐만 아니라 서비스 제공에도 자동화 기기 사용이 증가하고 있는데 현금 입출금기가 그 예이다. 고객에게 시간 제한 없이 간편하게 편의를 제공하는 장점이 있으며, 따라서 사람들의 왕래가 빈번하고 편리하게 접근할 수 있는 곳에 세워진다. 주로 음료, 과자, 화장지 등을 판매하는데 최근에는 자동차까지 자동판매기로 판매하고 있다. 그 예로는 독일 볼프스부르크에 위치한 폭스바겐의 카타워, 싱가폴의 중고차 회사 오토반 모터스가 만든 수퍼카 자동판매기, 영국 런던의 오토 트레이더 자동차 자동판매기, 알리바바가 중국 광저우시의 수퍼 시운전센터에 마련한 자동차 자동판매기 등이 있다.

참고문헌

김상현, 한동철(2002). 유통관리. 이프레스.

김영신, 서정희, 송인숙, 이은희, 제미경(2012). 소비자와 시장환경(제4판). 시그마프레스.

변명식, 임실근(2011). 유통관리론. 두남출판사.

안광호(2018). 마케팅원론. 학현사.

윤명길, 김유오(2017). 유통학원론. 두남출판사.

이동대(2002). 소매업경영. 학현사.

이성근, 배수현(1996). 새유통관리론. 무역경영사.

이우용(2011). 마케팅원론. 형설출판사

이학식, 안광호, 하영원, 석관호(2020). 소비자행동(제7판). 집현재.

이학식, 현용진(2002). 마케팅. 법문사.

조창환, 이희준(2018). 디지털 마케팅 4.0. 청송미디어.

Baudrillard, J. (1991). 소비의 사회(이상률 역). 문예출판사.

Bell, D. (1990). 자본주의의 문화적 모순(김진욱 역). 문학설계사.

Hudson Simon & David Hudson (2006). Branded entertainment: A new advertising technique or product placement in disguise? *Journal of Marketing, 22*, 5-6.

Parsons A., Zeisser M., & Waitman R. (1998), Organizing today for the digital marketing of tomorrow. *Journal of Interactive Marketing, 12*(1), 31-46.

네트워크 경제와 전자상거래

정보통신 기술의 혁명으로 세계는 정보화 경제를 넘어 네트워크 경제의 시대로 들어서고 있다. 정보화 경제는 정보와 지식이 가치 창출의 핵심자원으로 사용되는 사회를 말하는데, 이 점은 네트워크 경제에서도 여전하다. 그러나 인터넷으로 인한 네트워크가 촉발시킨 사회적 · 산업적 변화는 기존 예상을 크게 뛰어넘고 있다.

C. K. 프라할라드(C. K. Prahalad)와 벤카드 라마스와미(Venkat Ramaswamy)는 저서 경쟁의 미래에서 새로운 경제논리는 기업 중심 관점에서 소비자 중심 관점으로 바뀌어야 하며, 기업의 전통적 가치창출 방법은 더 이상 유효하지 않다고 이야기한다. 소비자들은 과거처럼 고립된 개별 소비자가 아니라, 인터넷을 통해 서로 연결되어 정보를 교환하고 활동적으로 행동하는 집단으로 변하고 있다. 정보에 대한 접근이 용이해졌을 뿐 아니라 똑똑해진 소비자들은 보다 현명한 의사결정을 내리고 있다. 기업이 소비자보다 지식과 정보 측면에서 우위에 서기가 점점 더 어려워지고 있는 것이다. 네트워크 경제에서 기업은 소비자 및 소비자 커뮤니티와 협력하여, 함께 공동으로 작업하고 가치를 창출해야 한다. 네트워크 경제에서 가치의 생산은 개별 기업에서뿐만 아니라, 네트워크에 참여하는 개별 소비자(또는 협력사)의 증가에 의해서도 창출되는데 이것이 인터넷 시대의 경제를 잘 설명하고 있다.

인터넷의 급속한 보급과 함께 등장한 전자상거래(electronic commerce, EC)는 전통적 상거래의 혁명적인 변화를 불러일으켰다. 또한 전자상거래 자체도 다양하게 빠른 속도로 변화하고 있다. 이러한 변화는 상거래뿐만 아니라 산업구조와 기업 업무 프로세스 전체에도 영향을 미치고 있다. 제1절에서는 네트워크 경제의 특성과 작동 원칙을 살펴보고 제2절에서는 전자상거래에 대해 살펴보고자 한다. 구체적으로 전자상거래의 정의와 특징, 전자상거래의 영향, 전자상거래의 유형, 결제시스템과 배송, 보안 등에 대해 살펴본다.

1. 네트워크 경제의 특성과 작동 원칙

1.1 네트워크 경제의 특성

네트워크 경제란 네트워크가 가치 창출의 핵심 역할을 하는 경제를 의미하며, 개별 기업이 가치 창출의 주된 주체였던 산업경제와는 다른 경쟁의 규칙으로 움직인다. 와이어드지의 편집장이었던 케빈 켈리(Kevin Kelly)는 네트워크 경제에서는 가치 창출이 기존 방식의 개선보다는, 불완전하더라도 새로운 시도를 통한 혁신에서 발생하며 네트워크의 성장과 민첩성이 중요함을 강조하고 있다. 산업경제와 비교한 네트워크 경제의 두드러진 특징을 살펴보면 다음과 같다.

1) 네트워크의 중요성 증대

네트워크 경제에서는 네트워크 효과가 강하게 나타나는데, **네트워크 효과**란 제품이나 서비스의 사용자 증가가 전체 사용자의 가치에 영향을 주는 것을 말한다. 즉, 한 명의 사용자가 추가로 네트워크에 참여함으로써 기존의 네트워크 사용자가 혜택을 얻는 것이다. 사용자가 늘어날수록 네트워크의 가치가 증가하는 것은 통신 분야에서 **멧칼프의 법칙**(Metcalfe's Law)으로 잘 알려져 있다. 이 법칙은 통신망 사용자를 n으로 가정할 때 통신망의 가치를 $n(n-1)/2$로 수식화하여, 통신망의 가치가 사용자 수의 제곱에 비례하므로 기하급수적으로 증가함을 보여주고 있다. 또는 전화가 2대, 5대, 10대일 때 각각 연결망의 숫자가 기하급수적으로 증가하는 것으로 설명하기도 한다. 네트워크 효과는 망외부성(externality), 선순환 효과(positive feedback), 빈익빈 부익부 현상 등으로 다양하게 알려져 있다.

멧칼프의 법칙에서처럼 네트워크 효과는 선형으로 일정하게 증가하지 않는다. 즉, 네트워크 가입자가 증가하더라도 일정 수준까지는 네트워크 가치의 증가가 매우 느리지만, 가입자 증가가 누적되어 **임계치**(critical mass)를 넘을 경우 급격하게 증가한다. 임계치를 넘게 되면 신규 가입자의 혜택이 크게 증가하기 때문에 가입자가 급속하게 늘어나게 되고 따라서 기존 가입자 역시 혜택을 받게 된다.

한편 네트워크 효과는 선순환 효과를 만들어낼 수 있다. 즉, 네트워크를 성장시켜 수요 측면에서 강력한 네트워크 효과를 발생시키면 수요가 증대하고, 증가한 수요는 공급 측면에서 규모의 경제효과를 일으킨다. 이는 가격 경쟁력을 높여주고 추가적인 수요를 이끌어내어, 다시 네트워크의 가치를 증가시키고 규모의 경제효과를 강화하는 선순환 효과를 만들어낸다. 일단 수요 측의 네트워크 효과와 공급 측의 규모의 경제가 결합된 선순환 효과가 만들어지면, 이를 소유한 기업은 강력한 경쟁우위를 보유하게 된다.

2) 비용구조의 변화

먼저 소비자 측면에서 보면 인터넷과 전자상거래의 발전은 소비자의 거래비용을 획기적으로 감소시켰다. 인터넷을 통해 상품과 서비스의 정보검색이 쉬워졌고, 기업 중심의 광고를 통한 정보 획득에서 벗어나 사용자 리뷰와 같은 고객 중심의 정보 수집이 가능해졌다. 전자상거래의 발전은 신속한 거래와 함께 가격비교를 용이하게 한다. 이는 소비자의 정보검색 비용과 거래비용을 감소시켜 소비자의 이동을 쉽게 만든다. 결국 기업들은 과거와 같은 충성도 높은 고객 확보가 점점 더 어려워지고 있다. 이러한 변화는 기업의 소비자에 대한 협상력을 약화시키고, 결과적으로 기업 간 경쟁을 강화시키고 있다.

다음으로 기업 측면에서 보면 정보통신기술의 발전으로 정보의 검색, 획득, 분배 비용의 감소를 통하여 조정비용이 감소되고 결과적으로 거래 총비용이 감소된다. 조정비용(coordination cost)이란 거래 당사자 간의 정보 제약을 완화시키는 비용을 말한다. 상품이나 서비스의 판매가격이 직접 생산비와 각종 조정비용을 포함한 총비용에 이윤을 더하여 결정되는 경우가 많기 때문에, 가격을 낮추어 시장 효율성을 높일 수 있다. 또한 기업이 직접생산과 외부조달 중 선택해야 할 때, 외부조달의 단점인 높은 조정비용이 하락하여 외부조달이 더 많아질 수 있다. 이는 직접 생산보다 외부조달이 유리할 경우 경영에 효율을 제공한다(한영춘, 임명성, 2013).

1.2 네트워크 경제의 작동 법칙

케빈 켈리는 인터넷 시대의 신경제 법칙, 혹은 네트워크 경제의 법칙에 대해 열두 가지 핵심 작동 법칙을 발표하였다. 이에 대해 살펴보면 다음과 같다.

1) 연결의 법칙

네트워크 경제를 움직이는 힘은 모든 것과의 연결 그 자체에서 발생한다. 반도체가 소형화/저비용화되면서 컴퓨터뿐 아니라 TV, 스마트폰, 시계, 호텔의 문에 이르기까지 세상의 거의 모든 장치가 통신망으로 연결되어 네트워크에 참여하고 이러한 연결 속에서 가치를 창출해낸다. **연결의 법칙**(the law of connection)이란 일단 연결되어 만들어진 네트워크는 네트워크에 참여하는 모든 연결 단위(node, 노드)의 총합보다 더 큰 가치를 가진다는 것이다. 네트워크상의 각 노드는 비록 똑똑하지 않더라도 서로 정보교환을 통해 상호작용하면서 똑똑한 결과를 만들어 낸다. 연결의 법칙을 잘 보여주는 사례로 위키피디아를 들 수 있다. 또한 인터넷의 웹페이지 하나하나는 작은 정보와 지식만을 가지고 있지만, 검색엔진을 통해 연결되면 강력한 지식의 보고가 된다. 네트워크 경제에서 가치를 창출하는 가장 중요한 법칙은 '연결'에 있다.

2) 풍부함의 법칙

멧칼프 법칙에 의하면 네트워크 가치의 총합은 네트워크 참여 구성원 수의 제곱만큼 증가하여 기하급수적으로 증가한다고 하였다. **풍부함의 법칙**(the law of plentitude)은 전통적 산업경제의 희소성 원리와 정면으로 배치된다. 산업경제에서는 재화가 풍부하면 풍부할수록, 많이 생산하면 생산할수록 재화의 가치는 떨어진다. 산업경제에서의 가치가 희소성에서 나온다는 것은 금, 다이아몬드, 석유 및 변호사나 회계사와 같은 전문 직종의 가치에서 볼 수 있다. 그러나 네트워크 경제는 산업경제와 정반대로, 많으면 많을수록 오히려 가치가 오르고 사용자에게 이득이 된다. 풍부함의 법칙이 적용되는 것이다. 윈도우즈 운영체제, MP3 음악포맷, 애플과 안드로이드 운영 생태계 등 예는 무수히 많으며 풍부함의 법칙이 적용되는 제품과 산업도 급속히 증가하고 있다.

3) 가치 폭증의 법칙

마이크로소프트사 초기 10년간은 수익이 별 볼 일 없었지만, 1985년을 기점으로 한 번 상승한 후 폭발적으로 증가하였다. 인터넷 보급 역시 비슷한 모습을 보이는데, 1960년대에는 연결된 컴퓨터 수가 매우 느리게 증가했지만 1991년 이후 폭발적으로 성장하였다. 이러한 모습은 생태계에서 흔하게 볼 수 있는데, 특정 종의 개체 수가 천천히 증가하다가 특정 시점을 지나면서 폭발적으로 증가하는 형태를 보인다.

4) 티핑 포인트의 법칙

전염병의 추이를 보면 일정 수준까지 통제가 가능하지만 감염자가 천천히 늘어나다가 폭발적으로 확산되어 손을 쓸 수 없는 지점이 있다. 이를 **티핑 포인트**(tipping point)라고 한다. 비슷한 용어로 임계점이 있다.

네트워크 경제에서는 고정비용이 높고 한계비용은 매우 낮다. 소프트웨어 산업을 예로 들면, 윈도우즈 비스타는 1,000명의 개발자가 5년 동안 개발하였고 총 100억 달러가 소요되었다. 즉, 고정비는 100억 달러이지만 개발된 후 한 카피의 제조 비용은 0에 가깝다. 더욱이 제품 유통에 소요되는 시간과 비용도 매우 작기 때문에 티핑 포인트까지의 도달 시간은 더욱 짧아졌다. 따라서 기업들은 경쟁자가 티핑 포인트 부근에 도달했다면 즉각적 행동을 해야 한다. 하루에 두 배씩 성장하는 백합 잎의 경우, 3일 전에는 연못의 8분의 1을 차지하고 있었으나 오늘은 연못을 완전히 뒤덮을 수 있다. 손쓰기에는 너무 늦은 경우가 다반사이다.

5) 수확체증의 법칙

우리들에게 익숙한 **수확체감의 법칙**은 자본과 노동 등 생산요소가 한 단위 추가될 때 늘어나는 한계생산량은 점차 줄어든다는 것이다. 결국 어떤 산업이든지 일정 수준에 도달하면 성장이 정체된다는 것이다. 그러나 네트워크 경제에서는 반대로 **수확체증의 법칙**(the law of increasing returns)이 강하게 나타나는데, 투입된 생산요소가 늘어날수록 산출량이 기하급수적으로 증가한다. 즉, 임계점을 지난 후 추가되는 가입자는 네트워크 가치를 폭증시키고 이는 다시 가입자를 빨아들인다.

또한 켈리는 수확체증의 법칙과 규모의 경제와의 차이점을 지적했는데 첫째, 규모의 경제효과는 가치 증가가 선형으로 나타나지만 수확체증 법칙의 효과는 기하급수적으로 증가한다. 둘째, 규모의 경제효과는 한 기업이 경쟁자와 비교할 때 더 많은 가치를 더 적은 투입으로 생산하는 것이다. 여기에 필요한 전문성은 개별 기업이 창출해낸다. 반면 수확체증 법칙의 효과는 제품과 서비스의 사용자로 이루어진 네트워크 자체가 가치를 창출하는 것이다. 수확체증 법칙하의 가치는 네트워크 구성원들의 관계 속에서 만들어지는 것으로, 기업은 이런 네트워크가 잘 성장하도록 키워내는 것이 중요하다. 그러나 이는 쉽지 않은데, 효과적인 네트워크를 위해서는 공통 표준이 필요하고 이러한 표준을 소유한 조직과 개인은 네트워크가 생산하는 가치를 더 많이 향유한다. 컴퓨터 운영체제 경쟁, 게임기 표준 경쟁

등의 전쟁과 같은 경쟁이 그 예이다.

6) 역가격의 법칙

과거에는 소비자들이 가격 인상에 익숙했던 데 반해, 오늘날 정보통신 산업 분야에서는 시간이 지날수록 더 낮은 가격으로 더 좋은 품질의 상품을 구매하는 데 익숙해지고 있다. 이는 컴퓨터나 가전제품의 초기 출시 가격과 지금 가격을 비교해보면 분명해진다. 이러한 현상은 무어의 법칙이나 길더의 법칙으로 설명되는데, **무어의 법칙**(Moore's Law)은 인텔의 공동설립자인 고든 무어(Gordon Moore)가 1965년 제시한 경험법칙으로 반도체 집적회로 성능이 18개월에서 24개월마다 두 배로 증가한다는 것이다. 실제 반도체 산업에서는 무어의 예측보다 오히려 더 발전이 빨랐고 반도체 이외의 모든 전자기기에도 적용되었는데, 전문가들은 향후 이러한 폭발적 성능 향상과 가격 하락이 계속 일어날 것으로 전망하고 있다. 또한 **길더의 법칙**(Guilder's law)은 통신망의 전체 대역폭이 12개월마다 세 배씩 증가할 것이라고 예측한 것이다. 이는 무어의 법칙보다 훨씬 더 빠른 속도로 통신망이 발전할 것을 예측한 것이다.

전자와 통신산업의 끊임없는 혁신과 경쟁은 제품 가격을 낮추고 성능과 용량은 대폭 상승시키고 있다. 요컨대 소비자는 시간이 갈수록 더 적은 돈을 지불하고도 훨씬 더 뛰어난 성능의 제품을 구매할 수 있다. 이런 추세가 정보통신 산업 외에 다른 분야에도 영향을 미칠 수 있을까? 켈리는 거의 모든 산업으로 정보통신 기술의 영향이 확산되고 있고 인터넷 보급으로 거래비용 및 정보획득 비용이 급락하기 때문에, 많은 산업이 **역가격의 법칙**(the law of inverse pricing)의 적용을 받게 될 것으로 전망했다. 예를 들면 주식거래 수수료뿐만 아니라 은행송금 수수료 역시 인터넷과 모바일 뱅킹의 확산으로 무료에 가깝게 떨어지고 있다.

7) 관대함의 법칙

관대함의 법칙(the law of generosity)은 가장 가치 있는 제품과 서비스를 "공짜로 제공하라"로 요약될 수 있다. 이는 앞서 언급한 풍부함의 법칙과 역가격의 법칙을 연결한 것이다. 즉, 서비스와 제품이 많이 사용될수록 그 가치는 커진다는 법칙과, 최고의 제품과 서비스도 가격이 계속 하락한다는 법칙을 연결한 것이다. 관대함의 법칙은 왜 기업이 엄청난 개발비를 투자한 제품을 사용료를 받지 않고 사용자들에게 그냥 주는지를 설명한다. 마이크로소프트의 인터넷 익스플로러나 구글 크롬 등의 개발 및 유지보수 비용은 수십억 원 이상이지만 기업들은 공짜로 제공하고 있다. 페이스북, 다음 메일과 네이버의 카페 서비스 역시 마찬가지이다.

왜 이런 현상이 일어나는 걸까? 근본적인 이유는 제품과 서비스의 한계비용(추가 생산비용)이 0으로 수렴하고 가치는 많이 사용하면 사용할수록 증가하며, 제품 확산이 일정 수준에 도달하면 스스로 굴러가기 때문이다. 일단 제품의 가치가 상승하고 사람들에게 '필수불가결한' 요소로 자리 잡으면, 기업은 이를 이용해서 추가적인 서비스를 판매하거나 사용자 네트워크를 이용하여 수익을 낼 수 있다. 이런 새로운 비즈니스 환경에서 살아남기 위해 기업들은 의식구조부터 사업전략, 비즈니스 모델을 변화시키고 있다. 모든 것이 풍부한 요새 세상에서 희소한 것은 사람들의 '주목(attention)'밖에 없다. 제품은 공짜로 제공하고 사람들의 주목을 끌어 의식 점유율(mind share)을 확보하는 것이 곧 시장 점유율을 높이는 것이다.

8) 충성의 법칙

네트워크 경제에서 기업의 선택해야 할 문제 중 하나는 큰 시장에서 작은 파이를 나눌 것인가 아니면 작은 시장의 파이를 독식할 것인가이다. 네트워크 경제의 관점에서는 전자가 바람직하다. **충성의 법칙**(the law of allegiances)을 잘 따르고 있는 사례는 게임기 산업이다. 게임기 산업에서 기업들은 사용자, 개발자, 하드웨어 제조사 등을 끌어들여 자사의 네트워크를 증가시키려고 노력한다. 게임기 산업에서의 성공은 해당 게임기 플랫폼의 네트워크에 달려 있기 때문이다. 대부분의 게임회사들은 성공을 위해서는 플랫폼을 키우고 시장을 같이 키워야 한다는 것을 잘 알고 있다.

1980~1990년대 마이크로소프트의 부상과 애플의 몰락은 이를 잘 보여준다. 최초의 상용 개인용 컴퓨터를 판매하면서 최고 위치를 점유했던 애플은 독점 시장을 유지했지만 사용자 네트워크가 감소하여, 마이크로소프트와 인텔 중심의 PC진영에 완전히 뒤쳐졌다. 이 결과 전 세계 시장 점유율이 5% 미만까지 떨어졌다. 이후 애플은 아이폰과 아이패드를 가지고 시장에 복귀했지만 과거의 독자 네트워크 전략은 수정하지 않고 있다. 따라서 스마트폰과 태블릿 시장에서, 플랫폼 위주 전략의 구글 안드로이드 진영과 독자 네트워크의 애플의 대결은 충성의 법칙이 유효한가를 판단하는 하나의 사례가 될 수 있을 것이다.

9) 이전의 법칙

네트워크 경제에서 개별 기업의 성공과 실패는 순전히 자신의 역량에만 의존하지 않고 주변의 이웃들, 협력사들, 경쟁사들까지를 포함한 생태계에 의해 영향을 받는다. 이에 따른 수많은 불확실성의 존재로 개별 기업이 최선의 선택을 하는 것이 매우 어렵다. 한때는 최고였던 기업이 어려움을 겪고 경쟁에서 도태되는 경우를 쉽게 볼 수 있다. 이것은 네트워크 경제에서는 시장의 선택, 성장, 소멸의 주기가 매우 빠르고 격렬하게 일어나기 때문이다.

새로운 생태계에 적응하기 위해서 기업은 자신의 기술, 제품, 서비스가 아직 충분한 경쟁력이 있을 때 미리 다음 단계를 계획해야 한다. 그래서 자신의 현재 최고의 제품을 주의 깊게 단종시키고 다음 제품으로 이전(devolution)할 필요가 있는데, 이를 체계적으로 수행하고 있는 기업으로 인텔을 들 수 있다. 인텔은 주기적으로 현세대 CPU 제품을 밀어내고 더 경쟁력 있는 차세대 제품으로의 교체를 실시한다. 마이크로소프트의 윈도우즈 제품군 역시 주기적으로 차세대 제품을 발표하고 있다. 지금 당장 경쟁력이 높다고 안심한다면 경쟁자에게 뒤처질 수 있다.

10) 교체의 법칙

교체의 법칙(the law of displacement)은 정보가 실물(material)을 대체한다는 것이다. 사례를 보면 금융산업에서는 인터넷 뱅킹의 확산으로 종이 통장이 온라인 계좌로 교체되었으며, 온라인 증권은 증권사 지점 숫자를 급격하게 줄여버렸다. 또한 이메일 확산은 우편물을 과거의 유물로 만들어버렸다. 콘텐츠 산업에서도 실물이 정보에 의해 급격하게 대체되고 있다. 음악과 영화산업의 CD와 DVD, 블루레이 디스크는 각각 MP3 파일과 온라인 스트리밍의 출현으로 내리막길을 걷고 있다. 출판 산업의 경우도 아마존에서는 2012년에 전자책 판매가 종이책 판매를 넘어섰다.

11) 뒤흔듦의 법칙

복잡한 네트워크가 지속적으로 생명력을 유지하기 위해서는 생태계 자체의 불안정 요소가 필요하다. 안정적인 질서와 균형에 안주하는 네트워크는 점차 정체하고 결국 소멸해버린다. 켈리의 관점에서 혁신은 곧 파괴(disruption)를 의미한다. 지속적 혁신이란 파괴가 영구적으로 반복되는 것이고, 네트워크의 목표는 균형점을 찾아 안정적 상태로 들어가는 것이 아니라 불균형의 영구적 유지를 통해 동적 진화를 계속하는 것이다. 안주하는 순간 정체가 시작되는데, 이는 다른 말로 하면 천천히 죽어가는 것이다.

네트워크 경제의 뒤흔듦(chum)의 어두운 면은 끊임없이 기업들이 소멸해 간다는 것이다. 어제의 우수기업이 오늘은 시장에서 사라진다. 인터넷 초기 시대 강자였던 야후, 우리나라에서 인터넷 커뮤니티 최강자였던 프리챌과 대표적 SNS였던 싸이월드, 인터넷 메신저인 네이트온 등이 그 예이다. 반면에 밝은 면은 소멸하는 기업보다 더 많은 신생 기업이 창업되어 네트워크에 활력을 불어 넣는다는 점이다. "좋아하든 싫어하든 뒤흔듦은 네트워크 경제의 모든 기업에게 일상의 생활이다." 따라서 민첩한 기업만이 생존 확률을 높일 수 있다.

12) 비효율성의 법칙

켈리는 네트워크 경제에서 효율성을 측정하는 것은 잘못된 일이라고 주장한다. 일반적으로 영화산업에서 상영시간이 긴 영화 제작은 짧은 영화보다 비효율적이다. 영화 관람 가격이 정해져 있으니, 상영시간이 길면 관객 회전율이 떨어지기 때문이다. 과연 그럴까? 그러나 실제로 상영시간이 3시간이 넘는 '반지의 제왕' 시리즈는 대성공을 거뒀고 영화사와 상영 극장 모두에게 큰 이익을 주었다. 이와 유사하게 네트워크 경제에서는 일을 올바르게 하는 것보다 올바른 일을 하는 것이 훨씬 더 중요하다. 산업경제에서는 적은 투입으로 효율성을 높이는 것이 지상과제였다면, 네트워크 경제에서는 어떤 일을 하는 것이 효과적인지를 찾아내는 것이 핵심이다. "문제를 해결하려고 하지 말고 기회를 찾아라." 즉, 현재의 문제 해결 노력은 약점에 투자하는 것이지만, 기회를 찾는 것은 네트워크에 투자하는 것이다(한영춘, 임명성, 2013).

2. 전자상거래

2.1 전자상거래의 정의

전자상거래는 다양한 관점에서 정의될 수 있다. 칼라코타와 윈스턴(Kalalkota & Winston, 1996)은 전자상거래를 '네트워크를 통한 상품의 구매와 판매'로 정의하고 있다. 라우던과 트래버(Laudon & Traver, 2007) 역시 '인터넷과 웹을 통해 상거래를 하는 것'으로 정의한다. OECD 역시 '문자, 소리, 시각 이미지를 포함한 디지털화된 정보의 전송과 처리에 기초하여 이루어지는 '모든 형태의 상업적 거래'로 정의한다. 또한 우리나라의 전자상거래 등에서

의 소비자보호에 관한 법률과 전자문서 및 전자거래 기본법에서도 '재화나 용역을 거래함
에 있어서 그 전부 또는 일부가 전자문서에 의하여 처리되는 거래'로 정의하고 있다.

이러한 정의는 공통적으로 직접적 상거래를 전자상거래의 핵심으로 보고 있지만 현재의
전자상거래가 직접적 상거래 이외에 구매와 판매를 지원하는 기업의 업무 프로세스, 기획,
마케팅 등의 다양한 활동을 포함하고 있으므로 협소한 정의라고 보기도 한다. 따라서 광범
위한 기업 활동에 미치는 영향을 고려하여 '네트워크를 통한 상거래와 이를 지원하는 모든
활동'으로 폭넓게 정의하기도 한다.

2.2 전자상거래의 특징

1) 전자상거래의 장점

① 소비자 측면에서의 장점

- 구매 시 시간적 · 공간적 제약을 받지 않는다.
- 상품에 대한 다양한 정보를 쉽게 획득하여 좋은 구매 결정을 내릴 수 있다.
- 정보탐색 비용이 저렴하고 시간이 단축되어 충분한 사전 조사가 가능하므로 계획 구매할 수 있다.
- 시장 진입 장벽의 약화로 기업 간 경쟁이 심해짐에 따라 저렴한 가격으로 구매할 수 있다.
- 쌍방향 커뮤니케이션을 이용하여 소비자의 욕구를 전달하고 기업의 즉각적인 조치에 의해 소비자의 욕구에 맞는 제품을 공급받을 수 있다.

② 기업 측면에서의 장점

- 24시간 거래가 가능하며 전 세계를 대상으로 판매가 가능하다.
- 시간 및 공간의 제약이 적어 상대적으로 저렴한 비용으로 광고가 가능하다.
- 물리적 매장과 인력고용 등의 고정비와 간접비를 절감하여 저렴한 비용으로 판매 가능하다.
- 판매와 운송에서의 중간 유통 단계가 생략되어 유통비를 절감할 수 있으므로 가격 경쟁력이 높아진다.
- 기업 운영 측면에서의 오류 및 재작업 감소와 전자 주문 등의 업무 전산화로 시간과

비용을 절감할 수 있다.

- 고객과의 쌍방향 커뮤니케이션이 가능함에 따라 고객정보 획득을 통해 고객 구매 행태를 자동 분석함으로써, 고객의 수요와 욕구를 파악하고 이는 기업 경쟁력을 향상시킨다.

2) 전자상거래의 단점

소비자의 입장에서는 정보의 홍수 속에서 선택에 도움이 되는 신뢰할 만한 정보 탐색이 쉽지 않은 정보 탐색의 한계가 항상 존재하고 있고, 거래 및 결제 시 개인정보(신용정보 포함) 누출이 우려된다. 또한 전자상거래의 비대면적 특성으로 인해 전자상거래 사기의 가능성이 높은데 이는 전자상거래에 대한 신뢰성 부족의 결과를 가져오게 된다.

사업자 입장에서는 다른 산업에 비해 진입장벽이 낮아 치열한 다수의 경쟁 업체가 존재하기 때문에 소비자 선택을 받지 못하면 살아남기 어렵다. 또한 물류 및 배달 체계의 의존성이 매우 크기 때문에 효율적 구축이 필요하고, 소비자의 개인정보보호와 안전결제를 위한 보안시스템과 결제시스템 구축의 추가적 비용 부담이 있다(노규성, 김의창, 2019).

2.3 전자상거래의 영향

전자상거래는 공급자와 소비자의 관계 및 비즈니스 사이클에 큰 영향을 주고 있다. 이것은 산업의 가치 시스템에 변화를 주고, 산업 전반에도 엄청난 변화를 야기하고 있다. 최근에는 모바일과 SNS의 등장으로 사회 전반에 대한 파급 효과가 매우 크다.

1) 공급자와 소비자의 관계에 미치는 영향

전자상거래의 발전은 인터넷에서의 공급자와 소비자의 상호 커뮤니케이션 환경 속에서 소비자의 주도권 증대를 가져오고 있는데, 이는 정보의 흐름 때문이다. 기존에는 상품과 서비스에 관한 정보를 주로 공급자가 제공했고, 이를 통해 시장 주도권을 잡고 거래를 유리하게 끌고 갔다. 그러나 인터넷 보급으로 소비자가 자유롭게 정보를 수집할 수 있는 환경이 마련되고, 이로 인해 정보에 대한 공급자의 우위성이 급속히 줄어들고 있다.

또한 인터넷에서 공급자와 소비자를 연결하거나, 공급자들의 상품과 서비스를 소비자들이 신속하게 비교하도록 하는 중개업자의 등장이 큰 역할을 하고 있다. 소비자에게 매력적인 시장을 제공하는 중개업자의 웹 사이트는 많은 소비자를 끌어 모으는 힘이 있다. 그리고 구매능력을 가지고 있는 것이 소비자에게로의 주도권 이동의 중요 요인이 되고 있는데, 소비자가 구매 조건을 제시하면 이를 토대로 공급자가 판매를 결정하는 역경매형 전자상거래는 소비자로의 주도권 이행을 더욱 가속화시키고 있다. 소비자에게로의 주도권 이행이 더욱 가속화된다면, 전자상거래 시장의 주류가 B2C가 아니라 C2B 시장이 될 수도 있을 것이다.

2) 유통산업에 미친 영향

전통적 상거래에서 **중간상**은 제조 기업과 최종소비자 사이에 흔히 도매상-중간도매상-소매상과 같은 형태로 존재한다. 전자상거래 초기에는 판매자와 구매자의 직거래가 증가하여 중간상이 사라지는 탈중개화 현상이 나타날 것으로 예측하였지만 완전한 탈중개화가 나타난 사례는 드물다. 전자상거래의 도입은 탈중개화와 재중개화를 일으키고 있으며, 전통적 유통망보다 중간단계가 줄어드는 경향을 보인다. 이는 전자상거래가 유통망의 효율성을 향상시키고 있다고 해석할 수 있다.

(1) 전통적 중간상의 역할

상거래에서 중간상은 제품의 유통 역할을 수행하는데 구체적으로 매칭(matching), 유동성 조절, 제품구색 불일치 완화, 고객서비스 제공 등의 역할을 수행한다. 매칭은 중간상의 가장 큰 역할의 하나로 제조사와 구매자에게 적당한 거래 상대를 찾아주는 것이다. 구매자와 제조사는 각각 원하는 구매 가격과 판매 가격이 다른데, 문제는 이에 대한 정보가 없는 것이다. 이 경우 제조사와 구매자가 각기 직접 거래 상대를 찾는다면, 거래가 이루어지기 어렵다. 중간상은 이들에게 적절한 거래 상대를 찾아줌으로써 거래 성사의 가능성을 높여준다.

다음으로 제조사는 미래 수요에 대한 정보가 불확실하기 때문에 과잉생산이나 과소재고의 위험에 노출되어 있는데, 중간상은 보유 재고를 조절하게 할 수 있으며 이를 통해 제조사의 위험을 분산시키는 유동성 조절의 역할을 수행한다. 그리고 구매자는 다양한 상품 중에서 비교해보고 구매 결정을 하기를 원하지만 개별 제조사는 구매자가 원하는 제품구색을 맞춰주기가 어렵다. 중간상은 구매자가 원하는 다양한 구색을 갖추어 거래를 촉진한다. 또한 중간상은 제조업자를 대신하여 최종구매자에게 교환, 반품, 사용자 교육 등의 애프터서비스를 제공하고 제품의 배달과 설치, 고객문의 대응 등의 고객서비스를 제공한다.

(2) 탈중개화

탈중개화(disintermediation)는 중간 유통망을 제거하고 판매자와 최종 구매자가 직접 거래하는 것을 말한다. 인터넷을 통한 전자상거래는 판매자와 구매자의 직접 거래를 보다 수월하게 해주었다. 따라서 유통과정을 줄이거나 제거하여 유통비용을 대폭 줄이고, 구매자는 보다 저렴한 가격으로 구매하며 제조사는 이윤을 높일 수 있게 되었다. 그러므로 전자상거래에서는 판매자와 최종 구매자 모두 중간상을 생략하고 직접 거래를 할 유인이 커졌다. 탈중개화의 영향은 산업마다 다르게 나타나고 있다. 컴퓨터와 소프트웨어, 게임, 증권, 여행산업 등에서는 탈중개화의 영향이 강해서 중간 유통망이 크게 단축되거나 최종 구매자와 직접 판매채널이 개설되고 있다. 반면 식료품, 자동차 판매 등의 산업에서는 영향이 제한적으로 나타나고 있다.

델 컴퓨터는 인터넷을 통해 최종 소비자와 직접 거래를 수행하는 탈중개화를 통해 효율성을 극단적으로 향상시킨 사례이다. 델의 창업 당시 경쟁기업들은 PC 제조 후 유통망을 통해 판매하는 방식이었지만, 델은 인터넷을 통해 직접 고객 주문을 받은 후 제품 조립을 하고 고객에게 직접 배송하였다. 애프터서비스 역시 본사의 기술지원 인력을 통해 직접 처리하였다. 이런 방식의 장점은 첫째, 중간 유통망을 배제하여 높은 가격 경쟁력을 가질 수 있다. 둘째, 중간 유통망 배제로 정확한 수요예측을 하고, 이를 통해 재고량을 최소화하여 대폭적 원가 절감이 가능해졌다. 셋째, 고객 응대와 서비스를 직접 수행함으로써 고객의 피드백 정보를 정확하게 파악할 수 있다.

(3) 재중개화

이론적으로는 제조사와 최종 구매자가 직거래를 수행하면, 이들이 중간상 이익을 나누어 가질 수 있어 양자 모두에게 이익이 된다. 하지만 전자상거래 환경에서도 중간상이 완전히 배제되는 경우보다는 기존 중간상 역할이 변화하여 인터넷 기반 중간상을 보강하거나, 인터넷 기반의 새로운 중개상이 등장하는 **재중개화**(reintermediation) 현상이 더 많이 나타나고 있다. 이는 중간상의 매칭 기능이나 제품 구색 다양화 효과 등이 전자상거래 시대에도 여전히 유효하기 때문이다.

재중개화는 중간상의 변화 형태에 따라 분류할 수 있다. 첫째, 인터넷화는 오프라인 중간상이 기존 업무를 인터넷 기반으로 전환하는 경우이다. 인터넷을 활용하여 효율성 향상이 있기는 하지만 기본적 수행 업무는 변함이 없다. 교보문고나 반스앤노블스와 같은 오프라인 서점이 온라인 서점을 병행하고 있는 것, 은행 산업에서 온라인 뱅킹을 통해 기존 은행지점의 창구 업무를 그대로 인터넷으로 이전한 것 등이 사례이다.

둘째, 기존 채널의 대체는 온라인 중간상이 등장하여 기존 오프라인 중간상을 대체하는 형태이다. 인터넷 서점이자 세계 최대 전자상거래 업체인 아마존은 인터넷 기반 중간상이 기존 오프라인 유통망을 대체하는 형태를 잘 보여준다. 아마존은 1994년 온라인 서점 사업을 시작하면서 베스트셀러나 신간을 40%까지 싸게 팔았다. 동시에 하루에 책 100만 권을 배송할 수 있는 물류 시스템을 갖추는 데 돈을 쏟아부었다. 고객들이 아마존의 빠른 배송에 익숙해질수록 서점들은 빠르게 문을 닫았다. 대형 오프라인 서점인 보더스마저 2011년 파산했다. 한국과 일본 역시 오프라인 서점이 3분의 1 이하 또는 절반 이하로 줄었다. 음반 산업의 경우도 디지털 음반 시장이 오프라인 음반시장을 빠르게 대체하고 있다.

셋째, 기존 채널과 협력하는 형태는 구매자의 구매과정을 도와주는 부가가치 서비스를 제공하면서 기존 유통망과 협력하는 중간상을 말한다. 국내의 다나와나 에누리와 같은 비교쇼핑 사업자를 예로 들 수 있다. 비교쇼핑 사업자는 구매자가 원하는 제품의 가격을 업체별로 정리하여 보여주어 구매자의 의사결정을 돕는다. 구매자가 자사 서비스를 이용해 구매를 할 경우 매출이 발생한 업체로부터 수수료를 받는 구조이다(한영춘, 임명성, 2013).

2.4 전자상거래의 유형

1) 거래 주체에 따른 분류

전자상거래의 주체는 소비자(consumer), 기업(business), 정부(government)이며, 주체들 간의 거래 연결에 따라 기업과 기업 간(B2B), 기업과 소비자 간(B2C), 기업과 정부 간(B2G), 소비자와 기업 간(C2B), 소비자와 소비자 간(C2C) 전자상거래 등 여러 가지 유형으로 구분된다. 여기서는 소비자와 관련이 있는 전자상거래에 대해서만 살펴보기로 한다.

(1) 기업과 소비자 간(B2C) 전자상거래

B2C(business-to-consumer) **전자상거래**는 기업이 고객에게 제품이나 서비스를 전달하는 수단으로 전자상거래를 사용하는 것이다. 대표적인 유형으로 인터넷 쇼핑몰을 들 수 있고 인터넷 뱅킹, 이러닝, 온라인 게임, 온라인 영화, 온라인 음악 및 포털이나 각종 미디어 등도 소비자에게 콘텐츠나 서비스를 제공하고 수익을 올리기 때문에 여기에 해당된다.

B2C 전자상거래는 가상공간에서 소비자와 공급자가 직접 만나 거래함으로써 유통마진,

물류비용, 광고비용 등을 절감하여 저렴하게 제품을 공급한다. 또한 소비자 입장에서도 시공간의 제약 없이 원하는 물건을 쉽게 찾고 제품 정보의 실시간 검색과 비교분석이 가능하므로, 최소한의 시간과 경비로 구매할 수 있다. 그리고 인터넷을 통해 제품 선택에서부터 구매, 지불, 배송까지 모든 프로세스가 한 번에 이루어지므로 소비자에게 큰 편리성을 주었다.

인터넷 쇼핑몰은 실제 매장이 필요 없어 임대료나 유지비가 들지 않지만, 사이버 공간에서 편리하게 쇼핑할 수 있도록 검색 지원 도구를 잘 개발해야 하고, 웹 데이터베이스 구축 등의 상당한 전문성이 요구된다. 또한 소비자들은 매우 다양한 동기와 욕구를 가지고 접속하므로 목표 고객을 정확하게 선정해야 한다. 즉, 소비자와의 접점을 잘 찾아서 고객이 원하는 정보를 제공하고, 쌍방향성을 활용하여 고객 관리에 전략적으로 대응해야 한다. B2C 전자상거래 유형들을 살펴보면 다음과 같다.

- 전자소매 : 전통적 소매점을 온라인 형태로 전환한 것으로, 주된 수입은 판매수입이다. 주요 특징으로는 자금 및 전문기술 등 진입장벽이 낮아 경쟁이 매우 치열하고 이로 인해 제품을 저가로 판매하는 경우가 많다는 것인데, 이는 공급자 입장에서 자금 고갈의 원인이 되기도 한다.
- 전자시장 서비스 : 전자시장이란 오프라인 시장을 온라인으로 변경하여 온라인 시장 플랫폼을 구축한 것이다. 전자시장 서비스란 전자시장을 구축하고 거래 관련 기반구조와 서비스를 제공하는 것인데, 수입은 주로 판매자로부터 받는 거래 수수료이다. 전자시장이 성공하려면 판매자와 구매자 모두 언제든지 제품을 판매하거나 구매할 수 있어야 하므로, 시장에 판매자나 구매자의 수가 많아야 한다. 따라서 전자시장 서비스 제공업체의 마케팅 능력, 브랜드 인지도 등이 중요하다. 대표적 기업으로 G마켓, 11번가, 이베이 등을 들 수 있다.
- 온라인 거래중개 서비스 : 거래중개란 판매자와 구매자를 연결시켜주는 서비스인데, 서로를 찾는 시간과 비용을 줄여주고 편리하게 서비스를 활용할 수 있게 해주며, 해당 분야의 다양하고 전문적인 정보도 제공해준다. 순수 온라인 서비스 제공 업체도 있지만 오프라인 업체가 온라인 서비스를 병행하는 경우도 많다. 주된 수입은 거래 수수료이다. 주요 분야는 재무 및 금융 분야, 관광 및 여행 서비스 분야, 고용 및 취업 알선 분야 등이다.

- **디지털 콘텐츠** : 대표적 분야로 온라인 출판, 신문, 전자책, 이러닝, 엔터테인먼트(음악, 영화, 게임, 웹툰 등) 등을 들 수 있는데, 최근 크게 성장하고 있다. 문제점으로는 복제로 인한 저작권 보호와 수익모델 문제를 들 수 있다. 대부분 소비자들이 디지털 콘텐츠는 무료라고 생각하므로 유료화 후 실패를 본 기업이 많다.

- **포털서비스** : 디렉터리 또는 검색엔진을 이용하여 사용자들이 원하는 웹사이트로 안내해 주는 서비스로 구글, 네이버, 야후 등이 대표적이다. 초기에는 순수 포털서비스만 제공했는데, 최근에는 다양한 콘텐츠를 제공하고 나아가 전자소매를 병행하기도 한다. 요컨대 사용자를 목적지까지 안내해주는 관문 역할에서 최종 목적지의 역할로 점차 바뀌고 있다. 따라서 주된 수입은 여전히 광고수입이지만 구독료, 거래 수수료, 제휴수입 등이 발생하기도 한다.

- **커뮤니티 서비스** : 스마트폰의 보급으로 페이스북, 유튜브, 카카오톡, 인스타그램 등 SNS 사용인구가 폭발적으로 증가하고 있다. SNS 제공업체는 주로 광고수입에 의존하고 있지만, 향후 다양한 수익모델을 창출한다면 많은 사용자를 기반으로 경쟁력을 높일 수 있을 것이다. 대표적 사례로 카카오톡 서비스는 무료로 제공하지만 카카오 뱅크, 카카오 택시, 카카오 게임 등 다양한 수익을 창출하고 있다.

(2) 소비자와 소비자 간(C2C) 전자상거래

C2C(consumer-to-consumer) **전자상거래**는 소비자와 소비자 간의 거래로, 여기서 소비자는 공급 주체인 동시에 구매 및 소비의 주체가 되며 인터넷은 매개 역할을 한다. 즉, 매개역할을 하는 서버 또는 플랫폼을 통해 상품, 서비스, 정보 등을 거래하는 것이다. C2C는 과거 대량생산, 대량소비 시대에는 불가능하였으나, 인터넷이 소비자들을 직접 연결시켜주는 시장 역할을 함으로써 가능해진 거래 유형이다. C2C는 오프라인에서 생활정보지 등을 통해 부분적·국지적으로 진행되던 거래가 인터넷 사용이 보편화되면서 광범위하게 확산된 것이다.

C2C 사례로는 인터넷 경매, 중고나라, 당근마켓 등을 들 수 있다. C2C는 비슷한 욕구와 동기를 가진 개인 소비자들이 효과적으로 의사소통할 수 있는 가상공동체를 형성하는 것이 중요하다. 또한 많은 소비자들이 상거래에 참여하므로 소비자들이 거래 절차를 쉽게 이해할 수 있도록 시스템을 구축해야 한다.

(3) 정부와 시민 간(G4C) 전자상거래

유엔의 평가에 의하면 한국은 전자정부 선진국이다. 전자정부란 사이버 공간에서의 정부 서비스를 의미하는데, 서비스를 제공받는 주체에 따라 G2B(business), G2C(consumer), G2G(government) 등으로 나눌 수 있으며 G2C의 경우 G4C(government for citizen)로도 불리고 있다. **G4C**는 다양한 행정서비스를 전자화·온라인화하여 언제 어디서나 온라인을 통해 접근과 이용을 가능하게 하는 서비스형 정부를 말하며 전자적 민원 안내 및 처리 서비스(구직, 여권 신청 등), 국세청 서비스(hometax.go.kr), 전자투표 실시 지원 등을 포함한다.

일반 시민의 입장에서는 정부민원 창구(http://www.minwon.go.kr)의 민원 처리 서비스가 대표적 사례이다. 예컨대 이사를 할 경우 전입신고와 자동차 등록 이전, 건강보험 주소 변경을 위해 예전에는 일일이 관련 기관을 직접 방문해야 했지만, 현재는 전자정부 단일창구를 통한 주소 변경으로 일괄 갱신할 수 있다. 또한 전자정부를 통해 개인은 출생에서 사망까지, 기업은 창업에서 폐업까지 전 과정을 온라인을 통해 접수하고 처리할 수 있다.

(4) 소비자와 기업 간(C2B) 전자상거래

C2B(consumer-to-business) 전자상거래는 소비자나 소비자 집단이 주도권을 가지고 거래하는 형태로, 필요한 상품을 가격, 수량, 부대조건 등을 결정해서 공급 기업에 제시하고 합의가 이루어지면 구매하는 것을 말한다. C2B는 다양한 욕구를 가진 소비자들이 공동의 목표로 수렴할 수 있어야 하며, 이를 위해 소비자들 간에 다양한 의사소통 수단을 제공해주는 것이 중요하다. 또한 수렴된 공동의견을 가지고 기업과 거래 절차를 성공적으로 수행하기 위해서는 공동체의 의견을 효과적으로 대표할 수 있는 시스템이 필요하다.

C2B의 대표적 사례로 인터넷 역경매와 인터넷 공동구매가 있다. 인터넷 역경매는 C2B의 대표적 사례인데, 일반경매와 반대로 판매자끼리 가격 흥정을 붙여 소비자가 가장 낮은 가격에 물품을 구입하는 소비자 중심의 전자상거래이다. 역경매는 소비자가 가격비교를 위해 여러 인터넷 쇼핑몰을 돌아다니지 않아도 될 뿐만 아니라 가격이 하락할 때 느끼는 흥정의 재미도 있다. 국내 역경매 사이트로는 여행상품을 입찰에 부치는 트래블하우(www.travelhow.com), 가전제품·건강·미용용품 사이트인 세일머니(www.salemoney. co.kr), 전자제품 사이트인 예스월드(www.yess.co.kr), 자동차사이트인 모터스랜드21(www. motorsland.co.kr) 등이 있다.

한편 인터넷 공동구매는 특정 상품을 다수의 소비자가 단체로 주문하여 구입가격을 낮추는 구매방식으로, 기존 쇼핑몰뿐만 아니라 공동구매 전문사이트도 등장하였다. 이는 대량구매를 통한 차별적 가격 할인으로, 다수의 구매자를 끌어들일 수 있는 온라인 서비스를 조합시킨 형태다. 공동구매는 소비자 중심의 상품 구매로 많은 소비자들의 호응을 얻고 있으며, 기존 판매 방식의 변화를 가져오고 있다(노규성, 김의창, 2019).

2) 거래 방법에 따른 분류

(1) M-커머스

① M-커머스의 개념

M-커머스(mobile commerce)란 모바일 네트워크를 통한 모든 가치전달 활동을 말한다. 보다 엄밀하게는 무선 단말기를 통해 인터넷에 접속하여 수행하는 상거래를 말한다. 일반적으로 모바일 쇼핑, 모바일 광고, 모바일 금융(뱅킹, 증권, 보험) 및 엔터테인먼트 서비스(음악, 웹툰, 영상)의 모바일 거래가 이루어진다. 여기에 뉴스, 이메일, 문자메시지(short message service, SMS), VOD(video on demand)와 AOD(audio on demand)의 콘텐츠 서비스를 포함시키기도 한다.

② M-커머스의 특징

M-커머스 애플리케이션은 기존 전자상거래 서비스와 무선통신을 결합시킨 것이다. 따라서 표 6-1과 같은 무선통신의 장점이 그대로 적용되며, 이런 특성을 살린 새로운 거래 서비스도 계속 개발될 것으로 예상된다.

표 6-1 무선통신의 장점

장점	내용
편재성(ubiquity)	언제 어디서나 실시간으로 정보 검색, 통신을 할 수 있다.
접근성(reachability)	언제 어디서나 필요한 곳에 연결할 수 있다.
편리성(convenience)	통신 도구의 간편화로 편리성이 증대되었다.
보안(security)	단말기 내에 부착되는 스마트 카드, SIM(subscriber identification module) 카드는 소유자 인증과 높은 수준의 보안을 제공한다.
위치정보(localization)	무선 서비스에 위치 정보를 결합하여, 지역별로 소비자에게 도움이 될 거래 관련 서비스를 제공한다.
개인화(personalization)	단말기 사용자의 정보나 설정 내용, 사용 내용을 바탕으로 사용자 개인의 특성에 맞는 콘텐츠를 제공한다.

(2) T-커머스

① T-커머스의 개념

T-커머스(television commerce)란 TV 매체를 이용한 전자상거래라고 할 수 있는데, 시청자가 시청 또는 검색하고 있는 상품을 TV와 리모컨을 통해 주문 및 결제하는 것이다. TV 홈쇼핑과의 차이점은 TV 홈쇼핑이 홈쇼핑 광고를 TV를 통해 시청한 후 전화를 통해 거래가 이루어지는 데 반해, T-커머스는 TV세트와 인터넷, 리모컨, 무선 키보드, 마우스 등이 융합된 단말 시스템을 통해 거래가 이루어진다. 따라서 TV 홈쇼핑은 홈쇼핑 편성에 따라 제공되는 정보만을 토대로 주문하는데 반해, T-커머스는 TV 홈쇼핑의 특징과 함께 소비자가 상품을 검색해 골라 살 수 있는 양방향 홈쇼핑이다.

양방향 커뮤니케이션이 가능한 IPTV(internet protocol television)는 T-커머스를 가능하게 하는 핵심기술이다. 이는 인터넷 프로토콜을 이용하여 정보서비스, 동영상 콘텐츠 및 방송 등을 텔레비전에 제공하는 것이다. 인터넷(통신산업)과 텔레비전(방송산업)의 융합이라는 점에서 디지털 융합의 유형이라고 할 수 있다. T-커머스는 TV 홈쇼핑과 달리 쌍방향성, 상품검색 가능성, 즉시 구매성 등의 특징을 가지고 있다. 여기에 TV의 친숙성, 사용 편의성이 결합되었다. IPTV를 이용한 T-커머스는 일반 상거래뿐만 아니라 금융거래 서비스, 유료 게임 및 음악 다운로드 등과 같은 전자적 콘텐츠의 구매로까지 확대될 수 있다.

② T-커머스의 특성

T-커머스의 특성은 단말기가 TV라는 것에서 찾을 수 있다. TV는 그 어느 시장보다 규모가 큰 상거래 창구이자 커뮤니케이션 장이기도 하다. 가장 친숙하고 보급이 많이 되어 있으며, 소비자가 무방비 상태로 노출되는 성격의 미디어이다. 또한 대표적인 감성 매체로 인간의 감성을 자극하여 충동구매를 야기할 가능성이 높다. 관심 유발 면에서도 우수하여 PC나 휴대폰 등에 비해 잠재 고객을 유도할 수 있다. 그러나 불특정 다수가 접하게 되므로, 시장잠재력이 크지만 부작용에 대한 우려도 상존한다.

T-커머스의 가장 큰 장점은 누구나 쉽게 이용할 수 있는 TV 매체를 이용한다는 것이다. 따라서 인터넷에 익숙하지 못한 계층도 이용할 수 있으며, 간단한 리모컨의 조작만으로 필요한 기능을 수행하는 사용 편리성을 가지고 있다. 즉, 방송을 시청하다 상품광고를 실시간으로 보고 구매와 결제를 할 수 있다. 아울러 TV는 전달력이 강한데, 화면 크기도 크고 상품 정보를 텍스트나 동영상을 통해 효과적으로 전달할 수 있다. 또한 TV는 다른 매체에 비

표 6-2 TV 홈쇼핑, T-커머스, E-커머스의 비교

구분	TV 홈쇼핑	T-커머스	E-커머스
매체	TV	TV	PC
커뮤니케이션	단방향 전달	쌍방향 소통	쌍방향 소통
대상	불특정 다수(수동적)	자발적 소비자(능동적)	자발적 소비자(능동적)
서비스 특성	Push 형태의 상거래	검색 기능을 통한 상거래	검색 기능을 통한 상거래
감성 자극	자극됨	자극됨	자극 안 됨
상품 다양성	없음	있음	있음
사용 편의성	있음	있음	없음

해 신뢰도가 높기 때문에 광고효과도 높다. 이는 E-커머스나 M-커머스의 경우 크고 작은 인터넷 쇼핑몰들이 우후죽순 격으로 존재하여 거래에 대한 신뢰 및 불만이 큰 문제인 것과 대비된다. 또한 TV 시청 시 즐거움, 흥미 유발 용이성 등도 장점이다. T-커머스와 TV 홈쇼핑, E-커머스의 특징들을 비교해보면 표 6-2와 같다.

(3) V-커머스

V-커머스(video commerce)는 판매 촉진을 위해 비디오 콘텐츠를 활용하는 것이다. 스마트폰으로 동영상을 보는 소비자들이 늘어났는데, 이들을 겨냥하여 패션, 뷰티 제품을 중심으로 V-커머스가 활성화되고 있다. 이들 업체들은 크리에이터들로 하여금 제품을 직접 시연하게 하여 소비자가 간접 체험을 하는 효과를 동영상으로 보여줌으로써 매출로 연결되도록 한다. 최근에는 신간 도서나, 정보기술(IT) 기기 사용 후기 동영상 채널 등 영역이 점차 확대되고 있다.

　V-커머스란 영상을 활용한 모든 상거래를 뜻하지만, 최근에는 모바일 플랫폼을 활용한 커머스 생방송이란 뜻으로 주로 쓰인다. 당초 TV 시청률 하락, 2030 고객 이탈 등의 어려움을 겪었던 TV 홈쇼핑 업계가 자구책의 일환으로 2017년 하반기부터 '파일럿 프로그램' 형식으로 운영해왔다. 하루에 30분~2시간가량 파격적인 형식으로 모바일을 통해 생방송을 한 것이다. 홈쇼핑 업계의 이 같은 노력은 젊은 고객들의 눈길을 사로잡는 데 어느 정도 성공했다. V-커머스는 5세대 이동통신(5G) 확산 등 통신 환경이 향상되면서 유통업계 전반으로 확산하는 양상이다. 홈쇼핑 업체들에 이어 온라인 쇼핑몰, 백화점 등도 V-커머스에 경쟁적으로 뛰어들고 있다.

(4) U-커머스

M-커머스가 무선인터넷과 이동통신망을 기반으로 스마트폰 등을 이용한 전자상거래인 데 반해, **U-커머스**(Ubiquitous commerce)란 유비쿼터스 감지 네트워크와 이통통신망을 기반으로 다양한 단말(스마트폰, 시계, 안경, 의류 등)과 전파식별(radio frequency identification, RFID)을 이용하여 이루어지는 전자상거래이다. 즉, 유비쿼터스 네트워크와 유비쿼터스 컴퓨팅을 기반으로 언제, 어디서나, 어떤 네트워크, 어떤 단말기, 어떤 서비스든지(anytime, anywhere, any networks, any devices, any services) 가능한 전자상거래를 의미한다. U-커머스의 개념을 E-커머스와 비교해서 살펴보면 표 6-3과 같다.

표 6-3 U-커머스와 E-커머스의 차이점

	U-커머스	E-커머스
사용기술	무선인터넷과 증강현실, 웹 현실화(web presence)	유선 인터넷과 웹 기술
네트워크 기반	개인 디지털 단말기(스마트폰, 시계, 안경, 의류 등) 또는 입는 컴퓨터 등 차세대 휴대기기의 네트워크	PC 네트워크
상거래 활동	사람이 의식하지 않아도 자율 컴퓨팅 기능을 갖는 기기와 사물들에 의해 무의식적으로 이뤄짐. (예 : 쇼핑 리스트를 휴대기기에 입력하면 운전 중 차량진행 방향까지 감안해 구매가능 장소 알려줌)	사람들의 의식적인 컴퓨터 활용
정보화 영역	• 상품 및 물리적 생활공간 속 사물들과 기업 매장의 사물(상품 · 진열대 · 계산대 등)들까지 지능화 · 네트워크화함. • 온오프라인의 제조, 물류, 매장관리 등을 통합	• 주문 · 결제 등 상거래 과정의 네트워크 연결과 전자적 처리에 국한 • 온라인 거래와 오프라인의 제조, 물류, 매장관리가 별도 수행
마케팅 활동	다양한 개인 단말기와 사물에 식재된 센서 · 칩 · 태그 · 라벨이 고객과 상품의 상황정보를 언제 어디서나 실시간 · 연속적으로 인식 · 추적 · 의사소통하는 '유비쿼터스 상황인식 마케팅'	소비자가 회원 가입 시 입력한 정보를 활용
혁신	생활 경제 · 산업 · 교통공간과 그 속의 사물 · 기계 · 상품 등 모든 것에 센서 · 칩 · 마이크로 머신 · RFID 태그가 식재되고 이들이 유비쿼터스 네트워크로 연결되어, 비즈니스 및 프로세스의 엄청난 혁신이 일어남.	그동안 엄청난 혁신을 유도했지만, 향후 제한된 혁신을 유도할 것임.

출처 : 구교봉, 이종호(2014).

(5) 소셜커머스

① 소셜커머스의 개념

소셜 네트워크 서비스는 인터넷을 통해 인간관계를 구축하여 정보를 주고받는 서비스 형태이다. 이는 대중 중심이라기보다는 개인 간에 정보를 공유하고 교류하는 사회적 네트워크를 형성하게 한다. 특히 쌍방향의 사회적 상호작용이 가능한 미디어로 트위터와 페이스북 등이 대표적이다. 위키피디아는 소셜커머스를 '온라인상 매매 행위에 있어서 소셜미디어 및 온라인 미디어를 연계하여 소비자의 인맥을 마케팅에 활용하는 E-커머스'라고 정의하고 있다. 즉, **소셜커머스**(social commerce) '소셜 네트워크(SNS)나 사회 관계(social relationship)가 상거래와 결합된 E-커머스' 혹은 '소셜미디어를 활용하는 E-커머스'라고 정의할 수 있다.

소셜커머스와 기존 상거래의 주요 차이점은 소비자들 간에 지속적 상호작용이 이루어지면서 소비자가 판매자의 일부 역할을 대신한다는 점이다. 상품 구입을 위해 판매자의 광고를 보던 커머스 1.0에서 구매자 후기를 참고하던 커머스 2.0 시대를 지나 평소에 알고 지내던 사람들의 추천을 기반으로 구매하는 커머스 3.0 시대가 되었다. 이 중 커머스 2.0이 집단지성을 기반으로 한다면 소셜커머스는 소셜지성을 기반으로 한다고 할 수 있다. 실제로 상품구매 시 82%가 소셜지성에 의존하고, 구매를 결정하는 71%가 가족이나 친구의 의견을 참고하며, 83%가 상품정보를 지인과 공유하고 싶어 하는 것으로 나타났다(김윤환, 2011). 소셜커머스의 특징은 표 6-4와 같다.

표 6-4 소셜커머스의 특징

소셜지성의 구현	내가 평소에 알고 지내던 사람들의 추천을 기반으로 구매 결정에 도움을 받는 것이 소셜지성이다.
상거래의 공유	개인의 실시간 인적 네트워크를 통해 구매 정보가 공유되고 확산된다.
제품에 대한 믿음 강화	친한 친구로부터 경험을 공유하고 추천을 받으므로 제품에 대한 신뢰성이 더욱 강화되고 구매 결정에 영향을 미치게 된다.
구매자 권한 강화	구매자들의 인적 네트워크에서의 실시간 의사소통으로, 정보 제공과 제품 선택의 다양성이 주어짐으로써 구매자 권한이 강화되었다.
온오프라인 상거래의 통합	SNS를 통해 구매 경험의 실시간 공유가 가능하므로 온오프라인 경계성이 모호해지고 있다.
개인화를 통한 상거래 형성	트위터, 페이스북, 블로그를 통한 각종 소셜 정보가 개인에게 맞는 상거래를 가능하게 한다. 판매자는 구매자들의 정보를 획득할 수 있고, 이에 적합한 맞춤형 마케팅을 할 수 있다.

② 소셜커머스의 유형

해외에서 활성화되고 있는 소셜커머스로는 플래시 세일, 그룹 바이, 소셜쇼핑, 소셜쇼핑 앱스 등이 있다. 또한 소셜네트워크 서비스의 활용 형태에 따라 소셜링크형, 공동구매형, 소셜웹형, 오프라인 연동형 등으로 구분할 수 있는데 그 내용은 다음과 같다.

- 플래시 세일 : 한정된 수량을 제한된 시간 동안만 선착순 할인 판매하는 것으로, 세일 품목이 품절되면 세일은 자동 종료된다. 이것은 해외에서 성숙한 시장으로 자리 잡았는데, 주로 명품을 단기간 일시적으로 할인 판매할 때 활용된다. 소비자가 느끼는 가치가 크고 고품질 제품에 대한 정보를 제공하기 때문에 소비층이 늘어나고 시장이 확대되고 있다. 미국의 길트 그룹, 오트룩, 프랑스의 방트프리베, 독일의 브랜즈포프렌즈 등이 대표적인 업체이다.

- 그룹 바이 : 제한된 시간 내에 정해진 인원이 모아지면, 특정 품목을 할인된 쿠폰 형태로 판매하는 방식이다. 이 유형은 주로 지역 거점을 바탕으로 판매하고자 하는 상품으로 구성된다. 대표적 업체인 그루폰은 지역사회 및 온오프라인에 기반을 두고 24시간 파격적 할인 상품을 제공하는 데일리 딜 서비스를 하고 있다. 국내 업체로는 티켓몬스터, 쿠팡, 위메프 등 다수가 있다.

- 소셜 쇼핑 : 소비자들이 거래에 좋은 웹사이트나 상품 정보를 상호 간 공유하는 쇼핑에 관한 정보포털이라고 할 수 있다. 대표적 업체로는 폴리보어, 카부들, 라커즈 등이 있는데 이 중 폴리보어는 패션에 대한 쇼핑정보 제공 포털이다. 이 업체는 코디를 원할 경우 필요한 사이트 링크를 제공해 주고, 소비자들이 자신의 정보를 가지고 자발적으로 운영할 수도 있으며 모든 정보는 트위터, 블로그, 페이스북에 실시간 공유가 가능하다.

- 소셜 쇼핑 앱스 : 오프라인 매장에서 소비자가 소셜 네트워크에 접속할 수 있도록 한 방식이다. 대표적 업체는 샵킥으로 스마트폰에 샵킥 앱을 다운로드한 후 오프라인 점포 방문 시 체크인 또는 상품 바코드를 통해 킥이라는 포인트를 적립할 수 있으며, 이를 기프트 카드나 크레딧 등으로 교환할 수 있고 기부할 수도 있다.

- 소셜링크형 : 기존 커머스에 최소한의 소셜 플러그인을 포함한 형태이다. 소비자들이 생성된 링크를 SNS에 배포하면, 이 링크를 통하여 새로운 고객들이 쇼핑사이트에 접

속하고 구매하게 된다. 구현이 간단하여 규모가 작은 쇼핑업체들도 소셜 네트워크와 연결하고 있다.

- **소셜웹형** : 커머스 사이트 내에서 소셜 네트워크의 기능이 가능하게 하는 방법이다. 소셜커머스 사이트에서의 소비자의 구매, 평가, 리뷰 등의 활동을 소셜 네트워크에서 공유하는 것인데, 같은 소셜 네트워크 가입자들이 커머스 사이트에서 어떤 활동을 하는지 보게 하는 방식이다. 이것은 초기에는 일부 사용되다가 트위터와 페이스북을 연동한 사람들이 광고성 글을 계속 보는 것을 좋아하지 않아 현재는 잘 사용되지 않고 있다.

- **공동구매형** : 제품이나 서비스를 공동구매 형태로 판매하는 소셜커머스를 지칭한다. 공동구매 사이트와 소셜미디어가 결합한 형태로, 제품별로 정해놓은 최소 구매 수량이 달성되면 할인 혜택을 부여하므로 소비자들이 적극적으로 소셜 네트워크를 통해 구매자들을 모은다. 서비스 업종의 경우 상상을 초월하는 할인율을 제시하는 경우도 발생한다. 이 유형은 충동구매가 발생하여 소셜커머스의 부작용인 환불과 제품과 서비스에 대한 불만으로 마찰이 발생되기도 한다. 우리나라에서 가장 많은 형태로 티켓몬스터, 쿠팡, 위메프, 그루폰, 위폰 등이 대표적 사례이다.

- **오프라인 연동형** : 오프라인 매장과 소셜네트워크를 연계하는 소셜커머스 유형이다. 즉, 위치기반 서비스를 이용하여 소비자가 오프라인 매장에서 제품이나 서비스의 구매 후 자신이 경험한 것을 각종 소셜미디어를 통해 유포시키는 방식이다(구교봉, 이종호, 2014).

2.5 전자상거래의 결제시스템

1) 전자결제시스템의 개요

전자결제란 판매자와 구매자 간의 매매 대가를 전자적 수단으로 지급하는 것을 말하는데, 전자상거래의 성공적 운영을 위한 핵심 요소이다. 대금결제가 네트워크상에서 이루어지면, 단시간 내에 대금결제가 마무리되고 저비용으로 가능하여 판매자와 구매자 간의 편의성과 효율성을 높일 수 있다. 이와 같은 전자결제시스템의 효율성 극대화를 위한 요건은 다음과 같다.

- 전자상거래 시 안전한 대금 지불을 위해 다양하고 안전한 결제시스템이 제공되어야 한다.

- 소액결제가 가능해야 하고 처리비용도 경제적이어야 한다. 즉, 결제 금액보다 매체 이용 수수료가 더 크거나 제반 결제비용이 크지 않아야 한다.
- 전송 과정 중 디지털 결제금액의 불법적 변조가 가능하므로 방지 대책이 필요하다.
- 인터넷상에서 구매자의 신용정보가 악용되지 않도록, 거래 당사자가 정당한 상대방인지 검증할 수 있는 기반 조성이 필요하다.
- 사용자의 사생활 보호를 위해 전자거래에 대한 개인정보 및 익명성이 보장되어야 한다.

전자상거래 발전에 따라 기존 금융사 외에 통신사, 온라인 포털, 전자지급 결제대행 (payment gateway, PG)업체 등 비금융기관이 전자상거래에 개입해 유사 금융서비스를 제공하고 있다. 전자지불의 유형은 분류기준에 따라 여러 가지 형태로 구분할 수 있는데, 여기서는 전형적인 전자지불 수단과 P2P 전자지불 및 모바일 결제로 구분해 설명하고자 한다.

2) 전형적인 전자지불 수단

(1) 신용카드 결제

전자상거래에서 가장 선호되는 결제수단이며 다음과 같은 이점이 있다.

- 신용카드사의 신분 보증으로, 신용 확인이 곤란한 웹상에서 쇼핑이 가능하다. 판매자 입장에서는 이미 신용카드사의 보증이 있기 때문에 안심하고 배송할 수 있다.
- 전국 혹은 전 세계에서 광범위하게 사용되는 신용카드는 웹상에서 사용이 용이하다.
- 새로운 시스템 도입 시 제반 걸림돌이 있지만 신용카드는 이미 상용화되어 있어 법적·제도적 기반을 변경시키지 않아도 사용 가능하다.

그러나 다음과 같은 문제점도 있다.

- 소액결제에 부적당하다.
- 신용이 열악한 사람은 신용카드를 발급받지 못한다.
- 개방된 네트워크로 개인정보가 누출될 수 있으므로 대금결제의 안전성 확보가 중요하다. 이를 위해, 국내에서는 안심클릭(3D-Secure)과 ISP(internet secure payment) 서비스가 공인인증서 인증과 조합하여 주로 사용되고 있다.

(2) 실시간 계좌이체

국내 B2C 상거래에서 신용카드 다음으로 많이 사용된다. 주문 완료와 함께 사용자 계좌에서 쇼핑몰로 자금이 이체되고, 그 결과가 실시간으로 쇼핑몰에 전송되어 주문처리를 완료한다. 실제로는 결제대행 업체가 개입하여 쇼핑몰이 제공한 결제 정보를 바탕으로 본인 인증과 은행 간 계좌이체를 수행하고 일정 주기로 결제대금을 쇼핑몰에 정산한다.

(3) 휴대폰 소액결제

최근 게임과 전자책을 비롯한 디지털 콘텐츠 산업의 발전과 함께 휴대폰을 이용한 소액결제 사용이 증가하고 있다. 신용카드와 실시간 계좌이체 다음으로 많이 사용된다. 특히 온라인 게임 산업의 경우 미성년자의 휴대폰 소액결제 비중이 매우 높다. 사용이 편리하며 성인 인증이 가능하고 후불제로 통합 납부할 수 있는 장점이 있으나, 환불이 타 결제수단에 비해 어려우며 휴대폰과 주민등록번호를 도난당한 경우 피해 위험이 크다. 특히 보안위험 때문에 국내 이동통신 3사 모두 월 결제한도를 두고 있다(한영춘, 임명성, 2013).

(4) 전자화폐

전자화폐란 전자적 매체를 통해 지급, 결제, 가치 이전 등 현금 본연의 기능을 수행할 수 있는 수단을 말한다. 일반적으로 화폐는 상거래 도구로서 가치척도와 교환수단의 기능을 가지며 이를 본원적 기능이라고 한다. 또한 파생적 기능으로 가치 저장과 지불 수단의 기능이 있는데, 전자화폐는 이러한 기능적 요건을 모두 갖춰야 한다. 전자화폐 시스템은 거래 당사간에 전자적 현금 정보가 직접 교환되는 것이며, 구매자가 은행으로부터 전자현금을 발급받아 대금을 지불하는 형태인데 주로 소액 거래 시에 사용된다(노규성, 김의창, 2019). 전자화폐의 유형은 표 6-5와 같다.

표 6-5   전자화폐의 유형

IC카드형 전자화폐	화폐가치를 전자정보로 IC칩에 내장한 것으로, 신용카드와 직불카드의 기능은 물론 신분증, 각종 건강정보 등 다목적으로 쓰일 수 있어 스마트 카드라고도 불린다. IC칩을 내장하여 기억용량이 크며, 비휘발성 메모리이므로 재충전 후 10만 회 이상 사용한다. 휴대가 간편하고 은행, 공중전화, 버스, 지하철, 상점에서의 쇼핑 등에 사용된다. 국내에서는 티머니가 대표적인데, 직접 사용 외에 휴대폰에 전용 프로그램을 설치한 후 교통, 유통기관 및 온라인에서도 사용한다.

네트워크형 전자화폐	네트워크상에서 거래은행과 접속한 개인 컴퓨터에 전자화폐를 저장했다가, 인터넷망을 통해 대금결제 또는 계좌 이체하는 방식이다. 전자화폐용 소프트웨어만 구비하면 되므로 보급 비용이 많이 들지 않는다. 반면 결제정보가 인터넷망으로 전달되므로 안전성 확보를 위한 보안 및 암호기술이 매우 중요하다. 휴대성이 없는 반면, 원거리에서 상품을 구입하고 대금을 지불하거나 송금할 수 있다.

출처 : 황하진, 고일상, 박경혜(2012).

전자화폐의 장단점은 표 6-6과 같다.

표 6-6 전자화폐의 장단점

장 점	양방향성 및 양도성	당사자 간에 현금처럼 교환 또는 양도할 수 있다. 반면 신용카드나 선불카드는 타인에게 양도할 수 없다.
	편리성	현금 소지의 불편을 덜어주며, 은행에서 일정 금액을 미리 인출하여 전자지갑 형태로 휴대할 수 있다.
	자금보관의 안정성	비밀번호로 잠금장치를 해둘 수 있다. 도난 및 분실 위험이 적다.
	익명성	판매자가 구매자의 신분을 알 수 없다. 반면 신용카드를 사용한 지불은 프라이버시가 보증되지 않는다.
	전자화폐 운용비용	신용카드는 수수료를 지불하는 데 반해, 전자화폐는 이용자 신용조사 등의 절차가 필요없어 운용 비용을 싸게 할 수 있다.
	개방성	전자화폐 발행처가 중앙은행이거나 현행 지폐와의 태환성이 보증되는 경우, 국내 어디서나 이용할 수 있다.
단 점	부정 이용 가능성	전자화폐의 디지털 정보는 쉽게 복사 및 위변조가 가능하다.
	익명성	돈세탁, 유괴범이 몸값 받아내는 수단, 사기 도박 등 범죄에 악용될 우려가 다분하다.
	양도성(유통성)	지폐와의 태환성이 보증되지 않을 경우, 금융 행정당국에 의한 현금의 흐름제어가 곤란하거나 거시경제에 혼란을 가져올 수 있다.
	유효기간	전자화폐는 안전성을 확보하고 운용비용을 줄이기 위해 유효기한을 정하는데, 이 경우 법적 타당성이 문제이다.
	전자화폐 도입비용	이를 누가 부담할 것인가와 은행, 상점, 이용자들에게 전자화폐 도입 동기를 어떻게 부여할 것인가의 문제가 있다.

(5) 전자자금 이체

최근 인터넷 기반의 가상은행들이 생겨나고 있다. 가상은행의 장점은 홈뱅킹이나 ATM보다 폭넓은 서비스를 시공간의 제약없이 제공할 수 있으며, 인터넷을 이용한 프로세스 처리가 무척 값싸기 때문에 수수료가 훨씬 적거나 없다는 점이다.

- **가상계좌(무통장) 입금** : 고객이 원하는 은행을 선택한 후 일회용 계좌를 발급받아 인터 넷뱅킹, 폰뱅킹, ATM을 통해 입금하는 것으로 금액과 계좌번호가 일치해야 입금이 이루어진다.
- **유선전화 결제(ARS 포함)** : 집 전화를 이용하여 인증 및 결제를 하고 집 전화 요금에 합 산 청구하는 결제 서비스 방식이다.

(6) 전자상품권

전자상품권이란 발행, 판매, 회수, 정산, 폐기 등 일련의 과정을 전자적 방법으로 관리하는 상품권을 말한다. 종이류 상품권에 비해 발행 원가 및 운영관리 편리성이 탁월하며, 직접적 매출 증가와 다양한 프로모션을 전개할 수 있다. 소비자들이 금액을 미리 내고 전자상품권 을 구입하면, 가맹점에서 물품을 구입하거나 서비스를 제공받을 수 있다. 유통업체와 제조 업체들은 물론 일반 소매점과 외식업(예 : 스타벅스)도 전자상품권을 발행할 수 있다.

(7) 종이 상품권 온라인 결제

종이류 상품권의 일정 부분을 스크래치하여 나오는 상품권 PIN 번호를 결제 창에 입력하 여, 온라인에서 현금처럼 사용할 수 있게 하는 서비스이다. 해당 상품권 발행자의 홈페이지 에 가입하여 결제하는 서비스인데, 사용자가 이미 지불한 금액에 해당하는 결제를 함으로 써 사업자 입장에서는 미수가 없고 안전한 회수가 가능하다.

(8) 전자수표

현실 세계의 종이수표를 인터넷상에 구현한 것으로, 전자수표 사용자는 거래은행에 신용계 좌를 개설해야 한다. 이 시스템은 발행자와 인수자의 신원에 대한 인증을 꼭 거쳐야 한다. 여기에 다양한 보안 기법들이 사용되므로 거래비용이 증대된다. 따라서 전자수표는 거액의 거래 및 기업 간 지불수단으로 적합한데, 종이 수표보다 처리 비용이 적기 때문에 소액 지 불에도 사용 가능하다.

(9) 결제대행

국내 등록된 전자상거래 금융업체의 80% 이상이 결제대행업체일 정도로, 국내 B2C 전자 상거래 결제시스템에서 중요한 역할을 하고 있다. **결제대행 업체**는 전자상거래 공급업체 와 구매자 간의 자금거래인 신용카드 결제, 가상계좌 결제, 소액 통신결제, 전자화폐 결제 등을 중계하고 정산하는 서비스 업체를 말한다. 주로 전자상거래 업체와 결제사업자 사이에서의 결제 승인, 취소, 정산 등의 데이터 처리를 수행한다. 국내 거래액 규모는 연간 약 20% 내외의 고성장을 지속하고 있는데, 거래액 대부분은 신용카드 결제대행 업체가 차지하고 있지만, 해킹 등 전자금융사고에 대한 보안강화 조치 이후 계좌이체 비중이 늘어나고 있다.

결제대행 업체들은 고유업무와 영업방식에 따라 분류할 수 있다. 먼저 전문 결제대행 업체는 전문 IT업체로 가맹점을 직접 적극적으로 모집하는데 이니시스, 다날, 한국사이버결제, 뱅크웰, 인포허브 등이 있다. 다음으로 쇼핑몰은 쇼핑몰 입점 업체(가맹점)들을 대상으로 결제대행을 하며 인터파크, 신세계 등이 해당된다. 통신과금 사업자는 통신요금에 합산하여 결제대행을 하는데 SK텔레콤과 KT 등이 있다. 독립사업자는 가맹점 모집 등의 영업활동 없이 소수 계열사나 특정 서비스에 국한해서 서비스를 제공하는데 LGCNS와 CJ시스템즈 등이 있다. 그리고 국내 3대 포털업체인 네이버, 다음, SK 커뮤니케이션즈(싸이월드와 네이트) 모두 결제대행 업체로 등록되어 있다.

(10) 전자고지 결제

전자고지 결제(electronic bill presentment and payment, EBPP)시스템이란 각종 세금이나 요금 청구서를 인터넷을 통해 보내고 인터넷을 통해 대금 결제하도록 지원하는 서비스이다. 과거에는 소비자들이 고지서나 지로를 우편으로 배달받았다면, 이 서비스는 이메일이나 웹사이트로 청구 내역을 고지하고 소비자는 컴퓨터 스크린의 고지 내역을 살펴보고 단지 마우스를 클릭하여 간단하게 대금 지불하면 된다.

3) P2P(peer-to-peer) 전자지불 결제

이메일을 통해 개인 간에 송금할 수 있는 결제 수단이다. 일반적인 지불결제 과정은 그림 6-1과 같다. 일반적으로 금융기관이 빠지기 때문에 비용을 절감할 수 있는데, 구체적 유형은 다음과 같다.

- 페이팔 : 1998년에 시작된 최초의 인터넷 기반 P2P 지불 서비스이다. 신용카드로 본인을 인증하고 이메일 계정을 만들면, 결제할 때마다 이메일 계정과 비밀번호만 입력하면 돼 절차가 간편하다. 거래 시 신용카드나 계좌번호를 알리지 않아도 되므로 보안이

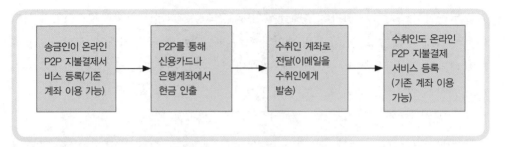

그림 6-1　일반적인 P2P 지불결제 과정
출처 : 배찬권(2002).

뛰어나다.

- **알리페이의 선불결제시스템** : 사용자가 온라인 지갑에 미리 돈을 충전한 뒤 결제하는 선불 전자결제시스템이다. 중국 전자상거래 시장에서의 판매자와 구매자 간 불신을 해결하고자, 거래 과정에 알리페이가 중개 역할을 하는 안심 서비스이다.
- **트랜스퍼 와이즈의 P2P 송금시스템** : 해외 송금을 P2P 방식으로 제공하고 낮은 수수료를 부과하여 소비자에게 이익을 주는 시스템이다. 돈을 환전해서 국경 넘어 보내는 것이 아니라, 상대 국가에서 반대로 돈을 보내려는 고객을 찾아 서로 매칭시켜주는 서비스이다.
- **애플페이** : 애플페이(Apple Pay)는 카드번호 등록 대신, 카드에 암호화된 고유한 '기기 계정 번호'를 부과한 후 이를 사용자의 아이폰이나 애플워치에 저장한다. 결제요청에 대해서는 일회성 인증 번호를 생성하고 본인 확인 절차를 거쳐 결제를 하게 한다(노규성, 김의창, 2019).

4) 모바일 전자지불시스템

모바일 전자지불시스템은 온오프라인 상거래 시, 이동통신 네트워크나 이동전화 단말기를 이용하여 실시간 인증 및 전자지불 프로세스를 수행하는 시스템이다. 이 시스템은 이동통신 네트워크를 통해 실시간 인증과 전자결제 시스템을 연동하는 소프트웨어 방식(휴대폰 결제로 통용됨)과 이동전화 단말기에 IC 카드칩을 장착한 하드웨어 방식으로 구분된다.

먼저 소프트웨어 방식은 구매자의 구매의사결정 후, 개인 휴대폰 번호를 입력하여 전송한다. 이후 모바일 전자지불 서비스업체는 이동통신 사업자를 통한 인증절차를 거쳐 구매자에게 거래승인 번호를 SMS를 통해 보내고, 이 승인번호를 쇼핑몰에 입력하면 상품 구입이 완료된다. 구매대금은 이동통신 요금에 합산되어 추후 고지된다. 반면 하드웨어 방식은 IC 카드칩을 이동전화 단말기에 내장하여 사용하는 방식으로, 온오프라인 모두에서 지급 결제가 가능한 솔루션이 개발되었다(황하진 외, 2012).

2.6 전자상거래와 배송

1) 배송의 개념

배송은 재화와 서비스의 장소적 효용 창출 활동으로 정의할 수 있는데, 재화와 서비스를 효용가치가 낮은 곳에서 높은 곳으로 이동시키는 행위이다. 인터넷 쇼핑의 경우 디지털 제품을 제외하고 모두 배송이 이루어져야 하며, 배송은 상품의 물류 정책과 직접적 연관성이 있다. 상품 배송 유형을 살펴보면 다음과 같다.

- 인터넷 쇼핑몰 사업자가 직접 생산하거나 가공하는 상품은 사업자가 직접 물류 시스템을 갖추어야 한다.
- 특정 공급자의 상품을 인터넷 쇼핑몰 사업자가 판매하고 배송할 경우 적정 재고가 필요하다.
- 인터넷 쇼핑몰 사업자가 판매만 하고 공급사가 배송을 할 경우는 재고 없이 운영할 수 있는데, 그래도 공급사의 재고와 인터넷 쇼핑몰의 가상재고를 동시에 확인할 수 있어야 한다.

2) 상품의 유형과 배송

(1) 물리적 상품의 배송

물리적 상품은 그 크기에 상관없이 유형이므로, 공간적 장소 이동을 위해서는 물리적 운송 수단을 이용해야 한다. 배송 방법은 자체 배송체제 구축과 외부 배송업체 의뢰가 있는데 각각 약 5%와 약 90%를 점유하며, 그 외 우편이나 오프라인 제휴 등이 5% 정도이다. 먼저 자체 배송의 경우에는 고객이 온라인으로 상품을 구매하고 지불을 승인한 후 배송 정보를 입력하면, 발송부서는 이 정보를 배송 서비스 부서에 제공하고 배송을 지시한다. 또한 고객 주문이 상품 도착 전에 취소될 수 있으므로 상품의 배달 경로 및 배달 상황에 대한 정보 추적이 필요하다(표 6-7). 다음으로 외부 배송업체 의뢰의 경우는 자체 보관창고를 운영하고 단순 배송만 위탁하는 경우, 보관도 가능한 물류센터를 운영하는 배송업체를 이용하는 경

표 6-7 물리적 상품의 배송 과정

배송 정보 입력	수취인, 배송지, 날짜 등의 배송 정보가 입력되면 이 정보는 배송 부서나 배송 업체 또는 물류 센터나 상품 창고로 전송된다.
배송	상품 특성에 가장 적절한 배송 수단을 선택하고, 비용이 저렴하고 신속한 루트를 이용하여 배송된다.
배송 추적	상품이 소비자에게 도착하기까지 상품의 이동 경로 및 상태 정보를 소비자에게 제공한다.
배송 확인	배송 상품과 고객 주문과의 일치를 확인하는 과정으로, 고객이 상품에 만족하면 모든 배송 절차가 완료된다.
반품 및 교환	상품이 고객의 희망과 맞지 않거나 훼손되었을 경우 반품 또는 교환 처리된다. 배송 제품에 대한 사후관리 과정으로, 향후 개선을 위한 정보가 된다.

출처 : 구교봉, 이종호(2014).

우, 또는 생산지로부터 직접 배송하는 형태 등으로 나눌 수 있다.

인터넷 쇼핑 급증으로 인한 배송 업무 증가로 많은 문제점들이 제기되는데, 개인 비밀정보의 유출과 당사자 본인 여부 확인 곤란 등을 들 수 있다. 또한 배송 중 상품 손상, 주문 상품의 미발송과 오발송 등의 문제가 발생될 수 있다. 그러나 배송정책이 잘 수립된 경우는 배달시간의 최단기화, 비용 절감, 고객서비스 강화 등의 효과를 얻을 수 있다.

(2) 디지털 상품의 배송

디지털 상품은 네트워크를 통해 곧바로 전달되므로 별도의 배송기관이나 배송절차가 필요 없다. 소비자가 디지털 상품 판매 사이트에서 등록하고 결제를 승인하면, 결제한 디지털 상품에 대한 접근이 허용되고 상품을 선택하여 전송받을 수 있다. 또한 전자우편을 이용해서 전송받거나 접근 인터넷 주소(URL)를 받아서 구매자가 직접 다운로드 받을 수 있다.

디지털 상품의 배송은 물리적 상품보다 더 복잡한 문제를 야기할 수 있다. 먼저 전송과정에서의 문제점을 보면, 디지털 상품은 개방형 네트워크를 통해 배송되므로 전송과정에서 정보의 유출로 이어질 수 있다. 보안이나 암호기술이 발전되어 있지만, 전송받고자 하는 디지털 상품은 언제나 노출되어 있다. 이 경우 고객과 전송업체 모두 피해를 입을 수 있다. 또한 네트워크 불안정에 의한 전송 오류 발생도 문제이다. 다음으로 전송 후 고객 소유과정에서의 문제점을 보면, 소유권이 고객에게 넘어간 후 전송업체는 불법 복제나 변형에 의한 저작권 침해를 받을 수 있다. 해결 방안도 고객의 도덕성과 의지에 의존할 수밖에 없다는 것이 문제이다.

2.7 전자상거래의 보안

1) 보안의 개념과 필요성

전자상거래는 네트워크를 통한 비대면 거래이기 때문에 전통적 대면 거래에 비해 당사자 신원 확인이 어렵고 네트워크를 통한 보안 위협이 높다. 전자상거래의 보안 위협은 크게 클라이언트(사용자), 네트워크, 서버에 대한 위협으로 구분될 수 있는데, 보안 침해 사고의 대부분은 클라이언트 부분에서 일어나며 최근 네트워크 공격도 증가하는 추세이다.

보안(security)이란 컴퓨터 시스템 자체 또는 여기서 관리되는 데이터에 대해 이용 권한이 있는 이용자들만 자원을 사용하도록 통제하고 제어하는 작업을 말한다. 전자상거래 보안의 요구사항은 첫째, 신원 인증으로 구매자와 판매자의 상호 인증 구조가 필요하다. 둘째, 전송 데이터 보안으로 사용자의 신용 정보(인적사항), 신용카드 정보(카드번호, 사용자명, 유효기간 등)의 안전성 확보가 필요하다. 셋째, 안전한 지불 시스템으로 다양하고 안전한 전자지불 방식이 제공되어야 하고, 전자화폐의 불법 복사에 대한 방지책이 필요하다. 넷째, 프라이버시 보호로 전자상거래에 대한 익명성 보장을 통해 개인의 사생활을 보호할 필요가 있다.

2) 보안의 요소 및 기능

전자상거래의 신뢰와 안전성을 확보하기 위한 보안의 요소들은 다음과 같으며, 이 중 부인방지는 거래 상대방 그리고 나머지 요소들은 제3자와 관련이 있다.

- 기밀성 : 송수신자 간의 전달 내용을 인가되지 않은 제3자가 어떤 방법으로든 획득하지 못하도록 안전한 의사소통을 하는 것을 기밀성(confidentiality)이라고 한다. 예를 들어, 전자결제를 위하여 은행 계좌번호와 그 비밀번호 등이 인터넷으로 전송될 때, 암호화하여 전송하면 해커 등이 전송된 데이터를 얻더라도 암호를 풀기 전에는 그 정보를 알아낼 수 없기 때문에 안전하다고 할 수 있다.
- 무결성 : 정보의 송수신 도중 데이터가 훼손되거나 변화가 없는 것을 확증하는 것이다. 즉, 정보의 정확성 및 완전성에 근거한 것으로, 정보가 제3자에 의해 변경되거나 손실 없이 송신자가 보낸 원래의 정보와 동일하면서 완전함을 증명하는 것을 무결성(integrity)이라고 한다. 이는 전자적 기록의 변조가 없는 것을 말한다. 예를 들어 전자

지불 시 계좌 간 화폐 이동을 지시할 때 수취계좌가 개조되는 경우, 정보의 일부나 전부를 교체하거나 삭제하는 경우, 데이터 순서를 재구성하는 경우, 또는 정보를 가로챈 후 변조하여 목적지로 전송하는 조작(manipulation)의 사례도 있다.

- 부인 방지 : 사용자가 자신의 행위 사실을 부인할 때 이것을 어떤 방법으로 막느냐 하는 것을 부인 방지(non-repudiation)라고 한다. 거래 내용 또는 교환의 부인, 송수신자 부인 등을 말한다. 중요한 정보를 받고도 받지 않았다고 부인하거나, 전자지불 시 소매점으로부터 상품을 받은 후 받지 않았다고 부인하는 경우 등이 해당한다.

- 인증 : 인가된 사용자들 간에 정보를 송수신할 때, 자신이 받은 데이터가 올바른 사람으로부터 온 것인가 하는 신원에 대한 확인을 인증(authentication)이라고 한다. 인증 상실은 신원을 확인할 수 없는 누군가가 적법한 사용자로 위장하여 정보를 송신하는 경우로, 전자구매 시 사회적 신용도가 있는 상점으로 가장하여 송신한 후 소비자로부터 전자현금을 송금받아 가로채는 경우를 들 수 있다. 인증방법은 어느 한쪽에 대해 확인하는 단방향 인증과 양쪽 모두를 확인하는 양방향 인증으로 구성되어 있다.

- 접속 제어 : 시스템에 접속한 이용자의 정보 사용 권한 여부를 확인하는 것을 접속 제어 (access control)라 한다. 접속 제어 상실은 인가되지 않은 자가 인가된 사람처럼 가장하여 비밀번호를 취득하여 접속한 후 구매를 하거나 시스템을 사용하는 것이다. 정보보호가 필요한 경우 관리자를 통해 사용을 제한할 수 있고, 사용자에게 등급을 부여하여 등급별로 사용 권한을 제한할 수 있다(노규성, 김의창, 2019).

3) 전자상거래 구성요소별 위협요소

전자상거래의 보안 침해는 시스템 공격, 데이터 공격, 비즈니스 공격으로 구분하거나 웹 보안 위협, 결제 보안 위협, 개인정보보호 위협으로 구분하는데 후자에 대해 살펴보면 표 6-8과 같다.

4) 전자상거래 보안의 방안

전자상거래 보안의 방안은 정보 기반 보안, 시스템 보안, 네트워크 보안 등으로 구분하기도 한다. 정보 기반 보안은 각종 정보 및 데이터 자체 보안, 시스템 보안은 운영시스템 보안, 네트워크 보안은 네트워크에 연결된 하드웨어 및 소프트웨어 시스템에 대한 보안을 말하며 대표적 보안기법으로는 각각 암호화, 패스워드 보안, 방화벽 등을 들 수 있다.

표 6-8 전자상거래의 위협요소

구분		내용
웹 보안 위협요소	해킹	시스템의 취약성을 공격해 문제를 유발시키거나, 불법 침투하여 정보를 획득하거나, 구매자의 결제정보를 외부에 유출시켜 제3자가 사용하게 하는 것 등을 말한다.
	데이터 공격	데이터나 결제정보를 위변조하여 소비자 피해를 유발시키는 행위를 말한다.
	사용자 위장 공격	네트워크에 접속해 사용자로 위장해 정보를 획득하는 것으로, 전자상거래시 소비자의 결제금액을 가로채는 경우를 들 수 있다.
결제 보안 위협요소		전자화폐 발행문제, 신원 확인 문제, 이중사용 가능성 문제, 전자 결제시 금융기관과의 연계성 문제 등을 들 수 있다.
개인정보보호 위협요소		인터넷에서의 소비자 활동이 활발해지고 다양화될수록 개인정보가 입력되고 활동 기록들이 생성되게 된다. 특히 이런 정보들은 마케팅 목적으로 사용될 수 있어 유출의 유혹이 항상 존재한다.

출처 : 한영춘, 임명성(2013).

- **암호화** : 정보 보안을 유지하는 가장 기본적 방법이다. 예를 들어 소비자의 중요 정보인 주민등록번호, 패스워드, 신용카드 번호, 연락처 등을 암호화하여 데이터베이스에 저장하는 것이다. 전자상거래의 암호화 기법은 암호화(encryption)와 복호화(decryption)에 같은 암호키를 쓰는 대칭키 암호화와, 각 사용자가 개인키와 공개키의 쌍을 가지고 개인키는 사용자가 관리하고 공개키는 일반에 공개하는 비대칭키 암호화의 두 가지가 있다.

- **암호화 통신** : 웹에서 암호화된 통신을 위해 가장 흔하게 사용되는 통신 프로토콜은 HTTPS(hypertext transfer protocol over secure layer)이다. HTTPS는 통신 소켓 단위에서 텍스트를 SSL(secure socket layer)이나 TLS(transport layer security)와 같은 암호화 프로토콜을 사용하여 암호화하여 전송한다. 이러한 방법을 통해 웹 브라우저와 서버 사이의 통신 내용을 실시간으로 암호화하여 보안을 지킬 수 있다.

- **방화벽** : 방화벽(firewall)의 역할은 신뢰 수준이 낮은 위험한 네트워크에서의 통신 트래픽을 걸러내어, 신뢰 수준이 높은 네트워크의 안전성을 높이는 것이다. 내부 네트워크는 주로 신뢰도가 높은 지역이고, 인터넷이나 외부 네트워크는 신뢰도가 낮은 지역이다. 네트워크 방화벽을 설치하여 외부 네트워크의 비인가된 사용자의 내부망 출입을 통제하는 방화벽은, 중요 건물에 경비원을 두고 외부 출입자의 출입을 통제하는 것과

비슷하다.

- 가상 사설망 : 오늘날에는 지역적으로 떨어진 기업들, 부서 간, 고객들과의 빈번한 통신이 필요하다. 기존 전용선 기술은 보안성은 뛰어나지만 비용 측면이 매우 불리한 반면, 인터넷 통신은 이와 반대이다. 따라서 저비용인 인터넷을 사용하면서 약점인 보안을 암호화 기술로 보완하는 가상 사설망(virtual private network, VPN)이 유용하다. 이 것은 네트워크 양쪽 끝에 VPN 라우터를 설치하는 것이다. 암호화를 수행하기 때문에 약간의 네트워크 속도 저하가 발생할 수 있는데, 기업들은 전용장비를 설치하여 속도를 향상시킨다(한영춘, 임명성, 2013).

참고문헌

구교봉, 이종호(2014). 전자상거래: E-commerce에서 S-commerce까지. 탑북스.

김윤환(2011). B to B 거래활성화를 위한 SCM 기법연구. 아주대 경영대학원 석사학위 논문.

노규성, 김의창(2019). 전자상거래(디지털 트랜스포메이션 시대의). 생능.

배찬권(2002). 정보통신산업동향. 정보통신정책연구원, 2002(2).

윤종훈, 김용민(2013). SNS시대의 e-비지니스. 학현사

이성열, 강성근, 김순신(2017). 디지털 경영혁신. 맥그로우힐에듀케이션코리아.

주재훈(2017). 전자상거래. 탑북스.

차훈상, 유소은, 홍일유, 김태하(2018). e-비즈니스와 e-커머스. 법문사

한영춘, 임명성(2013). 전자상거래. 이프레스.

황하진, 고일상, 박경혜(2012). 전자상거래와 e-비지니스. 경문사.

Kalakota, R, & Winston, A. B. (1996). *Frontiers of Electronic Commerce*. Addison-Wesley Publishing Company.

Laudon, K. C., & Traver, C. G. (2007). E-commerce 2016-business, technology, society. Pearson, 4th Ed.

Laudon, K. C., & Traver, C. G. (2015). 전자상거래(김범수, 강현정, 문용은, 옥석재 역). 시그마프레스.

디지털 시장환경과
소비트렌드

ICT 시장과 소비변화

인터넷 기술의 발달과 스마트폰 등 다양한 스마트 기기의 확산, SNS 플랫폼 등의 다양화는 디지털 환경의 큰 변화를 이끌었으며, 4차 산업혁명이라는 변화의 물결에 직면하고 있다. 이에 따라 인공지능, 빅데이터, 사물인터넷 등 모든 분야에서 새로운 융합이 이루어지면서 우리의 소비생활에도 영향을 미치고 있다.

이 장에서는 ICT 시장에 따른 소비변화를 이해하기 위해 4차 산업혁명과 ICT 시장에 대해 살펴보고, ICT 시장의 현황과 사례, ICT 규제 및 국제협력으로 나누어 내용을 살펴보고자 한다.

1. 4차 산업혁명과 ICT 시장

1.1 4차 산업혁명의 이해

새로운 기술이 등장해 새로운 산업 생태계가 등장하고, 우리의 일상생활도 획기적으로 변화한 시기를 산업혁명이라고 한다. 1884년 아널드 토인비(Arnold Toynbee)는 기술적 혁신은 한순간에 나타난 격변적인 현상이 아니라 그 이전부터 진행되어온 점진적이고 연속적인 과정으로 산업혁명도 마찬가지로 점진적·연속적 과정으로 보았다. 산업혁명은 현재까지 1차 산업혁명, 2차 산업혁명, 3차 산업혁명, 4차 산업혁명으로 발전되어 왔으며 각각의 특징은 다음과 같다(표 7-1, 그림 7-1).

표 7-1 산업혁명의 변화과정

구분	1차 산업혁명	2차 산업혁명	3차 산업혁명	4차 산업혁명
시기	18세기 후반	19~20세기 초	20세기 후반	2000년대 이후
연결성	국가내부 연결성 강화	기업-국가 간 연결성 강화	사람·환경·기계의 연결성 강화	자동화, 연결성의 극대화
혁신 동인	증기기관	전기에너지	컴퓨터, 인터넷	IoT, 빅데이터, AI 기반 초연결

구분		1차 산업혁명	2차 산업혁명	3차 산업혁명	4차 산업혁명
특징	원인	기계화	전기화	정보화	지능화
	결과	산업화	대량생산	자동화 기계 및 SW가 데이터 생산	자율화 데이터가 기계, SW를 제어
현상		영국 섬유공업의 거대 산업화	컨베이어벨트 활용 기반 대량생산 달성한 미국으로 패권 이동	인터넷 기반의 디지털 혁명, 미국의 글로벌 IT기업 부상	사람-사물-공간의 초연결, 초지능화를 통한 산업구조 개편

출처 : 1) 김상훈 외(2017.2).

　　　 2) KIET (2017).

- **1차 산업혁명** : 1차 산업혁명은 18세기 중반 증기기관의 등장으로 공장생산체제로 변화한 시기로 '기계혁명' 혹은 '에너지 혁명'이라 불리고 있다. 1차 산업혁명은 농업 중심사회에서 공업 사회로 진화되었다는 특징을 갖는다.

- **2차 산업혁명** : 2차 산업혁명은 19세기에서 20세기 초에 나타났으며, 석유 등을 활용한 대량생산이 이루어졌다는 시대적 특징을 갖는다.

- **3차 산업혁명** : 3차 산업혁명은 20세기 후반에 나타났으며, 컴퓨터를 활용한 정보화와 자동화 시스템 등이 등장한 시점으로 특히 컴퓨터와 인터넷의 발전으로 '디지털 혁명'이라고 불리는 시기를 말한다. 기존의 아날로그 시대에서 본격적으로 디지털 시대로의 전환점을 맞이했다는 특징을 갖는다.

- **4차 산업혁명** : 지속적인 디지털 연결의 발전으로 현재는 4차 산업혁명 시대라 불린다. **4차 산업혁명**이라는 말은 2016년 1월 다보스포럼(world economic forum, WEF)에서 클라우드 슈밥 회장에 의해 처음 제시되었으며, 4차 산업혁명을 기존의 산업혁명들과

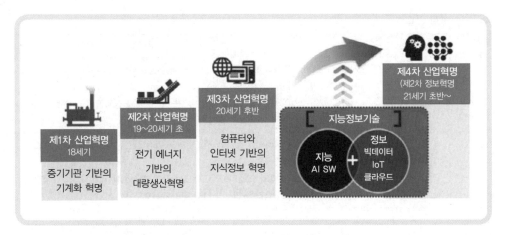

그림 7-1 산업혁명의 변화과정
출처 : 미래창조과학부 블로그, 네이버 지식백과사전

비교했을 때 선형적인 변화가 아니라 완전히 차원이 다른 지각변동 수준이라고 보았다. 그리고 4차 산업혁명을 3차 산업혁명(디지털 혁명)에 기반하여 물리적 공간, 디지털적 공간 및 생물학적 공간의 경계가 희석되는 **기술융합의 시대**라고 하였다.

이후 4차 산업혁명에 대해 다양한 논의가 이루어졌으며, 논의된 내용들에 의하면 4차 산업혁명은 20세기 후반 이후 정보통신기술을 기반으로 한 인터넷 확산과 정보처리 능력의 획기적 발전을 기초로 하고, IoT, 클라우드, 빅데이터 및 인공지능 등의 디지털화를 기반으로 물리적 · 생물학적 영역을 포함한 모든 영역의 경계가 없어지고 연결성이 극대화되는 한편, 융합이 가속화되어 기존과 완전히 다른 체계의 생산 · 소비 패러다임의 디지털 경제를 일컫는 것으로 정의하고 있다(KIET, 2017). 즉, 인공지능, 사물인터넷, 빅데이터, 모바일 등 첨단 정보통신 기술이 경제 · 사회 전반에 융합되어 혁신적인 변화가 나타나는 차세대 산업혁명이라고 요약할 수 있겠다.[1]

1) 4차 산업혁명의 주요기술

4차 산업혁명을 이해하는 데 필요한 주요기술은 크게 네 가지로 IoT, CPS, 빅데이터, 인공지능이다(표 7-2).

---

[1] IT용어사전(https://terms.naver.com/entry.nhn?docId=3548884&cid=42346&categoryId=42346)

표 7-2 4차 산업혁명의 주요기술

기술	내용
IoT	• 사물인터넷이라고도 하며, 사물에 센서가 부착되어 실시간으로 데이터를 인터넷 등으로 주고받는 기술이나 환경 • 사람의 개입 없이 상호 간 정보를 직접 주고받으며, 필요 상황에 따라 정보를 해석하고 스스로 작동하는 자동화된 형태
CPS	• 로봇, 의료기기 등 물리적인 실제의 시스템과 사이버 공간의 소프트웨어 및 주변 환경을 실시간으로 통합하는 시스템 • 기존 임베디드 시스템의 미래지향적이고 발전적인 형태로서 제조시스템, 관리시스템, 운송시스템 등의 복잡한 인프라 등에 널리 적용이 가능
빅데이터	• 디지털 환경에서 생성되는 다양한 형태의 데이터를 의미 • 규모가 방대하고 생성 주기도 짧은 대규모의 데이터를 의미 • 증가한 데이터의 양을 바탕으로 사람들의 행동 패턴 등을 분석 및 예측할 수 있음
인공지능(AI)	• 컴퓨터가 사고, 학습, 자기개발 등 인간 특유의 지능적인 행동을 모방할 수 있도록 하는 컴퓨터공학 및 정보기술의 한 분야 • 다양한 분야와 연결하여 인간이 할 수 있는 업무를 대체하고, 그보다 더욱 높은 효율성을 가져올 것으로 기대가 가능

출처 : 정보통신기술진흥센터(2016).

- IoT : IoT(internet of things)는 우리가 흔히 말하는 사물인터넷으로 생활 속 사물들을 유무선 네트워크로 연결하여 정보를 공유하는 환경을 말한다. 스마트홈, 스마트팜, NFC 기능 등이 그 예이다.

- CPS : CPS(cyber-physical system)는 가상물리시스템이라 부르며, 서로 다른 특징을 갖는 체계에서 모든 수준과 정도를 통합할 수 있는 시스템으로 주로 사물인터넷에 관련된 센서 등과 이를 통제하는 컴퓨팅적 요소가 결합한 것이라고 설명할 수 있다. 예를 들어 스크린 야구, 스크린 골프 등이 해당된다.

- 빅데이터 : 빅데이터는 디지털 환경에서 생성되는 다양한 형태의 대규모 데이터를 말하며, 미래 경쟁력 우위를 좌우하는 중요한 자원으로 활용될 수 있기 때문에 주목받고 있다. 빅데이터 기술을 통해 빠른 시간 안에 고객정보를 분석하는 것이 가능해졌으며, 제품과 서비스에 대한 고객 반응을 실시간으로 파악할 수 있어 기업의 마케팅에 많이 활용되고 있다.

- 인공지능 : 인공지능은 컴퓨터가 사고, 학습, 자기계발 등 인간 특유의 지능적인 행동

을 모방할 수 있도록 하는 정보기술 분야이다. 대표적인 사례로는 알파고, 인공지능 스피커 등이 있다.

2) 4차 산업혁명의 특징

4차 산업혁명이 갖는 특징은 '초연결성', '초지능화', '융합화'를 갖는다. 이에 대한 자세한 설명은 다음과 같다.

- 초연결성 : 초연결성은 모든 사물과 인간, 사회 구성체 모두가 완전히 연결되는 것을 말한다. 3차 산업혁명 시기에 인터넷을 통해 정보화 사회가 태동하고, 원거리의 사람들이 자유롭게 연결되었다면, 초연결은 그 이상으로 모든 것이 실시간으로 유통되고 연결되는 사회를 말한다. 최근 스마트폰의 대량보급, 초고속 무선 통신망(5G)의 확충, 사물인터넷 보급 등은 인간과 인간, 인간과 사물, 사물과 사물 간의 연결성을 기하급수적으로 높이고 있다.
- 초지능화 : 초지능화는 인공지능과 빅데이터 기술에 기반을 둔 것으로 말 그대로 기술과 산업구조가 초월적인 지능을 갖는다는 것을 의미한다. 인간이 아니며 이질적인 존재인 기계가 특정 분야 혹은 모든 분야에서 인간과 비슷하거나 우월한 수준으로 지능을 가지게 되는 것을 의미한다. 몇 년 전 인간 이세돌과 인공지능컴퓨터 알파고와의 바둑 대결과 인공지능이 탑재된 스마트머신의 대표인 자율주행 자동차 등이 대표적인 예다. 초지능화의 기술 발전 속도와 시장 성장 규모도 급성장할 것으로 예측하고 있다.
- 융합화 : 융합화는 '초연결성'과 '초지능화'에 기반하여 기술 간, 산업 간, 사물-인간 간 등 기존에 분리되어 있던 다양한 영역들의 경계가 없어지고 융복합으로 이어지게 된다는 것을 말한다.

3) 4차 산업혁명에 따른 미래 소비사회 변화

4차 산업혁명에 따라 초연결 플랫폼을 통해 소비와 생산을 직접 연결하고, 생산과 소비의 프로세스들 간에도 실시간으로 정보를 공유할 수 있게 되었다. 기존에는 소비자의 요구가 생산에 반영되기까지 상당한 시간이 소요되었지만, 초연결 플랫폼에 의해 소비자의 요구가 생산에 실시간으로 반영될 수 있게 되었다(미래창조과학부 미래준비위원회, 2017; 그림 7-2). 이에 따라 4차 산업혁명에 따른 미래 소비사회의 변화를 살펴보면 다음과 같다.

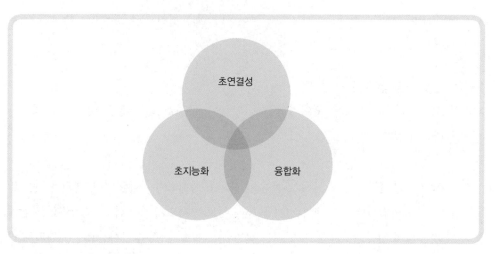

그림 7-2 4차 산업혁명의 특징
출처 : 김영신(2015).

- 소비자는 오프라인, 온라인, 모바일, 가상현실, 증강현실 등 다양한 채널을 통해 실시간으로 정보를 공유하며, 자신에게 적합한 제품과 서비스를 최적의 구매조건으로 구매하게 될 것이다.

- 전문가만이 소유했던 전문지식 등은 소비자 스스로 자료의 수집과 분석 수준이 향상되어 전문가 못지않은 지식을 갖춤으로써 기존 '스마트슈머'를 넘어 '컨슈니어'로까지 진화될 것으로 예상하고 있다(미래창조과학부 미래준비위원회, 2017; 정주원, 2017). 컨슈니어는 소비자와 기술자를 결합한 신조어로 전문가 못지 않은 지식을 가지고 제품의 성분과 기술력 등을 꼼꼼히 따지는 소비자를 말한다.

- 과거 대량생산 시대의 소비자들과 달리 4차 산업혁명 시대의 소비자들은 자신에 맞는 맞춤형 소비가 요구되고 있는데, 빅데이터 및 사물인터넷 등을 통해 소비자의 수요를 세분화하고 이를 통해 생산과 소비를 긴밀하게 연결하여 개인 맞춤형 생산이 확대될 수 있을 것이다. 즉, 생산자와 소비자가 상시적으로 연결되어 작은 수요도 충족할 수 있게 되는 온디맨드 경제가 확대될 것이다(정주원, 2017). 온디맨드는 모바일을 포함한 정보통신기술(ICT) 인프라를 통해 소비자의 수요에 맞춰 즉각적으로 맞춤형 제품 및 서비스를 제공하는 경제활동을 말한다.

- 초연결로 이루어지는 미래 소비사회에서 소비자의 요구는 빠르게 전달되고, 기술 혁

신에 의해 새로운 소비제품이 출시되면서 제품의 수명주기도 단축됨에 따라 소비자 중심으로 소비트렌드가 변화될 것이다.

1.2 ICT 시장의 현황과 전망

1) ICT 시장 현황

ICT(information & communication technology)는 정보기술과 통신기술의 합성어로 정보기기의 하드웨어 및 이들 기기의 운영 및 정보 관리에 필요한 소프트웨어 기술과 이들 기술을 이용하여 정보를 수집, 생산, 가공, 보존, 전달, 활용하는 모든 방법을 의미한다.

ICT 용어는 1997년 영국의 데니스 스티븐슨(Dennis Stevenson)의 보고서(Information and Communications Technology in UK Schools: An Independent Inquiry)와 2000년 잉글랜드, 웨일스, 북아일랜드의 개정된 커리큘럼에서 이 용어를 사용하면서 알려졌다(지형 공간 정보체계 용어사전).

우리나라 ICT 산업은 1990년대 들어 PC 통신 및 온라인 게임의 확산에 따라 국내 ICT 활용의 대중화가 시작되었고, 패키지 소프트웨어 발전 등에 힘입어 국내 ICT 기반이 본격적으로 형성되면서 초고속 인터넷 보급 확산, CDMA 방식의 이동통신 채택, PCS 사업자의 시장진입 등 ICT 인프라가 구축되었다.

우리나라 ICT 시장은 정보통신기기, 정보통신방송서비스, 소프트웨어 및 디지털 콘텐츠로 분야로 분류되고 있다(표 7-3). 정보통신기기 분야는 전자부품, 컴퓨터 및 주변기기, 통신 및 방송기기, 영상 및 음향기기, 정보통신 응용기반 기기로 분류된다. 정보통신방송서비스 분야는 통신서비스, 방송서비스, 정보서비스로 분류된다. 소프트웨어 및 디지털콘텐츠 분야는 패키지 SW, 게임 SW, IT서비스, 디지털콘텐츠 개발 및 제작으로 분류되고 있다.

표 7-3 국내 ICT 시장 분류

분야	분류
정보통신기기	전자부품, 컴퓨터 및 주변기기, 통신 및 방송기기, 영상 및 음향기기, 정보통신 응용기반 기기
정보통신방송서비스	통신서비스, 방송서비스, 정보서비스
소프트웨어 및 디지털 콘텐츠	패키지 SW, 게임 SW, IT서비스, 디지털콘텐츠 개발 및 제작

출처 : 정보통신정책연구원(2018).

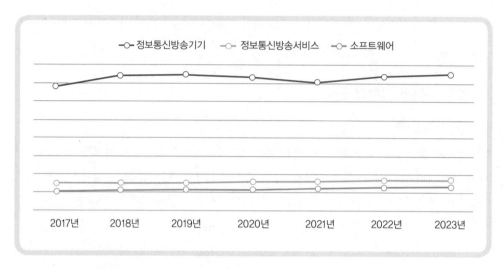

그림 7-3 ICT 산업 중장기(2019~2023) 전망(시장규모)
출처 : 정보통신정책연구원(2018).

2018년 정보통신정책연구원에서 발간한 'ICT 산업 중장기 전망(2019~2023)' 보고서에 따르면 우리나라 ICT 시장규모와 전망은 그림 7-3과 같다.

2) ICT 전망

2019년 정보통신기획평가원에서 발표한 '2020 ICT 10대 이슈보고서'에 따르면, 2020년 ICT 10대 이슈를 크게 '기술·산업분야 이슈', '경제·사회분야 이슈', '대외환경 분야 이슈'로 구분하여 발표하였고, 자세한 내용은 그림 7-4와 같다.

- 5G : 세계 최고 도약을 위한 정면 승부 우리나라와 미국을 필두로 핀란드, 호주, 영국 등 16개 국가가 상용화를 시작함에 따라 5G 네트워크 확산과 함께 다양한 서비스가 본격화될 것이고, B2B 시장이 본격 활성화되면서 새로운 융합서비스가 많이 출시될 것으로 전망하고 있다. 예를 들어 스마트공장, 헬스케어, 스마트시티 등을 통

5G 네트워크 확산과 함께 다양한 서비스가 본격화될 것이다.

기술·산업 분야 이슈	경제·사회분야 이슈	대외환경 분야 이슈
• 5G • 인공지능 • 반도체 • 新모빌리티	• 규제개혁 • 구독경제 • 노동4.0 • 친환경 ICT	• 보호무역주의 • 남방 북방 정책

그림 7-4 2020 ICT 10대 이슈
출처 : 정보통신기획평가원(2019).

해 데이터 경제로 전환될 것으로 전망하고 있다. 또한 주목받지 못하던 통합 칩 등 네트워크 장비 시장에 새로운 기회가 열리게 될 전망이다.

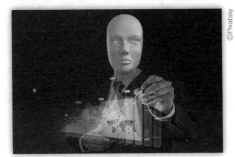

AI 기술 발전에 따른 윤리 문제 해결과 사회적 합의 도출에 대한 논의가 본격화될 것이다.

- **인공지능 : 인공지능 활용의 보편화 가속** AI를 탑재한 스마트폰의 보급과 함께 AI 반도체 시장도 성장할 수 있을 것으로 전망하고 있으며, AI 기술 발전에 따른 윤리 문제 해결과 사회적 합의 도출에 대한 논의가 본격화될 것으로 예상하고 있다.

- **반도체 : 위기와 기회가 공존할 2020년 대한민국 반도체 산업** 2019년에 수요가 감소되었던 반도체 시장은 5G 서비스 상용화에 따른 5G 트래픽 증가와 4K, 8K 스트리밍 서비스의 확대, IoT 및 에지컴퓨팅 확산으로 인해 그 수요가 증가될 것으로 전망하고 있다. 또한 신성장 산업으로서 시스템 반도체 산업 성장이 본격화될 것으로 전망한다.

- **모빌리티 : 新모빌리티 혁신의 전환점** 승차 공유 시장이 2020년에는 614억 달러, 이용자 수는 5억 명을 넘을 것으로 예상되는 가운데, 국내에서도 승차 공유업체와의 제휴가 활발히 이루어질 것으로 전망하고 있다. 나아가 하나의 앱으로 모든 교통수단을 활용할 수 있도록 통합 모빌리티 플랫폼이 본격적으로 추진되면서 카카오, 타다와 같은 플

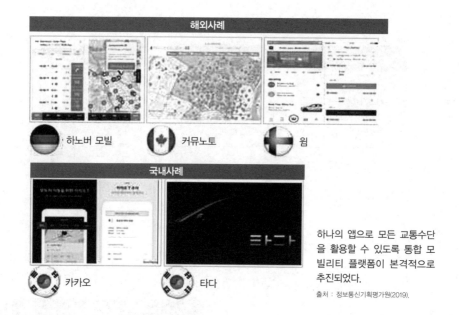

하나의 앱으로 모든 교통수단을 활용할 수 있도록 통합 모빌리티 플랫폼이 본격적으로 추진되었다.

출처 : 정보통신기획평가원(2019).

랫폼 기반의 공유모델의 향후 시장이 확대될 것으로 예측하고 있다.

퍼스널 퍼블리티 등장에 따라 안전사고 예방과 대비를 위해 새로운 규범을 정립하기 위한 정부 노력이 가속화될 것으로 보고 있으며, 보험제도 보완을 통한 사고책임을 강화하기 위한 노력이 이루어질 것이다.

● 규제 : 규제개혁을 통한 ICT 신성장 돌파구 마련 규제 샌드박스로 혁신적 신서비스 모델이 본격 등장할 것으로 전망하고 있으며 동시에 혁신적 규제 특례를 통해 새로운 서비스의 등장과 성장을 기대하고 있다. 또한 민관이 데이터 활용 기반 강화를 위한 비즈니스 모델과 인프라를 정비하는 박차를 가할 것으로 전망하고 있다.

● 구독경제 : ICT 新소비트렌드의 확산 구독경제는 소비자가 회원 가입을 통해 정기적으로 일정 금액을 지불하고 상품 및 서비스를 이용하는 경제 모델로 국내에서도 빠르게 확산됨에 따라 구독경제 범위가 확대되면서 국내 구독 경제 플랫폼 기업들의 성장이 본격화될 것으로 전망하고 있다(그림 7-5). 정기구독형의 특징은 가격이 저렴하고 정기사용·소비량이 일정하다는 점으로 현재는 꾸까(꽃), 와이즐리(면도날), 위클리셔츠(셔츠) 등 생활필수품 중심으로 비즈니스가 형성되어 있으며, 무제한형 구독경제 비즈니스인 웨이브, 넷플릭스와 같은 인터넷 동영상서비스(OTT) 또는 멜론과 같은 스트

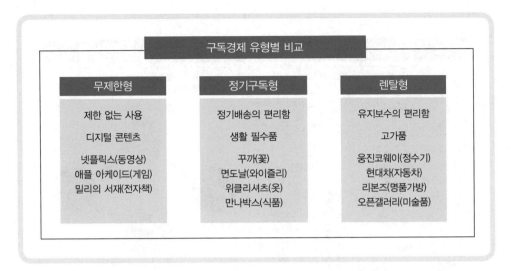

그림 7-5 구독경제 유형

출처 : 정보통신기획평가원(2019).

리밍 음악 서비스는 계속 증가될 것으로 보인다.

- **노동4.0 : 플랫폼 노동과 자동화·무인화의 확산** 온라인 중개 플랫폼을 통해 계약이 체결되고 노동력이 제공되는 새로운 노동 트렌드인 '긱 경제'의 확산으로 일자리의 패러다임의 변화가 나타나고 있으며, 최근 각 사회 분야에서 자동화·무인화 추세가 확산됨에 따라 이 추세는 앞으로도 지속될 것으로 전망하고 있다(그림 7-6).

- **친환경 ICT : 지속가능 환경을 위한 ICT 혁신** 친환경 ICT란, ICT로 인한 환경 개선 효과를 극대화하고, 환경 파괴를 최소화하는 것을 의미하는 것으로서 향후 환경오염과 지속가능경영에 대응하는 친환경 ICT 제품 및 서비스 보급이 확산될 것으로 전망하고 있다. 또한 자동차·ESS용 수요 급성장으로 2차 전지가 새로운 ICT 전략 품목으로 부상될 것으로 기대하고 있다.

- **보호무역주의 : 글로벌 패권주의 확산으로 국내 ICT 혁신 촉발** 미국과 중국의 무역분쟁으로 우리 ICT 산업의 위협과 기회가 공존할 것으로 보고 있으며, 한국과 일본 갈등은 소재·부품·장비의 도약을 촉진할 것으로 전망하고 있다.

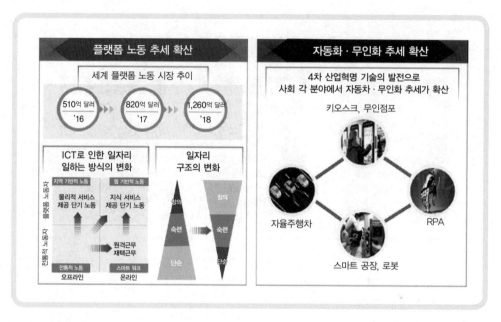

그림 7-6 플랫폼 노동과 자동화 · 무인화 추세
출처 : 정보통신기획평가원(2019).

- 新남방 · 新북방 : 對中 무역의존도 탈피 본격화 미국, 중국, 일본에 편중된 우리나라의 경제 동력을 새롭게 확대할 거점으로 新남방 · 新북방 지역으로 ICT 진출 협력이 확대될 것으로 전망하고 있다.

다음은 2019년 한국정보화진흥원에서는 경제 · 산업 · 정책 등 주요 환경 변인을 살펴보고 미래 유망 기술을 복합적으로 고려하여 '2020년 ICT 이슈와 9대 트렌드 전망' 보고서를 발표하였다. 보고서에 따른 2020년 ICT 9대 트렌드 전망을 살펴보면 다음과 같다.

- 새로운 10년, AI 시대의 서막 2020년대를 이끌 핵심기술은 AI로 전 산업에 파급되어 산업의 경쟁구조의 전면적 변화의 원천이 될 것으로 전망하고 있다. AI 자체가 물리적 자본이고, 노동력을 대체할 수 있는 기술로서 단순히 생산성 강화 도구가 아닌 새로운 생산요소로 부상될 수 있다는 것이다.

- 본격적인 상용화로 산업 성장을 견인할 5G, 자율주행차 레벨 3 기술의 자율주행 자동차가

자율주행차 9대 공공서비스		
이용자 편의 교통약자 이동지원	대중교통 최적화	공유차 서비스
도시기능 효율화 자율주행 공공행정	도로 긴급복구 서비스	차량 고장 시 긴급대응
국민안전 서비스 주야간 모니터링	긴급차량 통행지원	자율주행 순찰

그림 7-7 자율주행차 9대 공공서비스
출처 : 한국정보화진흥원(2019).

　　2020~2022년에 상용화될 예정이며, 자율주행 자동차를 활용한 공공서비스 추진으로 공공 수요 창출도 기대해보고 있다(그림 7-7).

● 경제 · 산업 분야에서 신뢰 기술로 떠오르는 블록체인 금융 기업들의 블록체인 도입 확대로 블록체인 시장이 성장될 것으로 전망하고 있다. 금융 분야 외에도 보험업계, 공유 서비스 중심으로 블록체인 기반의 스마트 컨트랙트 비즈니스 모델이 출현할 것으로 전망하고 있다.

● 가상의 반격 : 인싸가 된 가상세계 5G가 활성화될수록 가상현실 기술을 활용한 실감 콘텐츠가 주류를 이룰 것으로 전망하고 있다. 또한 실감 콘텐츠는 디지털 세계와 상호 작용하는 방식을 바꾸며 산업, 엔터테인먼트, 미디어 등으로 확장되어 빠르게 성장할 것으로 기대하고 있다.

가상 현실 기술을 활용한 실감 콘텐츠가 주류를 이룰 것이다.

도요타의 '키로보미니'

홈 헬스케어 로봇 '필로'

'지보 로봇'

'버디 로봇'

고령화, 1인 가구의 증가로 가족, 친구와 같은 존재의 의미를 가진 '컴패니언 로봇'의 수요도 높아질 것이다.

출처 : 한국정보화진흥원(2019).

- **개인 로봇의 부상** 로봇은 PC, 스마트폰 이후 차세대 디바이스가 될 수 있는 가능성이 높은 기기로 현재 사용되고 있는 AI 스피커, AI 가전 등 생활 속 지능형 기기들이 커뮤니케이션 기능, 움직임이 더해진 개인 로봇 형태로 발전할 가능성이 있다. 또한 고령화, 1인 가구의 증가로 가족, 친구와 같은 존재 의미를 가진 '컴패니언 로봇'의 수요가 증가도 높아질 것이다.

- **미래산업을 위해 불필요한 적기조례를 거둘 타이밍** 미래지향적으로 규제 패러다임의 전환 필요성이 증대되고 있다. 시의성 있는 규제 혁신이 이루어지지 않으면 글로벌 미래 성장 산업 경쟁력이 뒤처질 수 있으므로 기술 혁신을 위한 선진적인 법률, 가이드라인 등 법 제도 기반 연구가 필요하다.

- **페이크데믹스의 확산 경계** 최근 선거 이벤트와 맞물려 퍼지는 가짜뉴스가 사회적 문제가 되고 있다. 이러한 가짜뉴스의 전염을 페이크테믹스(fake-demics, 가짜뉴스 전염병)라 한다. 가짜뉴스는 사회 안보에 매우 큰 위험 요소로 작용할 수 있고, 개인 신원 도용, 개인 디지털 정보를 조작한 가짜 메시지 작성에 의해 개인의 위험도 커질 수 있음을 유의해야 한다.

- **급격한 기술 혁신, 불안한 기술 위험** 기술이 지능화되고, 촘촘하게 연결될수록 부작용의 파급력도 증가할 수 있다. 즉, 자율주행 자동차, 홈 IoT 등 네트워크에 연결된 거의 모든 것은 사이버 침해, 해킹 등의 공격에 취약하기 때문에 이를 해결할 수 있는 방안 마

2020 ICT 10대 이슈	2020년 ICT 이슈와 9대 트렌드 전망
• 5G : 세계 최고 도약을 위한 정면 승부 • 인공지능 : 인공지능 활용의 보편화 가속화 • 반도체 : 위기와 기회가 공존할 2020년 대한민국 반도체 산업 • 모빌리티 : 新모빌리티 혁신의 전환점 • 규제 : 규제개혁을 통한 ICT 신성장 돌파구 마련 • 구독경제 : ICT 新소비트렌드의 확산 • 노동4.0 : 플랫폼 노동과 자동화 · 무인화의 확산 • 친환경 ICT : 지속가능 환경을 위한 ICT 혁신 • 보호무역주의 : 글로벌 패권주의 확산으로 국내 ICT 혁신 촉발 • 新남방 · 新북방 : 對中 무역의존도 탈피 본격화	• 새로운 10년, AI 시대의 서막 • 본격적인 상용화로 산업 성장을 견인할 5G, 자율주행 자동차 • 경제 산업 분야에서 신뢰 기술로 떠오르는 블록체인 • 가상의 반격 : 인싸가 된 가상세계 • 개인로봇의 부상 • 미래산업을 위해 불필요한 적기조례를 거둘 타이밍 • 페이크데믹스의 확산 경계 • 급격한 기술 혁신, 불안한 기술 위험 • 고령화에 따른 맞춤 의료 기술 수요의 급성장

그림 7-8 2020년 ICT 10대 이슈 및 9대 트렌드 전망 비교

런이 필요하다.

● 고령화에 따른 맞춤 의료 기술 수요의 급성장　고령화 사회가 될수록 의료 서비스의 양
적 · 질적 수요가 증가되면서 의료비 절감, 건강한 삶을 위한 예방 중심의 맞춤형 의료
발전이 필요하다. 의료에 인공지능을 접목했을 때 효과적인 진단 및 치료법 제시, 헬
스케어의 어려움을 획기적으로 개선할 수 있을 것으로 전망하고 있다.

2. ICT 시장현황과 사례

2.1 통신시장

1990년대 2G 이동통신은 사람 간 음성통화를 대중화하고, 2000년대 3G 이동통신은 무
선 인터넷 사용을 대중화하였고, 2010년대 4G 이동통신은 고속 무선 인터넷을 통해 모바
일 서비스의 다양성을 높이며 개인 일상과 연계된 서비스와 시장에서 큰 변화를 가져왔다.
2019년부터 본격화된 5세대 이동통신인 5G는 휴대폰의 영역을 넘어 가상현실(VR), 사물

인터넷(IoT), 인공지능, 빅데이터 등과 연계하여 다양한 분야에서 엄청난 변화를 일으킬 것
으로 전망하고 있다.

　5G가 갖는 기술적인 특성은 '초고속 · 대용량', '초저지연', '초연결'로 설명할 수 있으며,
각각의 특징과 사례를 살펴보면 다음과 같다.

1) 초고속 · 대용량

초고속 · 대용량 특성을 가진 대표적인 사례로는 VR(가상현실)과 AR(증강현실)이 있다.

　VR은 컴퓨터로 만들어 놓은 가상의 세계에서 사람이 실제와 같은 체험을 할 수 있도록
하는 최첨단 기술을 말한다. 내비게이션, 스포츠 중계, 각종 문화 인프라 등 다양한 분야에
서 VR을 적용한 서비스를 제공하고 있고, 국내에서는 VR 체험카페 등과 같은 곳들이 많이
생겨나고 있다.

　AR은 현실에 기반하여 정보를 추가 제공하는 기술로 현실세계의 이미지나 배경에 가상
의 이미지를 추가하여 보여주는 기술을 말한다. 증강현실을 활용한 서비스의 대표적인 사
례는 구글이 만든 '구글 글래스'이다. 이 안경은 구글 안드로이드 운영 체제가 내장되어 안
경을 통해 인터넷 검색이나 길안내, 사진 촬영 등이 가능하다. 이케아는 AR 앱을 통해 제품
의 크기, 디자인, 기능을 실제 비율과 동일하게 적용하여 구매 전 고객이 가구를 직접 배치
한 모습을 사진이나 영상으로 저장할 수 있도록 할 수 있다.

초고속 · 대용량 특성을 가진 대표적인 사례로는 VR과 AR이 있다.

2) 초저지연성

초저지연성의 대표적인 사례로는 자율주행을 들 수 있다. 5G 시대가 본격화되면서 자율주

행 자동차의 성장 가능성이 주목받고 있다. 자율주행 자동차는 운전자가 핸들과 가속페달, 브레이크 등을 조작하지 않아도 스스로 주행하는 자동차를 말하는데, 자율주행 자동차는 고속으로 달리는 중에도 데이터가 지속적으로 전송되기 때문에 5G의 초저지연 특성이 가장 중요하다고 할 수 있다. 자율주행 자동차 시장은 2020년 본격적으로 열릴 것으로 전망하고 있다.

5G 시대가 본격화되면서 자율주행 자동차의 성장 가능성이 주목받고 있다.

3) 초연결성

초연결성의 대표적인 사례로는 IoT(사물인터넷)를 들 수 있다. IoT는 사물에 센서를 부착하여 인터넷에 연결해서 스마트폰으로 거리에 대한 제한 없이 전원을 끄고 키는 등 다양한 동작을 구현할 수 있는 기술을 말한다. 대표적인 사례로 우리가 지금도 흔히 볼 수 있는 인공지능 스피커, 로봇청소기, 센서 블라인드, 스마트홈기기 등이 있으며, 최근에는 웨어러블 디바이스를 대표하는 스마트 워치도 주목받고 있다.

IoT는 사물에 센서를 부착하여 인터넷에 연결해서 스마트폰으로 거리에 대한 제한 없이 전원을 끄고 키는 등 다양한 동작을 구현할 수 있는 기술을 말한다.

2.2 유통환경

4차 산업혁명의 영향으로 유통시장에서 첨단 정보통신기술을 접목한 편리하고 새로운 서비스들이 등장하고 있다. 유통산업에 AI, IoT 등 4차 산업혁명 기반 기술이 활용되면서 유통서비스가 고도화되는 '유통4.0시대'가 도래했다고 전문가들은 보고 있다.

최근 소매점을 뜻하는 '리테일(retail)'과 '기술(technology)'을 결합한 '리테일테크 (retailtech)'라는 신조어도 등장하면서 유통4.0시대는 고객 맞춤화부터 배송 맞춤화까지 개인 맞춤화된 상품을 추천하는 '맞춤화'라는 특징을 가지며 소비자의 이목을 끌고 있다.

해외에서는 아마존의 무인상점인 'Amazon Go'와 알리바바의 슈퍼마켓 '허마' 등이 성공 사례로 꼽히고 있다. 국내에서도 AI, 빅데이터 기반의 ICT 기술을 유통시스템과 접목시키고 있다. 편의점에서는 챗봇 도입으로 업무 효율을 높이고 있고, 빅데이터 기반 물류 운영으로 신선식품을 합리적인 가격에 운영하고 있는 '마켓컬리'가 있다. 또한 대면을 통한 고객 상담이 어려운 이커머스 업계에서는 인공지능형 챗봇 도입을 통해 고객의 편의성을 높이고 있다.

이 밖에도 무인결제시스템인 키오스크 시장도 활발하게 운영되고 있다. 키오스크는 정보서비스와 업무의 무인·자동화를 통해 대중들이 쉽게 이용할 수 있도록 공공장소에 설치한 무인단말기로 이용자의 편의를 도모하고 있다.

택배 분야에서는 택배자동화와 드론배송이 이슈가 되고 있다. CJ대한통운은 휠소터라는 컨베이어에 흘러가는 택배 박스를 지정된 구역으로 밀어 지역별로 택배를 자동분류하는 장비를 최초로 도입하여 기존 수작업으로 하던 분류작업 시간이 절감되면서 근무여건이 개선되고 배송 효율성이 높아지는 효과를 얻고 있다. 글로벌 물류 업계인 월마트, 아마존, DHL 등 세계적인 운송회사에서는 택배 드론 시장을 선점하기 위해 경쟁하고 있고(그림 7-9),

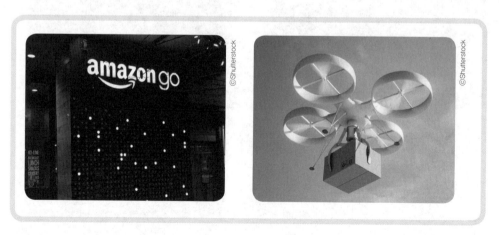

그림 7-9 유통시장 ICT 적용 예시

우리나라도 드론 택배 사용화를 목표로 사업을 추진할 계획이다.

2.3 패션/뷰티시장

패션시장에도 ICT 기술을 접목한 서비스를 제공하고자 하는 움직임을 보이고 있다. 미국 의류 쇼핑몰 스티치픽스는 인공지능 기술을 도입하였는데, 소비자가 선택한 옷을 인식하여 그 옷과 어울리는 액세서리 등 패션 아이템을 스마트 거울을 통해 추천하는 것이다.

구글은 데이터 드레스라는 개인별 맞춤형 인공지능 디자인 도구를 개발하여 소비자의 일상 데이터를 스마트폰으로 수집한 후, 이를 기반으로 소비자에게 맞는 의류를 디자인해 주는 방식을 활용하고 있다.

우리나라의 경우도 최근 서울시 동대문에 맞춤 의류를 24시간 안에 만드는 매장을 개장 하여 소비자가 키오스크에서 기본 디자인 패턴, 색깔, 길이 등을 선택한 3D 의상 제작 소프 트웨어로 24시간 안에 옷을 만들어줄 수 있도록 서비스를 제공하고 있다.

우리나라 뷰티시장에서의 ICT 기술 적용은 다른 시장에 비해 아직은 미비한 단계에 있 다. 해외 뷰티 ICT 연구개발은 주로 미국, 일본, 유럽을 중심으로 이루어지고 있는데, 캐나 다에 소재하는 모디페이스는 자신의 얼굴을 스마트폰을 통해 스캔하면 피부 톤을 측정하고 화장방법을 추천하는 앱을 출시하여 매출 향상 효과를 보았다. 일본의 시세이도는 '디지털 카운슬링 미러'를 매장에 설치하여 거울을 통해 얼굴을 스캔하고 화장법과 제품을 터치 패 널 시스템을 통해 소개하는 기능을 갖추고, 소비자는 집에서도 상담자료를 활용할 수 있도

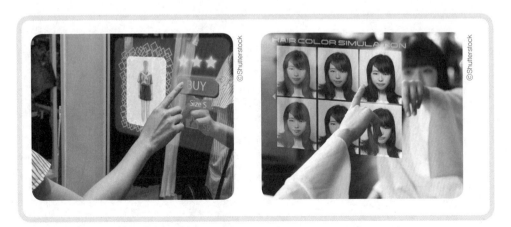

그림 7-10 패션 및 뷰티시장의 ICT 적용 예시

록 전송해준다. 우리나라도 뷰티 ICT 기술을 활용한 새로운 시장을 창출하기 위해 적극적인 연구개발을 하고 있다.

2.4 차세대 모빌리티

지속적인 도시화로 인한 도시 내 혼잡과 환경오염 문제 해결을 위한 대안으로 새로운 교통수단에 대한 수요가 발생하고, 공유경제 시장의 확대와 플랫폼 기술의 발달로 카쉐어링 등과 같은 신서비스모델의 등장, 4차 산업에 따른 첨단 ICT의 급격한 발달로 지능형 교통체계와 다양하나 퍼스널 모빌리티가 등장하기 시작하였다. 스마트 모빌리티는 첨단 ICT 혁신 기술을 기반으로 자동화, 전기화, 통합화, 공유화, 맞춤화된 새로운 교통체계 및 서비스를 의미한다.

최근에는 퍼스널 모빌리티, 즉 전기를 동력으로 하는 1인용 개인 이동수단이 휴대성과 편리성으로 인해 시장이 급성장하고 있으며, 대표적으로 전동킥보드, 전동휠 등이 해당된다. 퍼스털 모빌리티는 친환경적이고 편리한 이동이 가능해서 공유 플랫폼을 토대로 이용자 수가 증가하고 있다. 하지만 퍼스널 모빌리티에 대한 법제도 정비가 미비하다는 단점을 지닌다. 몇 년 사이에는 모빌리티 서비스 플랫폼의 새로운 시장이 등장하면서 미국의 '우버', 우리나라의 '쏘카, 타다' 등이 대표적인 예이다. 우리나라의 경우 모빌리티 서비스 플랫폼 업계와 택시와의 갈등이 있었지만 서로 상생할 수 있는 방안을 마련하고 있다.

통합 모빌리티는 한 개인의 출발지부터 목적지까지의 모든 교통수단에 걸친 이동계획, 예

퍼스널모빌리티는 친환경적이고 편리한 이동이 가능해서 공유 플랫폼을 토대로 이용자 수가 증가하고 있다.

약, 티켓팅, 지급결제를 통합한 디지털 플랫폼으로서 대표적인 사용자 중심의 모빌리티 서비스이다. 교통공급 측면에서 이용자에게 더 빠르고 다양한 교통수단 선택권을 제공함으로써 사용자 선호 기반의 맞춤형 서비스를 제공한다.

2.5 친환경 ICT

친환경 ICT로 가장 대표적인 것으로 전기차를 들 수 있다. 자동차는 대기 오염의 주범으로 지목되고 있어 우리 정부는 미세먼지 대책의 하나로 전기차 사용을 지원하고 있다. 전기차 확대 기조는 거스를 수 없는 전 세계적 추세이기도 하다. 또한 최근에는 ICT를 활용해 건물 에너지 효율성을 향상시키는 '스마트 빌딩'과 신재생 에너지를 활용해 건물 기능에 필요한 에너지를 자체적으로 공급하거나 단열 성능을 높여 에너지 유출을 최소화하는 '제로에너지 빌딩'이 대안으로 떠오르고 있다. 우리나라도 에너지 절감 추세에 따라 스마트·그린 빌딩(홈) 도입이 시작되었고, 국내 최초로는 서울시 노원구에 총 121가구 규모의 제로에너지 단지가 조성되었다. 정부에서는 2020년부터 공공건축물 대상으로 '제로에너지 건축물 인증제'를 시행하여 2025년부터는 일반 건축물에도 단계적으로 도입을 의무화할 계획을 가지고 있다고 밝혔다.

3. ICT 관련 규제 및 국제협력

3.1 ICT 산업 활성화를 위한 규제와 개혁

전 세계적으로 ICT를 기반으로 한 디지털 경제로의 이행을 핵심정책으로 추진하는 등 ICT과 휴대전화 보급률, 산업의 경쟁력 확보와 경제적 중요성이 강조되는 상황이다. 우리나라 ICT 산업은 높은 인터넷 하드웨어 제조 기술을 기반으로 2000년대 이후 최근까지 경제성장의 핵심적 역할을 수행해왔다. 우리나라 ICT 산업의 성장기여도는 높은 것으로 평가받고 있지만, 기존의 규제가 ICT를 이용한 융·복합 제품 및 관련 서비스산업의 발전을 저해하는 요인으로 작용할 수 있다고 보았다.

정부가 신기술·신산업의 빠른 변화를 반영하지 못하는 현행 규제 체계를 개선하기 위해 2018년 9월 20일에 국회에서 '정보통신 진흥 및 융합 활성화 등에 관한 특별법(이하 정보통신융합법)', '산업융합촉진법', '규제자유특구 및 지역특화발전특구에 관한 규제특례법

(이하 규제자유특구법)' 등 규제개혁 3법 개정안이 본회의를 통과하였고, 2019년 1월 17일부터는 'ICT 분야 규제 샌드박스'가 시행되었다(표 7-4).

'ICT 분야 규제 샌드박스' 제도는 아이들이 안전하게 마음껏 놀 수 있는 모래 놀이터에서 유래한 것으로 신기술·신산업 분야의 새로운 제품 및 서비스에 대해 일정 기간 규제를 면제하거나 유예시켜주는 제도를 말한다. 특정 지역·공간을 지정하여 규제를 풀어주는 '규제프리존'과 달리 '규제 샌드박스'는 개인 및 사업자 등이 신청한 사안에 한정하여 규제를 풀어주는 것으로 규제 샌드박스 지정을 받으면 일정한 조건하에서 정부의 규제 없이 ICT 신기술·서비스를 실증하고 사업화할 수 있다. ICT 분야 규제 샌드박스가 시행된 지 6개월 만에 연간목표의 80% 달성하는 성과를 보였고, 공유경제, 블록체인, 빅데이터, 5G 등 4차 산업혁명 핵심기술의 실험장의 역할을 수행했다는 평가를 받고 있다.

이와 함께 데이터 경제 활성화를 위해 '개인정보 보호법', '정보통신망법', '신용정보법'이 해당되는 '데이터 규제 완화 3법' 개정안이 2018년 11월에 국회에 발의가 된 상태이나 아직까지 계류 중에 있다. 데이터 규제 완화 3법 개정안은 '개인정보 활용과 보호'를 목표로 하고 있는데, 첫째, 개인정보의 체계적 활용과 보호를 위해 3개 부처에 분산된 개인정보보

표 7-4 ICT 분야 규제 샌드박스의 내용

구분	정의	효과
신속처리	신기술·서비스에 대한 법령 적용 여부 또는 허가 등의 필요 여부를 신속하게 확인해주는 서비스	허가 필요 여부 및 내용 확인 (허용·허가 없음)
실증규제 특례	신기술·서비스가 규제로 인해 사업 시행이 불가능한 경우, 규제를 적용하지 않고 실험·검증을 임시로 허용	제한적인 실험·실증 허용 (사업화 X) 유효기간 2년 이내, 1회 연장 가능
임시허가	신기술·서비스에 대한 근거법령이 없거나 명확하지 않은 경우 신속한 사업화가 가능하도록 임시로 허가	제한적인 사업화 허가(실험·실증 X) 유효기간 2년 이내, 1회 연장 가능
일괄처리	다(多) 부처 허가 등이 필요한 신기술·서비스의 심사가 동시에 개시될 수 있도록 과학기술정보통신부가 일괄 신청받아 동시에 허가 절차를 개시하는 서비스	—

출처 : ICT 규제샌드박스(https://www.sandbox.or.kr/)
정준화(2019).

호 업무를 개인정보위원회 한 곳으로 이관, 둘째, 가명/익명 정보의 개념을 명확히 하고 개인 사전 동의 없이 활용 가능, 셋째, EU GDPR(일반개인정보보호법) 규정에 맞춘 개인정보 보호 기능 강화 등이 중요 주요 내용이다. 데이터 규제 완화를 통해 개인정보를 활용해 새로운 서비스 기술, 제품 등을 개발할 수 있어 기업들이 신사업을 전개할 수 있다는 긍정적인 효과가 있지만, 한편으로는 개인정보 유출에 대한 우려도 적지 않은 편이다. 앞으로 이 두 가지 문제에 대해서는 지속적으로 논의될 것으로 보인다.

3.2 국제협력

정보통신 기술의 발전이 글로벌화를 촉진시킨 반면에 국가 간 혹은 지역 간 정보의 격차를 야기하기도 한다. 정보의 격차를 줄이고, 공동의 지속가능한 발전을 도모하기 위한 국제적 차원의 개별협력 노력이 필요하게 되었다.

2017년 과학기술정보통신부에서는 '국가위상 제고를 위한 과학기술·ICT 국제협력 역할 강화'를 위한 주요목표와 중점과제를 발표하였다. 첫 번째 목표는 한국의 혁신역량제고이다. 이를 위한 과제로 4차 산업혁명 역량 보강을 위한 전략적 협력과 해외인력 활용으로 과학기술 인적자원 확충, 국제협력을 통한 글로벌 연구 인프라 활용 확대 계획을 가진다. 두 번째 목표는 글로벌 시장 진출 촉진이다. 이를 위한 과제로 4차 산업혁명 기술의 글로벌 사업화 지원, 해외시장진출을 통한 글로벌 일자리 창출, 아시아, 중남미, 중동 등 지역 현지 코디네이터 마케팅, 정책 컨설팅, ODA 사업 등을 패키지로 지원하여 새로운 과학기술·ICT 시장 개척 계획을 가진다. 셋째 목표는 국가 외교 지원이다. 이를 위한 과제로 과학기술을 통한 남북·교류 협력 촉진, 동북아 플러스 책임공동체 외교지원, 외교 소원국과 전략적 협력 환경 조성이다. 넷째 목표는 국제사회 기여이다. 이를 위한 과제로는 인류 공동문제 해결참여, 저개발국 혁신기반 공동 마련, 국제기구에 과학기술 전문가 진출 및 협력을 확대해 나갈 계획이다.

참고문헌

과학기술 & ICT 정책기술동향 146호(2019.07.05.). 과학기술정보통신부.

과학기술정보통신부 (2017.09.27). 국가위상 제고를 위한 과학기술 ICT 국제협력 역할.

김상훈(2017). 4차산업혁명: 주요개념과 사례. KIET 산업경제분석, 67-80.

김석관(2018). 산업혁명을 어떤 기준으로 판단할 것인가?: 슈밥의 4차 산업혁명론에 대한 비판적 검토. 과학기술정책, 1(1), 113-141.

김영신, 송용주(2016), 국내 ICT 경쟁력 국제비교 및 시사점: ICT 규제수준을 중심으로. 한국경제연구원 정책연구, 21.

김지환, 정아름, 김인희, 신정우(2018). 5G 이동통신의 시장확산 방안 연구. 정보통신정책연구원 기본연구(18-04).

김진하(2016). 제4차 산업혁명시대, 미래사회 변화에 대한 전략적 대응 방안 모색. KISTEP Inl, 제15호. 한국과학기술기획평가원.

미래창조과학부 미래준비위원회(2017). 10년 후 대한민국 4차 산업혁명 시대의 생산과 소비. 도서출판 지식공감.

부산과학기술기획평가원(2018). 스마트 모빌리티의 미래 이슈와 부산 적용 방안. 정책연구(2018-06).

윤준환(2018). 뷰티-ICT 적용을 통한 시장 경쟁력 확보 방안. 정보통신기획평가원 주간기술동향, 1869호.

이상길(2019). ICT 주요 규제 쟁점과 시사점. ICT SPOT ISSUE 산업분석(2019-16). 정보통신기획평가원.

정보통신기술진흥센터(2016). 주요 선진국의 제4차 산업혁명 정책동향.

정보통신기획평가원(2019). 2020 ICT 10대 이슈.

정보통신정책연구원(2018). ICT 산업 중장기 전망(2018~2022). 방송통신정책연구 17-방통-10.

정보통신정책연구원(2018). ICT 산업중장기 전망(2019~2023). 방송통신정책연구 2018-0-00290.

정주원(2017). 제4차 산업혁명 시대의 소비생활 변화와 소비자교육. 한국가정과교육학회지, 29(3), 89-104.

정준화(2019). ICT 분야 규제 샌드박스의 현황과 향후 과제. 이슈와 논점, 제1566호. 국회입법조사처.

정혁(2017). 4차 산업혁명 시대를 맞이하는 ICT 산업의 도전과제: 중장기적 관점. KISDI Premium Report, 정보통신정책연구원.

조영빈(2019). 스마트 모빌리티 서비스의 현황과 미래. DNA 플러스 2019.
한국정보화진흥원.

한국정보화진흥원(2019). 2020년 ICT 이슈와 9대 트렌드 전망.

(주)테크노베이션파트너스(2016). 4차 산업혁명 정의 및 거시적 관점의 대응방안 연구. 산
업통상자원부 용역 최종보고서.

ICT통계정보연구실. ICT 통계분석 7월호. 정보통신정책연구원.

ICT통계정보연구실. ICT 통계분석 8월호. 정보통신정책연구원.

IITP정책리포트(2018). ICT 기술혁신 패러다임 분석과 ICT R&D 중장기 정책적 제언. 정
보통신기술진흥센터.

IITP정책브리프(2018.01). 시대별 ICT 주요 국내정책 및 성과. 정보통신기술진흥센터.

IITP정책브리프(2018.06). 혁신성장의 새로운 기회. 4차 산업혁명과 ICT. 정보통신기술진
흥센터.

KIET(2017). 4차 산업혁명 주요개념과 사례.

국립중앙도서관 블로그. 디지털이야기 : 4차 산업혁명이란 무엇인가?
    https://dibrary1004.blog.me/221343831070

뉴스투데이(2019.09.20.). AI 인재가 유통 4.0시대 이끈다 1: 리테리테크(Retailtech),
유통업계 미래
    http://www.news2day.co.kr/137120

디지털투데이(2018.11.22.). 인류를 이끈 ICT, 다시 자연을 향한다
    http://www.digitaltoday.co.kr/news/articleView.html?idxno=204798

연합뉴스(2019.04.25.). 맞춤의류 제작에 24시간 '동대문+ICT=패션허브'
    https://www.yna.co.kr/view/AKR20190425046900004?input=1195m

전자신문(2018.09.02.). 패션시장에 부는 ICT 바람. 블록체인 AI 융합
    http://www.etnews.com/20180831000151

소비문화와 소비트렌드

지금의 현대 사회를 소비사회로 규정한다. 소비사회란 생산성의 향상으로 누구나 자유롭게 소비를 할 수 있고 소비량의 엄청난 증가와 더불어 소비가 삶의 중심을 차지하는 사회를 말한다. 따라서 현대사회를 이해하고 사회 구성원의 삶과 생활양식을 설명하는 데 있어서 소비는 중요한 키워드가 된다. 소비행위를 하게 하는 욕구는 한 사회의 문화적 가치관, 제도, 규범들이 제품과 서비스의 속성, 생산양식, 사용방법과 관련된다는 점에서 소비는 그 자체로 사회문화적 현상이다. 이 장에서는 소비사회를 형성하는 소비문화와 가까운 미래에 일어날 소비문화를 예측할 수 있는 소비트렌드에 대해 알아본다.

1. 소비문화

풍요로운 소비사회에서 우리는 매일 소비하면서 산다. 많은 소비 물품들을 구매하고 사용하고 처분하면서 소비는 단순히 필요한 물건을 사거나 쓰는 경제적 행위만이 아닌 우리의 일상이라는 점에서 중요한 의미를 갖는다. 일상 소비생활에서 우리는 소비하는 재화나 서비스에 의미를 부여하고 우리가 속해 있는 사회에서도 소비생활에 상징을 부여하며 사회 구성원 간에 의미를 교환한다. 이러한 소비생활은 한 사회의 사회적 규범의식이나 문화적 가치관에 영향을 받아 재화나 서비스의 유형, 사용방법, 생활양식에 공통된 특징을 보인다. 이렇듯 한 사회의 생활과정에서 재화나 서비스의 유형, 소비행위 유형, 소비에 대한 공통적인 사고방식, 그리고 이들로 이루어진 소비생활 양식을 **소비문화**라고 한다(송인숙, 2002; 김종구, 박성용, 1997).

한 사회의 사회·경제적 발전과 시대적 변화에 따라 구성원의 욕구가 변화하고 이와 함께 소비문화도 변화한다. 여기에서는 소비의 의미 변화와 소비문화의 형성 이론을 살펴보고 이를 통해 소비문화의 특성을 알아보도록 한다.

1.1 소비의 의미 변화

소비할 물품이 많지 않았던 과거의 소비는 한정된 자원 안에서 필요한 물품을 구입하여 사용하는 경제적 차원의 개념이었고 당시 소비모습은 생활에 필수적인 의식주에 치중해 있었기 때문에 그다지 많이 다르지 않았다. 그러나 현대사회로 들어오면서 구입할 수 있는 물품이 많아지고 소비자의 구매력이 증가되면서 소비는 여러 형태의 소비양식과 스타일을 지니게 되었고 단순히 물질적인 소비를 의미하는 경제적 차원의 소비를 넘어 사회·문화적 차원으로 변화하였다(장현선, 2014).

1) 경제적 차원의 소비

생산과 소비가 분리되지 않았던 전통사회에서 인간은 자신이 생산한 물품을 직접 사용했고, 소비는 존재를 실현하기 위한 물품의 사용으로 유용성 산출이 주된 목적이었다. 이때 소비는 생존을 위한 인간의 기본적인 욕구를 충족시키기 위하여 물품을 사용하는 것을 의미하였기 때문에 사용가치를 창출하기 위한 것이었다. 직접적으로 인간의 기본적 욕구를 충족시키는 데 기여하지 않은 물품은 중요한 대상이 되지 못했다. 물론 전통사회에서도 자신이 사용하고 남은 물품을 팔거나 자신이 사용할 다른 물건과 교환하였다. 그러나 물품은 근본적으로 사용하기 위해 생산되었고 판매된 물품도 다른 사용자에 의해 직접 소모되었다.

산업자본주의사회로 들어서면서 우리가 삶의 과정에서 사용하는 물품은 돈으로 사고 팔수 있는 '상품'으로 변하였다. 전통사회에서의 소비는 물품을 사용하거나 소모하는 것을 의미하였으나 자본주의 사회에서 소비는 상품을 구매하는 행위를 뜻한다(이진우, 1998).

이렇듯 경제적 차원의 소비는 상품을 소비함으로써 인간 생활의 필요를 충족시키고 소비자는 가장 큰 실용적 가치를 얻을 수 있는 제품을 선택하고자 노력한다.

2) 사회문화적 차원의 소비

소비가 사회문화적 행위의 한 형태로서 이해되기 시작한 것은 산업발달로 인한 대량생산, 대량소비 시대의 도래와 관련이 있다. 풍요로운 산업사회에서 대중은 소비의 주체로 부각되었고 소비모습은 한 사회의 문화적 가치관, 제도, 규범 등의 영향을 받아 사회문화적 행위가 된다. 오늘날의 소비는 물질적 가치를 통한 인간의 기본적인 욕구충족을 넘어 공통된 생활양식으로 이해할 수 있는데 그 특성을 살펴보면 다음과 같다.

(1) 상징으로의 소비

상징이란 어떤 문화를 공유하는 사람들에게만 통하는 특별한 의미를 지닌 말, 동작, 그림 또는 대상을 가리킨다. 소비를 상징으로 이해하기 시작한 것은 상품이 위치재(positional goods)로서 사회적 지위와 문화적 스타일의 상징적 징표로 작용한다는 사실을 밝힌 것에서 비롯되었다. 미국의 경제학자 소스타인 베블런(Thorstein Veblen)은 상류층의 사치스럽고 낭비적인 소비를 일컬어 과시적 소비라고 하였는데, 이는 사회적 지위를 나타내고 인정받기 위해서 상징적 징표로 고가 또는 진귀한 상품의 소비를 의미한다(Veblen, 1899, 1953).

또한 프랑스 사회학자 피에르 부르디외(Pierre Bourdieu)는 취향에 따라 이루어지는 일상생활에서의 소비를 통해 어떤 계급에 소속되는가를 입증할 수 있다고 밝혔다. 특히 문화적 재화는 계급제도 속에서 분류된다. 예를 들면 고전음악, 문학, 조각 등은 고급 문화영역에 해당되고 영화, 사진, 대중가요, 재즈 등은 덜 고급 문화의 영역이다. 이러한 소비는 취향을 나타내면서 계급화되고 다른 계급들의 구성원에 대한 구별 전략을 수행하게 된다. 즉 소비의 취향은 어떤 계급에 소속되어 있음을 입증하는 요소인 동시에 축출하는 요소로 기능한다는 것이다(Bourdieu, 1984).

이와 같이 상징소비는 소비자 개인이 자신 스스로를 한 사회의 구성원으로 자신의 위치를 드러내어 표현하는 방식이자 상호 간의 위치를 확인하는 의사소통의 수단으로 활용하는 것이다.

(2) 자아정체성 의식(意識)으로의 소비

자아정체성이란 다른 사람과의 관계를 맺으며 가지게 되는 '나는 누구인가'에 대한 해답이다. 전통사회에서는 어떤 집안의 몇 대 손인가와 같은 혈통과 신분이 공동체에서 개인의 정체성을 구성하는 근본적인 요인이었다. 이후 자본주의 초기에는 어떤 일을 하는가, 즉 임금

노동이라는 역할이 사람들의 정체성 의식에서 핵심을 형성했다. 그러나 이제 '나는 누구인가'라는 질문은 직업적 역할이라는 측면에서 답하는 것과 마찬가지로 소비양식이라는 측면에서 답해야 할 질문이다(Bocock, 2003).

특히 광고와 대중매체에서 비춰지는 라이프스타일을 통해 정체성이 만들어지고 소비자들은 소비재가 내포하는 상징들을 사용함으로써 내가 누구인가에 대한 정체성 의식을 구성한다. 즉 내가 누구인가에 대한 정체성 의식은 자신만의 독특한 개성을 드러내기 위해 끊임없이 상품을 소비하는 과정이기도 하다.

(3) 행복 경험으로서의 소비

행복의 사전적 정의를 살펴보면 '삶에서 기쁨과 만족을 느껴 흐뭇한 상태' 또는 '자신이 원하는 욕구와 욕망이 충족되어 만족하거나 즐거움을 느끼는 상태'로 긍정적인 감정 상태라고 이해할 수 있다. 이는 행복을 쾌락주의적 관점에서 개인이 주관적으로 경험하는 유쾌한 상태로 보는 것으로 주관적 안녕감, 삶의 만족도, 긍정정서 등이 포함된다. 소비에 있어서도 소비생활을 통해 느끼는 환희, 기쁨, 즐거움 등 긍정적인 감정은 그 자체로서 중요하며, 소비는 소비자가 상품의 소비를 통해 현재의 쾌락의 경험을 더 넓혀가는 과정이라고 해도 과언이 아니다(Lipovetsky, 2009).

행복한 소비경험은 매우 중요한 긍정 경험으로 소비자의 삶의 질 향상을 위한 소비문화가 확산되면서 그 중요성이 커지게 되었다. 이에 따라 소비가 삶의 중심인 소비사회는 행복해지기 위해 소비를 더 많이 하도록 강조하고 특정 상품이 행복을 가져올 것이라고 설득하고 있다(송인숙 외, 2012). **소비행복**은 소비자가 소비하면서 느끼는 행복의 정도, 소비자들이 제품이나 서비스를 소비하면서 느끼게 되는 전반적인 경험을 말한다(성영신 외, 2013, 장현선, 2014). 즉 소비를 통해 만족과 즐거움을 느끼는 상태이다. 소비자는 구매를 통해 새로운 것에 대한 즐거움, 새로운 기쁨과 감각적이고 미학적이며 재미있는 경험을 찾으려고 한다(Campbell, 1987). 이때 소비는 단순히 물건을 구매하고 소유하는 것에 국한하는 것이 아니라 소비를 통해 기분을 전환하고 자신에게 보상을 주는 놀이와도 같으며 새로운 힘이자 자아에 생기를 불어넣는 활동으로 소비자는 행복한 감정을 제공하는 정신적인 안락함과 편안함, 젊음과 건강 등 소비자가 욕망하는 것들을 소비를 통해 충족하고자 한다(Lipovetsky, 2006).

1.2 소비문화의 형성 이론

생산방식의 발전으로 인해 대량생산 및 대량소비라는 현상이 전면화되면서 소비의 사회 · 문화적 중요성이 증가하게 되자 소비현상을 사회적 맥락으로 규명하기 위한 설명체계가 요구되었다. 이에 따라 소비문화 이론은 개별 소비자의 욕구와 상품구매에 대한 미시적인 분석의 한계를 극복하기 위한 대안으로 소비욕구와 소비방식 혹은 스타일이 사회집단에 공유되며 분화되어 가는 과정을 분석하는 데 초점이 맞추어진다. 그렇다면 무엇이 사람들로 하여금 독특한 소비스타일을 형성하게 하고 집단 간 혹은 계층 간에 특정 유형의 소비스타일을 공유하며 정체성과 유대를 형성하게 만드는가? 이에 대한 접근 방식으로는 생산방식의 특성과 변화에 초점을 맞추는 **생산 주도형 접근**, 소비자의 주관적 의미 부여에 주목하는 소비 주도형 접근이 있다. 소비 주도형 접근은 다시 소비양식론과 소비환상론으로 나누어 발전하였다(함인의 외, 2001, 김정로, 2008, 남은영, 2011). 다음에서는 소비생산론, 소비양식론, 소비환상론을 자세히 알아본다.

1) 소비생산론

소비생산론은 소비문화의 출현을 자본주의 상품생산의 확장으로 설명한다. 이를 설명하는 학자로 자본주의 생산방식이 생성시키는 물질문화의 특성에 대해 고찰한 마르크스, 자본주의 문화산업을 비판한 프랑크프루트 학파, 그리고 상품의 교환가치를 실현하고자 상품을 미적으로 포장하고 소비욕구를 창출한다는 하우크 등이 있다.

(1) 마르크스

칼 마르크스(Kal Marx)는 물질문화를 사회적 의식의 객체화라고 보았고 자본주의 생산방식에서 이러한 객체화가 생산자와 대립적으로 나타난다고 주장하였다. 이것은 재화의 생산이 생산자가 직접 사용하기 위한 것이 아니라 상품의 형태로 시장에서 교환되기 위해서라는 것이다. 바로 이러한 시장에서의 교환을 목적으로 한 상품생산이 현대 물질문화의 한 형태로서 소비문화의 성격을 규정 짓는다. 무엇보다도 자본가의 무한한 이윤추구로 인한 다양한 종류의 상품생산이 소비의 양식화를 가능하게 하였다. 이와 더불어 대량생산 체계의 전 지구적 확장, 교통 및 통신수단의 발달 등의 요인의 영향으로 소비의 증가와 소비문화의 성장을 가져왔다(김정로, 2008).

(2) 프랑크푸르트 학파와 문화산업론

프랑크푸르트 학파는 2차 세계대전 전후로 프랑크푸르트 대학의 사회연구소에서 주로 활동한 학자들의 집단을 일컫는다. 프랑크푸르트 학파는 문화가 산업이 되면서 사회에 많은 문제를 야기한다고 하였다. 오늘날의 문화는 모든 것을 동질화시키며 획일화된 체계를 만들어내고 이렇게 획일화된 대중문화가 바로 **문화산업**이다. 획일화, 동질화된 문화상품만이 존재하는 상황에서 대중에게는 다른 선택의 여지가 없다. 상품은 자유롭게 다양한 문화적 연상과 환상을 취할 수 있게 되고 대중인 소비자는 대중문화를 수동적으로 수용하는 존재가 된다. 대중의 여가 시간은 문화산업이 제공하는 획일적 상품들로 채워지고 소비자이며 수용자로 전락한 대중은 적극적으로 사유하는 것이 불가능해진다(김성은, 2015).

(3) 하우크 상품미학론

볼프강 F. 하우크(Wolfgang F. Haug)는 1971년 출판된 상품미학의 비판(Critique of Commodity Aesthetics)을 통해 제품이 가진 '상품적 아름다움'이 이윤을 추구하는 생산자의 도구라고 하였다(정지현 외, 2005). 자본주의가 유지되고 발전하기 위해서는 생산된 상품을 판매할 필요가 있기 때문에 인위적인 욕구창출이 요구되고 상품의 포장, 판촉, 광고 등은 그것을 위한 장치이다. 하우크에 의하면 소비자는 상품을 소비하기 전에 그것의 사용가치를 알 수 없기 때문에 교환가치를 추구하는 생산자는 적어도 사용가치를 약속해야 한다. 이로부터 모든 상품생산에서 사용가치 외에 사용가치의 외관도 산출되는데, 생산자는 상품의 질이 아니라 상품의 미적 가상 혹은 상품미를 부여하는 것을 통해 사용가치를 약속한다. 이와 같이 상품의 교환가치를 실현하기 위해 상품을 미적으로 포장하고, 이로부터 자본의 논리형식에 부합하는 형태로 사람들의 상징적, 미적 행위를 조직하고 정체성을 가상화하며 인간의 감성을 형성화시키는 매커니즘을 **상품미학**이라고 부른다(김정로, 2008).

상품의 미적 가상은 상품포장, 상표부착, 디자인, 모든 판매영역을 포괄하며 이것을 통해 구매자의 소비욕구를 창출하고 조작한다. 특히 광고는 상품미학의 매커니즘을 구성하는 가장 대표적인 요소이다. 이렇듯 소비자는 미적 상품에 현혹되기 쉬우며, 광고는 소비자의 욕구를 끊임없이 증대시키고 스타일을 추구하는 데 영향을 미친다.

2) 소비양식론

사람들은 상품소비를 통하여 서로 의사소통하며 사람들과의 관계를 형성한다. **소비양식론**은 소비가 생활양식에 반영되어 소비양식을 통하여 사회적 관계와 사회적 구조를 설명하고 있다. 이를 통해 사회적 지위를 구분하는데 상품은 위치재로서 사회적 지위와 문화적 양식의 상징적 징표(marker)가 된다. 즉 소비는 집합적 정체성의 형성이나 타자와 구별 짓기를 위해 사회적으로 조직되고 실천된다(남은영, 2011). 다음은 사회계층의 대한 소비현상을 체계적으로 서술한 이론가로 베블런의 유한계급론과 브르디외의 구별짓기에 대해 살펴본다.

(1) 베블런의 유한계급론

베블런은 19세기 말 소비생활을 체계적으로 분석하였고 소비양식론적 관점에서 소비의 상징적 차별성과 계급정체성을 연관시킨 작업을 하였다. 베블런은 당시 고도 성장을 통해 등장한 신흥부유층과 미국 사회에 만연한 사치와 낭비를 목격하였고 이러한 낭비적 소비행태를 비판적으로 분석한 유한계급론(*The Theory of the Leisure Class: An Economic Study*, 1899)을 출간하였다. 그의 저서 유한계급론에서 **유한계급**(leisure class)은 부를 과시하기 위하여 생산적인 노동과 관련된 것들을 멀리하며 사는 계층을 말한다. 이 집단은 부의 축적만을 지상 목표로 삼고 돈에 구애받지 않고 소비하며 일하지 않고도 살 수 있음을 보여주기 위해 음식, 장신구, 의복, 주택, 가구 등의 사치스러운 소비를 하였다. 베블런에 따르면 '유한'이라는 말은 나태나 무위를 의미하는 것이 아니라 시간의 비생산적 소비를 의미한다. 산업사회에서 궁극적으로 명성의 기반이 되는 것은 금력이며 명성을 획득하고 유지하기 위한 수단이 '유한'과 재화의 '과시소비'이다(Veblen, 1953, 1899).

과시소비(conspicious consumption)에서 상품의 가치는 물리적 속성이 아니라 사회적 관계를 매개하는 상징을 내포하고 소비는 경제적 역할을 넘어 자신의 사회적 지위를 인정받고 고급 취향을 드러내는 사회적·문화적 역할을 한다. 유한계급에서 낭비의 동기는 부를 소유함으로써 타인의 선망과 부러움을 사게 되고 이것이 명예의 표시이기 때문이라는 것이다. 이러한 과시소비는 소비가 정체성 형성의 수단, 사회적 관계의 매체가 되었다는 것을 반영하며 나아가 모방소비, 경쟁적 소비를 촉진시키는 계기가 되고 브랜드를 통한 차별화를 촉진시키는 역할을 한다.

(2) 부르디외의 구별짓기

부르디외는 1960~1970년대에 프랑스에서 지위집단이나 계급집단이 그들만의 소비양식을 통해 자신이 속한 집단과 다른 집단을 차별화하는 방식을 분석했다. 부르디외는 **구별짓기**:

문화와 취향의 사회학(*La Distinction: Critique social du jugement*, 1984)에서 다양한 소비재, 음식을 차리고 먹는 방식, 가구와 실내 장식 등이 특정 집단, 특히 사회적 · 경제적 계급 사이에서 자신들만의 생활 방식을 표시하고 타인과 자신을 구별 짓기 위해 어떻게 쓰이는가를 서술하고 있다. 그가 찾아낸 '구별'은 다른 종류의 '자본'에 대한 접근권을 지닌 집단들 사이에서 나타난다.

부르디외는 자본을 경제자본, 문화자본, 사회자본, 상징자본이라는 네 가지 유형으로 구분했다. **경제자본**은 전통적인 의미의 자본으로 직접적으로 돈으로 전환될 수 있으며 사유재산의 형식으로 제도화될 수 있다. **문화자본**은 개인이 가족과 학교에서 얻는 교양 혹은 교육이 해당된다. **사회자본**은 지속적인 사회활동으로 맺는 사회적 관계망 혹은 특정 집단에 속하게 됨으로써 얻게 되는 자원이다. **상징자본**은 경제자본, 문화자본, 사회자본의 결과로서 상징적으로 부여되는 권위(권력), 신용, 명예, 인정 등이 바로 그것이다.

사업, 기업, 경영, 상업, 금융 관련 집단들은 경제자본을 강조했다. 그들의 생활양식은 베블런이 분석했던 19세기 말 미국의 신흥부유층이 보여준 과시적 소비 양식과 어느 면에서 유사하다. 그러나 2차 세계대전 종전 후의 프랑스의 세습부자 집안들은 미국이나 유럽의 신흥 부유층보다는 덜 화려하고 덜 과시적인 소비를 하는 경향이 있었다. 그들은 새롭게 부자 대열에 든 신흥 부유층과 자신을 구별하기 위해 고상한 예술 작품의 감상과 같은 사회적 배제장치를 이용했다(Bocock, 2003).

사람들의 일상생활의 다양한 소비영역에서 소비방식의 차이가 있는데 상이한 지위집단 사이의 차별과 구별을 낳는 수단으로서 경제자본 이외에 문화자본이 개입된다. 각 계급은 문화자본 수준에 따라 각기 다른 취향을 가지게 되는데 부르디외는 취향을 칸트적 취향과 대중적 취향으로 구분하고 있다. 문화자본이 증가할수록 보다 고급의 우월한 **칸트적 취향**을, 문화자본이 낮은 계층은 즉각적이고 감각적인 것을 선호하는 **반칸트적(대중적) 취향**을 선택하는 경향이 있다. 소비취향은 정체성이 형성되고 분류되며 인식되고, 차별을 생성시키는 점에서 중요하다. 취향으로부터 구성되는 상이한 생활양식은 사회적 지위를 상징적으로 표현하고 또 상징적으로 인식하게 한다.

이와 같이 부르디외는 타 집단과 구별짓기를 위해 특수한 소비양식을 이용하는 현상을 분석하였고 소비가 기호, 상징, 관념, 가치를 포함한다는 것을 연결하고자 했다. 즉 특정 집단 혹은 계급의 생활양식은 사회적 지위를 상징적으로 드러내며, 또한 사람들은 생활양식을 통해서 사회적 지위를 인식한다. 또한 취향이 단지 인지적 분류체계로 작용할 뿐만 아니라 평가적이라는 것이다(남은영, 2011).

3) 소비환상론

소비환상론은 소비동기로서 쾌락주의, 도피주의, 환상, 신기함에 대한 욕구 등에 주목하는데 소비를 통해 체험하게 되는 정서적 즐거움, 꿈과 욕망의 중요성을 강조한다. 캠벨과 페더스톤으로 대표되는 소비환상론은 현실과 무관하거나 현실의 정해진 의미를 뛰어넘는 소비자의 자율적인 쾌락 추구, 미학적 환상 추구, 정서적 만족 등 그 자체로서 가지는 중요성을 강조한다.

(1) 캠벨의 낭만주의

콜린 캠벨(Colin Campbell)은 기존의 소비이론들이 새로운 소비현상의 기원과 작동방식에 대한 적절한 설명을 제시하지 못하기 때문에 낭만주의의 소비환상을 토대로 새로운 소비이론을 제시하였다. 켐벨은 베버의 '프로테스탄트 윤리와 자본주의 정신'에 착안하여 18세기 청교도 윤리와 공존하고 있던 낭만주의 윤리 안에서 소비주의 정신이 발전할 수 있었던 계기를 찾고자 했다. 이때 낭만주의가 기존의 전통주의의 힘을 극복하고 소비주의의 새로운 추동력을 제공하는 방식으로 작동했던 이유는 이성과 금욕을 통해 강화된 청교도 윤리와는 다르게 '감정'과 '쾌락'을 중심으로 했기 때문이다(임선애, 2015).

이러한 낭만주의 윤리는 감각적 쾌락을 중시하는 전통적 쾌락주의로부터 상상적 즐거움에 대한 열망과 체험을 조장하는 근대적 쾌락주의로 전환하는 문화적 토대가 되었다. 캠벨은 근대적 쾌락주의와 소비를 연관시키면서 즐거움에 대한 열망과 체험의 끊임없는 순환이 소비행위에서도 나타난다고 하였다. 또한 캠벨은 낭만주의의 개별화 경향으로 인하여 타자 지향에서 자아 지향으로의 주관적 체험의 전환을 주목하였다. 이는 소비가 타자에게 보이기 위한 혹은 타자와 구별짓기 위한 자아의 표현이 아니라 자기 자신의 독특한 주관적 환상과 정체성을 재현하고 체험하기 위한 방식이라는 것이다. 이러한 관점에서 볼 때 소비는 라이프스타일에서 대안적 주체를 창출하는 실험으로 이해될 수 있다(김정로, 2008).

(2) 페더스톤의 일상의 미학화

마이크 페더스톤(Mike Featherstone)은 기존의 소비이론들이 보여주는 환상에 대한 부정적인 평가를 극복하고 소비경험으로부터 나온 정서적·심미적 만족을 개념화하는 문제에 관심을 기울여야 한다고 주장한다. 앞서 캠벨이 낭만주의를 소비환상의 시초로 삼고 있다면 페더스톤은 포스트모더니즘을 소비문화, 소비환상의 토대로 제시한다. 페더스톤은 학문영역보다 예술운동 안에서 사용된 포스트모더니즘에 초점을 맞추었다. 1960년대 포스트모던 예술은 제도화된 모더니즘에 대항하기 위해 예술과 일상생활의 경계를 무너뜨렸다. 그 결과로 예술은 어디든지 있을 수 있고, 어떤 것이든 될 수 있다는 관념이 형성되었다. 이러한 포스트모더니즘적 경향은 대중매체와 광고로 흡수되었고, 그로 인해 개인들은 일상생활 속에서 예술과 쉽게 접촉할 수 있을 뿐만 아니라 자신의 일상생활을 하나의 예술작품처럼 간주할 있게 되었다. 즉 대중매체와 광고를 통한 소비라는 구체적인 수단을 가지고 보통의 개인들은 자신들의 생활을 예술화, 미학화, 환상화하기에 이르렀다(임선애, 2015).

페더스톤은 이런 포스트모더니즘의 경향을 '일상생활의 미학화'란 개념으로 파악하고자 하였다. 사람들은 새롭고 이국적이며 독특한 상품의 구매와 소비를 통해 자신의 삶, 감정, 육체, 정체성을 미학화시키고 끊임없이 실험적으로 변형시키는 예술적 실천을 시도한다는 것이다. 소비는 상상적으로 꿈꾸어온 자아를 재현하고 체험하는 여행이고 소비자는 자신의 상상력 또는 과잉으로 생산된 기호와 이미지를 통해 환상을 구성하여 이러한 환상만으로 소비에서 실질적인 즐거움, 만족감을 얻는다(김정로, 2008).

이와 같이 소비환상론에 근거하면 소비는 즐거움을 추구하고자 하는 욕망을 가진 자발적, 자아지향적, 창조적 과정으로 그려지며 소비를 통해 자신의 삶과 감정, 육체, 정체성을 미학화하고 끊임없이 변형시키려는 예술적 시도를 하게 되는 과정이다. 이러한 관점은 새로운 하위문화의 등장과도 맥락을 같이하는데, 특히 주류문화와 구별되는 특정한 예술·문화인 집단의 하위문화나 신세대의 소비문화에서 일정한 흐름으로 관찰될 수 있다(남은영, 2011).

1.3 소비문화의 사례 : 비합리적 소비문화

앞에서 살펴본 것과 같이 소비자들은 자신이 속한 사회집단에 공유된 소비행위와 소비에 대한 사고방식을 받아들이고 전파한다. 오늘날 사람들의 삶에서 소비의 비중이 매우 높아져 있는 고도 소비사회에서 소비생활을 이끌어가는 중요한 가치는 물질적으로 풍요로운 삶을 향유하는 것이다. 특히 자본주의 사회에서는 부와 물질의 소유를 삶의 행복과 성공의 판단기준으로 여기고 소비욕구를 충족시키기 위해 끊임없이 소비한다. 이러한 과정 속에서 소비자들은 자칫하면 비합리적인 소비문화를 조성하고 사회를 유지하고 발전시키는 데 심각한 영향을 미칠 수도 있다. 다음에서는 대표적인 비합리적 소비문화로 과시소비, 동조소비, 보상소비, 충동소비, 중독소비를 각각 살펴본다.

1) 과시소비 : 과시를 넘어 과소비로

과시소비는 자신의 경제적인 부나 사회적인 지위가 남보다 앞선다는 사실을 다른 사람들에게 드러내어 타인에게 인정받으려는 욕구에서 발생하는 소비행동이다. 미국의 경제학자 베블런은 소비의 사회적 가치로서 신분의 과시라는 기능을 밝혀낸 학자이다. 그의 저서 **유한계급론**에서 생산적 노동을 하지 않는 부유층인 유한계급은 시간을 낭비하고 고가의 물건을 소비하는 것을 통해 자신의 부와 지위를 인정받으려고 하는데 이러한 현상을 과시소비라고 하였다.

과시소비는 재화나 서비스가 본래 가지고 있는 기능 또는 그것들의 사용으로부터 얻는 효용보다는 타인에게 자신의 지위를 인정받기 위해 부를 과시할 수 있는 제품이나 서비스를 구매하고 사용하는 것이라고 정의할 수 있다. 이러한 과시소비의 파급효과는 베블런 효과, 밴드외건 효과, 스놉 효과 등 다양한 양상으로 나타난다(Mason, 1981). **베블런 효과**(Veblen effect)는 무조건 비싼 상품을 사려는 소비자의 행태를 말한다. 이로 인해 부유층이 선호하는 고가의 상품은 가격이 오르고 있음에도 수요가 줄지 않고 오히려 증가하는 현상을 보인다. **밴드웨건 효과**(Bandwagon effect)는 많은 사람들이 사는 상품을 사려는 소비자의 성향으로 물건의 수요가 높아지면 그에 따라 같이 소비하는 **편승효과**라고도 한다. 이는 사람들에게 널리 알려진 상품을 구입하여 공공연하게 과시할 수 있는 방법이다. 반면 **스놉 효과**(snob effect)는 남들과 다르다는 것을 과시하기 위하여 품질이 뛰어나고 희소성을 지닌 상품을 구입하는 것으로 고급품을 지향하면서 동시에 개성을 추구하는 경향이라고 할 수 있다.

상류층의 소비문제로만 언급되던 과시소비는 생활수준의 향상과 광고와 대중매체의 촉진으로 중하위계층과 청소년들에게도 전달된다. 상류층은 부의 과시를 위해 고가의 사치품(luxury goods)을 사회적 징표로 사용하고 사람들은 상류층을 상징하는 상품을 소유하고 상류층의 삶을 모방한다. 이제 과시소비는 단지 부나 지위를 가지고 있는 사람에게만 나타나는 현상이 아니라 모든 계층에서 나타나고 있어 경제적 능력을 넘어선 과도한 소비가 사회문제로 발생하고 있다.

2) 동조소비 : 유행 따라 하기

동조란 자발적으로 어떤 집단의 규범에 순응하고 그 집단의 구성원들과 비슷해지려는 경향성을 의미한다. 즉 사람들이 자신의 행동을 기존 규범에 적응시키려는 과정으로 개인이 표준을 유지하려고 노력하는 사회적 상호작용의 한 형태이다.

동조소비는 소비자 개인의 필요와 선호에 의해 자주적·주체적으로 상품을 선택하고 소비하는 것이 아니라 다른 사람과 동일시하려는 의식이나 준거집단에서 소외되지 않으려는 소속욕구로 인해 다른 사람의 영향을 받아 수동적으로 선택하는 소비행동이다. 동조소비 행동에서 나타나는 준거집단의 영향력은 집단 구성원들 사이에 제품에 대한 평가나 제품에 대한 필요성을 유사한 방향으로 일어나도록 하고 특정한 동종의 상표를 선택하고 특정 제품이나 특정 상표가 어떤 집단의 규범으로 인식되고 있을 정도이다(이승신 외, 2010).

집단주의 문화에서 살아가는 개인은 소속집단의 구성원을 고려한 의사결정이 보편화되어 있는 사회 분위기에서 생활하고 있다. 소속된 집단 내의 규범에 동조하기를 요구하는 사회적 분위기에서 개인은 집단의 의사결정에 동조하기를 바라는 사회적 압력을 받고, 이를 어길 때에는 사회생활에서 불이익을 받기도 한다. 또래 집단에 영향을 많이 받는 청소년의 경우 친구들로부터 인정받고 소속감을 유지하기 위해 주변 친구들이 가지고 있는 옷이나 신발, 학용품 등을 따라 구매하거나 대중매체에서 보여주는 유명인을 추종하여 그들이 사용하는 소비품을 구매한다. 이러한 동조소비는 본인의 합리적인 판단을 근거로 한 자발적이고 주체적인 행동이 아니라 다른 사람들의 시선과 분위기, 특히 개인에게 영향을 주는 사람들을 의식한 행동이기 때문에 사회 분위기에 따라 그 행동방식도 변하게 된다.

3) 보상소비 : 결핍의 보상에서 소소한 행복 찾기

보상소비는 자신에게 부족한 것에 대한 부분을 보완하고 보충하려는 욕구에서 비롯된다. 이는 스트레스, 실망, 좌절, 자율성 상실, 자아존중감 등의 결핍에 대한 보상 수단으로 나타나는 소비행동을 의미한다. 보상적 소비패턴은 주택, 자동차, 가정기기, 내구재 등을 소유함으로써 지위, 성공, 존경, 자존감 등의 결여를 보상하는 것으로 나타나고 있다(김영신 외, 2012).

보상소비에 대한 개념을 보다 뚜렷하게 이해하기 위해 비합리적인 소비유형인 과시소비, 충동소비, 중독소비와 비교해보면 공통점과 차이점을 찾을 수 있다. 먼저 보상소비와 과시소비를 비교하면 보상소비는 사회적 지위와 계급으로 소비행동을 설명한다는 점에서 과시소비와 유사하다. 보상소비와 과시소비 모두 자신의 지위를 높게 나타나기 위해 소비행동을 하는 점에서 공통점이 있으나 과시소비는 타인지향적인 반면 보상소비는 자기지향적인 것이라고 할 수 있다. 즉 과시소비는 남들에게 자신의 높은 지위를 보여주기 위한 상징적인 도구로 소비품을 이용하지만 보상소비는 낮은 지위에 대한 내적 공허감을 채우기 위한 수단으로 소비를 하는 것이다.

한편 보상소비는 특정 감정이 소비행동을 야기한다는 점에서 충동구매나 중독구매와 공통점을 가지고 있다. 감정에 의한 비계획적인 소비라는 점에서 충동구매와 유사하나 보상소비는 이성에 의한 계획적이고 의도적인 소비행동이 혼재되어 있다. 목표 달성 전에 보상계획을 세워 자기보상을 하는 경우 계획적 보상소비행동이고, 목표 달성 후 고양된 감정 충족이나 강화를 위한 소비의 경우 비계획적 보상소비행동으로 볼 수 있다. 한편 보상소비는 중독구매에 비해 정도가 약하기는 하나 강박성을 가진다는 점에서 공통점을 가지고 있다. 그러나 보상소비는 중독소비와 달리 의존적이고 지속적이지 않다는 점에서 구분된다(한성희, 2015).

최근 우리 사회에서 소득불균형이 심화되고 계층이동이 점차 어려워지면서 미래를 위해 무조건 희생하기보다는 현재의 일상에서 작지만 확실한 행복, 즉 '소확행'을 찾는 움직임이 커지고 있다. 소확행은 큰 성취보다 순간에 집중하며 삶 그 자체를 충실하게 살아가는 라이프스타일을 말하는데 상업화와 물질주의적 욕망을 보상하려는 경향으로 나타나 새로운 소비를 유발하기도 한다.

4) 충동구매 : 보상심리와 강력한 충동의 결합

충동구매란 소비자가 사전에 계획 없이 특정 자극상황에 노출되었을 때 욕구가 발생하여 반사적이고 충동적으로 구매하는 행동을 말한다. 충동구매는 의사결정 관점에서 제품에 대한 필요를 인식하지 않거나 구매계획이 없는 상황에서 제품을 즉각적으로 구매하는 행동이다(Engel et al., 1995). 또한 충동구매는 외부의 자극과 정서의 반응이라는 관점에서 자극에 노출되어 구매 후 초래될 수 있는 미래의 결과에 대한 신중한 사고 없이 강력한 충동감에 의해, 그리고 흥분과 즐거움을 위해 즉각적으로 구매로 이어지는 행동이라고 볼 수 있다(Rook, 1987).

충동구매에 관한 많은 연구에서 충동구매를 비계획구매로 혼용하여 사용하는데, 충동구매 행동은 소비의 형식으로 보면 비계획구매 행동으로 분류될 수 있지만 비계획구매가 항

표 8-1 충동구매와 비계획구매의 차이점

특성	충동구매	비계획구매
사전의 구체적 계획 수립 여부	없다	없다
구매의 필요성을 인식하는 형태	각성(arousal)	상기(reminder)
구매시점에서 상대적 영향력	감정	이성
구매방식	충동적 · 반사적	정형적
심리적 갈등	상대적으로 크다	상대적으로 적다
구매시점의 관여상태	고관여	저관여
구매 결정시간	짧다	길다
소구점	감정적 소구	인지적 소구
처리된 정보량	비교적 적다	중간 수준

출처 : 남승규(1999).

상 충동구매와 같은 것은 아니다. 충동구매와 비계획구매는 사전에 계획되지 않았다는 점에서는 공통적인 특성을 지니지만 표 8-1에 제시된 것과 같이 다른 특성을 지니고 있다. 비계획구매는 소비자가 사전에 구매의 필요성을 갖고 있었고 이를 상기하여 구매하였기 때문에 구매 후 심리적 갈등이 상대적으로 적다. 또한 비계획구매는 충동구매에 비해 구매 시점에서 강력한 충동이나 강한 긍정적 느낌이 동반되지 않고 이성적으로 반응한다. 반면 충동구매는 소비자가 자극에 노출되었을 때 대상에 대해 강한 유혹을 경험하고, 이러한 유혹을 저항할 절제력이 거의 없어 충동적이고 반사적으로 구매하게 되기 때문에 구매 후 심리적 갈등이 크다. 또한 충동구매는 기쁨이나 즐거움 또는 불안이나 우울 같은 정서에 영향을 많이 받는다. 예를 들어 어떤 사람들은 성취에 대한 보상의 차원에서 즐거움, 행복과 같은 긍정적 기분 상태를 유지하거나 증대시키기 위해 충동구매를 하고, 반대로 좋지 않은 사건 후 스트레스를 감소시키거나 절망이나 우울함에 대한 자기 위로 차원에서 부정적 정서를 완화시키기 위해 충동구매를 한다(심경옥, 2018).

5) 중독구매 : 심리적 불만족의 반복적 해소

중독은 알코올, 약물, 인터넷 그리고 쇼핑 등 일상생활에서 자주 쓰이는 표현으로 '자주 반복한다', '조절하기 어렵다', '생활의 균형을 깨뜨릴 정도로 과도하게 빠져 있다' 등의 의미가 내포되어 있다. 중독자들은 개인의 부정적인 심리상태를 해소하고 기분 변화와 황홀감을 경험하기 위해 물질 또는 행동과 관계를 맺게 되는데, 일부 소비자의 경우 심리적 불만족을 해소하기 위해 지나치게 구매에 이끌리고 이러한 구매 욕구를 억제하지 못하여 만성적이고 반복적으로 구매를 하게 되는데 이를 **중독구매**라고 한다.

일반적으로 중독구매는 구매동기가 상품의 효용이나 기대가 아니고 사회적 승인이나 자아 정체성의 상실을 보상하려는 것에서 발생한다. 즉 제품구매를 통하여 자아 불만족으로부터 유발된 심리적 불만족을 해소할 수 있다는 기대 때문에 구매 행동이 반복적으로 발생한다. 하지만 중독구매는 후회와 강박에 대한 죄책감을 느낄 뿐만 아니라 과소비로 인한 재정적 어려움을 유발하기도 한다. 따라서 중독구매는 개인적 · 사회적 문제를 야기할 수 있다고 간주되며 치료의 대상으로 보고 있다(Nakken, 1996).

중독구매와 충동구매를 비교하면 중독구매는 구매 충동에 의한 의지력을 상실해서 나타나는 구매현상이라는 점에서 충동구매와 일부 공통점이 있으나 구매동기에서 구분될 수 있다. 충동구매는 소비자가 특정 제품에 대한 강한 호의적 감정이 발생하는 순간 즉각적으로 구매가 이루어지는 것이고, 중독구매는 손상된 자신의 자아존중감을 회복하거나 심리적인 긴장감을 해소하려고 할 때 나타나는 구매현상이다. 따라서 중독구매는 충동구매에 비하여 지속적이고 반복적으로 발생하며 제품 자체에 대한 욕구는 적다.

지금까지 살펴본 과시소비, 동조소비, 보상소비, 충동소비, 중독소비와 같은 비합리적 소비문화가 확산되어 바람직하지 못한 생활양식이 소비문화로 자리 잡게 되면 개인과 사회에 심각한 문제가 발생된다. 예를 들어 지나친 과시소비는 불필요한 경쟁을 유발하여 과잉소비를 촉진하고, 보상소비는 근본적인 결핍을 소비로 충족키는 데 한계가 있기 때문에 불만족이 지속되고, 중독구매는 지불능력을 초과하는 구매로 경제적 파산이 발생할 수 있다. 또한 비합리적 소비문화는 끊임없는 소비를 요구하여 과잉생산, 과잉소비를 유도하므로 자원의 낭비와 환경을 오염시켜 심각한 환경문제를 유발한다. 최근 이러한 문제를 인식하고 소비생활에서 건강, 환경, 공동체 등 중요한 가치를 고려한 친환경 소비, 지속가능한 소비, 윤리적 소비 등의 소비문화가 확산되고 있다. 이와 관련해서는 제9장에서 자세히 알아보도록 하겠다.

2. 소비트렌드

소비자는 자신의 욕구를 충족시키기 위하여 어떤 태도나 행동을 취하게 되며 이러한 태도와 행동이 일정 기간 동안 지속적으로 나타나면서 새로운 변화, 즉 **소비트렌드**를 이끌어간다. 빠르게 변화하는 소비환경에서 소비자는 더 적극적으로 지식과 정보를 습득하고 새로운 기술을 활용하여 소비트렌드를 만들어낸다. 이러한 소비트렌드를 잘 읽으면 그 사회를 구성하고 있는 다양한 현상들을 찾을 수 있으며 이를 토대로 소비문화를 이해할 수 있게 된다.

최근 소비트렌드에 대한 시장의 관심이 커진 이유는 소비자의 생활양식 및 소비욕구가 빠르게 변화하고 이를 효과적으로 충족시키는 새로운 기술이나 사업모델 등이 결합한 소비트렌드가 경제 일반은 물론 기업 경영에 상당한 변화를 초래하기 때문이다. 따라서 소비트렌드를 조금이라도 빨리 그리고 정확하게 예측할수록 그 사회를 구성하고 있는 다양한 소비욕구를 찾아낼 수 있고 더 효율적이고 빨리 미래를 준비하여 미래의 불확실성에 대처할 수 있다. 여기에서는 트렌드를 이해하고 소비트렌드의 예측방법과 신세대 소비트렌드를 알아보도록 한다.

2.1 트렌드의 이해

1) 트렌드의 정의

트렌드란 사상이나 행동 또는 어떤 현상에서 나타나는 일정한 방향을 뜻하는 것으로 가까운 미래에 일어날 우리 사회 각 분야의 움직임을 보여주는 징후이자 현실 동향이다. 또한 트렌드는 운동성과 지속성을 가지는 일련의 사건으로 단순한 유행, 예측, 예언이 아니라 점진적 운동성과 연속성을 가지는 안정된 운동이다. 즉 가까운 미래에서 일어나 상당 기간 지속되면서 이전과는 다른 경향과 방향성을 지닌, 사회 각 분야의 움직임을 나타내는 징후이며 현실적인 동향이다. 그러므로 트렌드는 새로운 이론이나 현상이 사회 전반적으로 반영되어 시대를 대표하는 현상으로 나타난다.

이러한 트렌드는 현재의 사회를 만들어내고 있으면서도 앞으로도 우리의 미래를 만들어갈 항상 존재하는 힘이다. 그러므로 트렌드라는 용어 속에는 과거, 현재, 그리고 미래라는 세 가지 시점이 복합적으로 포함되어 있다. 과거의 경향과 현재의 징후에 대한 세심한 관찰을 통하여 트렌드를 파악하고 이러한 트렌드를 확인하고 분석함으로써 미래를 예측할 수 있다(Horxs, 2004; 서정희, 2017).

2) 트렌드의 유형

트렌드는 지속하는 시간의 길이와 동조하는 소비자의 범위에 따라 마이크로 트렌드, 패드, 트렌드, 메가트렌드의 네 가지 종류로 구분할 수 있다.

(1) 마이크로 트렌드

마이크로 트렌드(micro-trend)는 단기간 동안 소수의 소비자가 동조하는 작은 변화를 말한다. 사소해 보이지만 의외로 강력한 힘을 발휘하는 인간의 행동 패턴들이 서로 영향을 주고 받으면서 세상을 움직인다. 마크 펜(Mark Penn)은 이렇게 사소해 보이지만 강력한 힘을 발휘하는 인간의 행동패턴을 마이크로 트렌드라고 불렀다. 그는 작은 집단에서 시작한 변화의 흐름인 마이크로 트렌드가 어느 순간 거대한 물결이 되어 세상을 변화시키고 있다는 점을 지적하고, 우리의 미래를 만드는 것은 작은 집단 속에서 조용히 일어나는 변화이기 때문에 미세한 시장의 변화를 알아차리고 변화에 즉각 대응할 수 있어야 한다고 하였다(Penn, 2018).

오늘날 소비자 개개인의 영향력이 커지고 개별적인 니즈와 욕구가 다양화되고 있기 때문에 기업들은 주류 트렌드와 다른 소수이지만 새롭고 선도적인 소비자 집단을 발굴하여 이들이 열정적으로 추구하는 마니아적 소비성향에 따른 틈새시장을 개발하려는 노력을 중요하게 생각하고 있다. 마이크로 트렌드를 이끄는 소수의 소비자 집단이야말로 가장 효율적인 세분시장(segmentation)을 이루고 명확한 지향점을 가진 목표시장일 뿐 아니라 자발적 지속성까지 유지할 가능성이 높은 강력한 소비자 집단이라 할 수 있기 때문이다(이은희 외, 2017).

(2) 패드

마이크로 트렌드보다 동조범위가 넓고 지속시간이 긴 트렌드를 **패드**(FAD)라고 한다. 패드는 'For A Day'의 약자로 짧게는 1년 미만, 길어도 2~3년 이내로 비교적 짧게 지속되는 변화를 말한다. 사람들이 흔히 '유행'이라고 말하는 것들이 대부분 패드에 해당된다. 패드의 특징은 짧은 시간 동안 열풍을 불러일으키지만 곧바로 인기를 잃는다는 것이다. 2018년 평창올림픽 개최와 동시에 학생 사이에서 크게 유행했던 롱패딩을 패드의 예로 들 수 있다.

이처럼 패드는 단기간에 특정 계층의 소비자에게 나타나는 현상으로 마이크로 트렌드보다 동조범위가 넓고 지속시간이 상대적으로 긴 트렌드를 의미한다(김선주 외, 2013).

(3) 트렌드

트렌드(trend)는 단순한 유행을 넘어 5~10년에 걸쳐 지속되는 변화의 동향, 추세로서 상당 수의 사람들이 동조하는 움직임을 나타낼 때 트렌드라고 할 수 있다. 트렌드는 변화하고 움 직이는 일종의 경향성이라고 볼 수 있는데, 이러한 움직임의 변화는 사회, 문화, 비즈니스, 소비생활 등에 영향을 미친다.

이러한 트렌드를 패드와 비교해보면 트렌드는 인구통계적 변화, 대중의 가치관이나 태 도, 생활양식 또는 기술의 변화에 의하여 시장 전반에 점진적이고 광범위한 영향을 미치기 때문에 경제 일반은 물론이고 기업 경영에 상당한 변화를 초래한다. 또한 트렌드는 정치, 경제, 사회, 문화 등의 변화를 분석하여 미래를 예측할 수 있다. 반면 일시적인 유행은 대중 문화나 대중매체가 선도하기 때문에 비교적 짧은 시간에 폭발적으로 성장했다가 사그라드 는 현상으로 트렌드와 달리 대대적으로 나타난다고 해도 예측이 불가능하고 지속적인 힘이 나 영향력을 행사하지 못한다(서정희, 2017).

(4) 메가트렌드

메가트렌드(mega-trend)는 대다수의 사람들이 동조하며 10년 이상의 오랜 기간에 걸쳐 나타 나는 경향을 뜻한다. 메가트렌드는 1982년 미국의 미래학자인 존 나이스비트(John Naisbitt) 가 그의 저서 **메가트렌드**(*Megatrend*)라는 책을 발표하면서 처음 만든 용어이다. 그가 말한 메 가트렌드는 '탈공업화 사회, 글로벌 경제, 분권화, 네트워크형 조직 등을 특징으로 하는 현 대 사회의 거대한 조류'를 뜻한다. 즉 장기간에 걸쳐 영향력을 발휘하며 사회적·경제적 시 스템을 변형시키는 막강한 변화의 추동력이라고 할 수 있다. 나이스비트는 산업 사회에서 정보화 사회로 바뀌는 과정에서 세계의 큰 흐름을 알아야 빠르고 정확한 의사결정을 할 수 있다고 주장하였고, 이후 메가트렌드는 생산과 노동시장, 정보통신, 연예 오락, 사회생활 등 다양한 분야에 큰 영향을 미치기 시작했다(Naisbitt et al., 2018).

이러한 메가트렌드는 어떤 현상이 단순히 한 영역의 트렌드에 그치지 않고 전체 공동체 의 사회, 경제, 문화적으로 거시적인 변화를 불러일으키는데 메가트렌드가 다른 개별 트렌 드와 구별되는 중요한 특징들은 다음과 같다.

- **장기성** : 제대로 된 메가트렌드는 어느날 갑자기 기습적으로 닥치지 않는다. 수십 년간 이어지는 '잠복기'를 거치면서 영향력을 키워나간다. 그리하여 '활동기'에 이르면 대부분 한 세기를 넘어선다.

- **깊은 뿌리** : 메가트렌드는 깊은 역사적 뿌리를 가지고 있다. 때로는 그 뿌리가 인류 역사의 기원으로 거슬러 올라가기도 한다. 이런 태곳적 힘이 오늘날의 상황과 환경에 의해 활성화되고 강화된다.

- **편재성과 복합성** : 메가트렌드는 어떤 부분적 영역이나 부분적 업종 또는 특수 영역에서만 가시화되지 않는다. 생활환경, 경제, 소비, 정치영역에 변화를 일으킨다. 또한 가치, 내적인 방향 설정 등 정신적인 영역에도 영향을 미친다. 메가트렌드는 사회, 정치, 경제의 다양한 부분을 새로운 방식으로 결합한다.

- **세계성** : 메가트렌드는 언제나 전 세계적인 경향을 띤다. 그렇다고 전 세계에서 동시다발적으로 발전이 진행되는 것은 아니지만 다양한 지역에서 각기 다른 양상을 띤다.

- **견고함** : 메가트렌드는 위기나 타격으로 말미암아 궤도에서 벗어나지 않는다. 이따금 정체되거나 반대 방향으로 바뀌는 것처럼 보일 때도 있지만 그것은 일시적인 현상에 불과하다. 핵심적인 노선은 전혀 훼손되지 않고 온전하게 유지된다.

- **느린 속도** : 메가트렌드가 때때로 추진력을 발휘하는 시기도 있지만 장기적인 안목에서 보면 점진성의 법칙이 우위를 점한다. 메가트렌드의 표준 속도는 연간 1퍼센트다.

- **역설적** : 메가트렌드라는 개념은 은연중에 뭔가 분명한 것, 직선적인 것, 반박할 수 없는 것, 일률적인 것을 암시한다. 그러나 실제로 메가트렌드는 '기이한 만곡선'의 형태로 움직인다. 하나 이상의 복고 트렌드, 즉 반동이나 대조적인 경향을 만들어내기 때문이다. 이런 복고 트렌드가 주류의 트렌드와 소통하는 가운데 '기이한 고리'가 생성된다. 비직선적이라는 점은 메가트렌드의 특징이자 심오한 본질이다(Horxs et al., 2014).

메가트렌드를 넘어 30년 이상 세대를 거쳐 지속되는 현상은 더 이상 트렌드라고 부르지 않고 '문화'라고 한다. 문화의 반열에 오르고 나면 이제는 넓은 의미의 트렌드의 범주를 넘어선다. 마이크로 트렌드, 패드, 트렌드, 메가트렌드, 문화를 지속시기와 동조범위에 따라 도식화하면 그림 8-1과 같다.

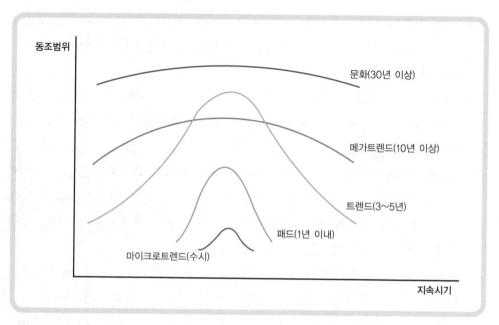

그림 8-1 트렌드 유형
출처 : 김난도 외(2017).

3) 트렌드의 발생과 확산

(1) 트렌드의 발생과 확신을 설명하는 이론

트렌드의 발생과 확산은 경제학의 효용이론과 사회학의 모방과 동조, 차별화의 두 가지 관점으로 설명할 수 있다. 먼저 경제학의 **효용이론**은 상품의 소비에 있어서 주어진 비용과 시간에 대비해 최대한 만족을 얻는다는 개념을 말한다. 이는 트렌드가 사람들에게 제공하는 유 · 무형의 이점에 주목하는 것이다. 예를 들어 워라밸(Work Life Balance) 트렌드가 성장할 수 있었던 이유는 일과 삶의 균형을 통한 삶의 만족에서 이점을 찾는 사람들이 많아졌기 때문이다.

사회학에서 트렌드를 보는 관점은 특정 사회의 라이프스타일을 구성원들이 받아들인 결과로 본다. 그러나 트렌드는 소속되고자 하는 욕구와 구별되고자 하는 욕망을 양립시킨다. 유행의 원천에는 주어진 모델에 대한 모방이 깔려 있으나 동시에 트렌드는 경계를 만들어 다른 집단과 구별 짓는다(Erner, 2010). 예를 들어 특정 슬로건이 새겨진 제품을 사용하거나 윤리적 소비생활을 실천하는 미닝아웃(meaning out) 트렌드는 유명 정치인이나 연예인 또는 사회운동가들의 정치적 · 사회적 신념에 열광하며 그들의 소비행위를 모방함으로써 의식 있는 소비자라는 점을 드러내어 다른 집단과 차별화를 갖는다.

이와 같이 트렌드는 소비자의 욕구가 투영된 결과라는 점에서 효용이론은 정확한 분석을 제공한다고 볼 수 있다. 그러나 시장환경의 메커니즘을 이해하는 데 더 많은 시사점을 제공하는 것은 사회학적 관점이다. 트렌드의 수명을 결정하는 것은 효용이지만, 단지 효용을 가진 신제품이 출시되었다고 해서 시장의 판도가 바뀌지는 않는다. 누가 트렌드를 주도하느냐가 제품의 혁신성보다 더 중요한 경우가 많다. 시장은 매우 사회적이고 심리적이기 때문이다(이은희 외, 2017).

(2) 트렌드의 확산 모델

트렌드는 어느날 갑자기 나타났다 사라지는 돌발적인 사건이 아니다. 소비자의 변화된 소비가치가 조금씩 축적되어 차츰 동조자의 범위를 늘려가는 것이 트렌드이다. 그림 8-2의

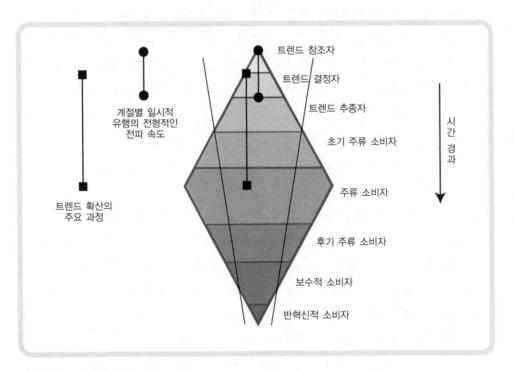

그림 8-2 다이아몬드형 트렌드 모델

출처 : Vejlgaard (2010).

다이아몬드형 트렌드 모델(diamond shaped trend model)은 트렌드의 생성, 확산, 소멸에 이르기까지의 과정을 각 트렌드 집단들 간의 확산을 통해 보여준다. 이 모델이 다이아몬드형인 이유는 각 트렌드 집단의 수를 반영했기 때문이다. 그리고 위에서 아래로 V자 모양의 선이 드려져 있는데, 이는 각 트렌드 집단들의 소비 패턴을 제시하는 것이다. 이것을 보면 각 트렌드 집단의 소비가 동일하지 않다는 것을 알 수 있다. 예를 들면 트렌드 결정자들은 보수적 소비자에 비해 새로운 스타일의 제품을 더 자주 산다. 이 모델의 위쪽에 위치한 트렌드 집단들은 다양한 변화를 추구하기 때문에 더 많은 제품을 소비한다.

트렌드 집단을 살펴보면 먼저 '트렌드 창조자' 집단은 혁신적이며 창조적인 사람들로 집단의 규모는 매우 작지만 트렌드 확산 과정에서 중요한 역할을 한다. 이들은 트렌드 결정자들이 수용하고자 하는 새로운 스타일을 창조하기 때문이다. 트렌드 창조자들이 동질적인 집단을 이루고 있지 않고 시장을 대표한다고 할 수는 없지만 그들은 이 트렌드 모델의 정상에 위치한다.

이어서 트렌드의 확산은 트렌드 결정자에서 시작되고 트렌드 추종자, 초기 주류 소비자, 주류 소비자, 후기 주류 소비자로 이어져 보수적 소비자에서 끝난다고 할 수 있다. 트렌드 결정자에서부터 보수적 소비자에 이르기까지 여섯 가지 트렌드 집단의 중요한 차이는 변화에 대한 의지, 즉 새로운 스타일에 대한 개방성과 관련이 있다. 이 모델의 위쪽에 위치한 소비자들은 변화의 의지가 강하고 새로운 스타일에 개방적 태도를 취하는 반면, 아래쪽에 위치한 소비자들은 변화 의지가 없고 오래된 스타일을 그대로 유지하려는 욕구가 강하다. 트렌드 확산을 가능하게 하는 여섯 가지 트렌드 집단 각각의 특성을 살펴보면 다음과 같다.

- **트렌드 결정자** : 이들은 스타일과 취향 면에서 아주 개방적이면서 호기심도 왕성하다. 스타일의 변화를 기꺼이 받아들이고, 변화가 규칙적으로 일어날 경우 그것을 긍정적으로 생각한다. 새롭게 선보이는 혁신적인 스타일에 열광하고, 그러한 스타일을 받아들이는 데 누구보다 앞장선다. 이들은 누구보다 먼저 혁신적인 스타일을 받아들인다.
- **트렌드 추종자** : 이들은 트렌드 결정자와 성향이 비슷하지만, 자신이 직접 사용해보기 전에 다른 사람들이 사용하는 걸 먼저 지켜보려고 한다. 이들은 스타일과 취향 변화에 매우 개방적이지만, 다른 사람들에게 받아들여질 만한 것을 자신들이 선택하고 있다는 사실을 확인받고 싶어 한다. 트렌드 추종자는 트렌드 결정자로부터 영감을 얻고,

주류 소비자에게 영감을 주는 역할을 한다.

- **초기 주류 소비자** : 이들은 대다수 사람들이 받아들이기 직전에 새로운 스타일을 받아들인다. 즉, 일반 대중보다는 새로운 스타일에 더 개방적이지만 트렌드 추종자보다 조금 더 주저하는 경향이 있다. 트렌드 추종자는 극히 일부만이 혁신적인 스타일을 구입할 때 곧바로 따라서 하지만, 초기 주류 소비자는 꽤 많은 사람들이 혁신적인 새로운 스타일을 받아들인 후에야 비로소 수용한다.

- **주류 소비자** : 이들은 모든 사람이 혁신적인 새 스타일을 받아들인 후에, 이런 스타일을 받아들이거나 사용한다. 이미 검증되고 인정받은 제품을 쓰고 싶어 한다는 점에서 초기 주류 소비자와 유사하다. 그러나 이들은 트렌드 결정자만큼 자신이 트렌드에 민감해지는 걸 원하지 않으며, 그렇다고 보수적으로 보이는 것도 바라지 않는다. 이들의 신조는 "새로운 것을 가장 먼저 써보려고 하지 말고, 오래된 걸 가장 늦게 버리려고도 하지 말자"이다.

- **후기 주류 소비자** : 이들은 스타일과 취향이 궁극적으로 변해야 한다는 점은 인정하지만, 어떤 면에서는 스타일과 변화를 아예 무시한다. 이들이 새로운 무언가를 사려고 한다면 기존에 구입하던 스타일을 결코 구할 수 없기 때문이다. 이들은 스타일 변화를 전혀 받아들이지 않음으로써 대다수의 사람과 자신이 다르다는 사실을 깨닫기도 한다.

- **보수적 소비자** : 이들은 수년 전, 심지어는 수십 년 전부터 존재해 왔던 스타일을 선호한다. 새로운 스타일에 가장 회의적인 사람들이다. 이들은 스타일과 취향이 변하는 것을 내켜 하지 않고, 지금 자신이 사용하는 것에 만족한다. 그들은 자신이 잘 알고 있고, 오랫동안 사용해 왔던 제품을 더 이상 구할 수 없을 때 비로소 새로운 것을 구매한다(Vejlgaard, 2010).

4) 트렌드의 영향요인

트렌드는 작은 변화들이 모여 만들어진 큰 흐름이다. 세상에 어떤 변화가 생길지, 사람들의 생활은 어떻게 바뀔지, 사라지는 것은 무엇이고 새로 나타나는 것은 무엇일지 알 수 없는 질문에 답을 구하기란 쉽지 않다. 또한 하나의 변화나 사건만 가지고 미래를 볼 수 없다. 트렌드는 모든 것의 변화를 꿰는 열쇠이기 때문에 트렌드를 파악하려면 정치, 경제, 사회, 문화, 환경 등 다양한 분야의 동향을 총체적으로 파악해야 한다.

트렌드의 발생 및 확산에 영향을 미치는 요인은 매우 다양한데 이 중 사회적 요인, 기술적 요인, 경제적 요인, 환경적 요인을 중심으로 살펴본다.

(1) 사회적 요인

사회적 요인은 트렌드의 발생과 성장에 큰 영향을 미친다. 사회적 요인에 포함되는 변인은 매우 다양한데 몇 가지만 살펴보면 다음과 같다.

- 물질·개인·성역할·관습 등에 대한 개인적·사회적 가치관과 이러한 가치관의 변모는 트렌드의 성장에 영향을 미친다. 어떤 가치관을 가졌느냐에 따라 선호체계와 새로움에 대한 감수성, 행동양식의 차이가 발생하기 때문에 똑같은 대상이 어떤 사회에서는 강력한 트렌드가 되는데 다른 사회에서는 주목할 트렌드로 부상하지 못하는 경우가 발생하게 된다.

- 도시화는 일반적으로 인구 밀도 및 사회적 상호작용의 증대를 야기한다. 따라서 도시화율이 높은 지역일수록 트렌드가 발생하고 확산되는 속도나 빈도가 높아지게 된다. 또한 도시화된 지역일수록 트렌드 시장의 규모도 크다.

- 계층구조는 트렌드의 확산범위를 예측하는 데 중요한 요인이다. 트렌드는 사회의 상층부에서 시작하여 차츰 하위 계층으로 확산되어 나가는 트리클 다운(trickle down) 경향을 보이기 때문이다. 일반적으로 구매력이 있는 중산층이 두터울수록 트렌드 시장이 커진다.

- 교육제도가 발달할수록 트렌드의 확산속도가 빨라지고 확산범위도 넓어질 가능성이 높다. 교육수준이 높아질수록 새로움의 차이에 대한 감수성이 높아지는 경향이 있기 때문이다.

- 매체는 사회 전반적으로 정보 전달 속도를 높이기도 하기 때문에 개인화된 대중매체가 보급될수록 트렌드의 확산속도를 높인다. 반면 개인화된 대중매체는 소비자들이 새로운 정보에 노출되는 빈도가 더욱 높아지기 때문에 트렌드의 지속 기간은 단축될 가능성이 높다.

- 해외교류의 빈도와 다양성이 증가할수록, 트렌드의 확산도 활성화될 가능성이 높다. 해외교류는 여러 나라의 문화와 각종 정보에 대한 노출을 의미하기 때문이다. 트렌드는 대체로 선진국에서 시작되고 점차 후발국으로 하방 전달되는 경향이 있다(이순종, 2010).

(2) 기술적 요인

정보 · 통신기술의 발달과 대중화는 현대사회의 트렌드 확산과 지속에 매우 중대한 영향을 미치고 있다. 정보 처리 및 관리의 기술이 발달하면서 개개인에 대한 맞춤형 상품생산과 서비스가 가능해졌고 고객관계관리 계열의 마케팅 기술이 급격히 진화할 수 있었다. 대부분의 기술이 소비에 영향을 준다고 할 수 있지만 21세기 이후 소비트렌드에 가장 직접적인 영향을 미치는 기술은 '소통'과 관련되는 기술이다. 정보통신, 네트워크, 단말기, 정보처리, 플랫폼 등 주로 인간과 인간의 소통을 넓고 빠르고 효율적으로 만들어주는 기술들이 트렌드에 영향을 더 크고 오래 미친다(김난도 외, 2017). 또한 사물인터넷, 인공지능, 빅데이터, 3D 컴퓨터, 증강현실 등 기술의 변화가 바꿔갈 세상을 우리는 4차 산업혁명 시대라고 부른다. 최근 20년간의 변화는 앞선 100년의 변화보다 더 큰 것이었고, 앞으로 10년의 변화는 훨씬 더 큰 변혁일 것이다. 따라서 새로운 기술이 가져올 파급효과가 우리의 삶과 소비에 어떤 영향을 미칠 것인지 예의 주시해야 한다.

(3) 경제적 요인

경제는 한 사회의 트렌드 성장 속도를 가늠하는 중요한 변인이다. 트렌드의 강약은 경기의 영향에 민감하기 때문에 경기가 중요하다. 호황에는 트렌드가 보다 급속히 광범위하게 확산되는 경향을 보인다. 한편 불황기에는 전반적으로 소비가 주춤해지지만 불황기 특유의 소비성향, 즉 욕구 위축, 손실 회피, 보상 심리 등 독특한 소비 트렌드가 나타난다. 또한 불황에도 중요한 가치 소비는 계속된다.

(4) 환경적 요인

산업화 이후 지구 환경파괴와 오염 그리고 기후변화는 인간의 생존을 위협하고 소비생활 전반의 변화를 일으키는 동인이 된다. 특히 온난화, 이상기후 등 기후변화는 세계적으로 가장 뜨거운 이슈 중 하나다. 산업화와 도시화는 화석연료 사용을 증가시킬 수밖에 없고 이로 인한 온실가스 배출은 기후변화의 원인으로 지목된다. 온실가스 배출을 줄이기 위해서는 정부, 기업, 민간단체뿐만 아니라 국민 개개인의 일상 소비생활에서 변화가 필요하다. 따라서 많은 소비자들은 자신의 소비행동에 따른 환경 문제를 인식하고 환경친화적 소비, 지속가능한 소비를 위한 실천을 확대하고 있다.

2.2 트렌드의 예측 방법

트렌드를 보는 창조적인 관점이 중요한 만큼 트렌드 예측 방법론도 창조성이 필요하다. 트렌드 예측방법론에 있어 보편적인 표준안이 존재하는 것은 아니다. 오히려 연구진의 역량과 독자적인 관점에 따라 다양한 기법이 개발되고 적용되는 것이 일반적이다. 여기에서는 서울대학교 소비트렌드분석센터의 방법을 중심으로 리서치 기반 트렌드 예측방법론을 소개한다. 이 방법은 연구 설계, 자료수집, 분석, 핵심가치 도출 및 검증, 키워드 도출 및 커뮤니케이션 등 5단계를 기본으로 한다(이순종, 2010).

1) 연구 설계

트렌드 예측도 일반적인 연구처럼 제반 연구환경을 고려하여 예측하고자 하는 대상에 따라, 접근 방법에 따라 가장 효과적인 방법론을 선택하는 것이 매우 중요하다. 타운워칭이나 소비족 분석 등 일반적인 트렌드 예측기법으로 많이 활용되어 온 질적 방법뿐만 아니라 미래학을 중심으로 한 사회과학 영역에서 많이 활용되어 온 각종 미래예측기법 중에서도 트렌드 예측에 적용할 만한 기법이 많다. 각 방법의 특성을 깊이 있게 파악하고 관심 분야에 대한 심층 정보를 발굴하는 데 적합한 방법을 선택한다. 아래 표 8-2는 조사대상을 인간(미시)과 사회(거시)로 나누어 연구진이 대상에 직접 접근하여 자료를 수집하는 **직접조사**와 이미 만들어진 자료를 수집하는 **간접조사**의 여러 기법들을 정리한 것이다. 각 조사기법에서 도출된 자료의 특성으로 **양적자료**는 정보의 수치를 크기로 비교될 수 있는 정량 데이터로 구성되어 있고, **질적자료**는 이미지, 텍스트 등의 질적 정보로 구성되어 있다. **복합적 자료**는 양적·질적 자료가 함께 포함된 것이다.

표 8-2   트렌드 예측 시 주로 활용되는 기법

조사대상	접근방법	기법 및 용도	자료특성
인간 (미시)	직접조사	소비자 설문조사 : 특정 주제에 대한 소비자의 전반적 실태와 여론을 탐색적으로 조사해야 할 경우	양적
		소비자 다이어리 : 특정 주제에 대한 소비자의 일상적 경험양상을 세밀하게 조사해야 할 경우	질적
		참여관찰 : 특정 현상의 구조와 문화코드 및 사람들의 감정과 경험을 조사해야 할 경우	질적

표 8-2 트렌드 예측 시 주로 활용되는 기법(계속)

조사대상	접근방법	기법 및 용도	자료특성
인간 (미시)	직접조사	소비족 분석 : 기존 소비자와 구별되는 행동 및 감성 특성을 지닌 소비자 집단을 심층적으로 규명해야 할 경우	질적
		핵심 소비자 분석 : 특정한 소비현상을 주도하는 집단의 행동양식과 가치를 규명해야 할 경우	질적
		심층면접·표적집단면접 : 특정 주제에 대한 특정 집단의 경험과 생각을 심도 있게 분석해야 할 경우	질적
		라이프스타일 분석 : 소비자를 서로 구별되는 일정한 특성을 공유하는 다수 개의 집단으로 분류해야 할 경우	복합적
		거리문화 관찰 : 사회적 상호작용이 활발한 핵심지역의 경관과 구성요소, 이벤트, 통행인구 특성 등을 종합적으로 관찰해야 할 경우	질적
		문화기술지 : 대상의 형태, 구조, 움직임 등을 종합적으로 관찰하여 대상의 의미체계로서의 문화를 내부자의 관점에서 규명해야 할 경우	질적
	간접조사	소비자 설문조사 : 특정 주제에 직접 접근하기 어려운 상황에서 소비자의 전반적 실태와 여론을 조사해야 하는 경우	양적
		네트워크기술법 : 웹 네트워크에서의 개인적 움직임과 사회적 상호작용에 대한 문화기술지가 필요할 경우	복합적
		사회통계 : 사회 각 분야의 통계적 변화양상이 소비자의 일상생활에 미치는 영향을 분석해야 할 경우	양적
사회 (거시)	직접조사	환경스캐닝 : 정치·경제·사회·기술·문화 등 사회 전 분야의 실태와 이슈를 종합적으로 파악해야 할 경우	복합적
		이머징 이슈 분석 : 앞으로 중요한 사회적 관심사로 떠오를 가능성이 있는 이슈의 내용과 파급효과를 분석해야 할 경우	복합적
	간접조사	델파이 : 특정 주제에 대한 각계 전문가의 의견을 종합할 필요가 있을 경우	질적
		문헌분석 : 각종 연구소, 언론사, 광고사 등에서 출간된 연구보고서 및 각종 간행물 내용분석이 필요한 경우	복합적
		매체분석 : 신문·방송·인터넷·잡지 등 매스미디어에 대한 내용분석이 필요한 경우	질적
		사회통계 : 사회 각 분야의 통계적 변화양상을 통해 생활환경의 질적 변화를 추론해야 할 경우	양적

출처 : 이순종(2010).

2) 자료수집 : 징후 포착

자료수집은 변화의 동향 혹은 신호를 관찰하고 수집하는 것을 말한다. 이를 **징후 포착**이라고도 한다. 징후 포착 단계에서 가장 중요한 것은 여러 분야의 변화를 고르게 검토하는 것이다. 왜냐하면 현재의 인구동향, 라이프스타일, 예술 혹은 가치관의 변화에서도 미래 트렌드의 징후가 나타날 수 있기 때문이다. 이렇게 여러 분야에 나타난 징후들을 비슷한 속성을 가진 것끼리 묶어보면, 향후 크게 성장할 가능성이 있는 트렌드를 발견할 가능성이 높아진다.

3) 분석

분석은 변화의 징후에서 미래 트렌드의 실마리를 찾는 것이다. 이 단계에서는 수집된 자료를 요약하고, 자료에 나타난 소비자의 변화를 구체화하고, 변화의 배경과 영향 요인을 검토한다. 이후 정리된 자료에 함축된 사회적·개인적 가치를 찾아낸다. 이때 자료의 표면상의 특징보다는 그 특징의 배후에 존재하는 원인이나 의미에 집중해야 한다. 나아가 의미 간의 관련성과 그것이 라이프스타일의 변화에 어떤 영향을 미치게 될지 추론한다. 기존의 현상과 겉보기에 유사한 현상이라도 그러한 현상이 나타날 수 있었던 배경 또는 현장에서 실제로 행동하는 사람들의 동기구조가 달라졌다면, 바로 그 점이 트렌드를 예측하는 데 매우 중요한 단서가 되기 때문에 자료 자체의 새로움보다는 자료 간의 관계적 측면이 더 의미가 있다.

4) 핵심가치 도출 및 검증

핵심가치는 소비자가 가장 민감하게 반응하고 실제로 생각과 행동을 바꾸게 만드는 이유를 말한다. 분석단계를 통해 관찰된 현상에 내재된 수많은 맥락과 의미를 규명하게 되는데 핵심가치 도출은 이 중에서 앞으로 다수의 소비자가 보다 예민하게 반응할 가능성이 높은 가장 중요한 가치를 선발해내는 것이다.

이렇게 도출된 핵심가치는 검증을 통해 성장 가능성과 전략적 중요성을 판단한다. 검증 과정에서는 트렌드 확산에 영향을 미칠 수 있는 경제적·사회적·문화적 변수를 고려하는 것이 필수적이다. 왜냐하면 트렌드의 확산에 영향을 미치는 변수들 중에서는 발생 가능성을 예측할 수 있는 것도 있고 예측할 수 없는 것도 있기 때문이다. 예를 들면 인구구조의 변화는 트렌드를 예측할 수 있는 중요한 영향요인이다. 현재 고령화로 인해 노년 계층 비중이 높아지면서 시니어 시장이 커지고 건강, 의료 관련 상품, 은퇴 후 자금관리를 위한 금융 상품, 반려동물 상품 등 고령친화적 제품들이 주목을 받는다. 한편 정치적 격변이나 예기치 않은 사고 및 재해, 그리고 크고 작은 경제적 변수는 예측하기 어려우나 트렌드의 확산 속도나 범위에 영향을 미칠 수 있다.

5) 키워드 도출 및 커뮤니케이션

키워드 도출은 트렌드로 성장할 가능성이 검증된 핵심가치를 요약하는 것이다. 이러한 키워드는 핵심가치의 개념을 간결하고 정확하게 전달하면서 감각적·직관적으로 이해하기 쉽도록 한다. 또한 잘 만들어진 키워드는 대중에게 트렌드를 전달하는 커뮤니케이션 효과를 극대화시킬 수 있기 때문에 많은 연구가 요구된다. 그림 8-3은 서울대학교 소비트렌드 분석센터의 트렌드 키워드 추출과정을 나타낸 것으로 이 작업은 모듈에 의해 한 단계씩 진행된다.

1단계	나열 (inventory building)	관련 시장, 가정, 네트워크상에서 관찰되는 소비와 라이프스타일상의 변화를 탐색해 나열한다.
2단계	분해 (dissolving)	나열된 소비트렌드가 부여하는 의미를 추출한다. 특히 사회적·심리적 원인, 추구하는 소비가치, 결과로서 나타나게 될 현상에 초점을 둔다.
3단계	재배치 (re-arranging)	분해된 소비트렌드의 의미를 기본으로 각 트렌드 간의 인과·상관관계와 시간적 선후를 고려하여 개념 간의 관계지도를 작성해 소비가치를 재배치한다.
4단계	분류 (categorizing)	재배치된 결과물에 토대를 두어 소비트렌드를 10~15개 정도로 분류 유형화한다. 이것이 10대 키워드 후보가 된다.
5단계	검증 (verifying)	각 소비트렌드 키워드가 관련 산업 소비자 시장에 미칠 영향을 고려하고 키워드의 타당성을 연역적으로 재검증한다. 검증을 통해 10개 내외의 키워드로 압축한다.
6단계	명명 (labelling)	검증이 완료된 소비트렌드에 적합한 명칭을 부여한다.

그림 8-3 트렌드 키워드 추출과정

출처 : 김난도 외(2008).

이렇게 도출된 트렌드에 대한 커뮤니케이션은 예측된 트렌드가 사회 전반 및 일상생활 속에서 어떤 형태로 실제화될 가능성이 있는지 이해시킴으로써 통찰력을 갖게 하는 것이다. 트렌드 키워드를 구체적인 사물이나 상황에 적용하여 풀어내고, 이를 직관적·감각적으로 파악할 수 있게 해주는 시청각 자료와 결합시키는 것이 필요하다.

2.3 소비트렌드 분석 사례 : 신세대 소비트렌드-밀레니얼세대와 Z세대

변화하는 트렌드를 잘 읽어내기 위해서는 트렌드를 선도하는 집단, 즉 '트렌드 리더'를 잘 살펴봐야 한다. 최근 소비시장에서 트렌드를 선도하는 새로운 세대는 바로 밀레니얼세대와 Z세대이다. 1980년대 초·중반부터 1990년대 중반에 출생한 밀레니얼세대와 그 이후부터 2010년까지 태어난 Z세대로 일컬어지는 젊은 세대는 자기 생각이나 콘텐츠를 확산시키는 데 능숙하고 추구하는 가치가 뚜렷하다. 또한 이들은 디지털 생태계부터 시장 구조까지 변화시킬 정도로 강력한 영향력을 발휘하며 핵심 소비층으로 자리 잡고 있다.

1) 밀레니얼세대, Z세대의 특성

밀레니얼세대는 Y세대라고도 하며 1980년에서 1999년까지 출생한 사람들을 말한다. 우리나라에서는 1990년대 말부터 이 용어를 사용하게 되었으며 밀레니얼세대는 기존 세대와 달리 개인주의 성향이 강하고 경제적 풍요 속에서 개방주의적인 가치관을 가지고 있다. 이들은 기본적인 의식주가 해결된 환경에서 자라난 만큼 여가를 중요시하고 개성과 즐거움을 추구한다. 한편 경제 불황이 시작되는 시점에 청소년기를 보낸 밀레니얼세대는 재정적으로 보수적인 성향을 띠며 특히 가격에 민감하고 신중하게 선택한다. 밀레니얼세대의 소비자가 중요한 이유는 20대 중반~30대 중반의 소비자로 구매력과 정보력을 바탕으로 글로벌 경제에서 강력한 소비층으로 부상했기 때문이다.

그리고 **Z세대**란 밀레니얼세대의 뒤를 잇는 세대로 1990년대 중반부터 2010년까지 출생한 젊은 세대를 말한다. Z세대를 규정하는 가장 큰 특징은 이들은 유년 시절부터 인터넷 등의 디지털 환경에 노출되어 이른바 '디지털 원주민(digital native)'이라 불리며 신기술에 민감할 뿐만 아니라 이를 소비활동에도 적극 활용하고 있다(박혜숙, 2016). 또한 Z세대는 소셜미디어를 적극적으로 활용하여 신중하게 구매하는 경향도 강할 뿐만 아니라 저출산에 따라 1자녀가 증가하면서 행복과 자기 만족, 자기 자신에 주안점을 두는 개인적·독립적 성향이 두드러진다. 또한 Z세대는 SNS를 통해 자신이 좋아하는 것, 관심 있는 것, 추구하는 가치 등

표 8-3 세대별 주요 특성

구분	베이비부머 1955~1963년	X세대 1964~1981년	밀레니얼세대 1980~1999년	Z세대 1995~2010년
청소년기	• 고속성장시대 • 성장주의 • 국가주의 • 권위주의	• 산업화의 수혜시대 • 두발 및 교복자율화 • 소비주의	• 민주화 정착 • 경제 불황 • 국제화 • 정보화	• 경제위기 상시화 • 환경위기 • 한류/뉴트로
가치관	• 권위주의적 • 집단주의 • 가족지향	• 탈권위주의적 • 자기중심적 • 개인주의 • 자유	• 개성 • 다양성 • 오락성 • 즐거움	• 개인적 · 독립적 • 경제적 • 환경 · 윤리적
라이프스타일	• 젊음과 건강에 대한 욕구 • 교육 중시	• 소비 지향적 • 여가 중시	• 컴퓨터 문화	• 디지털 네이티브
소비특성	• 합리적	• 합리적 소비 • 실용적 소비	• 인터넷 활용 • 감각마케팅 영향 • 스타일/디자인 영향	• 소셜미디어 활용 • 즉각적 반응 • 취향 중시 • 자기 표현
소비형태	평균 소비성향 하락	충동구매, 외모 중시	충동구매, 합리적 소비 동시	가치소비, 윤리적 소비

출처 : 박혜숙(2016)에 기초하여 수정함.

자신의 취향을 공유하고 소통한다. 과거에는 나를 표현하고 다른 사람을 파악하는 정체성이 학교, 회사, 지역 등 '소속'이라면 Z세대들은 '취향'으로 변화한 것이다(대학내일연구소, 2019). 한편 이들은 글로벌 경제위기, 환경위기를 겪으며 이에 대한 경각심도 있기 때문에 경제적 가치, 환경과 윤리적 가치를 중요시한다. 베이비부머, X세대, 밀레니얼세대, Z세대 등 세대별 주요 특성을 정리하면 표 8-3과 같다.

2) 밀레니얼세대, Z세대의 소비트렌드

밀레니얼세대와 Z세대가 본격적으로 사회에 진출하기 시작하면서 이들 세대는 소비시장을 주도하는 핵심 소비층으로 자리 잡았다. 기성세대에서 밀레니얼세대와 Z세대로 핵심 소비층이 이동하고, 사고와 생활방식이 변화되어 생활 방식이 진전되면서 소비에도 많은 영향을 미치고 있다. 다음은 2019년 삼정 KPMG 경제연구소에서 발간한 '신(新)소비 세대와

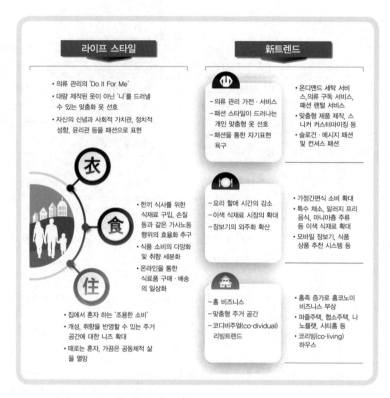

그림 8-4   의 · 식 · 주 라이프스타일 변화에 따라 부상하는 신트렌드
출처 : 삼정 KPMG 경제연구원(2019).

의 · 식 · 주 라이프 트렌드 변화' 보고서에서 제시한 밀레니얼세대와 Z세대 소비자의 라이프스타일과 소비트렌드를 중심으로 각 소비트렌드의 특징을 살펴보기로 한다(그림 8-4).

(1) 의생활 소비트렌드

의생활 소비에서의 주요 변화는 지난 세대에서 당연한 일로 여겨졌던 빨래, 건조, 다림질과 같은 가사일을 밀레니얼세대와 Z세대에게는 '노동'의 개념으로 변모하면서 이를 대신해주는 제품과 서비스가 대세다. 한편 개성 있는 소비자가 의류 생산 체제를 바꾸고 있으며 옷으로 '나'를 드러내는 소비자가 늘고 있는 가운데 윤리적 의식을 패션으로 보여주는 세대가 주요 소비층으로 부상했다. 이에 따라 온디맨드 의류 관리 서비스, 매스 커스터마이제이션 패션, 슬로건 · 메시지 패션, 컨셔스 패션 등이 새로운 소비트렌드로 등장하고 있다.

① 온디맨드 의류 관리 서비스

온디맨드(on-demand)란 정보통신기술(ICT) 인프라를 통해 소비자의 수요에 맞춰 즉각적으로 맞춤형 서비스를 제공하는 것이다. 최근 의류 관리 서비스는 세탁, 다림질 등 가정에서 직접 세탁하는 것을 모바일로 세탁물을 수거 요청하면 담당자가 지정 시간에 세탁물을 수거하여 세탁 후 배달을 해주는 전반적인 의류 관리 서비스 형태로 변모하고 있다. 이제 소비자는 비용만 지불하면 세탁부터 스타일링 의류 관련 전반을 집에서 손쉽게 해결할 수 있게 되었다.

② 나만의 스타일을 추구하는 '매스 커스터마이제이션 패션'

매스 커스터마이제이션(mass customization)이란 '대량생산(mass production)'과 '고객화(customization)'의 합성어로 규격화된 상품을 대량으로 만들어내는 생산 시스템이 아닌 개인의 다양한 요구를 충족시키는 고부가가치 상품을 대량 생산 제품 못지않게 낮은 원가를 유지하며 제공하는 것을 의미한다. 이러한 트렌드를 선도하는 기업은 소비자의 니즈에 맞춰 빠르게 생산 체제를 바꾸어 나가고 있다. 그 예로 리바이스는 1995년 매장에서 디자인을 선택하고 치수를 재서 공장에 보내면 맞춤형 청바지를 배달하는 '퍼스널 페어 진(Personal Pair Jean)'을 선보였고, 나이키는 2017년 뉴욕에 '나이키 바이 유 스튜디오(Nike By You Studio)'를 구축하여 개별 맞춤 운동화를 90분 이내에 제작해주는 서비스를 시작하였다. 이를 통해 소비자들은 자신의 취향에 맞는 운동화를 쉽게 맞춤화(customizing)할 수 있게 되었다.

③ 자신이 하고 싶은 말을 패션으로 드러내는 '슬로건·메시지 패션'

슬로건 패션은 옷이나 가방, 스카프 등에 자신의 가치관이나 정치적 견해를 담은 슬로건을 시각적으로 표현한 패션을 의미한다. 슬로건 패션은 1930~1970년대 히피 문화가 등장하면서 탄생한 문화인데 'Peace', 'Make Love Not War' 등과 같이 평화, 반전의 저항 정신을 담아냈지만 최근에는 각자 개성을 살린 패션으로 진화하고 있다.

④ 윤리적 가치관에 부합하는 '컨셔스 패션'

컨셔스 패션(conscious fashion)이란 '의식 있는(conscious)'과 '패션(fashion)'을 합친 말로 소재부터 제조 과정까지 친환경적이면서 윤리적 과정을 거친 패션을 의미한다. 그 예로 버려진 폐기물로 만든 업사이클링 패션(upcycling fashion), 동물 학대를 통해 채취한 모피 사용을 금지하는 퍼프리(fur free), 개발도상국 노동자들에게 정당한 대가를 지불하여 생산한 패션 제품인 **공정무역 패션** 등이 있다.

(2) 식생활 소비트렌드

1인 가구와 맞벌이 가구의 비중이 높아지면서 가사 노동의 효율성을 추구하는 밀레니얼 가정에서는 장보기 외주화 성향이 심화되고 가정간편식 소비가 확대되고 있다. 또한 SNS를 통한 식품 소비 경험이 공유되고 자신의 취향에 맞는 맛있는 음식을 먹고 싶어 하는 소비트렌드가 식품 소비 취향의 세분화·다양화를 부추기고 있다.

① 간편하게 맛있는 집밥을 먹고 싶은 소비자

바쁜 현대인들은 더 이상 요리에 많은 시간을 소비하지 않는다. 집에서 요리에 할애하는 시간을 점점 줄이고자 하는 소비자에게 가정간편식(home meal replacement, HMR)은 집에서 간편하면서도 맛있는 음식을 먹을 수 있는 하나의 방안이다. 최근 식품 조리 및 포장기술이 발전하면서 집에서 한 것과 비슷하거나 더 맛있는 가정간편식 제품들이 소비자의 인기를 얻으면서 가정간편식이 하나의 식생활 트렌드로 자리 잡고 있다. 현재 가정간편식 시장은 간편 조리 형태의 레토르트 제품에서부터 한 번 요리할 분량의 손질된 식재료와 소스를 묶어서 판매하는 밀키드 제품까지 여러 형태로 세분화되고 있다. 뿐만 아니라 1~2인 가구를 위한 간편식과 다인 가구를 위한 간편식 시장도 각각의 소비 패턴 및 구매 금액에 따라서 나눠지는 양상이다. 이에 따라 식품, 외식, 유통, 식품 이커머스 등 관련 업계는 영양, 맛, 편리성을 모두 고려한 제품을 적극 개발하여 가정간편식 시장을 선점하려 노력 중이다.

② 식품 소비 다양화, 취향의 세분화

소비자의 식품 소비 다양성은 과거 어느 때보다 증대되고 있다. 국내산이 주를 이루던 돼지고기 시장에 스페인산 이베리코 돼지고기가 인기를 끄는가 하면, 우유 역시 코코넛 밀크, 아몬드 우유 등으로 세분화되고 있다. 또한 예전에 수입 식재로 전문점에서만 구할 수 있었던 이색 수입 식자재, 향신료, 소스 등은 이제 동네 대형 마트에서도 쉽게 찾아볼 수 있게 되었다. 이는 SNS를 통하여 식품 소비 경험이 빠르게 전파되고, 요리를 만드는 방송에서 이색적이고 고급의 식재료가 자주 노출되어 나타난 현상으로 볼 수 있다. 또한 해외여행 및 외국 체류 시 다양한 식품을 접한 경험의 증가도 식품 소비 다양화에 영향을 주었다. 이를 포착한 유통 기업들은 소비자가 찾는 이색 식품을 국내에 유통시키고, 소비자들도 해외 직구를 통해 온라인으로 간편하게 구매할 수 있게 되면서 소비자는 다양한 수입 식품을 쉽게 접할 수 있게 되었다.

③ 장보기 노동의 외주화 · 대행화

온라인 식품 시장의 발달로 온라인을 통한 식료품 구매와 배송이 이상화되면서 각종 장보기 관련 서비스가 등장하기 시작했다. 소비자들은 단순한 물품을 구매할 경우 직접 대형 마트에 가기보다는 스마트폰으로 장보기를 선호한다. 이런 소비자를 겨냥해 모바일 장보기 서비스를 제공하는 업체가 늘어나고 새로운 플랫폼이 등장하고 있다.

(3) 주생활 소비트렌드

집은 더 이상 단순 잠만 자고 생활하는 곳이 아니다. 주거 공간이 넓지 않더라도 자신의 취향이 반영된 삶의 기반이 되는 공간으로 변화되면서 퍼즐주택, 협소주택, 코리빙하우스 등 다양한 주거 시설이 등장하였다.

① 집에 숨어드는 소비자와 '홈코노미'의 부상

혼밥, 혼술, 혼영 등, 특정 활동을 혼자서 하는 소비자가 늘고 있다. 또한 혼자 소비를 즐기되 이를 밖에서 하는 것보다 집에서 해결하려는 사람들을 '홈족'이라고 부르는 신조어까지 생겨났다. 이렇게 집에 주로 시간을 보내는 홈족이 늘면서 집에서 할 수 있는 제품과 서비스를 아우르는 '홈코노미'가 부상하고 있다. **홈코노미**란 집(home)과 경제(economy)를 붙인 합성어로 집에서 여가를 보내는 소비자들을 겨냥한 경제를 일컫는 말이다. 유통, 패션, 온라인쇼핑, 가전 등 관련 업계는 홈코노미 관련 비즈니스 확장에 나서고 있다.

② 소비자 취향 존중 맞춤형 주거공간으로 진화

밀레니얼세대, Z세대는 개인적인 성향이 강하고 자신의 개성이 돋보이도록 발산하는 경향이 이전 세대 대비 뚜렷하다. 밀레니얼세대와 Z세대가 주요 소비층으로 부상하면서 각자 다른 취향을 바탕으로 하는 '취향 소비'가 주거 공간에도 나타나고 있다. 그 예로 일률적인 구조를 가진 집이 아닌 공간구성, 인테리어, 가구 등을 개인에게 맞춰주는 퍼즐주택이 국내에 도입되었다. 그리고 1 · 2인 가구의 비중이 높아지고 경제적인 비용으로 자신의 취향을 반영할 수 있는 협소주택에 대한 수요가 늘어나고 있다. 협소주택을 지을 때 거주자는 시공자와 함께 협업하면서 거주자의 생활 습관이나 신체적 특징 등을 고려하여 공간을 구성한다.

③ 공용 공간과 개인 공간을 함께 누리는 '코리빙 하우스' 등장

최근 밀레니얼세대가 불러일으킨 '코디비주얼(co-dividual)' 트렌드는 함께(cooperative)와 개인(individual)을 합친 말로 '함께하는 개인'이라는 의미로 해석할 수 있다. 밀레니얼세대는 사생활을 중시하는 동시에 타인과 교류를 즐기고 싶어 하는 이중성을 보인다. 이러한 측면에서 개인의 사생활을 유지할 수 있는 작은 방과 다양한 환경에서 자라온 사람들이 모여 함께 생활할 수 있는 공용공간이 있는 코리빙 하우스(co-living house)는 밀레니얼세대에게 매력적인 거주지로 보일 수밖에 없다. 또한 전 세계적으로 주거비가 상승하고 도시화됨에 따라 앞으로 주거는 소유가 아닌 서비스 개념으로 진화하여 다양한 형태의 거주 시설이 나타날 것으로 전망된다.

참고문헌

김난도, 전미영, 이향은, 이준영, 김서영, 최지혜, 이수진, 서유현(2017). 트렌드코리아 2018. 미래의 창.

김선주, 안현정(2013). 트렌드 와칭. 21세기 북스.

김성은(2015). 문화산업론과 문화산업 연구의 계보학. 문화산업연구, 15(4), 49-65.

김영신, 서정희, 송인숙, 이은희, 제미경(2012). 소비자와 시장환경. 시그마프레스.

김정로(2008). 산업사회의 구조변동과 생활양식분석. 백산서당.

김종구, 박성용(1997). 소비문화에 관한 연구. 한국소비자원.

남승규(1999). 중독구매 행동과 개인적 가치. 한국심리학회지: 산업 및 조직, 12(1), 1-11.

남은영(2011). 한국사회 변동과 중산층 소비문화. 나남.

대학내일연구소(2019). 밀레니얼-Z세대 트렌드 2020. 위즈덤하우스.

박혜숙(2016). 신세대 특성과 라이프 스타일 연구 – Z세대를 중심으로 –. 인문사회 21, 7(6), 753-767.

삼정 KPMG 경제연구원(2019). 신소비 세대와 의·식·주 라이프 트렌드 변화, Vol. 66.

서정희(2017). 소비 트렌드 분석. UUP.

성영신, 유창조, 이진용, 박은아, 양윤재, 정수정(2013). 소비유형별 소비행복의 비교. 소비자학연구, 24(2), 1-23.

송인숙(2002). 소비문화에 관한 연구의 현황과 전망. 대한가정학회지 40(2), 39-56.

송인숙, 천경희, 윤여임, 윤명애, 남유진(2012). 행복론 관점에서 본 현대 소비문화의 특성에 대한 비판적 검토. 소비문화연구, 15(1), 179-201.

심경옥(2018). 충동구매 경향성과 개인특성 간의 관계에 대한 지각된 스트레스의 매개효과. 한국심리학회지: 사회 및 성격, 32(4), 65-89.

이순종(2010). 디자인의 시대 트렌드의 시대. 미래의 창

이승신, 김시월, 류미현, 노영래(2010). 소비사회와 소비문화. 신정.

이은희, 유현정, 이준영(2017). 소비트렌드의 이해와 분석. 교문사.

이진우(1998). 풍요사회의 신화와 현실의 상품화 : 상품의 생산에서 이미지의 소비로. 한국소비문화학회 '98 추계 학술대회 논문발표집, 21-31.

임선애(2015). 라캉의 욕망과 환상 이론으로 본 현대 소비의 환상문제. 숭실대학교 석사학위논문.

장현선(2014). 현대 소비자의 소비스타일에 관한 연구. 한국가정학회지, 32(4), 91-104.

장현선(2014). 소비자의 소비행복을 어떻게 측정할 수 있나? 소비행복의 구성요소 및 척도 개발을 중심으로. 한국가정관리학회지, 32(6), 139-154.

정지현, 이승용(2005). 제품디자인의 미학적 역할에 관한 연구. 조형예술학연구, 7, 185-205.

한성희(2015). 자기보상 소비성향과 소비만족도에 관한 연구: 자아개념과 어린시절 소비경험을 중심으로. 소비문화연구, 18(4), 69-99.

함인희, 이동원, 박선웅(2001). 중산층의 정체성과 소비문화. 집문당.

Bocock, R. (2003). 소비(양건열 역). 시공사.

Bourdieu, P. (1984). *Distinction: A Social Critique of the Judgement of Taste*. Cambridge, MA: Harvard University Press.

Collin, C. (1987). *The Romantic Ethic and the Spirit of Modern Consumerism*. Oxford: Blackwell.

Craig, N. (1996). *The Addictive Personality*, 2nd Edition. Minnesota: Hazelden Publishing and

Education Service.

Engel, J, F., Blackwell, R., & Miniard, P. W. (1995). *Consumer Behavior, 8th.,* New York: The Dryden Press.

Erner G. (2010). 파리를 떠난 마카롱(권지현 역). 리더스북.

Horxs M. (2004). 미래 진화의 코드를 읽어라(이온화 역). 넥서스.

Horxs M. (2014). 미래를 통찰하는 눈 메가트렌드 2045(배진아 역). 한국경제신문사.

Lipovetsky J. (2009). 행복의 역설(정미애 역). 알마.

Mason, R. S. (1981). *Conspicuous Consumption*: *A Study of Exceptional Consumer* Behavior, N. Y. : St. Martin's Press.

Nisbitt J., & Nisbitt D. (2018). 미래의 단서(우진하 역). 부키.

Padveen C. (2018). 더미를 위한 밀레니얼 세대의 마케팅(심수영 역). 시그마북스.

Penn M. & Fineman M. (2018). 마이크로트렌드X(김고명 역). 더퀘스트.

Rook, D. W. (1987). The Buying Impulse. *Journal of Consumer Research, 14*(2), 189-199.

Veblen, T. (1953, 1899). *The Theory of the Leisure Class: An Economic Study of Institutions.* New York: Mentor.

Vejlgaard H. (2010). 트렌드를 읽는 기술(이진원 역). 비즈니스 북스.

CHAPTER

09

지속가능소비와 윤리적 소비

지금까지 우리의 소비생활은 개인의 선호에 따라 주어진 예산 범위 내에서 만족을 극대화하는 효율적인 의사결정을 하였고, 이러한 소비생활을 합리적 소비라고 여겨왔다. 이때의 합리성은 개인적 이득을 중심으로 생각하는 경제적 의미의 합리성을 뜻한다. 현대사회를 살아가는 소비자에게 현재의 필요와 욕구에 부합하는 합리적 소비는 중요하다. 이러한 소비자들의 욕구로 인해 기술이 발달하고 생산성이 향상됨에 따라 우리는 전에 없는 물질적 풍요로움을 누리며 살고 있다. 그러나 오늘날 엄청난 소비량의 증가는 자원 고갈과 환경오염, 급격한 기후변화와 빈부격차 등 전 지구적인 문제와 무관하지 않다. 그렇다면 이러한 문제를 해결하고 지속가능한 사회가 되기 위해서 우리는 어떠한 소비를 해야 할까?

급속한 경제 성장과 대중 소비사회에서 소비자들은 경제주체로서 환경 위기, 사회문제를 해결하는 데 동참하고 기여해야 한다. 그 출발점은 소비자의 선택은 개인의 사적 선택이지만 자신의 선택이 우리가 속한 지역과 사회의 경제, 문화, 정치, 자연생태 등에 어떠한 결과를 야기하는가에 대한 인식을 하는 것이다. 그리고 소비생활의 기준을 개인의 단기적인 이득을 중심으로 생각하던 것에서 벗어나 현세대와 미래세대에 어떤 영향을 미칠 것인지 고려하는 지속가능한 소비와 사회적 약자를 배려하는 소비, 지역공동체의 삶을 복원하는 소비, 간소한 삶 등 윤리적인 소비 목표를 추구하고 실천하는 것이다. 따라서 이 장에서는 지속가능소비와 윤리적 소비가 무엇인지 살펴보고 이를 실천할 수 있는 방법에 대해 알아볼 것이다.

1. 지속가능발전과 지속가능소비

대량생산과 대량소비 사회는 우리가 사는 생태환경을 지속불가능한 상태로 만들고, 생태환경의 변화는 이미 세계 여러 곳에서 관측되고 있다. 2015년 세계 195개국이 서명한 파리기후 변화 협약에서 각국은 지구 평균 기온 상승 수준을 산업혁명 이전 대비 섭씨 2도 이내로 제한하고, 섭씨 1.5도를 넘지 않도록 노력하자는 데 합의했다. 그러나 기후 변화의 속도는 예상보다 빠르며 현재 인류는 기후 비상사태에 직면해 있다. 2019년 11월 153개국 과학자 1만 1,000명은 국제학술지 바이오사이언스에 '기후 비상사태에 대한 경고(Warning of a Climate Emergency)'라는 기고문을 통해 전 지구적 기후 비상사태를 선포하고 인류의 생활방식이 앞으로 변하지 않는다면 파멸적 재앙이 닥칠 것이라고 경고했다. 이 기고문에 따르면 1980년부터 2019년에 이르기까지 온실가스, 삼림 벌채, 에너지 소비, 인구의 증가 등으로 인해 지구온난화 문제가 심각해지고 이상기후 발생 빈도가 크게 높아졌음을 지적했다. 특히 남극과 북극의 얼음이 녹아 해수면은 75mm 높아졌고, 이상기후는 1980년에 200여 건에서 관측사상 최고 기온을 기록한 2018년에 800여 건까지 급증했다고 밝혔다(데일리포스트, 2019.11.6).

인구의 폭발적인 증가와 경제 성장이 지속된다면 인류의 미래는 어떻게 될 것인가? 환경보호와 지속적인 경제 성장이 양립할 수 있는가? 지구는 무한한 인간의 소비욕구를 언제까지 충족시킬 수 있을까? 소비로 인한 지구의 문제를 살펴볼 수 있는 가장 좋은 방법 중에 하나는 지구의 생태용량과 생태발자국 추이를 살펴보는 것이다. 생태발자국이란 인간이 소비하는 자원의 양을 그 자원의 생산에 필요한 땅 면적으로 환산해서 표시한 것으로 인류는 지난 반세기 동안 지구의 생태용량보다 더욱 많은 자연자본을 소비해서 생태적자 상태가 지속되고 있다. 이러한 문제를 전 세계적으로 알리기 위하여 국제환경단체인 지구 생태발자국 네트워크(global footprint network, GFN)는 세계 생태발자국 추정치를 발표하고 매년 '지구 생태용량 초과의 날(Earth Overshoot Day)'을 선포한다. 지구 생태용량 초과의 날은 자연 생태계가 인류에게 준 한 해 분량의 자원을 모두 써버린 날로, 이 날 이후부터 연말까지 미래 세대가 사용할 자원을 끌어다 쓰는 것을 의미한다. 그림 9-1을 보면 전 세계 생태계 용량이 초과한 1970년대 이래로 지구 생태 용량 초과의 날은 1990년대 들어 10월, 2000년대 들어 9월, 2010년대 들어 8월 그리고 2019년은 7월 29일로 점점 앞당겨져왔다.

이와 같이 인류 미래에 대한 우려의 목소리가 높아지는 가운데 전 세계는 지구적 의제

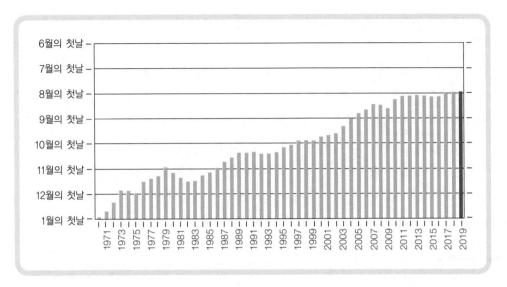

그림 9-1 지구 생태 용량 초과의 날(1970~2019년)
출처 : https://www.overshootday.org

로 지속가능성을 제시하였고 그 방향성에 대한 논의가 진행되면서 '지속가능발전(sustainable development)'이라는 개념이 등장하였다. 지속가능소비는 지속가능발전과 연계하여 그 맥락을 같이하는데, 지속가능발전을 먼저 알아본 후 지속가능소비에 대해 살펴보기로 한다.

1.1 지속가능발전

1) 지속가능발전의 개념과 관련 논의

지속가능발전은 지구 환경의 보존을 위해 자연이 허용하는 범위 내에서 경제, 사회, 환경 부분이 균형 있고 조화롭게 발전하는 것을 의미한다. 이 개념은 산업혁명 이후 본격화된 자본주의 시장경제의 세계적 확산과정에서 환경오염 및 환경파괴가 심각한 문제로 대두되자 국제사회 곳곳에서 이러한 상황을 효과적으로 대응하기 위해 논의가 시작되었다. 지속가능발전의 개념은 1972년 스톡홀름에서 개최된 유엔인간환경회의(UN Conference on the Human Environment, UNCHE)로부터 태동한 것으로 1987년에 세계환경개발위원회(World Commission on Environment and Development, WCED)가 제출한 '우리 공동의 미래(Our Common Future)'라는 보고서에 의해 세상에 널리 알려지게 되었다. 세계환경개발위원회(WCED)는 이 보고서에서 지속가능한 발전을 '미래 세대의 욕구를 충족시킬 수 있는 능력을 저해하지 않으면서 현재 세대의 욕구를 충족시키는 발전'이라고 정의하였다. 이에 따르면 현세대는 미래세대가 최소한 현세대만큼 잘 살 수 있도록 담보하는 범위 내에서 환경과 자연자원을 이용해야 한다는 '한계성'을 갖는다. 뿐만 아니라 미래 세대도 현세대와 동등하게 자연자원을 이용하여 그들의 욕구를 충족시킬 권리가 있으므로 자원배분은 현재 세대와 미래 세대 간에 공평해야 한다는 '형평성'의 개념을 포함한다(한국소비자원, 2005). 즉 지구의 환경용량의 한계를 인식하고 자연 환경이 감내할 수 있는 범위 내에서의 현세대와 미래 세대 간 욕구를 모두 충족시킬 수 있어야 한다는 것을 강조하고 있는 것이다.

이후 1992년 6월 브라질 리우에서 개최된 UN 환경개발회의(UN Conference on Environment and Development, UNCED)에서는 지속가능발전의 개념을 강화하고자 '환경적으로 건전하고 지속가능한 발전(Environment Sound and Sustainable Development, ESSD)'을 위한 27개 리우원칙을 담은 '리우선언'을 선포하였다. 또한 리우선언의 실천계획에 해당하는 '의제 21'을 채택하여 주요 이해관계자의 역할, 이행 수단 등 글로벌 지속가능발전의 기본 이행전략을 제시하였다. 이때 지구자원의 효율적인 배분, 제품의 생산·소비·폐기가 지속적으로 순환하는 사회를 위해 지속가능한 생산과 소비'의 실천을 요구하였다(이소영, 2010).

2000년 유엔 55차 총회에서 개최된 '새천년정상회의'는 2015년까지 개발도상국의 빈곤퇴치 및 개발을 위한 7개 실천목표로 구성된 새천년개발목표(Millenium Development Goals, MDGs)를 채택하였다. 이어서 2002년 9월 남아공 요하네스버그에서 개최된 지속가능발전을 위한 세계정상회의(World Summit on Sustainable Development, WSSD)에서는 빈곤 퇴치, 지속가능한 소비 및 생산 방식의 변화, 자연자원 관리와 같은 보다 포괄적인 실천주제에 대한 심화된 논의 결과를 담은 '지속가능발전 요하네스버그 선언'과 함께 그 세부계획을 담은 '요하네스버그 실천계획'을 채택하였다. 여기에서 '모든 국가가 소비와 생산 양식을 바꾸어 사회에 근본적인 변화를 이룩하는 것이 전 지구적 지속가능발전을 이루기 위한 필수요소'임을 강조했다. 이로써 지속가능발전은 '지속가능한 생산과 소비'를 통해 실현할 수 있음을 공표한 것이다(천경희, 2014).

뒤이어 리우+20 정상회의로 알려진 유엔지속가능발전회의(United Nations Conference on Sustainable Development, UNCSD)가 2012년 6월 브라질 리우데자네이루에서 다시 열렸고 빈곤 퇴치와 지속가능발전 관점의 녹색경제 이행과 이를 위한 유엔기구강화방안을 담

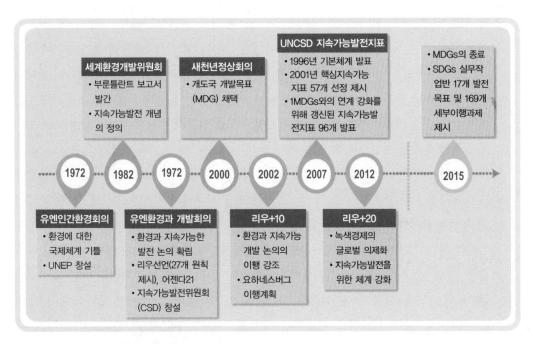

그림 9-2 지속가능발전의 추진 경과

출처 : 강상인(2015).

은 합의문 '우리가 원하는 미래(The Future We Want)'를 채택하였다. 리우+20 정상회의는 지속가능발전에 대한 의지를 재확인하고 새천년개발목표 이후 개발목표로서 **지속가능발전 목표(Sustainable Development Goals, SDGs)**'를 설정하는 절차에 합의하였다.

2015년 9월 뉴욕에서 열린 제70차 유엔총회에서는 2015년 만료된 새천년개발목표의 뒤를 잇는 지속가능발전목표를 2016년부터 2030년까지 이행하기로 결의하였다. '2030 지속 가능발전 의제'라고 불리는 지속가능발전목표는 '단 한 사람도 소외되지 않는 것(Leave no one behind)'이라는 슬로건으로 17개 발전 목표와 169개 세부 목표를 제시하였다(http://www.ncsd.go.kr).

이와 같이 지속가능발전에 대한 논의는 세계기구와 범국가적 차원에서 제기되고 있으며, 논의가 진행됨에 따라 지속가능한 발전의 영역과 범위를 지속적으로 보완하고 있다. 그림 9-2는 지속가능발전의 추진 경과를 그림으로 나타낸 것이다.

2) 지속가능발전의 의의

지속가능발전은 서로 대치적이고 공존할 수 없는 개념으로 인식되어온 환경과 발전에 대한 개념을 환경적으로 건강하고 지속가능한 발전이라는 하나의 개념으로 통합했다는 점에서 매우 중요하다. 과거에는 개발이냐 보전이냐 또는 환경이 우선인가 경제가 우선인가의 문제와 같이 환경 문제와 경제 문제를 대립적인 구도로 설정하여 경제 성장과 환경 보전 사이에 딜레마에 빠져 있었으나 지속가능발전의 개념의 등장으로 경제 성장과 환경 보전의 관계를 새롭게 바라보게 되었다. 이는 자연환경이 감내할 수 있는 범위 내에서의 소비와 세대 간의 욕구를 모두 충족시킬 수 있어야 한다는 점을 강조하여 지속가능한 사회모델을 구현할 수 있는 패러다임으로 전환된 것이다.

이와 같이 초기의 지속가능발전의 개념은 경제성장과 환경보전에 초점을 두었으나 이후 관심과 논의가 지속되면서 사회문제까지 포함하는 글로벌한 문제로 확대되었다. 즉 지속가능발전의 개념은 '환경＋개발'이라는 단순한 인식이 아니라 경제, 환경 또는 생태계, 그리고 사회적 형평성을 고려하여 '경제성장＋환경보전＋사회개발' 세 가지를 동시에 추구하는 것이라는 인식이 현재 국제적인 추세이다(권오성, 2002). 세계화의 팽창과 함께 세계 경제가 긴밀하게 연결된 하나의 질서 혹은 제도로 묶여 있기 때문에 특정 국가의 빈곤의 원인은 세계경제질서에 기인한다. 따라서 이에 대한 책임도 전 세계가 나누어 부담할 책무가 있는 것이다(박성우, 2016). 이를 위해 2012년 리우+20 정상회의에서 선언한 '우리가 원하는 미래'에서는 2008년 글로벌 금융위기 이후 경제 위기와 사회적 불안정, 그리고 전 세계적으로 확대되고 있는 기후변화와 빈곤문제 등 범지구적 문제 해결의 책임을 다시 강조하고 각국의 행동을 촉구했다.

이렇듯 지속가능발전은 경제, 환경, 사회, 정치 시스템의 복잡한 상호작용으로 이해하는 하나의 방법이고, 동시에 세상을 보는 규범적 혹은 윤리적 관점이며 오늘날의 시민과 미래 세대의 웰빙을 가져다주는 것이기도 하다. 이런 규범적 의미의 지속가능발전은 기본적으로 좋은 사회가 어떠해야 하는지에 대한 총체적 비전을 요구한다(Sachs, 2015). 즉 지속가능발전은 우리가 살아가는 시대를 이해하는 방법인 동시에 어떻게 살아갈 것인가에 대한 글로벌 문제의 해법이라고 볼 수 있다.

3) 지속가능발전 목표의 주요 내용

유엔은 2000년부터 2015년까지 시행된 새천년개발목표가 종료됨에 따라 향후 15년

(2016~2030년) 동안 세계적인 우선순위가 무엇이어야 할지에 대한 논의를 해왔다. 그 결과 유엔은 2012년 6월에 열린 리우+20 회의에서 2015년 이후 글로벌 개발체제에 대해 합의하였고, 2015년 9월 뉴욕에서 열린 제70차 UN총회에서 지속가능발전목표를 2016년부터 2030년까지 이행하기로 결의하였다. 이때 '우리의 세계를 바꾸기: 지속가능한 발전을 위한 2030 의제(Transforming our world: The 2030 Agenda for Sustainable Development)'라는 결의문을 채택하였다. 2030 의제가 제시하고 있는 '미래 세계의 비전'은 아래 표 9-1과 같이 인간으로서의 존엄성을 지키기 위한 기본적인 조건과 사회적 · 경제적 지속가능성, 환경적 지속가능성을 포함하고 있다.

표 9-1   2030 의제에 제시된 미래 세계의 비전

주요영역	바람직한 미래 세계의 모습
인간으로서의 존엄성을 지키기 위한 기본적 조건	공포, 폭력으로부터 자유로운 세계
	문맹이 없는 세계
	양질의 교육 · 의료 · 사회적 보호에 대해 누구나 보편적으로 접근할 수 있는 세계
	육체적 · 정신적 · 사회적 안녕이 보장되는 세계
	깨끗한 식수, 상 · 하수도, 위생 설비에 대한 권리가 보장되는 세계
	안전하고, 값비싸지 않으며, 영양가 있는 충분한 음식이 보장되는 세계
	안전하고, 값비싸지 않으며, 지속가능한 에너지를 누구나 사용할 수 있는 세계
	인간으로서의 권리와 존엄이 보편적으로 존중받을 수 있는 세계
	법, 정의, 평등, 무차별의 원리가 보장받는 세계
사회적 · 경제적 지속가능성 영역	인종, 민족 집단, 문화적 다양성이 존중받는 세계
	인간으로서 잠재력을 실현할 수 있고 공동 번영할 수 있는 기회 균등의 세계
	폭력과 착취가 없이 자녀들이 성장하는 세계
	모든 여성들이 어떠한 법적 · 사회적 · 경제적 장벽 없이 완전한 성 평등을 누리는 세계
	정의롭고 공평하며 관용적 · 개방적 · 포용적이어서 취약집단의 필요가 충족되는 세계
	모든 국가가 포용적이고 지속가능한 경제 성장을 이루어 누구나 일자리가 있는 세계
환경적 지속가능성 영역	공기, 토지에서부터 하천, 호수에 이르는 자연자원의 소비와 생산이 지속가능한 세계
	경제적 · 사회적 · 환경적 지속가능성 유지와 빈곤 및 기아 퇴치에 필수적인 민주주의, 좋은 거버넌스, 법률 등의 여건이 국가적으로나 국제적으로 잘 갖추어진 세계
	개발 · 기술의 적용이 기후에 민감하고, 생물종을 고려하며 회복력을 갖추고 있는 세계
	인간 존엄성이 자연과 조화를 이루며 야생 및 기타 생명체들이 보호받는 세계

출처 : 권상철, 박경환(2017).

표 9-2   지속가능발전목표(SDGs)의 다섯 가지 영역별 내용

영역	내용
사람	모든 크기의 형태의 빈곤과 기아의 종식, 모든 인간이 존엄과 평등 및 건강한 환경을 누리며 잠재능력 실현 보장
지구	현재와 미래세대의 요구를 충족하기 위한 지속가능한 생산과 소비, 지속가능한 자연 자원의 관리 실현, 기후변화에 대한 긴급조치를 통해 지구 보호
번영	모든 인간이 번영과 성취의 삶을 누리고, 자연과 조화로운 경제, 사회, 기술의 진보를 보장
평화	공포와 폭력으로부터 자유롭고, 평화롭고, 공정하며 포괄적인 사회육성, 평화를 통한 지속가능발전 달성
파트너십	특히 가장 가난한 이들과 가장 취약한 이들을 위한 세계적 연대감을 다지는 지속가능 발전 글로벌 파트너십에 입각, 모든 나라, 모든 이해당사자들, 모든 사람들의 참여를 통해 현 아젠다의 이행에 필요한 수단들을 동원

출처 : 강상인(2015).

지속가능발전목표는 표 9-2와 같이 사람, 지구, 번영, 평화, 파트너십이라는 다섯 가지 영역을 포함하고, 그림 9-3은 인류 보편적 문제(빈곤, 식량·농업, 건강, 교육, 성평등, 평화, 정의 등), 사회·경제(불평등, 산업혁신, 지구촌 협력, 일자리, 주거, 소비와 생산 등), 지구 환경(기후변화, 에너지, 물, 해양 및 육상 생태계 등) 문제 등 17개 목표를 제시한다.

그림 9-3   17개 지속가능발전목표
출처 : www.ncsd.go.kr

1.2 지속가능소비

1) 지속가능소비 개념의 등장

지속가능소비(sustainable consumption)의 개념은 지속가능발전의 개념에 기초하고 있으며 지속가능발전을 달성하기 위한 실천적 개념으로 인식되고 있다. 지속가능발전은 현재 세대의 소비가 적정 수준에서 이루어질 때 생산량이 억제되고, 또 생산량의 억제는 곧 자원추출의 감소를 가져오므로 자원추출과 생산과정에서 환경악화를 줄일 수 있기 때문이다(한국소비자원, 2005). 따라서 환경위기를 극복하기 위해서는 생산과정의 통제뿐만 아니라 소비도 지속가능발전의 이념과 부합하는 방향으로 이루어져야 한다.

지속가능소비란 용어가 국제규범에서 논의된 시기는 1990년대 초이다. 지속가능소비는 1992년 환경에 대한 리우회의에서 채택된 어젠다21 제4장 '지속가능소비와 생산패턴으로의 변화'에 포함된 환경행동강령으로 현세대뿐만 아니라 미래세대의 욕구를 충족시키기는 소비, 환경을 파괴하지 않고 환경의 능력을 악화시키지 않는 소비를 하자는 것이다(김성천, 2009).

이후 1994년의 지속가능소비를 위한 오슬로 심포지엄이 개최되어 지속가능소비에 대한 정의를 내리면서 지속가능한 소비가 주목받게 되었다. 오슬로 심포지엄에서는 지속가능소비를 "기본적인 필요를 충족시키고 더 나은 삶의 질을 위한 재화와 서비스를 사용하되, 미래세대의 필요를 손상시키지 않도록 자연자원과 유해물질의 사용, 쓰레기와 오염물질의 배출을 감소시키는 것"이라고 정의하였다.

또 1999년에 개정된 UN소비자보호지침에서는 지속가능소비를 경제적·사회적·환경적으로 지속가능한 방식으로 현재 및 미래 세대가 재화와 서비스에 대한 욕구를 충족시키는 것을 포함하는 것으로 정의하였다(한국소비자원, 2005). 이를 종합하면 지속가능소비는 지구 자원의 한계를 인식하고 경제·사회·환경이 지속가능할 수 있는 방식으로 현재와 미래세대의 욕구를 충족시키는 소비라고 할 수 있다.

2) 지속가능소비의 의미

지속가능소비는 환경적·경제적·사회적 차원이 혼합된 개념이다. 먼저 지속가능소비의 환경적 차원은 환경오염, 자원보전, 기후변화, 지구온난화 등 환경지향적인 의미를 강조한다. '환경친화적 소비', '친환경' 소비'란 표현은 지속가능소비의 환경적 차원을 강조하는 것이다. 한국소비자원(2005)의 연구에서는 지속가능소비의 개념을 친환경적 소비 또는 자원절약적 소비라는 개념과 동일시하여 환경에 염두에 둔 또는 환경보전에 기여하는 소비활동으로 규정하였다. 지속가능소비란 소비가 지속적으로 이루어질 수 있는 것을 의미하는 것이 아니라 자연의 원래 질과 상태가 지속가능한 범위 안에서의 소비라고 규정할 수 있다(박명희, 2006).

둘째, 지속가능소비의 경제적 차원은 경제성장으로서의 녹색성장과 같은 시장지향적 의미를 강조한다. 녹색성장이란 에너지와 자원을 절약하고 효율적으로 사용하여 기후변화와 환경훼손을 줄이고 청정에너지와 녹색기술의 연구개발을 통하여 새로운 성장동력을 확보하며 새로운 일자리를 창출해 나가는 등 경제와 환경이 조화를 이루는 성장을 말한다(저탄소 녹색성장 기본법 제2조 2항). 소비자들은 일상생활에서 에너지를 절약하여 온실가스와 오염물질의 발생을 최소화하는 녹색생활과 더불어 생산과 소비과정에서 자연자원이 덜 소요되고 환경오염이 적은 녹색상품과 서비스를 소비함으로써 지속가능한 생산을 유도하여 녹색성장을 주도할 수 있다.

셋째, 지속가능소비의 사회적 차원은 계층 간 형평, 분배 등 공동체 지향적 의미를 강조한다. 사회에서는 공동체의 질서를 유지하고 사회를 존속시키기 위하여 사회 구성원으로서 지켜야 할 행동규범이 필요하다. 지속가능소비는 최소한 모든 사람의 기본욕구를 충족시키면서 자연자원의 이용을 최소화하고 상품의 생산과 소비로 인한 환경파괴를 최소화함으로서 미래세대의 욕구충족을 저해하지 않는 것이다(임효숙 외, 2010). 사회를 둘러싸고 있는 다양한 환경의 변화는 소비자 자신의 개인적 만족을 추구하는 소비선택 역할만이 아니라 자신의 소비선택이 자신이 속한 사회에 지역적으로 그리고 전 지구촌 사회적으로 어떤 결과를 야기하는가에 대한 사회적 선택, 즉 사회적 책임을 요구하고 있다(심영, 2009). Holt(2012)는 지속가능소비를 위한 소비자의 윤리적 가치 패러다임으로부터 시장 구축 측면의 통합된 방향으로 이동해야 한다고 보았다.

3) 지속가능소비의 주체별 역할

지속가능소비를 이행하기 위해서는 관련 주체의 역할이 중요하다. 정부, 기업, 소비자 및 환경관련 단체, 소비자 등 사회의 모든 기구 및 구성원들은 경제 · 사회 · 환경을 고려한 지속가능한 방법으로 현재와 미래의 욕구를 충족시키는 데 있어서 각자 독자적인 분야를 가지고 있고 해당 분야에서 이를 실현하기 위한 노력을 해야 한다.

(1) 정부의 역할

지속가능소비는 사회시스템 개선을 위해 정책적으로 이끌어야 하는 부분이 있다. 정부는 지속가능소비를 위한 정책의 개발 및 이행을 촉진하고 이러한 정책을 다른 공공정책과 통합시키려고 노력해야 한다. 정부의 지속가능소비 촉진정책의 핵심은 그림 9-4와 같이 소비자 정책, 환경 정책, 에너지·경제 정책이라고 할 수 있다. 지속가능소비는 궁극적으로 삶의 질을 개선하기 위한 것으로 소비자 정책의 목표와 일치하며 소비자기본법에서 보장하는 소비자 환경권 및 소비자 책임과 연결된다. 환경정책은 범정부 차원의 녹색생활 정책을 포괄하며, 환경부는 녹색생활의 주무부처로서 일상에서의 기후변화 대응, 환경보호 및 관리, 녹색생활 실천 등을 추진한다. 또한 가정에서의 에너지 소비를 관리하고 에너지 절약을 위한 가격체제의 구축, 민간영역의 탄소배출 감소, 녹색상품시장 활성화를 통한 경제구조 개선에 기여한다(배순영, 2011).

한편 UN소비자보호지침(UNGCP)은 지속가능소비를 위한 정책개발, 정책수립, 이행촉진 등 정부의 이행역할을 지속가능소비의 촉진에 관한 규정에 제시하였는데 이를 구체적으로 살펴보면 다음과 같다(김성천, 2009).

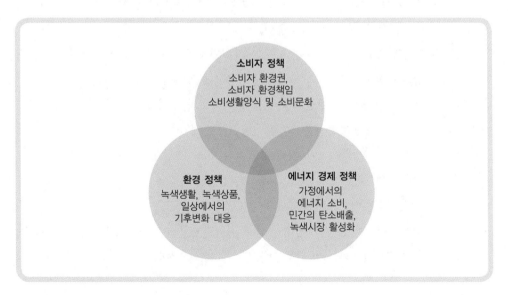

그림 9-4 지속가능소비 관련 주요 정책

출처 : 배순영(2011).

- 정부는 기업과 관련 시민사회 단체와의 협력하에 토지 사용 · 에너지 · 주택 등과 같은 분야의 부문별 정책, 소비 행태의 영향에 대한 인식을 고취할 수 있는 정보 프로그램, 지속가능하지 못한 소비 및 생산행태를 촉진하는 보조금 폐지 등 복합적인 정책들을 통해서 지속가능소비를 촉진시키는 전략을 개발하고 수행해야 한다.
- 정부는 제품의 전 생애 영향을 고려하여 안전하고 에너지와 자원 효율적인 제품과 서비스의 디자인, 개발 및 사용을 촉진해야 한다. 정부는 소비자가 폐기물을 재활용하고 재활용된 제품을 구입하도록 촉진하는 재활용 프로그램을 장려해야 한다.
- 정부는 제품 및 서비스에 대한 국내외적인 환경적 보건기준 및 안전기준의 개발과 사용을 촉진해야 한다.
- 정부는 제품에 대한 공평한 환경 검사를 촉진해야 한다.
- 정부는 물질의 환경적 유해한 사용을 안전하게 관리하고 그런 사용에 대해 환경적으로 건전한 대안의 개발을 촉진해야 한다.
- 정부는 환경보호를 통한 개인의 보건에 대한 직접적인 영향과 집합적인 영향을 염두에 두고, 지속가능소비 및 생산 행태의 보건 관련 편익의 인식을 촉진해야 한다.
- 정부는 지속가능소비의 여러 측면을 포함하여 소비자 보호를 위한 효과적인 규제체계를 수립하고 강화하도록 장려해야 한다.
- 정부는 사회적 필요, 지속 가능하지 못한 관행에 대한 불이익, 보다 지속가능한 관행에 대한 장려책 등을 고려하고, 특히 개발도상국에 있어서 시장 접근에 대한 잠재적인 부정적 영향을 피하면서, 재정제도나 환경적 비용의 내재화와 같은 지속가능소비를 도모하는 일련의 경제적 수단을 고려해야 한다.
- 정부와 국제기구는 각각의 업무처리에 있어서, 특히 조달정책을 통해 지속가능한 업무방식 도입에 솔선수범해야 한다. 정부 조달은 환경적으로 건전한 제품 및 서비스의 개발과 사용을 적절하게 촉진해야 한다.
- 정부와 기타 관련 기구는 소비행태를 보다 지속가능하게 만드는 방법을 파악하기 위해 환경적 피해에 관련된 소비자 행동에 대한 연구를 촉진해야 한다.

(2) 단체의 역할

소비자 및 환경 관련 단체(국내기구 및 국제기구)(NGO)는 공공의 참여와 지속가능소비에 대한 논쟁을 촉진시키고 소비자에 대한 홍보를 실시하며 지속가능소비를 위해 정부 및 기업과 함께 일할 책임이 있다. 지속가능소비를 위한 단체의 이행역할에 대해 UN소비자보호지침에서 제시한 지속가능소비의 촉진에 관한 규정은 다음과 같다(김성천, 2009).

- 민간부분과 다른 관련 기구는 지속가능소비의 현황을 모든 수준에서 평가하는 지표, 방법 및 데이터베이스를 개발해야 한다. 이런 정보는 일반인에게 공개되어야 한다.
- 국제기구는 각각의 업무처리에 있어서 지속가능한 업무방식 도입에 솔선수범해야 한다.
- 기타 관련기구는 소비행태를 보다 지속가능하게 만드는 방법을 파악하기 위해 환경적 피해에 관련된 소비자 행동에 대한 연구를 촉진해야 한다.

(3) 기업의 역할

최근 지속가능발전을 위한 산업과 기업의 역할이 강조되면서 기업의 경영환경 패러다임이 바뀌고 있다. 기업들이 전통적으로 중요하게 생각했던 매출, 이익 등 경제적 성과 중심에서 환경적 건전성 및 사회적 책임까지 추구하는 방향으로 경영환경의 패러다임이 확대되면서 지속가능경영의 중요성이 부각되고 있다. **지속가능경영**(sustainable management)이란 기업이 경영에 영향을 미치는 경제적 · 환경적 · 사회적 이슈들을 종합적으로 균형 있게 고려하면서 기업의 지속가능성을 추구하는 경영활동이다(고승희, 2011). 이를 위해 기업은 상품과 서비스를 생산하기 위한 준비과정, 생산하는 과정, 생산 이후의 모든 과정을 거치는 동안 유한한 자원을 효율적으로 이용하며, 이러한 생산 활동은 사회 전반에 걸쳐 효율적인 자원분배를 이끌어야 한다(박종철 외, 2012). 즉 기업은 제품과 서비스의 생산 및 유통과정에 있어서 지속가능한 소비를 촉진할 책임이 있다는 것이다.

지속가능소비에 대한 기업의 이행책임은 사회적 책임을 평가하는 국제적 표준인 ISO 26000의 7개 핵심 분야 중 소비자 이슈(consumer issues)에 제시되었다. 다음과 같이 기업은 소비자에게 사회적으로나 환경적으로 유익한 상품이나 서비스를 제공하고 환경 및 사회에 해를 끼치지 않아야 한다(김성천, 2009).

- 가능한 한 소음 및 폐기물 등 제품과 서비스가 건강 및 환경에 미치는 악영향을 제거한다.
- 가능한 쉽게 재사용이나 재활용할 수 있도록 제품과 포장을 디자인하고, 가능한 한 재

생이용서비스 및 처리서비스를 제공하고 조언한다.

- 가치사슬을 고려하여, 제품 및 서비스의 생산 및 배송과 관련한 환경적·사회적 요인에 대해 자원효율성에 관한 정보 등 추적 가능한 정보를 소비자에게 제공한다.
- 소비자에게 제품 및 서비스에 관한 정보를 제공한다. 여기에는 제품 및 포장의 성능, 원산지, 에너지 효율성(해당되는 경우), 구성성분(해당되는 경우 유전자변형체의 사용까지), 건강에 미치는 영향, 동물복지와 관련된 사항들, 안전한 사용, 보관 및 폐기방법에 관한 정보를 포함한다.
- 환경에 긍정적인 측면, 에너지 효율성, 제품 및 서비스에 대한 사회적·환경적 이득을 주는 특성을 소비자에게 전달하기 위해 믿을 수 있고, 효과적이고, 독립적으로 검증된 라벨링 제도 또는 심사활동과 같은 검증제도를 사용한다.

(4) 소비자의 역할

소비자는 환경, 경제, 사회를 고려한 지속가능소비를 촉진하는 데 있어서 핵심적인 역할을 한다. 공동체의 관점에서 소비자는 기업, 정부와 함께 시장경제를 이루며 개인의 이익만을 추구하는 것이 아닌 시민으로서 책임과 의무를 다하는 소비자 시민의 역할을 담당한다. **소비자 시민**(consumer citizen)이란 윤리적, 사회적, 경제적 그리고 생태적 고려에 근거하여 선택하는 개인으로 소비자의 사회적 역할과 책임을 강조한 개념이다(Jurgena & Mkainis, 2011, 김정은, 이기춘, 2009). 소비자 시민은 가정, 국가, 글로벌 차원에서 책임 있게 배려하고 행동하므로 지속가능발전의 유지에 적극적으로 기여한다고 볼 수 있다. 이때 소비자 시민의 역할은 경제주체는 물론 사회문제, 공공의 문제에 관심을 갖고 참여하는 사회변화의 주체로서의 책임과 역할을 강조한다.

지속가능소비에 대한 소비자의 이행책임은 소비자기본법상 소비자의 권리와 책무에 규정되어 있다. 소비자기본법에 따르면 소비자는 스스로의 안전과 권익을 향상시키기 위하여 필요한 지식을 습득하도록 노력하고 동시에 자주적이고 합리적인 행동과 자원절약적이고 환경친화적인 소비생활을 함으로써 소비생활의 향상과 합리화에 적극적인 역할을 다하여야 한다(소비자기본법 제4조 제2항 및 제3항).

이와 같이 지속가능소비를 위해서는 각 주체들의 역할이 중요하다. 정부와 단체는 지속가능한 소비를 실천할 수 있는 환경을 조성하여야 하고 기업 또한 친환경상품의 공급 등과 같은 각자의 역할을 수행해야 한다. 이러한 기반의 확립과 함께 지속가능소비의 확산을 위해서는 핵심주체인 소비자의 자주적 참여가 이루어져야 한다. 소비자들은 경제적 가치만을 추구하는 것이 아닌 사회 공동체의 구성원으로서 자신의 소비행위가 사회 전체에 미치는 영향을 고려하여 올바른 소비방식의 준거기준을 갖고 이를 실천하려는 노력이 필요하다.

2. 소비윤리와 윤리적 소비

오늘날 우리 사회는 대량생산 대량유통이 전 세계로 확산되면서 소비할 수 있는 상품과 서비스가 다양하여 물질적으로 풍요로움을 누릴 수 있게 되었다. 그러나 소비사회가 발달함에 따라 대량생산·대량소비를 넘어서 과잉생산, 과잉소비가 일상화되었다. 물질적인 낭비는 자원고갈과 환경을 오염시키며 지구온난화를 촉진하는 심각한 환경문제를 유발한다. 또한 세계화와 자유무역으로 인한 경제발전의 이익은 일부 국가와 자본가들에게 집중되어 시간이 지날수록 우리나라를 비롯한 여러 국가에서 부의 불평등의 심화로 사회적 위기를 맞고 있다. 한편 소비자들은 더 많은 물질이 만족과 행복을 가져다줄 수 있다는 생각으로 소비를 통해 끊임없이 욕구를 추구하지만, 결국 욕구가 커질수록 실망과 권태, 생활에 대한 불만족이 깊어질 수밖에 없다. 그렇다면 현대사회를 살아가는 소비자들은 어떤 소비를 해야 하는가? 어떤 소비를 해야 옳은 것일까? 이러한 소비에 대한 도덕적 성찰에서 출발한 소비행동이 윤리적 소비이다.

윤리적 소비행동을 위해서는 소비행동에서 윤리적 판단 기준이 필요한데, 이를 소비윤리라고 한다. 먼저 소비윤리에 대한 개념과 그 기준을 살펴보고 윤리적 소비에 대한 구체적인 실천방법을 알아보겠다.

2.1 소비윤리

1) 소비윤리의 개념

우리는 옳고 그름, 마땅히 해야 할 것과 하지 말아야 할 것을 이야기할 때 윤리를 말한다. 즉, 윤리는 일반적으로 인간이 사회구성원으로서 마땅히 지켜야 할 바람직한 행동 기준, 규범 혹은 도리로 자신만이 아니라 공동체 사회에 속한 타인과 함께 고려하고 존중하는 보편적인 규범이자 기준이다. 그렇다면 **소비윤리**란 경제주체인 인간이 소비생활에서 개인의 필요와 욕구 충족뿐만 아니라 공동체 사회에 속에 있는 타인의 필요와 욕구 충족도 함께 고려하고 존중하는 규범이자 기준이라고 볼 수 있다. 송인숙(2005)은 소비윤리를 사회의 도덕적인 원칙이나 가치체계에 기초를 두고 판단하는 사회윤리로서 개별 소비자의 소비행동에 대한 잘잘못을 판단할 수 있는 기준이라고 정의하였다.

2) 소비윤리의 기준

소비행동의 도덕적 판단 기준이 되는 소비윤리는 지금 그리고 나만의 이익을 기준으로 하는 소비에서 벗어나 시간적 · 공간적 차원으로 확대할 수 있다. 소비윤리를 송인숙(2005)은 표 9-3과 같이 시장경제 차원, 상거래 차원, 종적 차원, 횡적 차원으로 구분하고 각 차원에 대한 내용을 설명하였다. 그림 9-5는 이를 그림으로 나타낸 것이다.

(1) 시장경제 차원의 소비윤리

시장경제 차원은 시장경제의 주체자로서 소비자가 기본적으로 시장경제의 윤리를 체화하고 준수해야 한다는 것이다. 이는 자본주의 시장경제 제도가 개인의 이기심에 기초하여 거래가 이루어지는 가치중립적이며 기계적 제도가 아니라 윤리적 가치에 기초한 제도임을 인식하고 절제된 이기심, 정직성, 신뢰성, 책임의식, 공정성과 같은 일련의 윤리적 가치를 자신의 가치체계에 내면화하고 생활화해야 한다는 것이다.

표 9-3 소비윤리의 차원과 내용

차원	내용
시장경제 차원 －기초적 윤리	절제된 이기심, 정직성, 신뢰성, 책임의식, 공정성과 같은 기본적인 시장경제의 윤리를 체화하고 생활화함
상거래 차원 －사업자와의 거래 윤리	소비자 권리에 대응한 소비자 책임으로 계약관계 이행 의무, 주의 의무 등
종적 차원 －세대 간 분배	환경과 다음 세대를 고려한 소비
횡적 차원 －세대 내 분배	동시대의 자발적 소득 재분배 – 절제와 나눔, 자선, 기부 등

출처 : 송인숙(2005)에 기초하여 수정함.

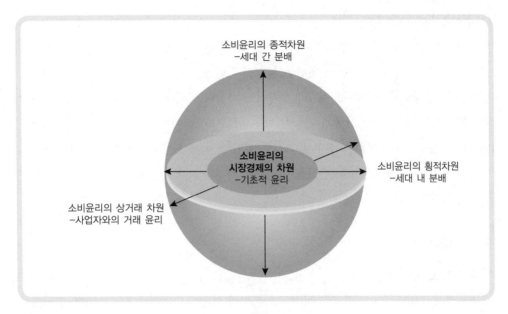

그림 9-5 소비윤리의 차원
출처 : 송인숙(2005)에 기초하여 수정함.

(2) 상거래 차원의 소비윤리

사업자와의 거래 차원의 소비윤리는 소비자가 사업자와 상거래를 할 때, 즉 구매 시점의 소비윤리이다. 이는 상거래 관계에서 소비자가 판매자에게 적극적 또는 소극적으로도 손해를 입히는 행위를 하지 않는 것으로, 계약 이행, 필요한 주의 의무 등 소비자의 의무를 준수하고, 자신의 욕심으로 인해 다른 소비자에게 피해가 돌아가지 않도록 해야 한다.

(3) 종적 차원의 소비윤리

종적 차원의 소비윤리는 시간적 차원으로 환경과 다음 세대의 삶을 고려하는 차원의 윤리적 판단 기준이다. 이는 미래세대를 위하여 현세대의 자원을 배분하는 세대 간 분배를 의미한다. 따라서 종적 차원의 소비윤리는 환경보호 및 환경보존을 통한 지속가능한 소비, 즉 미래세대의 요구에 대응할 능력도 유지하면서 현세대의 요구도 충족시키는 수준으로 현재 수준의 적정한 소비를 해야 한다.

(4) 횡적 차원의 소비윤리

횡적 차원의 소비윤리는 공간적 차원으로 동시대 인류 간의 빈부격차 문제를 고려한 소비를 말한다. 즉 세대 내 분배를 고려하는 윤리적 판단을 강조하는 것으로, 사회적 분배시스템에 의해 정당하게 획득한 소득이라 할지라도 자신만을 위해 소비하는 것은 비윤리적 소비행동이며, 자신의 생활 안에서 가능한 방법으로 소득을 재분배하여 자원의 총효용을 극대화하는 방향으로 소비하는 것이 윤리적인 것이다. 이는 자신이 속해 있는 사회, 국가 차원뿐 아니라 인류 전체의 소비 수준을 고려하여 자신의 소비를 절제하고 나누는 윤리적 판단을 강조한다.

2.2 윤리적 소비

1) 윤리적 소비 개념

소비윤리가 소비행위에 대한 개념적이고 이론적인 기준을 의미하는 개념이라면, **윤리적 소비**(ethical consumption)는 일상생활에서 소비윤리를 실천하는 소비자의 소비행동을 의미하는 개념이다. 1990년대에 등장한 윤리적 소비 개념은 윤리적 소비가 발달한 영국과 유럽 사회에서 일어난 사회·환경적 이슈를 중심으로 윤리적 구매 행동을 개념화하였다. 민텔 인터내셔널(Mintel International Group, 1994)은 윤리적 소비를 '압제적인 제도와 군사비를 포함한 윤리적 이슈, 동물 이슈를 고려하여 쇼핑하는 것'으로 정의하였다. 이후 윤리적 소비는 여러 학자들에 의해 좀 더 포괄적으로 정의되었는데 바넷(Barnett, 2005)은 윤리적 소비를 '소비 자체에 대한 통제'로 보고 소비자의 사회적 실천을 강조하였고, 크레인과 매튼(Crane & Matten, 2004)은 윤리적 소비에 대해 '개별적·도덕적 신념에 의한 소비를 하는 의식적이고 신중한 선택'이라고 보았다.

국내에서도 2000년 이후 윤리적 소비에 대한 연구가 이어져왔는데 윤리적 소비에 대한 개념은 연구자마다 차이를 보이고 있으며 그 내용은 표 9-4와 같다.

종합하면 윤리적 소비는 앞서 살펴본 소비윤리의 내용을 실천하는 소비행동으로 인간, 환경, 공동체 등 사회가치체계에 기초를 두고 개인의 소비자가 사회적 책임을 실천하는 소비행동이다. 이는 소비를 통해 지속가능한 사회를 구현하는 실천행동이라고 할 수 있다.

2) 윤리적 소비의 영역

윤리적 소비의 영역은 소비의 전 과정으로 살펴보면 표 9-5와 같이 자원의 배분, 구매, 사

표 9-4 윤리적 소비에 대한 정의

학자	정의
홍연금(2009)	소비자의 개별적 · 도덕적 신념에 따라 사회적 책임을 실천하는 소비행동
한겨레경제연구소(2009)	개인적이고 도덕적인 믿음에 근거한 의식적인 소비선택으로, 당장 자신에게 경제적인 이득이 주어지지 않더라도 장기적이고 이웃을 고려하며 자연환경까지 생각하는 관점에서 내리는 구매선택
홍은실, 신효연(2010)	개인의 소비생활이 자신과 타인, 사회와 자연환경을 존중하고 배려하는 선한 행위
허은정(2011)	개인적이고 도덕적인 믿음에 근거하여 내리는 의식적인 소비선택으로서 중심축으로 건강, 사회, 자연환경을 고려하는 구매선택
김송이, 박명숙(2011)	사회와 환경을 고려하여 윤리적 가치를 실현하고자 하는 의지를 표현하는 데 있어서 적극성을 띤 소비행동
김정훈(2014)	소비중심적인 삶에서 벗어나 내적 세계와 공동체의 관심과 관계 속에서 개인의 소비가 환경적으로나 사회적으로 미치는 영향력을 고려한 지속가능한 사회를 위한 소비 실천
이혜미(2016)	개인의 도덕적 신념에 따라 사회공동체적 이익과 책임을 고려하여 폭넓게 행해지는 대안적 소비 실천
천경희 외(2017)	소비의 전 과정과 다양한 일상 소비생활에서 소비자 자신의 소비행위가 자신과 자신을 둘러싼 인간, 환경, 사회에 미칠 영향을 고려하여 개별적 · 도덕적 신념에 따라 사회적 책임을 실천하는 소비행동

용, 처분으로 나눌 수 있다. 소비자는 단순히 구매자 역할만 하는 것이 아니라 자원배분자, 구매자, 사용자, 처분자로서의 역할을 하게 되므로 이러한 전 범위를 포함하여 윤리적 소비

표 9-5 소비과정에 따른 윤리적 소비행동

소비과정	윤리적 소비행동	
자원배분	윤리적 투자, 기부와 나눔 등	
구매	환경친화적 제품 구매, 에너지 절약 제품 구매, 노동기준을 준수한 제품 구매, 사회적 기업 제품 구매, 공정무역 제품 구매, 공정여행, 지역생산품 구매, 불매운동 등	자발적 간소화
사용	에너지 · 물 절약, 집약적 제품 이용, 물건 오래 사용하기, 리필제품 사용, 천연제품 사용, 채식하기, 1회용품 사용하지 않기 등	
처분	쓰레기 줄이기, 분리수거, 재활용 및 중고제품 이용 등	

출처 : 홍연금(2009)에 기초하여 수정함.

표 9-6 사회적 책임 범위에 따른 윤리적 소비의 실천영역

사회적 책임 범위	윤리적 소비의 실천영역
경제적 책임	경제주체로서 기본적인 경제윤리 의식을 통한 합리적 소비행동
법적 책임	계약 이행의 의무, 법적 소비자 책임, 불법적 소비행동 금지 등
지속가능한 소비에 대한 책임	녹색소비(환경친화적 소비), 소비절제, 자발적 간소화
동시대 인류를 위한 책임	불매운동, 구매운동, 로컬소비, 윤리적 투자
	공정무역, 공정여행, 공동체운동, 나눔·기부

출처 : 홍연금, 송인숙(2010)에 기초하여 수정함.

를 실천할 수 있다.

또한 윤리적 소비는 사회적 책임을 실천하는 소비행동이다. 여기에서 사회적 책임은 각각의 윤리적 소비행동이 추구하는 목적에 따라 표 9-6과 같이 경제적 책임, 법적 책임, 지속가능한 책임, 동시대 인류를 위한 책임으로 나눌 수 있다. 이 분류는 소비윤리 차원, 즉 기초적 윤리의 시장경제 차원, 사업자와의 거래 윤리의 상거래 차원, 세대 내 분배의 횡적 차원, 세대 간 분배의 종적차원과 대응되는 윤리적 소비의 분류이다. 여기에서 불매운동, 구매운동, 로컬소비, 윤리적 투자는 어떤 목적을 갖느냐에 따라 지속가능한 소비에 대한 책임 또는 동시대 인류를 위한 책임을 실천할 수 있다. 예를 들면 불매운동의 경우 환경문제를 일으키는 기업의 제품을 구매하지 않는다면 지속가능한 소비에 대한 책임을 실천하는 것이고, 노동자의 권리를 침해하고 임금을 착취하는 기업의 제품을 구매하지 않는다면 동시대 인류를 위한 책임을 실천하는 것이다.

3) 윤리적 소비의 실천

윤리적 소비를 실천하는 구체적인 방법으로는 구매단계에서 법적 책임을 준수하는 상거래 윤리, 윤리적 상품을 구매하는 구매운동, 비윤리적 기업 및 상품에 대한 불매운동, 소비생활 전반에서 윤리적 소비를 실천하는 녹색소비, 로컬소비, 공정무역, 그리고 삶 전체에서 지속적으로 윤리적 가치를 추구하는 공동체운동, 절제와 간소한 삶, 기부와 나눔 등이 포함된다(천경희 외, 2017).

상거래 소비윤리, 구매운동과 불매운동, 녹색소비, 로컬소비, 공정무역, 공동체운동, 소비절제와 간소한 삶, 기부와 나눔 등 윤리적 소비의 영역별로 그 개념과 필요성, 실천방법

을 살펴보면 다음과 같다.

(1) 상거래 소비윤리

상거래 소비윤리란 상거래에서 이루어지는 소비행동에 대한 윤리로서 사업자와 거래에서 소비자가 지켜야 하는 계약의 의무를 지키는 일, 제품을 사용할 때 사용상 주의 의무를 지키는 일, 법에 정해져 있는 소비자 책임 등을 지키는 것을 말한다. 즉 시장에서 소비자가 거래 상대방인 사업자에게 손해를 입히지 않고 신뢰할 만한 거래 상대방이 되며 동시에 다른 소비자에게도 피해를 입히지 않아야 한다는 의미이다.

지금까지 시장에서 주로 문제가 되었던 것은 사업자의 불법 혹은 부당한 계약이나 허위·과장 광고와 같은 사업자의 비윤리적인 마케팅 전략이었다. 최근에는 소비자보호제도의 활성화로 인해 권익이 증진되었고 정보통신의 발달과 소셜 네트워크의 확산으로 소비자는 상품 이용 후기나 평가 등의 정보를 스스로 생산하고 자신의 의견과 요구사항을 적극적으로 표시하게 되었다. 이러한 변화 속에서 사업자에게 무리하거나 부당한 요구를 하는 소비자 또는 자신의 개인적 이익을 증대시키기 위해 사업자나 다른 소비자에게 해를 입히는 소비자들과 같은 비윤리적 소비자의 문제가 대두되고 있다. 소위 **블랙 컨슈머**(black consumer)라고 일컫는 문제행동 소비자는 정당한 주장을 넘어서 폭언, 폭행 등 과격한 행동과 무리한 요구를 통해 부당한 이득을 취하려는 악성 소비자들을 의미한다. 이런 소비자의 비합리적이고 부당한 요구는 사업자에게 부담을 주는 동시에 불필요한 비용을 증가시키고 이는 결국 선량한 다른 소비자와 사회 전체의 비용으로 전가되는 문제로 이어진다. 따라서 소비자는 자신의 이익만을 추구하는 것에서 벗어나 정직성, 신뢰성, 공정성, 책임의식과 같은 기초적인 경제윤리 의식을 토대로 일상 소비생활에서 사업자와의 거래를 체결하거나 구매한 제품을 사용하는 과정에서 상거래 소비윤리를 실천해야 한다.

상거래 소비윤리의 실천 중 가장 기본적인 실천방법으로는 소비자기본법에 명시되어 있는 소비자 책임을 지키는 것이다. 그 내용에는 첫째, 물품 등을 올바르게 선택하고 경제주체로서 자신의 권리를 정당하게 행사하며, 둘째, 소비자 스스로의 권익을 증진하기 위해 필요한 지식과 정보습득에 노력해야 하고, 셋째, 자주적이고 합리적인 행동과 자원을 절약하고 환경친화적인 소비생활을 해야 한다고 되어 있다. 특히 사업자와의 계약에 있어서 그 내용을 성실하게 이행해야 한다. 항공, 철도, 영화, 공연, 식당 등 서비스를 예약 후 사전에 통보 없이 예약을 지키지 않는 **예약부도**(no-show)는 사업자의 손해뿐만 아니라 해당 서비스를 이용하려는 다른 소비자에게도 피해가 돌아가기 때문에 예약 내용을 성실히 수행해야 한다. 또한 제품을 사용할 때는 사용설명서를 읽고 올바로 사용하고 사용 중 문제가 발생하거나 피해를 입었을 경우 법이나 규정에 근거하여 합리적으로 보상을 요구해야 한다.

이 외에도 음악, 영화, 게임 등 온라인상의 콘텐츠를 이용할 때 정당한 대가를 주고 구입하여 이용하고, 문헌이나 연구자료를 이용하여 과제를 작성할 때 출처를 정확히 밝히는 등 저작권을 준수해야 한다.

(2) 구매운동과 불매운동

소비자가 시장과 기업에 가장 큰 영향력을 미칠 수 있는 방법은 구매와 불매 행동이다. 소비자가 어떤 제품을 구매하거나 구매하지 않는 행동은 화폐를 투표용지처럼 사용하여 자신의 의사를 표현하는 의미로 '**화폐투표**(dollar voting)'라고 한다. 즉, 소비자로부터 구매 선택을 받은 기업이나 제품은 시장에서 지속적으로 생산·발전할 수 있고 소비자에게 선택받지 못한 기업과 제품은 시장에서 퇴출되는 것이다.

구매운동과 **불매운동**은 윤리적인 제품을 적극적으로 구매하고 비윤리적인 제품의 구매를 자제함으로써 윤리적 소비를 실천하는 행동이다. 소비자들이 적극적으로 구매하는 대상은 제품의 생산과정에서 환경친화적이고 동물을 해치지 않으며 공정한 대가를 생산자에게 지불하는 녹색제품, 로컬제품, 공정무역제품 등 윤리적 제품과 기업윤리를 바탕으로 사회적 책임을 다하는 기업 그리고 사회적 목적을 우선적으로 추구하며 영업활동을 수행하는 **사회적 기업**(social enterprise)이 생산한 제품이다. 동시에 소비자들은 환경이나 사회적으로 문제를 일으키는 기업의 제품을 구매하지 않음으로써 압력을 행사한다. 이러한 구매, 불매 행동은 시장의 문제를 해결하고 좀 더 나은 사회를 만들기 위한 단결된 행동으로 개별행동보다 집단행동으로 표출될 때 그 영향력이 크다. 따라서 소비자들은 구매운동과 불매운동에 더 많은 소비자들이 참여하도록 설득과 홍보를 적극적으로 해야 한다.

(3) 녹색소비

환경문제는 전 지구적인 의제이다. UN, 국제 환경단체 등의 각종 보고서들은 현재의 생산과 소비패턴을 바꾸지 않는다면 인류의 앞날은 자원고갈과 환경오염으로 인해 지속될 수 없다는 경고의 메시지를 보내고 있다. 오늘날과 같은 환경위기 시대에 환경문제를 자각하며 환경에 미치는 영향을 고려하는 소비생활, 즉 **녹색소비**는 소비자의 의무라고 할 수 있다. 녹색소비는 다음 세대를 위한 지속가능한 소비의 책임을 실천하는 행동으로 인간과 자연이 조화롭게 살아가는 것이다. 이를 위해 친환경상품을 구매하고 반환경적 상품이나 기업을 도태시키는 소비행동, 재사용이나 재활용, 소비절제 등을 통해 자원과 에너지 사용을 줄이고 환경에 나쁜 영향을 미치는 것을 최소화하는 것이다.

녹색소비를 구매, 사용, 처분의 소비단계에 따라 살펴보면 첫째, 녹색구매를 실천하는 방법은 가능한 소비를 줄이고 필요한 제품을 구매할 때는 재활용 제품을 포함한 환경친화적 제품을 구매하는 것이다. 그리고 가능한 육식보다는 채식을 하는 것도 녹색 소비에서 중요한 행동이다. 유엔식량농업기구(FAO)는 축산 부분에서 배출하는 온실가스가 지구 전체 온실가스 배출량의 14.5%에 이르는 것으로 추정한다. 따라서 우리가 어떤 식단을 짜느냐에 따라 기후변화에 대한 영향도 크게 달라진다(한겨레, 2016. 12. 26). 이외에도 로컬 식품 구매하기, 제철 식품 구매하기, 에너지 효율이 높은 제품 구매하기 등 다양한 방법으로 녹색소비를 실천할 수 있다. 둘째, 사용단계에서는 사용설명서에 맞게 제품을 사용하여 사용기간을 늘리고 아껴 쓰고 고쳐 쓰도록 노력하는 등 자신이 가지고 있는 물품을 잘 관리하여 소비를 줄일 수 있다. 또한 오염물질의 배출을 줄이기 위해 음식물 남기지 않기, 일회용품 줄이기, 자동차를 운전할 때 경제속도 유지하기 등 생활 속의 작은 실천이 필요하다. 셋째, 처분단계에서는 자신에게 쓸모없는 물건이라도 다른 사람이 사용할 수 있도록 알뜰시장이나 벼룩시장, 녹색가게 등 재사용 매장을 이용하고, 자원의 재활용을 위하여 적극적으로 분리수거를 실천한다.

(4) 로컬소비

로컬소비는 가까운 지역에서 생산된 제품을 소비하는 것이다. 이는 세계화로 인한 변화된 소비생활로 인해 나타나는 다양한 문제를 극복하고자 하는 운동이다. 로컬소비를 하면 제품의 운송 중에 발생하는 온실가스를 줄여 환경보전에 이바지할 뿐 아니라 지역의 제품을 그 지역의 주민이 소비하게 함으로써 지역의 자립과 경제 활성화에 도움을 줄 수 있다.

로컬소비는 로컬생산으로서의 로컬푸드 운동과 로컬유통으로서의 지역상권 살리기 운동을 그 대표적인 사례로 꼽을 수 있다. **로컬푸드**는 그 지역에서 생산되어 장거리 운송을 거치지 않은 제철 식품이 일정 지역에서 생산·가공된 것으로, 직거래나 공급체인의 단축을 통해서 지역주민에게 유통되는 농산물 및 식품, 나아가 생산자와 소비자 간에 먹거리를 매개로 하는 활동을 의미한다(Hinrichs, 2000). 대량생산되는 식품이 증가하고 식품시장의 글로벌화로 식품보존을 위한 방부제나 살충제 등 식품 처리가 식품안전에 부정적인 영향을 미친다. 또한 환경 측면에서 수입식품은 장거리 이동으로 인한 에너지 소모와 운송 중 발생하는 이산화탄소 배출량 증가 등의 문제가 발생한다. 따라서 로컬푸드 운동은 소비자에게 안전하고 건강한 식품을 공급하고 석유에너지의 낭비를 줄이고 환경오염을 최소화한다는 점에서 전 세계적으로 확산되고 있다. 그 예로 지역에서 생산한 농산물을 지역에서 소비하자는 일본의 '지산지소(地産地消) 운동', 도시에 텃밭을 만들어 채소를 재배하는 미국과 캐나다의 '텃밭 운동', 자연의 속도에 의해 생산되는 제철 먹거리 그리고 가까운 곳에서 생산된 지역 먹거리를 소비하자는 이탈리아의 '슬로푸드 운동', 100마일 이내에 생산된 음식만 먹는 캐나다의 '100마일 다이어트 운동', 우리나라 한살림의 '가까운 먹을거리 운동' 등을 들 수 있다.

로컬소비가 실현되기 위해서는 로컬에서 생산뿐만 아니라 로컬에서의 유통이 필수적이다. 대형마트와 기업형 슈퍼마켓, 대기업 프랜차이즈 등 대형유통업체의 급성장은 전통시장과 중소 소매점의 생존에 큰 위협이 되고 있다. 지역에서 생산된 제품과 농산물이 공급되고 소비될 수 있도록 전통시장이나 골목 등의 지역상권이 활성화될 수 있도록 정부의 법적·제도적 지원과 함께 지역상인과 지역주민이 상호 협력체계를 구축하는 것이 필요하다.

(5) 공정무역

세계화와 자유무역을 기본으로 하는 현재의 시장환경은 제3세계의 자원과 노동을 헐값으로 착취하여 그들의 삶과 환경을 심각하게 파괴하고 있는 실정이다. 이러한 문제를 극복하기 위해 다양한 대안적 실천들이 대두되고 있는데, 그중 하나인 **공정무역**(fair trade)은 기존의 무역관행을 비판하며 '원조가 아닌 무역'으로 제3세계 생산자들의 노동환경과 삶의 질을 개선하도록 지원하기 위해 시작된 대안운동이다. 공정무역에서 말하는 **공정**(fair)은 생산자와 소비자의 거래가 아닌 무역 협상에서의 상대방에 대한 존중과 공정한 거래를 의미한다. 세계공정무역기구(World Fair Trade Organization, WFTO)의 헌장에 명시된 공정무역에 대한 정의를 보면 "공정무역은 대화, 투명성, 존경의 토대하에 국제무역에서 보다 공평하고 정의로운 관계를 추구하는 거래기반의 파트너십이다. 공정무역은 특히 저개발국가에서 경제발전의 혜택으로부터 소외된 생산자와 노동자들에게 더 나은 거래조건을 제공하고 그들의 권리를 보호함으로써 지속가능한 발전에 기여한다"로 정의하고 있다(http://kfto.org). 즉, 공정무역은 제3세계의 빈곤과 사회문제를 해결하기 위해 기부나 원조가 아닌 정당한 무역이라는 경제활동을 통한 지원방법으로 자립을 도와주는 것이다.

공정무역은 1946년 미국의 시민단체 텐사우전드빌리지가 푸에르토리코의 자수 제품을 구매하고, 1950년대 후반 옥스팜이 중국 피난민들의 수공예품과 동유럽국가의 수공예품을 팔면서 시작되었다. 이후 1960년대 옥스팜(Oxfam), 네덜란드의 오르가니새티(Organisatie) 등이 시민운동의 일환으로 공정무역 조직과 단체를 만들어 남반구에 속한 아프리카, 남아메리카, 아시아의 빈곤한 나라에서 풀뿌리 운동을 전개하였다. 1989년에는 전 세계 조직으로 국제공정무역협회(International Federation for Alternative Trade, IFAT)가 결성되었고 2008년 IFAT의 정식명칭을 세계공정무역기구(WFTO)로 변경하였다. 우리나라에서 공정무역운동이 본격화된 것은 2000년 이후부터이다. 두레생협이나 iCOOP(아이쿱)생협 등 생활협동조합 그룹들이 생협운동의 영역을 국제적인 수준으로 확장하기 위해 공정무역에 참여하고, 아름다운가게, YMCA 등 시민단체에서 국제연대활동의 일환으로 참여하고 있다.

공정무역에 참여하는 방법은 먼저 공정무역 제품을 이용하는 것이다. 국제공정무역상표기구(Fair trade Labelling Organizations, FLO)에서는 커피, 초콜릿, 바나나, 설탕, 올리브유, 포도주 등 식품류와 의류 패션소품, 스포츠용품 등 다양한 공정무역 제품에 인증마크를 부여하고, 세계공정무역기구에서는 생산자와 공정무역조직에게 인증마크를 부여하여 소비자가 공정무역 제품을 구입할 때 쉽고 편리하게 선택할 수 있도록 도움을 준다.

한편 공정무역의 정신은 관광산업으로도 확대되고 있다. 관광산업은 과거 '굴뚝 없는 산업'이라고 인식될 만큼 많은 기대를 받았지만, 오히려 관광산업의 양적 팽창은 환경오염 및 파괴, 문화유산의 훼손, 대규모 기업의 수입 편중, 여행지 거주민들의 소외 현상, 획일적인 여행 콘텐츠 등 심각한 사회문제로 대두되고 있다(박미혜, 2010). 이런 현실을 인식한 여행자들이 책임여행, 에코여행, 지속가능한 여행 등의 이름으로 공정여행 운동을 시작했다. 공정여행가 임영신, 이혜영(2009)은 공정여행을 "우리가 여행에서 쓰는 돈이 그 지역과 공동체의 사람들에게 직접 전달되는 여행, 즉 우리의 여행을 통해 숲이 지켜지고, 사라져가는 동물들이 살아나는 여행, 서로의 문화를 존중하고 경험하는 여행, 여행하는 이와 여행자를 맞이하는 이가 서로를 성장하게 하는 여행, 쓰고 버리는 소비가 아닌 관계의 여행"이라고 정의하였다. 즉, 공정여행은 관광객이 쓴 돈이 현지인들의 삶과 그 지역에 돌아가도록 하고 현지인들의 삶과 문화를 존중하고 배우며 자연을 훼손하지 않는 여행을 말한다. 최근 공정여행사에서 다양한 공정여행 상품을 개발하여 이를 통해 현지에 도움을 주고 현지인과 교류하며 환경을 위한 활동을 실천할 수 있다. 또한 제주도 올레길, 지리산 둘레길과 같은 걷기 여행이나 자전거 여행을 하며 지역 축제와 민속공연을 찾는 등 다양한 방식으로 공정여행을 즐길 수 있다.

(6) 공동체운동

우리 사회는 급속한 산업화와 도시화로 인해 빈부격차의 확대와 양극화, 수도권의 과밀화와 농촌의 공동화, 무분별한 생태파괴 등 여러 가지 문제에 직면하여 지속가능성까지 위협받는 상황이 되었다. 이러한 문제를 극복하기 위하여 제시된 것이 공동체운동이다. 공동체운동은 공동체의 상생을 도모하고 지속가능한 소비를 지향하며 사회와 환경을 배려하는 활동이며, 나아가 현대 사회의 물질만능주의로 인한 소외 문제에 대해서도 긍정적인 영향을 미치는 것으로 세계적으로 활성화되고 있는 윤리적 소비운동으로 볼 수 있다.

역사적으로 공동체가 자연발생적으로 형성된 것이라면, 공동체운동은 의도적이고 대안적인 삶의 공동체를 형성해 가는 사회운동의 형태로 나타나고 있다. 경쟁적인 삶, 임금 격차, 소가족화, 개인화 속에서 약해져 가는 공동체의식을 회복하고 공동체가 갖는 긍정적인 영향을 더 많이 얻기 위해 공동체운동 방법을 배우고 실천하려는 노력이 필요하다.

윤리적 소비의 실천을 위해 소비를 중심으로 하는 공동체운동에 초점을 맞추면 크게 마을공동체 운동, 협동조합 운동, 공동체화폐 운동, 공유경제 운동 등을 꼽을 수 있다. 첫째, 마을공동체 운동은 우리나라의 경우 1990년대 지방자치의 시작으로 주민들과 지역의 리더를 맡고 있던 시민활동가들이 지역공동체의 회복을 도모하고 활성화하기 위하여 자발적인 노력을 전개하면서 시작되었다. 최근 들어 급속한 사회경제적 변화와 양극화의 확대, 주민들 간의 갈등, 지역 내 문제가 지속적으로 야기되면서 지역공동체의 중요성에 대한 관심이 높아지고 있다. 정책적으로도 지역마다 특색을 살린 사업을 만들고 추진하여 마을공동체를 활성화하려는 시도를 하고 있다. 한편 도시화로 인한 관계 단절과 시민들이 당면한 삶의 문제를 해결하고 도시의 생활공간 속에서 공동체적 삶이 가능하도록 하기 위한 도시공동체가 등장하였다. 대표적인 마을공동체 사례로 마포 성미산 마을은 1994년 공동육아를 시작으로 1,000여 명의 주민들이 공동육아, 공동교육, 공동생활을 하며 마을을 이루고 살아간다.

둘째, 협동조합은 경제적으로 약한 지위에 있는 소생산자나 소비자가 서로 협력하고 경제적 지위를 향상시켜 상호이익을 도모할 목적으로 공동출자에 의해 형성된 기업을 말한다. 근대 협동조합운동은 19세기 영국 랭커셔 지역의 직조공들이 중심으로 설립·운영한 로치데일공정선구자조합에서 출발하였다. 이후 '로치데일 방식'이 세계로 전파되고 이를 채택한 소비자협동조합이 곳곳에서 탄생하였는데 로치데일 방식은 이상적인 공동체를 건설한다는 목표보다 '조합원의 금전적 이익과 사회적 또는 가정의 상태 개선'에 일차적인 목표를 두었다. 이러한 소비자협동조합 운동은 경제·사회개혁의 성격이 강하다(김형미, 2013). 협동조합은 모이게 된 목적에 따라 조합원들의 영리를 목적으로 하는 생산자협동조합, 소비자협동조합 등과 같은 일반 협동조합과 지역주민들의 권익 및 복리증진과 관련된 사업을 수행하거나 취약계층에게 사회적 서비스 또는 일자리를 제공하는 사회적 협동조합으로 나눌 수 있다.

셋째, 공동체화폐 운동은 새로운 사회경제적 방식의 삶을 살고자 하는 노력으로 우리나라에서 오래전부터 내려오는 전통인 두레, 품앗이, 계와 같이 서로 돕고 보살피고 나누고 협동하는 다자간품앗이를 화폐를 통해 현대화하고 시스템화한 것이다. **공동체화폐**(community currency)는 20세기 초 시장경제가 위축되어 국가화폐가 원활하게 유통되지 못하는 것을 만회하기 위한 대안화폐로 등장하였는데 보완통화, 지역통화, 자주통화, 자유통화, 그린달러, 에코머니, 오리지널머니 등으로 불리는 모든 형태의 화폐를 일컫는다(천경희, 2006). 국내에서도 1997년 경제위기 이후 지역경제 활성화와 실업구제 등의 목적으로 활발하게 도입되었고 대표적으로 대전지역 한밭레츠의 '두루', 과천품앗이의 '아리', 송파품앗이의 '송파 머니' 대구지역의 '늘품', 부산의 '동백전' 등을 들 수 있다. 공동체화폐 운동의 효과는 경제적 측면과 사회적 측면으로 나누어서 볼 수 있다. 먼저 경제적 측면에서는 구성원들 사이에서만 거래를 가능하게 하여 지역적 교환과 거래를 장려시키기 때문에 지역경제를 활성화시킬 수 있다. 사회적 측면에서는 주민의 참여를 높이고 사람과 사람과의 교류를 촉진하기 때문에 참여자들 간의 소통이 활성화되고 공동체의 활성화에 기여할 수 있다. 더 나아가 기존에 시장 영역에서 배재되었던 이웃 간의 비공식적 복지와 간호서비스 등을 활성화시켜 공동체의 부활을 도모한다. 이러한 공동체운동이 현대 소비사회의 문제를 해결할 수 있는 지역공동체운동으로 주목받으면서 최근 지역공동체 복원을 통한 주민들의 삶의 질에 관심을 가진 여러 지방자치단체에서 공동체화폐 운동을 전개해 나가고 있다(천경희, 2014).

넷째, **공유경제**(sharing economy)는 개인이 소유한 물품이나 무형의 자원을 다른 사람과 공유·교환·대여함으로써 새로운 가치를 창출해 나가는 경제방식을 의미한다. 공유경제는 글로벌 경제위기, 환경오염 등의 사회문제, 그리고 정보통신 기술의 발달과 소셜 네트워크의 상용화 등의 요인에 의해 등장하였다. 2008년 글로벌 금융위기 이후 높은 실업률, 저성장, 가계소득감소는 소비에 있어 근본적인 변화를 만들어냈고, '소유'보다는 합리적인 '사용' 가치추구의 소비를 시작했다. 또한 기후변화, 자원고갈의 문제는 자원을 절약하고 자원 활용도를 높이는 공유경제에 관심을 갖게 하였고, 스마트폰의 이용과 SNS의 활성화로 온라인 커뮤니티를 통한 개인 간의 교환, 대여, 거래, 나눔 등의 공유형 소비의 편리성이 확대됨에 따라 공유경제가 활발하게 이루어졌다. 공유경제는 유형 및 무형의 모든 자원을 대상으로 한다. 유형자원은 공간, 교통수단, 물품 등이 포함될 수 있고, 무형자원은 지식 및 경험 공유, 크라우드 펀딩, 인력중개, 여행 등 대부분의 정보 및 서비스가 포함된다. 공유경제를 경험한 소비자들은 경제적 구매의 합리적인 측면과 함께 주변에 활용되지 못하는 유휴자원에 대한 관심을 더 갖게 되고, 윤리적인 측면에서도 자신의 소비가 의미 있다고 느끼는 것으로 나타났다(박미혜, 2016). 최근 공유경제는 1인 가구의 증가에 따라 더욱 각광받고 있는데, 자원의 활용도를 높이고 불필요한 소비를 줄여 환경친화적인 소비에 도움이 되기 때문에 이를 적극적으로 활용하여 윤리적 소비를 실천할 수 있다.

(7) 소비절제와 간소한 삶

소비사회가 발달함에 따라 사람들은 더 많은 소비를 통해 물질적인 풍요로움은 증가하였으나 쌓여가는 물건들로 인한 스트레스를 받기도 한다. 특히 물질만능주의 사회에서 살아가는 사람들은 자신의 각박한 삶에 회의를 느끼고 기존의 삶의 방식에서 벗어나 새로운 라이프스타일인 간소한 삶에 관심을 돌리고 있다. 최근 트렌드로 일컬어지는 미니멀라이프는 불필요한 것을 제거하고 사물의 본질만 남기는 것을 중심으로 단순함을 추구하는 예술 및 문화 사조인 미니멀리즘의 영향을 받아 2010년대부터 나타나기 시작했다. 이러한 미니멀라이프는 불필요한 물건을 줄이고 최소한의 것으로 살아가며 삶에 중요한 부분에 집중하는 생활방식으로 간소한 삶의 하나의 유형으로 볼 수 있다.

간소한 삶의 첫걸음은 **소비절제**이다. 여기서 소비를 절제한다는 것은 인색하거나 절약하는 것이 아니라 자연과 함께 공동체의식을 가지고 소비생활의 편리함이나 개인적·이기적 욕구를 조절하여 자신에게 진정으로 필요한 것과 필요하지 않은 것을 구분하여 검소하게 소비하는 것을 말한다. 즉, 절제는 자신의 삶에서 본질에 벗어난 부가적인 것을 덜어낸다는 것이다. 절제를 바탕으로 하는 간소한 삶은 필요 없는 곳에 관심이 분산되는 것을 최소한으로 줄이고 목적 있는 삶을 사는 것이라고 할 수 있다. 소박한 삶의 철학(voluntarily simplicity)의 저자 듀안 엘진(1999)은 간소한 삶을 외적인 조건과 내적인 조건을 다 포함하여 인생의 중요한 목표와 관계없이 지나치게 많은 재산이나 외적인 번잡함을 거부하고 목적의 단일함, 성실, 내면, 정직함을 의미하는 것이라 하였다. 이러한 간소한 삶을 사는 사람들의 특징은 스스로 간소한 삶을 선택한다는 것이다. 간소한 삶은 빈곤과는 다르다. 간소함을 선택하는 사람들은 환경문제, 사회경제적인 불평등, 소외, 불안, 의미 없는 삶 등에 대한 해답을 얻기 위해서 삶의 방식을 스스로 결정한다. 또한 이들은 시간을 소중하게 생각한다. 삶에서 돈을 버는 시간, 기계적으로 소비행위에 써버리는 시간을 줄이고 자기계발, 소중한 사람들과의 만남 등 일상의 일에 좀 더 많은 시간을 할애한다(송인숙, 1999; 박명희, 2006). 결국 간소한 삶은 정리하고 비우면서 자신의 생활에 대한 시간을 가질 수 있으며 공간뿐 아니라 마음의 여유와 행복을 느껴 만족스러운 삶을 살 수 있다.

현재의 복잡한 생활방식에서 어떻게 간소한 삶을 실천할 수 있을까? 실제 사람들이 자발적인 간소한 삶을 살기 위해 특별히 어디론가 갈 필요는 없다. 간소한 삶은 어떤 특정한 생활양식이 정해져 있는 것이 아니라 '스스로' 결정하는 것이다. 어디에 있든 그곳에서 가장 좋은 결과를 얻도록 노력하는 것이 중요하다. 간소한 삶의 실천방안은 물질적인 간소화와 정신적인 간소화로 나누어볼 수 있다. 먼저 물질적인 간소화는 소비와 소유를 간소화해야 하며 이를 위해서는 물건을 정리하는 것이 선행되어야 한다. 기본적인 방안으로 집의 크기를 줄이거나 잡동사니를 버린다. 예를 들면 "지난 1년간 한 번도 사용하지 않은 물건은 무엇인가?", "지난 5년간 한 번도 사용하지 않은 물건은 무엇인가?"라고 스스로 점검한 후 사용하지 않는 물건들을 기부하거나 팔아서 자신의 삶에서 복잡함을 줄인다. 물건을 정리한 후에 다시 물건이 늘어나는 것을 방지하기 위해서는 구매습관을 바꾸어야 한다. 꼭 필요한 품목인지 고려한 후 구매목록을 작성하고 쇼핑요일을 정하는 등 계획적으로 구매하거나, 빌릴 수 있는 물건들은 공유서비스를 이용한다. 다음으로 정신적인 간소화를 위해서는 불필요한 일, 복잡한 인간관계를 단순화하는 등 외부의 요구를 간소화하고 내적인 성장에 관심을 갖는다. 심플하게 산다(L'art de la)의 저자 도미니크 로로(2012)는 "내 인생을 복잡하게 만드는 것은 무엇인가?", "그것을 내 인생에 둘 만한 가치가 있는가?", "나는 언제 가장 행복한가?" 등 단순한 삶을 살기 위해 무엇에 집중할 것인지 자신에게 질문을 하라고 하였다. 이를 통해 삶에서 우선순위를 정하고 중요한 것들에 집중하여 실질적인 삶의 질을 높일 수 있도록 해야 한다.

이와 같은 소비절제와 간소한 삶은 단지 소비생활의 변화만이 아니라 삶에 대한 근본적인 가치관의 변화에서 이루어지는 것이기 때문에 윤리적 소비의 실천영역 중 가장 차원이 높다고 볼 수 있다. 또한 절제와 간소한 삶의 궁극적인 목적은 삶의 번잡함을 단순하고 소박하게 변화시키는 데 머무르지 않고 절제와 간소함으로 얻어진 돈과 시간을 진실한 인간관계를 맺고 지역공동체에 관심을 가지고 참여하며 나눔과 기부행동으로 이어지는 삶으로 연결될 때 비로소 완성된다. 간소한 생활방식으로의 변화는 한 개인의 선호에 따른 생활양식의 변화이지만 우리 사회에서 반드시 필요한 변화이기도 하다.

(8) 기부와 나눔

기부와 **나눔**이란 다른 사람을 돕기 위해 자신이 가진 것을 대가 없이 기꺼이 주거나 공유하는 것을 의미한다. 기부와 나눔의 대상은 현금과 현물같이 유형의 물질적인 것과 자신의 시간이나 재능과 같은 무형의 것도 포함된다. 이는 소비자가 자신만을 생각하는 개인 차원에서의 소비활동이 아니라 동시대의 인류를 생각하며 자신의 자원을 나누는 것으로 윤리적 소비에서 가장 높은 수준의 실천이라고 할 수 있다.

현대사회는 과거 어느 때보다 물질적인 풍요에도 불구하고 빈곤한 국가에서뿐만 아니라 부유한 국가 역시 궁핍한 사람들이 기본적인 욕구가 충족되지 못한 생활에서 어려움을 겪고 있다. 이러한 문제를 해결하기 위한 여러 노력 중 하나가 기부와 나눔이다. 기부와 나눔으로 전 세계적인 불평등을 해소하고 공동의 선을 추구하며 지속가능한 사회를 실현하고자 하는 것이다.

사람들은 왜 남을 돕는가? 아름다운 재단의 기부문화연구소에서 조사한 바에 따르면 우리나라 기부자들의 기부동기는 '시민으로서의 해야 할 책임이라고 생각해서(31.3%)'가 가장 많았고, '불쌍한 사람들을 위해서(28.9%)', '남을 돕는 것이 행복해서(20.6%)', '남의 도움을 받은 적이 있고, 이를 갚고 싶어서(9.6%),' '기부금에 대한 세제혜택을 받기 위해서(3%)' 순이었다(아름다운재단 기부문화연구소, 2018). 이전 조사와 비교하면 동정심과 도움받은 것을 보답한다는 비율은 낮아졌고, 사회적 책임과 행복감의 비율은 높아졌다. 이는 사회 구성원으로서의 책임감과 남을 돕는 행동을 통한 행복감 등 내적인 기부행동이 중요한 이유로 작용하고 있었다. 경제학적 시각에서 소비자의 합리성은 각자 자신의 이익을 극대화한다는 의미에서 합리성이다. 그러나 소비로 인해 얻는 효용은 주관적이고 다른 사람을 돕는 데서 오는 행복감은 효용을 극대화하는 행동의 하나로 간주할 수 있다. 보통 처음에는 남을 위한다는 이타주의에서 출발하지만 스스로 느끼는 만족감과 즐거움을 생각해본다면 기부행위는 결국 자신을 위한 것일 수도 있다. 더 나아가 기부와 나눔은 자신의 소비가 개인에게만이 아니라 사회와 국가 그리고 전 지구적으로 영향을 미친다는 것을 깨닫고 사회적 책임을 실천한다는 점에서 의미가 극대화될 수 있다.

오늘날 기부문화는 한 사회의 시민의식 수준을 평가할 수 있는 중요한 척도로 자리 잡았다. 기부는 자신의 경제적 이익을 위한 활동이 아니라 사회를 생각하며 타인을 위한 자발적인 행동이기 때문이다. 영국의 자선지원재단(Charities Aid Foundation, CAF)은 '자선단체에 금전적인 기부를 한 것이 있는가', '자선단체에 시간을 들여 도움을 준 적이 있는가', '모르는 사람을 도와준 적이 있는가'의 세 가지 요소로 매해 '세계기부지수(World Giving Index)'를 발표한다. 2018년 세계기부지수에 따르면 146개 조사대상국 중 우리나라의 순위는 60위로 인도네시아(1위), 케냐(8위), 미얀마(9위), 나이지리아(16위)보다도 순위가 낮다(http://www.nanumresearch.or.kr). 이들 국가가 우리나라보다 기부지수가 높은 이유는 부유해서도 아니고 교육과정에서 기부와 나눔을 강조해서도 아니다. 일상에서 낯선 사람들을 돕고, 적은 금액이라고 정기적으로 기부하고, 시간을 내어 자원봉사에 참여하는 것이 일상화되어 하나의 문화로 자리 잡았기 때문이다.

우리나라 사람들이 기부하지 않는 이유는 아름다운재단의 기부문화 연구소에 따르면 '기부할 만한 경제적 여력이 없어서(42.2%)'가 가장 높았고, '기부단체를 신뢰하지 못해서(39.3%)', '기부단체나 방법에 대한 정보가 없어서(6.9%)' 등이다(아름다운재단 기부문화연구소, 2018). 기부와 나눔은 돈과 시간을 내어 특정 기관의 활동에 참여하는 것에 한정된 것은 아니다. 작게는 물건을 사고 잔돈을 모금함에 넣거나, 이웃과 먹을거리를 나누거나, 미술, 음악, 교육, 기술 등 자신의 재능을 활용하여 일상생활에서 실천할 수 있다. 한편, 소셜 네트워크나 다양한 스마트폰 애플리케이션을 통해 전 세계 여러 사람들에게도 도움의 손길을 건넬 수 있다. 이렇게 기부와 나눔은 자신의 돈, 시간, 재능을 개인적인 삶만이 아닌 주변의 사람들, 더 나아가 지구 전체를 위하는 마음을 가지고 사용하면서 윤리적 소비를 실천하고자 하는 사람들 모두가 참여할 수 있는 방법이다.

참고문헌

강상인(2015). UN 지속가능발전목표(SDGs) 이행. KEI포커스, 3(1), 1-16.

고승희(2011). 지속가능경영의 이해와 효과. 충남경제, 9, 3-9.

곽노필(2016). 채식 위주로 바꾸면 온실가스 70%까지 감축. 한겨레, 2016. 3. 30.

권상철, 박경환(2017). 새천년개발목표(MDGs)에서 지속가능개발목표(SDGs)로의 이행 그 기회와 한계. 한국지역지리학회지, 23(1), 62-88.

권오성(2002). 지속가능발전의 개념 정립과 전략 모색: 경제성장모형 검증을 통한 시사점 연구. 재정포럼, 71, 6-11.

김성천(2009). 지속가능소비를 위한 법제개선방안 연구. 한국소비자원 정책연구보고서.

김송이, 박명숙(2011). 기혼여성의 윤리적 제품의 구매동기와 만족도에 관한 연구. 소비문화연구, 14(4), 95-117.

김은정(2017). 지속가능발전을 위한 기후변화협약 이행방안 연구. 한국법제연구원.

김정은, 이기춘(2009). 소비자시민성의 구성요소와 소비생활영역별 차이분석. 소비자학연구, 20(2), 27-51.

김정훈(2014). 지속가능사회를 위한 활동중심형 경제교육 프로그램: 윤리적 소비와 함께 가는 우리. 경제교육연구, 21(3), 1-21.

김형미(2013). 공동체운동이란 무엇인가, '한국생활협동조합운동'을 중심으로. 황해문화, 80, 16-39.

데일리포스트(2019). 과학자1만 1,000명, 기후 비상사태 선언 "파멸적 재앙 올 것". 2019.11.6.

박명희(2006). 지속 가능 소비문화의 정착을 위한 대안 탐색 연구. 소비문화연구, 9(4), 213-240.

박미혜(2010). 공정여행 경험에 대한 소비자인식연구. 한국생활과학회지, 10(5), 857-872.

박미혜(2016). 공유경제 서비스에 기반한 소비자의 협력소비 경험. 소비자학연구, 27(4), 175-205.

박성우(2016). 글로벌 분배적정의 관점에서 본 해외원조의 윤리적 토대. 평화연구, 24(1), 5-41.

박종철, 김경숙, 이한준(2012). 기업의 지속가능경영 활동 측정을 위한 척도개발 연구. 기업

경영연구, 42, 79-98.

배순영(2011). 지속가능소비촉진 실행방안 평가 및 개선방안. 소비자 문제연구, 40, 159-185.

송인숙(1999). 자발적으로 간소화하는 생활방식에 관한 연구. 대한가정학회지, 37(11), 85-95.

송인숙(2005). 소비윤리의 내용과 차원정립을 위한 연구. 소비자학연구, 16(2), 37-55.

심영(2009). 소비자의 사회적 책임에 관한 연구. 소비자학연구, 20(2), 81-119.

아름다운재단 기부문화연구소(2018). 기빙코리아 2018. 비영리 모금기관에 대한 국민 신뢰도 심층조사.

이소영(2010). 지속가능한 발전을 위한 소비생활모델 탐색: 영국 핀드혼과 베드제드 사례를 중심으로. 한국사회, 11(2), 61-91.

이혜미(2016). 윤리적 소비 실천은 시민참여의 확장을 의미하는가? 한국 소비자들의 윤리적 소비와 시민참여 경험 간의 관계성과 개인의 선택적 지향성 조절효과. 소비자학연구, 27(1), 153-182.

임영신, 이혜영(2009). 희망을 여행하라. 공정여행 가이드북. 소나무

임효숙, 김정인(2010). 기후변화 대응을 위한 지속가능한 소비 정책의 미래 방향. 소비자 문제연구, 37, 93-116.

정규호(2012). 한국 도시공동체운동의 전개과정과 협력형 모델의 의미. 한국정신문화연구, 35(2), 7-34.

천경희(2006). 공동체화폐운동의 소비자주의적 함의 연구: 한밭레츠에 참여하는 소비자의 경험을 중심으로. 소비자정책교육연구, 2(1), 147-166.

천경희(2014). 지속가능한 발전을 위한 소비생활방식 연구 -공동체화폐운동을 중심으로-, 소비자정책교육연구, 10(3), 165-193.

천경희, 홍연금, 윤명애, 송인숙, 이성림, 심영, 김혜선, 고애란, 제미경, 김정훈, 이진명, 박미혜, 유현정, 손상희, 이승신(2017). 행복한 소비 윤리적 소비. 시그마프레스.

한겨레경제연구소(2009). 건강에서 환경, 이젠 사회로 진화하는 착한소비. 한겨레신문사.

한겨레신문(2016). 채식하면 지구도 건강해진다. 2016.12.26.

한국소비자원(2005). 지속가능한 소비문화 창출방안 연구. 한국소비자원 정책연구보고서.

허은정(2011). 소비자의 윤리적 상품에 대한 태도 및 구매의도의 관련요인 분석. 소비자학연구, 22(2), 89-111.

홍연금(2009). 우리나라 윤리적 소비자에 대한 사례연구. 가톨릭대학교 박사학위논문.

홍연금, 송인숙(2010). 윤리적 소비에 대한 개념 논의와 실천영역 연구. 소비자정책교육연구, 6(4), 91-110.

홍은실, 신효연(2010). 대학생 소비자의 윤리적 소비와 관련변인. 한국가정관리학회지, 28(5), 131-149.

Barnett, C., Cafaro P., & Newholm, T. (2005). Philosophy and Ethical Consumption. In R. Harrison, T. Newholm & D. Shaw (Eds.), *The Ethical Consumer*. Sage: London, 11-24.

Crane, A., & Matten, R. (2004). *Business Ethics*. Oxford: Oxford University Press.

Elgin, D. (1999). 소박한 삶의 철학(김승옥 역). 바다출판사.

Hinrichs, C. C. (2000). Embeddedness and local food system: Notes on two types of direct agricultural market. *Journal of Rural Studies, 16*(3), 295-303.

Holt. D. B. (2012). Constructing Sustainable Consumption: From Ethical Values to the Culture Transformation of Unsustainable Market. *The ANNALS of American Academy of Political and Social Science, 644*(1), 236-255.

Sachs, J. (2015). 지속가능한 발전의 시대(홍성환 역). 21세기북스.

Jurgena, I., & Mkainis, Z. (2011). Consumer Citizenship Education for Sustainable Development in Higher Education in Latvia. *Chinese Business Review, 10*(12), 1199-1208.

Loreau, D. (2012). 심플하게 산다(김성희 역). 바다출판사.

Mintel International Group (1994). The Green Consume 1: The Green Conscience. London: Mintel International Group Ltd.

지속가능발전포털 http://www.ncsd.go.kr
한국공정무역협의회 http://kfto.org
사랑의 열매 나눔문화연구소 http://www.nanumresearch.or.kr
지구 생태용량 초과의 날 홈페이지 https://www.overshootday.org

PART 4

소비자 주권 실현

소비자 주권과 소비자 문제

" **우**리는 돈을 쓸 때마다 우리가 살기 원하는 종류의 세상에 표를 던지는 것이 다"(Anna Lappe).

현대사회는 '소비사회'라고 부를 정도로 풍요로운 소비생활을 즐길 수 있다. 소비자들은 매일 수없이 쏟아져 나오는 상품 및 서비스를 선택하지만 만족스럽지 못한 경우를 경험하기도 한다. 소비자가 만족하지 못하는 이유는 제품이 불량하거나 안전하지 못하기 때문이기도 하고 소비제품의 실제 품질이나 기능이 구매 전 기대에 못 미치는 경우 등 다양하다. 이처럼 소비자가 소비과정에서 경험하는 소비자 문제는 단순히 심리적 불만족 상태 이외에도 경제적인 손해나 신체적인 피해까지 심각한 경우도 포함된다.

소비자 문제의 유형으로 다단계, 텔레마케팅, 전자상거래, 소셜 커머스 등의 새로운 거래방식으로 인한 소비자 피해도 증가하고 있다. 그리고 소비자들은 글로벌 시장 개방에 따라 다양한 수입 상품과 서비스를 보다 저렴한 가격으로 구입할 수 있는 반면 과거와는 다른 새로운 소비자 문제에 부딪치고 있다. 제4차 산업혁명 등 디지털 기술과 바이오 기술 산업이 발달하여 소비생활의 편의성은 증가하지만 급변하는 시장에서 발생할 수 있는 소비자 문제와 소비자 권익에 대한 대비도 필요하다. 소비자들이 시장 내에서 겪는 문제는 지속되고 있으며 그 피해의 양상도 점차 다양해지고 복잡해지는 경향을 나타내고 있다.

이 장에서는 다양한 소비자 문제가 발생하게 된 배경과 소비자 문제의 특성을 살펴보고, 소비자 권익이 실현된 이상적인 상태인 소비자 주권에 대하여 알아본다. 마지막으로 다양한 소비자 문제의 구체적인 유형과 사례를 살펴본다.

1. 소비자 문제의 배경 및 특성

소비자 문제는 매우 복잡한 현상으로 이에 대해 명확한 정의를 내린다는 것은 쉽지 않다. 소비자 문제는 영어로 consumer problems, consumer concerns, consumer troubles, consumer issues, consumer affairs 등 다양하게 표현되고 있다. **소비자 문제**는 소비자가 소비생활을 위해 재화나 서비스를 구입 · 사용 · 처분하는 과정에서 불만족을 야기하는 것으로, 소비자의 피해 또는 소비자의 불이익으로 정의 내릴 수 있다. 하지만 이는 개인적인 소비 불만족보다 광의의 개념이다. 소비자 문제는 대량생산, 대량판매, 대량소비라는 현대 경제사회의 구조에 기인하는 구조적인 문제로서 사회전체의 경제적, 신체적, 정신적, 시간적 불이익 또는 피해를 포함한다.

소비자 문제와 혼동하여 사용되는 개념으로 소비자 피해와 소비자 불만이 있다. 소비자 피해란 제품 및 서비스와 관련하여 발생한 신체적 · 재산적인 손실을 의미한다. 소비자 불만이란 소비자가 제품이나 서비스를 구매하고 사용하는 과정에서 느끼는 주관적인 평가를 말하며, 제품 성과에 대한 기대 수준과 현실 수준과의 차이에서 기인한다.

1.1 소비자 문제 발생의 원인

소비자들은 소비과정에서 건강과 안전을 침해하는 불안전한 제품의 문제, 사기성 있는 거래, 허위과장기만 광고, 개인정보 침해 등 다양한 소비자 문제에 직면한다. 이러한 문제는 왜 발생하는 것일까?

1) 소비자 정보의 부족 또는 과부하

산업혁명을 계기로 공장제 수공업에 의한 소규모 상품생산은 대량생산 및 유통이 가능한 생산체계로 전환되었다. 대량생산 및 유통 체계에서는 소비자들이 생산과정이나 유통과정에 대하여 정보를 얻기 힘들다. 일반적으로 대량생산공장은 도시 중심의 소비생활을 하는 소비자들과는 지리적으로 떨어져 있으며 소비자가 생산과정에 참여할 기회를 갖기 힘들기 때문이다. 소비자 문제의 가장 근본적인 원인은 소비자가 소비제품이나 서비스에 대하여 잘 알지 못하기 때문이며 이는 생산과 소비가 분리된 시장시스템에서 기인한다.

우리가 일상생활을 위해 매일 사용하는 치약과 칫솔, 비누, 휴지가 어떻게 생산되는가에 대하여 생각해 보자. 대량생산 및 유통체계가 정착이 된 20세기 초중반에 이르기까지 전 세계의 소비자들은 일상생활에 흔히 쓰이는 가공식품, 의약품, 위생용품, 공산품 등에 대하여 성분이나 생산방법 등에 대하여 알 수 있는 방법이 없었다. 생산자들이 생산된 제품과 서비스에 대하여 정보를 제공한 후에야 비로소 소비자들은 소비제품과 서비스의 진실된 정보에 접근할 수 있었다.

하지만 극도의 정보화 시대에 살고 있는 지금도 우리는 여전히 소비제품이나 서비스에 대하여 충분히 그리고 잘 안다고 확신할 수 없다. 상품의 대다수가 고도의 기술혁신에 기초하여 극도로 복잡해짐에 따라 소비자는 고도 기술을 이용한 제품의 품질과 사용법을 지금까지의 경험만으로는 습득할 수 없기 때문이다. 또 소비자는 어떤 상품과 서비스에 관한 지식과 정보를 얻기도 매우 어렵게 되었는데, 예를 들면 전문지식을 필요로 하는 의약품, 건강식품, 그리고 정보통신제품 등과 같은 신기술상품이 대표적인 예이다.

광고와 정보가 구분되기 어렵고, 정보의 범람 속에서 소비자는 어떤 정보가 정확한 정보인지 판단하기 어려워졌는데 이를 **정보과부화**(information overload)라고 한다. 소비자들은 정보과부하 상태에서는 정보탐색 비용이 대폭 증가하기 때문에 이를 줄이기 위한 전략을 구사하기도 한다. 가령 전자상거래가 급증하면서 비대면 거래로 인하여 제품의 품질을 판단하는 근거로 '구매경험 댓글'에 의존하는 현상이 나타났다. 구매 경험 댓글은 일종의 타인의 구매 경험 정보를 공유하여 비대면 거래로 인한 정보 부족을 줄이기 위한 전략이지만 기업 측면에서 볼 때 '**구전효과**(word of mouth effect)'를 얻을 수 있어 더욱 중요한 마케팅 대상이 되었다. 상업적 목적의 댓글이 넘쳐나고 기업으로부터 지원을 받는 블로거를 통한 구매 경험 공유 글들이나 인플루언서(influencer)가 넘쳐나면서 댓글의 진정성이 의심받기도 한다. 정보사회에서 소비제품과 서비스의 정보는 충분하지만 정확한 그리고 진실된 정보는 아직도 부족하다.

2) 불완전한 시장 구조

자본주의 사회에서는 자유경쟁이 원칙이며, 상품의 가격은 원칙적으로 수요와 공급관계에 의해서 결정되어야 한다. 현실 시장에서는 상품의 가격이 소수 독점기업의 의도나 기업 간의 담합(카르텔)에 의해 결정되어 소비자의 이익이 침해받기 쉽다. 독과점이나 불공정거래

행위는 대체로 경쟁보다 높은 가격을 형성시킴으로써 소비자의 경제적 복지를 떨어뜨리는 결과를 초래하고, 물가 상승의 원인도 되고 있다.

소비자들이 선호하는 제품들은 대기업이 생산한 경우가 많다. 이런 대기업들은 시장에서 높은 시장점유율을 가지게 되고 시장에 미치는 영향력이 다른 경쟁기업에 비해 월등히 높아진다. 이처럼 특정 기업이 시장에 미치는 영향력이 높을수록 우월적 시장지배력을 가지되며, 이는 시장에서 다수의 공급자와 다수의 소비자와의 거래를 통해 형성되어야 할 상품의 시장가격이 우월적 시장 지배력을 가지는 특정 기업에 의해 결정될 수 있음을 의미한다.

우월적 시장 지배력을 가지는 특정 기업은 상품 및 서비스의 정보를 많이 보유하는 반면 소비자들은 상품 및 서비스에 대한 정보를 그 특정 기업에 의존하게 되어 시장에서 정보의 비대칭성이 심화된다. 시장에서 정보의 비대칭성이 심화되면 소비자는 합리적 선택에 필요한 충분하고 정확한 정보를 얻을 수 없기 때문에 소비자 문제는 더욱 커질 수 있다.

경쟁시장이 아닌 독점 또는 과점적 시장이나 특정 기업 또는 기업들의 우월적 시장 지배력이 독보적인 시장에서는 시장의 기능이 효율적으로 작동하지 못하여 시장실패(market failure) 현상이 나타나는데, 소비자 문제가 시장실패의 대표적인 유형이다. 소비자는 동일한 제품에 대해서도 경쟁시장보다 독과점 시장에서는 더 높은 가격을 지불하게 된다. 독과점기업은 시장가격 결정에 영향력을 행사할 수 있을 뿐만 아니라 이윤을 추구하는 기업의 특성상 더 높은 상품가격을 책정할 것이기 때문이다. '경쟁이 소비자의 가장 좋은 친구'라는 말은 경쟁시장일 경우 소비자는 동일 제품을 더 낮은 가격으로 구매할 수 있어 소비자 후생이 증가함을 의미한다.

독과점 구조가 아닌 시장 구조에서도 생산자들은 가격에 영향력을 미칠 수 있다. 생산자들끼리 가격을 결정하는 등의 부당한 공동행위인 담합(cartel)을 하는 것이다. '석유수출국가기구'(Organization of the Petroleum Exporting Countries, OPEC)는 중동의 석유생산국가들이 공동으로 석유생산량 등 석유정책을 결정하기 위하여 만든 '자원 카르텔'의 대표적인 예이다. 우리 주변에서도 종종 가격담합행위를 하여 공정거래위원회의 행정조치를 받는 기업들에 관한 기사들을 볼 수 있는 것처럼 담합 행위는 흔하지만 '독과점 시장 및 불공정거래행위에 관한 법률'에 따른 위법행위이다.

3) 생산자의 기만적인 생산·판매 행동

소비제품을 생산하고 유통하고 판매하는 사업자들의 기만적 행동에서 소비자 문제 발생의 원인을 찾을 수 있다. 사업자는 소비자의 욕구나 이익을 완전하게 만족시키기 어렵다. 왜냐하면 사업자는 소비자가 무엇을 원하는지에 대하여 정확히 알기 어려울 뿐만 아니라 소비자의 요구사항을 적기에 그리고 충분히 알기 위해서는 많은 비용을 지불하여 정보를 탐색하고 분석해야 한다. 하지만 사업자들은 이처럼 많은 대가를 치르면서까지 소비자 이익을 가장 중요한 목표로 간주하지 않을 가능성이 높다. 때로는 사업자 본인의 단기적인 이익만을 추구하여 불량제품을 제공하는 경우도 발생할 것이다. 그 결과 소비자들은 시장에서 불량제품이나 건강에 해로운 제품, 사기적인 거래 조건, 제대로 지켜지지 않는 보증약속 등의 피해를 당하게 된다.

20세기 중반 이후 생산과정에서 생산 기술혁신과 대량생산 시스템이 확립됨에 따라서 과잉생산의 문제가 나타나게 되었다. 따라서 기업들은 이를 해결하기 위해 제품차별화, 시장세분화에 힘쓰고 **상품수명주기**[1]를 의도적으로 단축하거나, 신제품을 끊임없이 개발하여 충분히 사용할 수 있는 제품도 낡은 것이라고 인식하게 만들어 소비자들로 하여금 새로운 제품을 구입하도록 유도한다.

상품수명주기가 짧아지면 상품의 안전성과 품질에 대한 검증이 끝나기도 전에 상품 생산이나 판매가 중단될 수 있어 만약 해당 상품의 안전성이나 품질로 인해 소비자 피해가 발생하더라도 소비자 피해 구제가 어려워진다. 일반적으로 소비자들의 신상품에 대한 열망은 과소비 또는 충동소비 등 비합리적인 소비를 초래할 수도 있다. 마케팅 수법의 고도화는 허위, 과대광고를 통한 부정·부당한 정보, 불공정한 판매, 과대포장 등의 불공정한 거래, 과대 포장이나 쓰레기 대량 발생 등 자원 낭비 등의 환경문제를 증가시키는 원인이 된다.

4) 소비자의 제한적 합리성

경제학적 관점에서 소비자는 '합리적인 인간'으로 간주된다. 합리적인 소비자는 완전한 정보를 소유하고 활용하며 선택을 통한 효용(만족)을 극대화하는 원리에 따라 어떤 것을 얼마만큼 그리고 어디에서 구매해야 하는지를 결정한다. 또 합리적인 소비자는 자신의 선호체계에 대해서도 완전하게 확신하고 있어서 그 선호체계는 논리적이며 변화하지 않고 의사결정을 할 때마다 일정하게 반영된다. 소비자들은 비교 구매, 소비자 정보 탐색, 계획된 소비 등을 통해 합리적 선택을 하려고 노력한다.

---

[1] 상품수명주기(product life cycle)는 도입기, 성장기, 성숙기, 쇠퇴기라고 하는 네 단계로 구분된다.

하지만 '행동주의적' 관점에서는 소비자는 비합리적인 인간이다. 완전한 정보를 추구하지도 않으며 이를 이해하고 활용할 능력이 부족하다. 또 소비자가 자신의 선호체계를 안다고 할지라도 그 선호체계는 주변의 영향이나 광고 등 외부환경이 변화하면 언제나 달라진다고 본다. 또한 소비자가 합리적이려면 시장에 있는 사업자 또는 판매자들의 정보나 그 제품과 거래 조건에 대한 완전한 정보가 필요한데, 시장에는 그러한 소비정보가 완전하지 않으며 심지어 불확실성이 매우 높은 특성을 가진다고 평가한다. 인간의 정보처리능력의 한계로 정보과부하 상황에서 소비자는 합리적인 의사결정을 내리기도 힘들다는 것이다.

현실세계에서 소비자는 합리적인 인간인가 아니면 비합리적인 인간인가? 소비자의 합리성에 대한 판단은 학문적 관점이나 개인의 경험 등에 따라 달라질 것이지만 현실에서 부딪히는 소비자 자신은 극단의 합리적인 인간과 또 다른 극단의 비합리적 인간의 중간 지점일 것이다.

기술적으로 더 복잡하고 전문화되면서 소비자들의 역량으로는 판단하기 어려운 소비제품이 증가하는 것도 소비자의 합리성을 위협한다. 소비자는 건강에 좋은 식품, 질 좋은 의료서비스, 수익률이 높은 금융상품 및 금융기관을 선택하거나, 적당한 가격의 주택을 발견하는 데도 많은 어려움을 겪고 있다. 소비자에게 전문적인 정보가 있다면 자신의 이익을 보호할 수 있기 때문에 미래에는 더욱 전문적인 소비자 정보를 이해하고 적용하는 소비자 능력이 필요하다.

1.2 소비자 문제의 특성

1) 소비자 문제의 구조적 특성

첫째, 소비자 문제는 보편적으로 발생한다. 오늘날의 소비자 문제는 기술혁신, 대량생산, 대량판매 체제에 수반되어 나타난 것이다. 대량생산은 생산 공정이 세분화되고 유통과정이 극도로 복잡하기 때문에 어느 단계에서나 결함상품이 발생할 가능성이 있다.

둘째, 소비자 피해의 광범위한 파급성이다. 대량생산·대량판매 체제하에서 상품이 공급될 경우에, 피해가 일단 발생하게 되면 그 피해는 광범위하게 파급된다. 만일 어떤 상품이 고도의 기술과정에 의하여 생산된 상품이라면 그 피해의 원인을 발견하기는 더욱 어렵기 때문에 그 예방이 더욱 곤란하며, 따라서 그 피해의 범위는 더욱 확대될 것이다. 예를 들어 식품의 유해물질이 첨가된 경우에는 그 피해가 전 국민에게 파급된다.

셋째, 소비자 피해 원인 규명의 곤란성이다. 오늘날의 상품과 서비스는 생산과 유통의 여러 단계를 거칠 뿐만 아니라 생산과 유통의 각 단계마다 많은 사업자들과 관계를 맺고 있다. 따라서 소비자 피해가 발생한 경우에 그 원인이 무엇이며, 그 원인이 어느 단계에서 발생한 것인지, 그리고 그 책임이 누구에게 있는지를 확정하기가 어려운 경우가 매우 많다. 특히 내용이 복잡하고, 고도의 기술을 사용한 상품이나 서비스에 대해서는 문제의 원인을 규명하기가 어렵다.

넷째, 소비자 피해는 당사자 간 지위의 불평등성에 기인한다. 소비자는 제공되는 상품과 서비스에 대하여 정확한 정보를 가지고 있지 않기 때문에 기업과 거래를 할 때 처음부터 대등하지 못한 상태에서 시작하게 된다. 그리고 가격이나 거래 조건에 대해서도 소비자들이 교섭할 여지는 거의 없으며, 단지 기업이 제시하는 조건에 따를 수밖에 없다.

다섯째, 소비자 피해의 심각성은 다양하다. 소비자 문제는 단순히 경제적인 피해에 그치는 경우도 있지만, 결함상품이나 유해식품, 의약품 등과 같은 경우에는 그 피해가 소비자의 생명을 위협하거나 신체에 중대한 위해를 끼치는 경우도 있다. 상품 이외에도 의료사고, 교통사고, 위락시설의 안전사고, 호텔 등의 화재사고 등 서비스로 인한 피해도 심각하다.

여섯째, 사업자의 경제적 효율 중시로 인한 문제 회피의 어려움이다. 사업자는 경제적 효율성을 상품의 안전성이나 품질향상보다 중요시하기 때문에 소비자 문제가 발생하게 된다. 즉 생산자는 판매시장에서 우월한 지위를 확보하고, 신제품의 상품화에만 급급한 나머지 상품의 안전성에 대한 철저한 조사나 확인도 하지 않은 상태에서 대량으로 생산된 상품을 시장에 내놓게 된다.

2) 소비자 피해의 심각성과 보편성

소비자 피해의 유형은 발생, 성질, 피해의 세 가지 측면에서 구분해 볼 수 있다(김영신 외, 2015). 발생 면에서 볼 때 크게 내용상의 피해와 거래상의 피해로 나누어 볼 수 있다. 내용상의 피해는 상품이나 용역의 내용상의 흠이나 결함으로 인한 피해를 말하고, 거래상의 피해는 비밀 카르텔에 의한 불공정한 가격 형성, 부당한 표시, 부당한 거래조건 등으로 인한 피해를 말한다. 피해의 성질 면에서는 재산적 피해와 비재산적 피해로 나누어지는데, 비재산적 피해는 소비자의 생명이나 신체상의 안전을 침해하는 것을 말한다.

소비자 피해의 특성을 피해 대상과 피해 규모 수준에 따라 구분할 수 있다. 표 10-1과 같이 고액다수 피해, 고액소수 피해, 소액다수 피해, 소액소수 피해의 네 가지 유형으로 구분된다.

표 10-1   소비자 피해 대상과 규모

소비자 피해 형태		피해 대상	
		다수	소수
피해 규모	고액	고액다수	고액소수
	소액	소액다수	소액소수

- **고액다수 소비자 피해** : 많은 수의 소비자가 경험하고 피해 수준이 매우 심각한 소비자 피해 유형을 말한다. 결함 상품, 의약품의 부작용, 자동차 결함 등과 같이 소비자 안전과 관련된 소비자 피해가 해당된다. 주로 소비자의 생명 및 신체상에 심각한 피해를 입은 경우이다.
- **고액소수 소비자 피해** : 소수의 피해자가 경험하지만 피해 수준이 심각한 경우를 의미한다. 의료 과오와 같이 비교적 일부에 해당하는 소비자가 입은 생명 또는 신체상의 피해, 그리고 허위 과장광고로 인한 대지나 건물 등에 발생하는 피해에 해당한다.
- **소액다수 소비자 피해** : 많은 수의 소비자가 경험하는 피해 수준이 낮은 유형으로 대량 상품의 가격 표시, 제품의 결함 등으로 인해 발생하는 피해를 말한다. 이 경우 비록 소비자 개개인의 피해 금액은 크지 않을 수 있어도 많은 사람이 피해자가 되기 때문에 이들을 모두 합한 총체적인 소비자 피해의 규모는 매우 크다. 소비자 피해의 전형적인 형태다.
- **소액소수 소비자 피해** : 소수의 소비자가 경험하고 비교적 피해 금액이 적은 피해 유형을 말한다. 주로 일상 소비용품에서 명시된 용량에 비해 실제 용량이 적은 경우 등이 이에 해당한다.

1.3 디지털 시대 소비자 문제의 특성

디지털 경제사회에서 소비자 문제는 어떻게 전개될까? 2016년 다보스 세계경제포럼에서 클라우스 슈바프가 미래 사회를 '4차 산업혁명'으로 명명하면서 정보통신기술(ICT)이 촉발한 거대한 변화의 경제사회를 제시하였다. **4차 산업혁명**이란 인터넷, 특히 PC보다는 모바일 인터넷에서 개인 수요자와 공급자가 동시에 만나는 플랫폼이 형성되고, 이를 통해 빅데이터가 구축되고 인공지능이 작동하는 시대를 의미한다.

표 10-2 산업혁명의 특징과 소비자 문제 이슈

산업혁명	기간	산업 형태	소비생활	소비자 문제
제1차	1760~1840	철도, 건설, 증기기관, 기계생산	생계유지, 도시화, 공장임 금노동자	생활불안, 필수품 공동구매
제2차	19세기 말~ 20세기 초	전기, 생산조합라인, 대량생산	부의 축적, 과시소비, 물질주의	안전하지 않은 식품과 의약품 허위과장광고
제3차	1960~2000	반도체, 컴퓨터, 인터넷, 탈공업화, 정보화	고도대중소비사회의 포화 사용가치, 개성 중시	불량상품과 부도덕한 기업행위 환경문제 정보의 비대칭성
제4차	2000년 이후	모바일 폰, 인공지능, 기계 융합, 자율 주행차, 사물 인터넷	개인화와 맞춤화, 공유와 네트워크, 가상과 현실 경계 모호	개인정보 유출과 활용 정보격차 국제전자상거래 신기술 소비자 보호

전 세계 소비자들은 케이팝의 뮤직비디오를 유투브나 SNS 등을 통해 찾아보고 음원과 앨범을 구매한다. 차 한 대 안 만드는 우버는 GM을 앞섰고, 방 하나 없는 에어비앤비가 호텔체인 힐튼보다 기업 가치가 높아지는 시대에서 어떤 소비자 문제가 쟁점으로 대두될까?

표 10-2는 슈바프의 제4차 산업혁명의 특성을 기초로 하여 제1차 산업혁명부터 제4차 산업혁명에 이르기까지 산업 형태, 소비생활의 키워드, 소비자 문제 이슈를 정리한 것이다. 제4차 산업혁명 시기에서 산업은 탈공업화와 정보화를 넘어서서 기계 융합을 통해 다양한 산업과 서비스가 탄생할 것이다. 모바일폰을 이용하는 소비자는 모바일 인터넷에서 플랫폼을 통해 사업자와 순간적으로 그리고 수시로 만나고 새로운 비즈니스를 만들어내는 세상이다. 이처럼 플랫폼에서 소비자와 사업자가 만나고 소비자의 의견을 즉각적으로 반영하고 사업자는 개인화된 그리고 맞춤식 상품을 소량 생산하여 소비자 만족을 극대화시킨다.

1) 디지털 정보 격차와 소비자 합리성

이러한 시스템은 빅데이터, 딥러닝, 사물인터넷 등의 디지털 기술을 기반으로 하는데, 이는 다량의 개인정보가 수집되고 활용되어야 가능하다. 따라서 개인정보의 수집과 활용하는 과정에서 발생할 수 있는 소비자 문제가 매우 중요하게 대두된다. 또 급속도로 진전되는 디지털 기술 기반 서비스 거래에서 디지털 정보를 활용할 능력이 갖추어지지 않은 계층, 주로 고령자계층이나 디지털 이해력이 낮은 계층의 소비정보 격차 문제는 심화될 것이다.

2) 국경을 초월한 전자상거래에서 거래 당사국 소비자 보호체계의 차이

국경을 넘는 전자상거래는 더욱 진전될 것인데 이로 인한 국가 간 소비자 보호체계의 이질성은 소비자 피해 구제 등의 어려움에 직면할 것이다. 각국마다 소비자 권리의 범위가 다르고 소비자 피해 보상 규정과 절차가 다르다. 그리고 소비자와 사업자 간 거래 조건에 대한 규제 내용이 다르기 때문에 국제 간 전자상거래는 소비자 선택의 범위를 넓혀주지만 거래에서의 신뢰 형성을 위해 국제적으로 동일한 소비자 보호체계의 논의가 수반되어야 한다.

3) 생산자와 소비자 간 경계 모호에 따른 책임 소재 불분명

디지털 시대에는 앨빈 토플러가 1992년 그의 저서 제3의 물결에서 언급했던 '프로슈머'가 보편화될 가능성이 커졌다. 프로슈머는 생산자와 소비자를 합성한 말로 제2의 물결인 산업사회의 양축이었던 생산자와 소비자 간의 경계가 허물어지는 현상을 의미한다. 과거의 소비자가 대량 생산과 대량 소비를 강요당했다면 현재는 신제품 개발에 직간접적으로 참여해 소비자의 선호나 요구가 시장을 지배한다는 의미를 지닌다. 이러한 거래에서 소비자와 생산자의 경계가 허물어지기 때문에 소비자 분쟁에서 책임 소재를 가르기가 더욱 어려워진다.

4) 개인정보보호의 문제

각종 디지털 산업은 소비자들의 행동과 개인정보들에 대한 데이터를 활용한 딥러닝 기술을 통해 인공지능으로 발전하고 있으며 로봇이나 자율주행 자동차 등을 구현시키고 있다. 2017년 세계경제포럼에서는 '소비자 황금시대(Golden Age of the Consumer)'의 도래를 예상하였다. 이는 제품 선택의 기하급수적 성장, 소비자가 전체 가치 사슬에 더 많은 영향을 미치게 되기 때문이다. 이처럼 소비자의 개인정보가 더욱 가치를 가지는 시장 상황에서 개인정보를 수집, 축적, 활용하는 산업은 매우 경쟁적으로 발달할 것이다. 이 과정에서 소비자의 개인정보를 오남용하고 개인의 사생활을 침해하는 피해가 발생할 가능성이 커졌다.

5) 디지털 소비자 안전 기준의 마련

드론, 자율주행 자동차나 사물인터넷과 같은 신기술에서의 소비자 문제는 신체상의 안전 문제와도 직결되는 중요한 과제이다. 신산업인 만큼 제품의 안전기준이나 잠재적인 피해의 사례에 대한 정보가 부족하기 때문에 개발 초기에는 새로운 소비자 안전 문제가 발생할 우려가 있다.

2017년 3월 G20 차원에서 G20 Consumer Summit에서 디지털 시대의 소비자 문제 이슈가 제기되었다. 이를 자세히 살펴보면, 첫째, 소비자가 신뢰할 수 있는 디지털 환경조성이 필요하다는 점이다. 둘째, 소비자 안전 분야에서는 디지털 상품에 적용 가능한 제품 안전의 개념 발굴이 필요하다. 셋째, 소비자 권리 분야에서 전 세계 어디서나 동일한 품질과 합리적 가격의 디지털 상품을 이용할 수 있도록 소비자 권리에 대한 글로벌 인식을 제고해야 한다.

이에 따라 UN의 소비자 보호지침, OECD 및 G20 등의 노력으로 디지털 소비자 보호 및 역량 분석의 8대 지표가 마련되었다. 8대 지표는 접근성, 경제적 이익, 제품안전과 제조물 책임, 개인정보보호 및 데이터 보안, 정보 투명성, 교육의 인식, 분쟁해결 및 피해구제, 거버넌스 및 참여이다. 또 이 회의에서 중요하게 제기된 소비자 문제는 개인 소비자의 권익이 보장되는 디지털 환경 구축, 제3세계 소비자와 같이 지리적·계층적으로 취약한 소비자의 온라인 서비스 이용 기회의 확대, 사물인터넷에서의 소비자 프라이버시 보호, 데이터 안전 확보 및 온라인 해킹 예방과 스토킹 방지, 과도한 정보 데이터 수집의 우려 등이다.

2. 소비자 주권과 소비자 권리

2.1 소비자 주권의 개념

윌리엄 헛(William H. Hutt)은 1936년에 '소비자 주권'이라는 말을 처음 사용하면서 민주정치에서 국민에게 선거권이 있듯이 자본주의에서는 소비자에게 상품에 관한 투표권이 있으며 소비자들이 경제적인 주권을 가지고 있다고 주장하였다. 정치적인 주권을 실현하듯 소비자들은 상품에 대한 투표권 행사를 통해 생산을 결정하는 최종적인 권한을 가진다. 소비자 주권의 확산은 눈에 보이지 않는 '사회적 힘'으로 작용하며(정준, 1997) 소비자 주권은 소비자 선호와 소비자의 선택에 의해 결정되는 것이므로 합리적인 선택은 더욱 강조된다. **소비자 주권**은 자원 분배, 상품의 생산, 유통, 소비 등 경제활동에 관한 모든 권한이 소비자로부터 나온다는 것을 의미한다. 소비자 주권의 실현은 경제활동이 공급자 중심에서 소비자 중심으로 전환됨을 의미한다.

소비자 주권이 불필요하거나 없어져야 한다고 주장하는 사람들은 소비자가 비합리적이며 전문적 지식이나 사회적 비전이 부족하기 때문에 사회적 자원 배분의 결정을 이들에게 맡길 수 없다고 주장한다. 이들은 소비자 주권이 생산자 주권을 오인한 것이라고 지적한다. 개인의 소비 행위는 광고 등 생산자의 판매 전략에 영향받기 때문에 생산자 주권을 오인(誤認)한다는 주장이다. 개인의 소비 행위에는 외부성이 존재하여 타인에게 부정적인 영향을 끼친다. 소비의 외부성이란 한 개인의 소비가 자신의 소득뿐 아니라 동류 집단의 소비 행위에 의해 영향을 받고 또 외부에 영향을 준다는 것이다. 외부성의 존재는 소비자 주권을 반대하는 근거다. 부자들에게 더 많은 '투표권'을 주어 부자들에게 유리한 소비 형태가 일어난다고 주장하는 경우도 있으나 소비자 주권이 부자들에게 유리한 소비 형태를 만들어내지는 않는다.

소비자 주권은 소비자들이 어떤 물건을 얼마만큼 구매하느냐에 따라 기업들이 생산하는 물건의 종류와 수량이 정해지고 이것이 사회적 자원 배분을 결정한다는 것이다. 자본주의 체제에서 무엇을 생산할 것인지 소비자들의 선택에 달렸다는 뜻이다. 소비자 주권의 상태는 소비자 권익이 실현될 수 있는 이상적인 상태이다.

1) 소비자 주권의 실현 조건

소비자 주권이 실현되는 상태에서 소비자는 자신의 선호에 따라 욕구 충족을 위해 제한된 자원을 가지고 시장에서의 화폐투표로서 가격기구를 통하여 생산자 측에 그들의 의사를 전달하게 되고 이는 생산 내용과 생산량을 결정하며, 이때 소비자 후생은 최대가 될 수 있다.

(1) 경쟁적 시장 구조

소비자 주권 실현을 위한 객관적 조건이란 경쟁적 환경 속에서 공정한 거래가 이루어지는 시장을 말한다. 생산자 및 판매자의 경쟁이 형성된 환경에서는 사업자들이 시장 제품과 소비자의 가격 결정에 영향을 미치지 못하게 되고 시장은 소비자 선호와 선택에 의해 시장의 자원 배분이 이루어질 수 있기 때문이다.

(2) 충분하고 정확한 소비자 정보 환경

시장에서 소비자 선택에 활용될 수 있는 정보들이 충분히 공급되고 정확한 정보가 제공되는 것은 소비자 주권이 실현되기 위한 전제 조건이다. 일반 소비제품에서 소비자는 사업자에 비해 생산제품과 서비스에 관한 정보가 부족할 가능성이 높고 전문적이고 복합적인 제품과 서비스의 경우 정보의 비대칭성은 더욱 심각하다. 이처럼 정보의 비대칭성이 존재하는 시장에서는 소비자가 정확한 정보를 충분히 얻고 활용할 수 없기 때문에 합리적인 선택이 불가능하다. 따라서 소비자 주권이 실현되기 위해서는 정보의 비대칭성 문제가 해소되어야 한다.

(3) 정부의 소비자 피해에 대한 조정 역할

소비자 주권이 실현되기 위해서는 소비자 피해가 발생할 경우 이를 중재할 정부의 역할이 매우 중요하다. 소비자 거래는 사업자와 소비자 간의 사적인 거래이므로 소비자피해가 발생했을 때 사업자는 그 피해를 원상 복구할 책임을 가진다. 하지만 모든 사업자가 소비자 피해에 대한 책임을 질 수 없는 경우가 발생할 수 있고 또 책임을 지지 않으려 하는 경우도 발생한다. 소비자가 소비자 거래를 통해 얻게 된 피해를 공정하게 보상받기 위해서 제3자의 역할이 필요하며 정부가 그 역할을 할 수 있다.

(4) 소비자의 합리성

소비자 주권이 실현되기 위해 충족되어야 할 주체적 조건은 시장에 참여하는 소비자가 자신의 권리를 인식하고 합리적 선택을 해야 한다는 점이다. 또 소비자는 자신의 선택이 시장 및 공동체에 미치는 영향을 고려하여 현재뿐만 아니라 미래에도 합리적인 소비를 하는 책임의식을 가져야 한다. 소비자들이 시장에서 제공되는 소비제품에 관한 정보를 탐색하지 않고 이를 이해할 수 없다면 소비자들이 선호하고 원하는 방향으로 경제적 주권을 행사하기 어렵다.

(5) 기업의 공정하고 윤리적인 행동

소비자 주권 실현을 위해 기업의 공정하고 윤리적인 경영이 요구된다. 피터 드러커는 변화리더의 조건이라는 책에서 소비자 보호운동이 '마케팅의 수치'라고 말했다. 소비자 보호운동이 기업에 요구하는 것이 바로 마케팅이 해야 할 활동인데 그것을 기업들이 제대로 하지 못하고 있기 때문에 소비자들이 소비자 주권보호를 요구하는 운동이 시작되었다고 진단한다.

　기업은 이익 증대를 위해 제품 혹은 서비스를 기업 관점에서 생산하여 제공하는 것이 아니라 고객만족을 이루기 위해 고객의 관점에서 생각해야 한다. 고객의 선호와 가치관 등을 고려하고 고객 욕구를 정확하게 파악하여 그것을 충족시킬 수 있는 상품과 서비스만이 시장에서 성공할 수 있다. 이를 위해 기업은 소비자 문제의 본질과 중요성을 인식하여 소비자가 상품 및 서비스에 대하여 제기하는 문제점과 잠재적 욕구를 적극적으로 기업 내 품질제고와 서비스 개선으로 연결시켜야 한다는 것이다. 또 기업(사업자)은 기업 간의 공정한 자유 경쟁을 통해 소비자에게 품질이 좋고 안전한 제품을 적정한 가격으로 제공해야 하며 소비자의 불평과 불만을 기업의 경영활동에 적극적으로 반영해야 한다.

2) 시장 구조와 소비자 주권

시장 구조의 특성에 따라 소비자 주권 실현에 결정적 영향을 미친다. 시장 구조는 공급자와 수요자의 수에 따라 독점시장, 과점시장, 완전경쟁시장으로 구분된다. 독점시장은 공급자 또는 수요자가 1인인 시장, 과점시장은 소수의 공급자와 다수의 수요자가 존재하는 시장을 말한다. 완전경쟁시장이란 다수의 공급자와 다수의 수요자가 존재하는 시장이다(표 10-3).

　시장 경쟁의 정도에 따라 가격을 설정하는 방법이 다르다. 독점 시장이나 과점 시장에서 수요자(소비자)는 단독 혹은 소수의 공급자가 결정하는 주어진 가격의 수용자의 입장이 된다. 독과점 시장에서 소비자가 독점적 시장가격을 수용할 수밖에 없는 이유는 대체제가 별로 없기 때문이다. 또 독과점 시장에서는 독과점 기업이 다양한 제품을 개발하거나 생산하지 않아도 매출이 유지 또는 상승할 수 있기 때문에 소비자의 선택 범위를 제한하게 된다. 따라서 소비자 주권의 실현은 불가능해진다. 그리고 경쟁시장에서 다수의 생산자 또는 판매자가 존재하더라도 이들이 의견을 합의하여 담합행위를 하게 되면 독과점 기업행위와 유사한 결과를 초래하게 된다. 소비자 주권은 소비자의 자유로운 선택이 시장과 경제의 자원

표 10-3 시장 구조와 소비자 주권

시장 구조 특성	독점	과점	완전경쟁
공급자/수요자의 수	유일한 공급자 또는 유일한 수요자	소수의 공급자와 다수의 수요자	다수의 공급자와 다수의 수요자
제품의 성질	대체재의 부재	동질적	동질적
제품 정보	불완전한 정보/정보의 비대칭성	불완전한 정보/정보의 비대칭성	완전한 정보
소비자 주권의 영향	자연독점 부당하게 높은 가격 제한적인 소비자 선택	공급자의 담합 가격/제품 차별 제한적인 소비자 선택	제품 동질적 소비자의 자유로운 선택

배분을 결정하게 되는 상태를 의미하므로 자유로운 소비자 선택의 보장이 매우 중요하다.

3) 소비자 정책과 소비자 주권

소비자 주권 개념은 우리나라 소비자 정책에도 영향을 미쳤다. 1980년 1월 '소비자보호법'이 실행되면서 우리나라의 소비자 정책은 시작되었다. 그 후 소비자 정책의 목표는 시장에서 사업자에 비해 약자인 소비자를 보호하고 시장실패를 보완하는 것이었다. 다양한 소비자 정책이 도입되고 강화되는 과정은 일련의 사업자 규제 정책적 성격을 가졌다. 이 당시 우리나라의 소비자 정책의 규제적 특성은 소비자를 약자로 인식하는 것을 전제로 했기 때문이다.

우리나라는 1990년대부터 인터넷 환경이 급속도로 발달하면서 사회 전반에 엄청난 변화가 나타났다. 소비자는 인터넷 정보환경을 통해 소비자 권리의식이 강화되었고 발달된 정보획득 수단으로 정보를 활용하는 능력이 매우 향상되었다. 따라서 소비자는 정보에 소외되는 약자의 지위에서 벗어나게 되었다. 또 인터넷 환경에서 공동의 소비자 이익을 가지는 동료를 이전보다 훨씬 용이하게 찾을 수 있어서 공동의 이익을 추구하는 집단이 쉽게 만들어질 수 있었고 이는 소비자들의 집단적 파워를 행사하기가 용이해졌다.

인터넷 정보환경의 변화가 소비자 파워에 미친 영향을 살펴보자. '침묵하는 다수'로 치부되던 소비자들이 자신의 이익과 관련한 주요 이슈에 적극적으로 개입해 의견을 내거나 종종 단체행동에도 나서고 있다. 달라진 소비자들의 태도가 소수 이익단체 주도로 이뤄지던 시장 여론 형성 과정에서 변수로 부상하고 있다. 인터넷의 발달로 인해 소비자 정보의 양적·질적 증가가 이루어졌다. 또 소비자 간에 일대일 커뮤니케이션, 일대다 혹은 다대다 커뮤니케이션이 가능해졌다. 인터넷상 커뮤니케이션은 과거에 비해 저렴한 비용에서 가능하며 거리와 시간에 구애받지 않는다. 이러한 커뮤니케이션의 혁명은 소비자와 사업자 간의 불균형 또는 비대칭에서 비롯한 많은 소비자 문제를 극복할 수 있게 한다. 인터넷 정보환경이 소비자 파워에 미치는 영향은 다음과 같이 정리할 수 있다.

- 소비자는 정확하고 최신의 왜곡되지 않은 정보에 상당히 접근할 수 있게 되었다. 한국소비자원 및 각 시민단체 접속을 통해 객관적인 소비자 정보를 쉽게 얻을 수 있다.
- 소비자는 즉각 대다수의 다른 소비자와 대화할 수 있으며 각종 제품평가 사이트가 개발되어 있거나 상품 구매 후기 등을 활용할 수 있다.

- 소비자는 쉽게 다른 많은 소비자들과 연대할 수 있다. 다양한 안티 사이트가 그 예이다.
- 소비자는 어떤 기업에서 발생하고 있는 일에 대하여 진정으로 영향력을 행사할 수 있다.
- 소비자들은 보다 단순히 그리고 적정하게 법률 시스템에 대한 정보를 얻을 수 있고 접근할 수 있다.
- 소비자들은 복잡하고 기술적인 상품과 서비스를 효과적으로 평가할 수 있고 필수적인 기술 전문가에 쉽게 접근할 수 있다. 검색엔진을 이용하면 전문적인 정보에 대한 접근이 가능하다.
- 소비자들은 공적인 도메인에서 기업과 대화할 수 있다. 기업들은 자사 홈페이지나 고객참여프로그램을 통해 고객과의 대화를 증가시키고 있다.

이처럼 디지털 시대에서 소비자의 정보 활용 속도와 능력이 더욱 향상되었기 때문에 소비자를 열악한 시장적 지위를 가진 약자로 간주하는 것은 타당하지 않다는 인식이 커졌다. 이에 따라 2007년 3월 28일 소비자보호법에서 소비자기본법으로 전면 개정되면서 소비자를 자율적으로 행동하고 스스로 책임지는 자주적 권리자로 간주하였다. 이는 소비자 문제를 바라보는 시각의 커다란 변화가 발생한 것이고, 이에 따라 우리나라 소비자 정책의 목표도 소비자 보호에서 자주적인 경제주체의 양성과 소비자 주권의 실현으로 전환되었다.

4) 소비자 주권과 기업의 사회적 책임

상품이 고도화·복잡화·다양화되면서 소비자가 활용할 수 있는 지식과 정보만으로는 거래를 할 때 자주적인 판단을 내리는 것이 더욱 어려워진다. 거래에 있어서 입장의 대등성이 상실된 것이다. 소비자 자신이 노력해도 대등성을 가지지 못한다면 가질 수 있도록 협조하는 것이 거래의 상대방인 기업의 책무이다. '소비자가 합리적·자주적인 판단을 내릴 수 있도록 협조하는 것'이 기업의 사회적 책임이다.

기업이 사회적 책임(corporate social resposibility, CSR)을 자각하고 소비자 문제에 적극적으로 대처하기 위해서는 첫째, 사회적 책임을 인식하고 경영이념을 철저히 전환할 필요가 있다. 기업의 목적 가운데 가장 중요한 것이 기업의 이윤인 것은 변함이 없지만 향후 기업이 절대이윤만을 생각하고 행동해 왔던 행태에서 벗어나 기업 공동체와 소비자를 포함하는 이해관계자, 그리고 사회와 자연 환경에 미치는 영향까지도 고려하도록 하는 것이다. 이를 위해서는 기업의 전 사원부터 최고경영자가 의식 개혁이 이루어져야 한다. 둘째, 소비자 관련 정보와 소비자 불만을 신속하고 정확하게 파악하여 기업의 의사결정에 반영한다는 것이다.

소비자기본법에는 사업자가 수행해야 할 책무에 대하여 소비자 안전 부문, 소비자 정보 제공 부문, 소비자 피해 구제 부문으로 나누어 규정하고 있다. 먼저 사업자는 국가 및 지방 자치단체의 소비자 권익 증진 시책에 협력해야 할 책무와 소비자의 개인정보를 성실하게 취급해야 할 책무, 소비자의 합리적인 선택이나 이익을 침해할 우려가 있는 거래 조건이나 거래 방법을 사용하지 않을 책무, 국가가 지정하거나 고시한 부당한 기준을 위반해서는 안 되는 책무를 지니고 있다.

소비자 안전 부문에서는 물품 등을 제공함에 있어서 환경친화적인 기술을 개발하고 자 원의 재활용을 위해 노력해야 할 책무가 있다. 그리고 물품 등으로 인해 소비자에게 위해가 발생하지 않도록 필요한 조치를 강구해야 할 책무, 국가가 정한 기준에 위반되는 물품 등을 제조하거나 수입 판매하지 않을 책무를 지닌다. 소비자에게 제공한 물품 등에 소비자의 생 명과 신체 또는 재산에 위해를 끼치거나 끼칠 우려가 있는 상품의 제조, 설계 또는 표시 등 에 중대한 결함이 있는 사실을 알게 됐을 때 그 결함의 내용을 소관 중앙행정기관의 장에게 보고하고 물품 등을 자진 수거할 의무를 지닌다.

2.2 소비자의 권리와 책임

소비자 주권 실현을 위해서는 무엇보다 소비자 개개인의 자각이 전제되어야 할 것이다. 다 시 말해 소비자는 스스로의 안전과 권익을 향상시키기 위하여 필요한 지식을 습득하는 동 시에 자주적이고 성실한 행동을 함으로써 스스로의 권익을 보호해야 할 것이다. 이렇게 자 각된 소비자들이 단체를 조직하여 행동하게 되면 사업자에 대항할 만한 강력한 존재가 될 것이다. 그러나 우리나라는 미국이나 서구 제국에 비하여 소비자 자신이 소비자 문제를 해 결하려는 의식이 약한 편이다.

우리들이 생활하고 있는 사회에서는 "권리 위에서 자고 있는 자는 보호되지 않는다"라는 원칙이 있는데 이것이 소비자 보호의 기본원칙을 말해준다. 이는 소비자가 소비자 권리의 자각과 자신이 권리의 주체자로서 행동을 해야 한다는 것을 의미한다. 이 대등성을 지향하 고 그 주체성을 회복시키려는 소비자 측의 주장이 **소비자주의**(consumerism)이다.

소비자 정책의 기본은 소비자의 권리를 실현하는 것이므로 먼저 소비자의 권리가 명확하게 인식되어야 한다. 소비자의 권리가 최초로 선언된 것은 1962년 3월 15일 미국 존 F. 케네디 대통령이 의회에 보낸 '소비자의 이익 보호에 관한 특별 교서'에서이다. 이 교서에는 소비자 문제가 최초로 정치경제 문제로 등장하게 되었다. 여기에는 소비자의 네 가지 권리, 즉 안전의 권리, 선택의 권리, 정보를 제공받을 권리, 소비자의 의견이 반영될 권리를 선언하고 있다. 이후 1964년 존슨 대통령은 '소비자특별교서'를 통해 이를 재확인시켰다. 1969년에는 닉슨 대통령이 '소비자보호입법계획의 내용에 관한 교서' 중에 '매수인의 권리 장전'에서 위 네 가지 권리에 배상받을 권리를 추가했다. 그 후 1975년 경제협력개발기구가 5대 권리, 1980년 국제소비자연맹이 8대 권리, 1985년 UN이 소비자보호지침을 발표하면서 소비자의 6대 권리를 명시했다.

1) 소비자의 8대 권리

우리나라에서도 1986년 소비자보호법에서 소비자의 7대 권리를 보장하게 되었고 개정된 2006년 소비자기본법에는 8대 권리가 규정되어 있다. 그러나 소비자 권리는 현행 헌법상 기본권편에 명확하게 규정되어 있지 않고 경제생활편에 소비자 보호 규정(제124조)으로만 두고 있다. 소비자 권리를 헌법상 보장된 기본권으로 보는 것이 다수설이다. 그 헌법상 이념적 근거로는 헌법 제10조의 인간의 존엄과 가치 및 행복추구권, 부분적인 직접적 근거조항은 헌법 제124조의 소비자 보호 운동의 보장에 관한 조항이다. 우리나라의 '소비자기본법'에서 제시하고 있는 소비자의 8대 권리에 관하여 살펴보자.

- 안전의 권리 : 소비자가 상품이나 서비스를 구입한 다음 발생하는 소비자의 신체, 생명 및 재산상의 위해로부터 안전하게 보호받을 수 있는 권리이다. 소비자는 이러한 위해로부터 안전을 보장받기 위해서 관련기관에 이를 위한 건의 및 시정을 요구할 수 있는 권리도 갖는다.
- 정보를 제공받을 권리 : '알 권리'라고도 부르며 크게 두 가지 요소로 구분된다. 첫째, 소비자가 상품이나 서비스를 선택할 때 그 품질, 성능, 내용, 성분, 가격, 거래 조건 등 필요한 사항에 대하여 충분한 지식과 정보를 제공받을 권리를 말한다. 둘째, 허위, 기만 정보로부터 보호받을 권리를 의미한다. 이 권리를 위해 제조회사 및 관련 당국도 필요한 정보를 제공해야 하며 허위, 기만 광고는 규제되어야 한다.
- 선택의 권리 : 선택할 권리는 두 가지 측면에서 생각해 볼 수 있다. 첫째, 소비자 상품이

나 서비스를 사용할 때 거래의 상대방, 구입 장소, 가격, 거래 조건 등을 자유롭게 선택할 수 있는 권리이다. 둘째, 이러한 권리를 위해서는 우선 많은 사업자가 참여한 자유롭고 공정한 경쟁시장이 전제되어야 한다는 것을 의미한다.

- **소비자의 의견이 반영될 권리** : 소비자는 소비생활에 영향을 주는 사업가의 사업 활동과 국가 및 지방자치단체의 정책 등에 대해 자신들의 의사를 반영시킬 수 있는 권리를 가진다.

- **피해보상을 받을 권리** : 소비자는 상품이나 서비스의 사용으로 인해 입은 피해에 대해 신속하고도 공정한 절차에 의해 적절한 보상을 받을 권리를 가지고 있다. 이 권리의 보장을 위해 기업의 소비자 피해 보상기구나 소비자 단체, 한국소비자원, 정부의 관련 기관 등에 신속한 피해 보상과 구제를 요청할 수 있다.

- **소비자 교육을 받을 권리** : 소비자가 합리적인 소비생활을 하기 위해서 필요한 교육을 받을 권리로 정부나 소비자 단체, 한국소비자원 등에서 실시하고 있는 교육에 소비자는 능동적으로 참여해야 한다.

- **단체를 조직하고 활동할 권리** : 소비자가 스스로의 권익을 옹호하기 위하여 단체를 조직하고, 조직된 단체를 통하여 활동할 수 있는 권리로, 그 예로 '소비자 보호단체 협의회', '한국소비자연맹', '전국주부교실', '소비자 문제를 연구하는 시민의 모임' 등이 있다.

- **안전하고 쾌적한 환경에서 살 권리** : 소비자가 안전하고 쾌적한 소비생활 환경에서 소비할 권리로, 소비자는 생활 유형 또는 소비 유형의 변화를 통해 에너지 보존, 효율적인 에너지 사용, 자원의 재생산과 재활용, 제품과 서비스에 대한 환경적 관리 등에 초점을 둔 소비생활을 해야 한다.

2) 소비자 책임

2010년을 전후해 세계화의 확산, 디지털화의 확대, 녹색화, 고령화, 스마트화 등으로 인해 제품의 생산, 유통, 소비 구조가 크게 변화하면서 소비자 주권론은 '시민론적 소비자 정책'으로 수정이 필요하게 되었다. 소비자 주권시대가 열리면서 기업의 사회적 책임이 강조되고 사회적 기업이 많이 설립되었으며 '시민론적 소비자 정책'의 요청으로 소비자의 사회적 책임과 역할이 강조되었다. 기업과 소비자 간의 대립적인 관계를 벗어나 정치 · 경제 · 사회적 상호의존과 상생의 관계를 정립하는 과정에서 기업의 사회적 책임뿐만 아니라 소비자 책임도 함께 강조되어야 한다.

현대 소비사회의 다양한 문제를 해결하기 위한 대안으로 사회적으로 책임 있는 소비자 행동과 윤리적 소비가 강조되고 있다. 윤리적 소비란 소비자의 개별적 · 도덕적 신념에 따라 사회적 책임을 실천하는 행동이다. 소비자의 사회적 책임에는 경제적 책임, 법적 책임, 지속가능한 소비의 책임, 동시대 인류를 위한 책임이 있다.

소비자 주권사회에서는 소비자 정책적으로 소비자의 권익 증진과 더불어 소비자의 책임을 강조한다. 소비자기본법에서는 다섯 가지의 소비자 책무를 규정하고 촉진하고 있다.

- **올바른 선택의 책무** : 소비자는 사업자 등과 더불어 자유시장경제를 구성하는 주체임을 인식하여 물품 등을 올바르게 선택하고 소비자의 기본적 권리를 정당하게 행사해야 한다.
- **정당한 권리 행사의 책무** : 소비자는 스스로의 권익을 증진하기 위하여 필요한 지식과 정보를 습득하도록 노력해야 한다.
- **자립역량 강화의 책무** : 소비자는 스스로의 권익을 증진하기 위하여 필요한 지식과 정보를 습득하도록 노력해야 한다.
- **합리적 행동의 책무** : 소비자는 자주적이고 합리적인 행동과 자원 절약적이고 친환경적인 소비생활을 함으로써 소비생활의 향상과 국민경제의 발전에 적극적인 역할을 다해야 한다.
- **환경친화적 소비의 책무** : 소비자는 자신의 소비 행태가 바뀌지 않는 한 환경문제 해결이 어렵다는 점을 인식하고 환경친화적이고 지속가능한 소비활동을 할 책무를 가진다.

전 세계 각국의 민간 소비자 단체를 회원으로 하고 있는 국제소비자기구(Consumers International)에서 강조하는 소비자의 책임은 다음과 같다.

- **비판의식** : 소비자는 시민으로서 모든 재화와 서비스의 유용성, 가격 및 품질에 대해 비판적인 질문을 던질 수 있어야 한다.
- **적극적 참여** : 소비자는 시민으로서 지식과 의식을 터득한 후에는 그들의 요구가 받아들여질 수 있도록 확실하게 행동해야 한다.
- **생태학적 책임** : 소비자는 무분별한 자원과 에너지의 사용이 자연환경에 미치는 심각한

표 10-4 소비자기본법에 규정된 소비자 권리와 소비자 책무

소비자의 권리	소비자의 책무
위해로부터 보호받을 권리	올바른 선택의 책무
지식 및 정보를 제공받을 권리	정당한 권리행사의 책무
선택할 권리	자립역량 강화의 책무
의견을 반영시킬 권리	합리적 행동의 책무
피해보상을 받을 권리	환경친화적 소비의 책무
교육을 받을 권리	–
단체를 조직할 권리	–
쾌적한 환경에서 소비할 권리	–

영향을 인식해야 한다.

- 사회적 책임 : 소비자는 경제적인 이익을 우선하기 때문에 자신이 선택한 것이 사회적
으로 어떤 결과를 가져오는지에 대해 무관심하나, 사회적인 책임을 인식해야 한다.
- 단결 : 소비자는 공공의 관심과 지지를 위해서 소비자 단체를 통하여 활동해야 한다.

3. 소비자 문제의 유형

이 절에서는 거래 관련 소비자 문제, 안전 관련 소비자 문제, 환경 및 화학물질 관련 소비자
문제, 기만적 유형의 소비자 문제의 유형을 살펴보고 미래의 소비자 문제 이슈를 살펴본다.

3.1 소비자 문제의 유형

1) 거래 관련 소비자 문제

현대의 소비생활은 대체로 시장에서의 구매를 통해 가능하다. 구매행위는 법률적으로 거래
의 계약으로 간주되는데 거래가 이루어지기 위해서는 거래 당사자들 간 거래 조건, 즉 계약
조건에서 합의가 이루어졌다는 것을 의미한다. 소비자 문제의 많은 비중이 거래 조건과 관
련된다. 거래 조건이란, 가격, 품질, 제품 설명, 배송 등 거래 전반에 대하여 양 당사자가 정
한 약속이라고 할 수 있다.

합의된 거래 조건을 어느 한 당사자가 지키지 않을 경우 소비자 피해가 발생한다. 특히

대량생산과 유통을 하는 사업자와 소비자 사이에서 부당한 거래가 이루어졌을 때 소비자 문제는 더욱 광범위하게 그리고 심각해진다. 그런데 '부당한' 거래란 어떤 것을 의미하는가? 독점규제 및 공정거래에 관한 법률에 의하면 공정하고 자유로운 거래를 해칠 우려가 있는 행위(불공정거래행위)를 부당한 거래로 규정하고 있다.[2]

(1) 광고와 표시 문제

광고는 특성상 과대 표시되는 요인을 갖는 것이지만 광고는 정보 전달 기능으로서의 '진실성의 원리', '정직의 원리' 등에 근거해야 한다. 표시·광고의 공정화에 관한 법률은 부당한 표시·광고의 내용을 네 가지 유형으로 규정하고 있다.

- 허위·과장 표시 및 광고는 사실과 다르게 표시·광고하거나 사실을 지나치게 부풀려 표시·광고하는 경우
- 기만적인 표시 및 광고는 사실을 은폐하거나 축소하는 등의 방법으로 표시·광고하는 경우
- 부당한 비교 표시 및 광고는 비교 대상 및 기준을 명시하지 않거나 객관적인 근거 없이 자기 또는 자기의 상품이나 용역을 다른 사업자 또는 사업자 단체나 다른 사업자 등의 상품 등과 비교하여 우량 또는 유리하다고 표시·광고하는 경우
- 비방 표시 및 광고는 다른 사업자 등 또는 다른 사업자 등의 상품 등에 관하여 객관적인 근거가 없는 내용으로 표시·광고하여 비방하거나 불리한 사실만을 표시·광고하여 비방하는 경우

(2) 소비정보 관련 문제

소비자가 합리적인 선택을 하기 위해서는 정확하고 충분한 정보가 전제되어야 한다. 소비자들은 제품 정보를 어디에서 얻을 수 있나? 소비자들이 제품에 관한 정보를 쉽게 그리고 신속하게 얻을 수 있게 하기 위해 제품의 표시에 대한 규제가 필요하다. 소비자기본법에 의하면 국가는 소비자가 사업자와의 거래에 있어서 표시나 포장 등으로 인해 물품 등을 잘못

---

[2] ① 부당하게 거래를 거절하거나 거래의 상대방을 차별하여 취급하는 행위, ② 부당하게 경쟁자를 배제하는 행위, ③ 부당하게 경쟁자의 고객을 자기와 거래하도록 유인하거나 강제하는 행위, ④ 자기의 거래상의 지위를 부당하게 이용하여 상대방과 거래하는 행위, ⑤ 거래의 상대방의 사업 활동을 부당하게 구속하는 조건으로 거래하거나 다른 사업자의 사업 활동을 방해하는 행위 등

선택하거나 사용하지 않도록 물품 등에 다음 사항에 대해 표시기준을 정하고 제공하도록 하고 있다.

- 상품명, 용도, 성분, 재질, 성능, 규격, 가격, 용량, 허가번호 및 용역의 내용
- 물품 등을 제조·수입 또는 판매하거나 제공한 사업자의 명칭 및 물품의 원산지
- 사용방법, 사용·보관할 때의 주의사항 및 경고사항
- 제조연월일, 품질보증기간 또는 식품이나 의약품 등 유통과정에서 변질되기 쉬운 물품의 유효기간
- 표시의 크기·위치 및 방법
- 불만이나 소비자 피해가 있는 경우의 처리기구 및 처리방법
- 시각장애인을 위한 표시방법

(3) 가격 문제

품질에 비해 부당하게 가격이 높은 경우 소비자 피해를 발생시킨다. 완전경쟁시장에서는 소비제품의 공급자가 시장 가격 형성에 영향력을 행사할 수 없기 때문에 적정한 소비 가격이 형성된다. 그러나 현실에서는 제품별 독과점적 시장환경에 있는 경우가 많아 독과점적 지위에 있는 사업자들은 가격을 높게 받을 수 있어서 부당한 이익을 취할 수 있다.

또 한 시점에서 똑같은 제품에 대해 서로 다른 가격, 즉 가격 분산(price variation)이 존재하고 있어 비교구매를 하지 않으면 경제적 손실을 입게 된다. 소비자들은 때때로 최고 가격을 실제보다 낮게 인지하는 경향이 있어서 가격 분산을 과소 평가하기도 한다. 한국소비자원에서는 120개 생필품의 가격을 전국 15개 지역, 200개 판매점을 대상으로 매주 비교하여 제공하고 있다. 소비자는 가격 비교 정보를 소비자원 홈페이지 T-프라이스, 모바일폰, 네이버 등의 포털 사이트를 통하여 확인할 수 있다.

(4) 품질 문제

품질 문제는 제품이나 서비스가 구매하려는 의도를 충분히 만족시켜 주고 있는가에 대한 가치 판단이다. 품질에 대한 판단을 구매 시점에 할 수 있는 것이 있는가 하면, 대부분의 경우는 구매하여 사용한 후에 가능하다. 예를 들어 가구, 가전제품 등의 내구재는 고도의 과학기술에 의해서 생산되기 때문에 소비자의 상품 지식으로는 품질의 판단이 어렵다. 또한

평균 사용연한이 길기 때문에 거래가 끝난 후에도 그 품질을 평가할 수가 없다. 따라서 대부분의 소비자들은 품질에 대해서 그리고 구매 위험을 줄이기 위해서 판매자나 생산자의 명성에 대한 정보를 얻으려 한다.

(5) 특수거래 소비자 문제

할부거래, 방문판매, 전자상거래 등과 같은 특수한 상황에서의 거래에서 특별히 부당한 거래 관련 문제가 많이 발생하고 있다. 한 예로 전자상거래 소비자 피해를 살펴보면 물건대금을 선불로 받고 입금된 돈만 챙기고 사이트가 폐쇄되거나, 인터넷 주소를 도용해서 타 사업자처럼 행세하거나, 주문한 상품에 대하여 중고제품이나 고장난 제품을 보내주는 행위 등이 있다. 또한 부당한 계약 체결, 대금의 미환불, 해약 거절, 일방적 계약 조건의 변경 등이 있다.

2) 안전 관련 소비자 문제 : 신체와 생명 안전

경제 발전에 따라 급속한 기술혁신으로 복잡하고도 고도화된 상품이 시장에 나타나게 되었으며, 이에 따라 소비자 안전이 중요한 소비자 문제로 대두되었다. 소비자가 사용하고 있는 소비제품을 포함하여 각종 시설, 교통수단 등은 어느 정도 위험성을 가지고 있다. 따라서 소비자 안전은 위해가 전혀 없는 상태가 아니라, 위해는 존재하더라도 소비자가 노력함으로써 위해의 발생을 피할 수 있거나 또는 위해보다는 이득이 더 많기 때문에 받아들여질 수 있는 수준의 위험을 의미한다. "소비자가 사용하는 제품에는 어느 정도의 위험이 받아들여질 수 있는가?" 미국의 소비자제품안전위원회는 받아들일 수 있는 위험을 다음과 같이 정의하고 있다. 소비자가 위험이 존재한다는 것을 인식하고, 위험의 가능성과 심각성을 평가할 수 있으며, 위험에 대한 대처 방법을 알며, 자발적으로 그 위험을 받아들이고, 위험보다는 이익이 큰 경우이다.

안전 문제는 식품, 의약품뿐 아니라 각종 가구, 장난감 등 공산품에서 많이 발생하고 있지만 무역 개방화에 따라 수입품의 안전 문제도 계속 증가하고 있다. 수입상품은 오랜 기간 동안 유통되어야 하기 때문에 과도한 양의 방부제를 사용하거나, 많은 나라들이 수출상품에 대해서는 자국의 기준보다 더 완화된 안전기준을 적용하는 경향이 있다. 우리나라에서도 수입자몽 등에서 알라(다미노자이드)가 검출된 적이 있었고, 수입옥수수에서 기준 값 이상의 아플라톡신이 검출된 적이 있었다. 육류의 성장촉진제 혹은 항생제 잔류문제, 식품의 보존성 향상을 위해 사용하는 방사선 조사의 허용기준 문제 등이 이슈로 등장한 적이 있었다.

1998년 이후 유전자 변형 농산물의 안전성 문제, 1999년 벨기에산 돼지고기의 다이옥신 파동, 1996년 영국에서부터 시작된 쇠고기의 광우병 문제 등 수입식품 안전성 문제가 발생하였다. 검역시스템의 과학화, 효율화, 농수산물 사전 검사제의 도입, 위해식품여부에 대한 검사방법 개선의 계기가 되었다. 2016년 가습기 살균제 사건이 대표적인 예이다. 1994년 부터 2011년까지 10년 동안 판매된 가습기 살균제로 인해 영유아가 사망하거나 폐 손상 등 심각한 건강 피해를 입은 사건이다. 가습기 살균제로 인한 피해는 특히 임산부와 영·유아에 집중됐다.[3]

소비자 안전은 상품 및 서비스에 내포되어 있는 '상품 자체의 위험성'뿐만 아니라 상품이용에 의한 위험의 확산에 주목해야 한다. 소비자들이 상품 자체의 위험성을 잘 인식하지 못한 상태에서 다수에게 그 위험이 확산되기 쉽기 때문이다. 소비자가 외부에서 위험을 인식할 수 없는 위험요소의 경우 더욱 주의를 해야 한다. 칼이나 톱과 같은 상품은 외부만 보더라도 위험성을 인지할 수 있으나 장난감 등에 포함된 위해물질이나 식품첨가물과 같은 장기복용에 따른 위험요소, 땅콩 알레르기 해산물 알레르기와 같은 체질과 관련된 위험요소, 시설물의 안전 등 소비자 안전을 위협하고 있다.

3) 환경 관련 소비자 문제 : 미세먼지, 화학물질

21세기에 기후변화나 환경 문제는 곧 건강 문제와 직결되고 있다. 소비자들은 매일 날씨 확인을 하면서 기온이 얼마인지 비나 눈이 얼마나 오는지를 궁금해 하지만 그 외 미세먼지와 초미세먼지 체크도 습관화되었다. 미세먼지란 사람의 눈에 보이지 않을 정도로 아주 가늘고 작은 먼지 입자를 말한다. 미세먼지가 문제가 되는 것은 호흡 과정에서 폐 속에 들어가 폐의 기능을 저하시키고, 면역 기능을 떨어뜨리는 등 폐질환을 유발하는 대기오염 물질이기 때문이다. 대체로 자동차, 발전소, 보일러 등에서 연료를 태워 발생하는 배출물질이 주요 원인이다. 그 외에 공사장이나 도로에서 날리는 먼지도 포함된다, 난방용 연료 사용이 증가하는 겨울철에 미세먼지의 발생량이 많으며, 국내뿐 아니라 국외에서 유입된 오염물질

---

[3] 2016년 국회 본회의록(20347회 국회)에 따르면 가습기 살균제 사고 진상규명과 피해구제 및 재발방지 대책 마련을 위한 국정조사특별위원장의 보고에서 2016년 12월 25일까지 피해 접수자는 5,312명, 사망 접수자는 1,106명에 달한다.

도 포함된다. 공기질 저하는 뇌졸중, 심장 질환, 폐암, 천식 등의 만성 및 급성 호흡기 질환 발병률 증가를 초래한다. 미세먼지로 인한 대기오염은 매우 중요한 소비자 안전 문제화되었으며 미세먼지를 줄이기 위한 사회적·개인적 대안이 강구되고 있다.

플라스틱 등 소비제품에 포함된 환경호르몬도 우리 인체에 중요한 영향을 미치는 것으로 나타났다. 환경호르몬이란 호르몬을 분비하는 내분비계에 혼란을 주어 정상적인 대사기능을 방해하는 유해물질로 내분비교란물질이라고도 한다. 화학물질의 사용이 급속히 증가하면서 플라스틱류의 용기 사용이나 폐기물 처리과정 등에서 방출되면서 소비자들이 섭취 또는 흡입하게 된다. 즉 환경 중에 배출된 화학물질이 생물체 내에 유입되어 마치 호르몬처럼 작용한다는 점에 주목할 필요가 있다. 우리에게 흔히 알려진 환경호르몬은 변압기 절연유(絕緣油)로 주로 사용한 PCB, 살충제로 사용한 DDT, 합성세제 원료인 노닐페놀, 플라스틱 원료인 비스페놀A, 소각장에서 발생하는 다이옥신 등이 있다.

4) 기만적 판매

소비자를 속이는 기만적 판매 중 소비자를 의도적으로 속여 판매를 하고 부당한 이익을 취하는 소비자 피해가 근절되지 않고 있다. 이러한 사기적 거래 유형은 허위(신분 사칭) 상술, 최면 상술, 강습회 상술, 홈파티 상술, 네거티브 상술, 추첨·전화당첨 상술, 설문조사 상술, 부업 상술, 자격증빙자 상술, 회원권 상술, 피라미드 상술 등 다양하다. 보이스 피싱이나 피라미드 금융사기 등은 금전적으로 심각한 소비자 피해를 발생시키고 있다.

- 허위(신분 사칭) 상술 : 신분을 사칭하여 제품 판매를 권유하는 수법으로 대학 선배나 동아리 선배라고 하면서 소비자의 경계심을 늦추고 신뢰를 이용하여 물건의 구입을 권유하는 경우이다.
- 최면 상술 : 신제품 설명회라거나 공장의 견학이라고 하여 사람들을 모으고 분위기를 만들어 소비자가 구입하도록 하는 것이다. 사람들을 모아 놓고 일용잡화를 무료로 배포하거나 관광을 시켜주면서 대접하는 등의 선심을 제공한 후 상품을 구입하도록 유인하는 경우가 많다.
- 강습회/홈파티 상술 : 일반 소비자들의 관심을 끌 수 있는 각종 건강, 학술세미나 또는 요리강습회를 개최하여 사람들을 모은 후 건강상품 등을 판매하는 상술이다. 홈파티 상술은 주부들을 모아 요리를 시연해 보이거나 시식을 하도록 하면서 주방기구나 홈

세트 등을 구입하도록 권유한다.

● 추첨·전화당첨 상술 : 사람들이 많이 모이는 번화가에서 사람들을 모으고 여러 명의 대

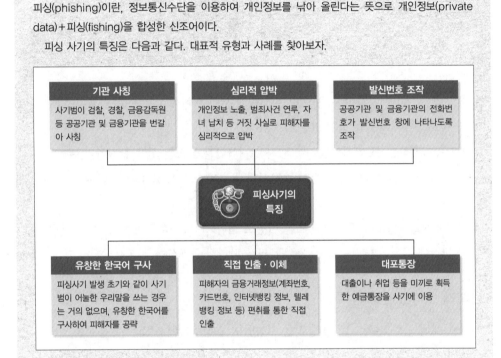

피싱 사기의 특징과 유형

피싱(phishing)이란, 정보통신수단을 이용하여 개인정보를 낚아 올린다는 뜻으로 개인정보(private data)＋피싱(fishing)을 합성한 신조어이다.

피싱 사기의 특징은 다음과 같다. 대표적 유형과 사례를 찾아보자.

기관 사칭	심리적 압박	발신번호 조작
사기범이 검찰, 경찰, 금융감독원 등 공공기관 및 금융기관을 번갈아 사칭	개인정보 노출, 범죄사건 연루, 자녀 납치 등 거짓 사실로 피해자를 심리적으로 압박	공공기관 및 금융기관의 전화번호가 발신번호 창에 나타나도록 조작

피싱사기의 특징

유창한 한국어 구사	직접 인출·이체	대포통장
피싱사기 발생 초기와 같이 사기범이 어눌한 우리말을 쓰는 경우는 거의 없으며, 유창한 한국어를 구사하여 피해자를 공략	피해자의 금융거래정보(계좌번호, 카드번호, 인터넷뱅킹 정보, 텔레뱅킹 정보 등) 편취를 통한 직접 인출	대출이나 취업 등을 미끼로 획득한 예금통장을 사기에 이용

출처 : 금융감독원(http://phishing-keeper.fss.or.kr/fss/vstop/guide/type03.jsp)

※ 동영상

• 금융사기 대학생을 노린다.

http://www.fss.or.kr/edu/notice/photo/photo_movie.jsp?no=&b_id=anniaduetc&b_key=17297

• 보이스피싱 피해자 80%가 20~30대

http://fine.fss.or.kr/main/fin_tip/news/news_view.jsp?seqno=24

• 보이스피싱 동영상

http://phishing-keeper.fss.or.kr/fss/vstop/avoid/this_voice_l.jsp

상 중에서 특별히 당첨되어 혜택을 받는 것으로 오인케하여 제품 구매를 유도하는 것
이다. 전화를 걸어 소비자에게 당첨되었기 때문에 무료로 경품을 제공하겠다고 하면
서 인적사항을 확인하고 원하지 않는 도서나 테이프 등을 발송하고 대금을 청구하는
전화당첨 상술에 의한 피해가 이에 해당한다.

- 피라미드 상술 : 일정 수의 하위 판매원을 모집하기만 하면 고액의 수당을 받을 수 있다
  고 주장하여 주위 사람을 판매조직에 끌어들이게끔 하는 상술이다.
- 설문조사 상술 : 지하철이나 버스 터미널 등 번잡한 곳 또는 대학 강의실이나 가정방문
  을 통해 판매원이 설문조사를 빙자하여 도서, 학습교재, 가정용품 등을 판매하는 상술
  이다.
- 부업 상술 : 일정 기간만 교육을 받으면 쉽게 부업을 하여 소득을 올릴 수 있다고 주장
  하여 교육이나 강습을 받게 하는 상술이다.
- 자격증빙자 상술 : 국가자격증시험을 곧 실시한다든가 또는 실제 합격하기 어려운 시험
  에 쉽게 합격할 수 있을 것 같이 주장하면서 자격증 취득 교재나 강좌 수강을 유도하
  는 것이다.
- 회원권 상술 : 콘도나 골프회원 또는 이벤트 회원권 등을 좋은 혜택이 많이 부여된다거
  나 장래에 값이 오른다고 하는 등의 주장을 하면서 판매한다.

3.2 미래 소비자 문제의 특징

소비자 문제의 보편적 확대로 인해 많은 사람들이 일상생활에서 소비자 문제를 직접 경험
하고 있다. 따라서 소비자 개개인이 인식하고 있는 불만과 불안을 없애고, 새로운 소비자
문제에 대처하기 위해서 앞으로 심각하게 대두될 소비자 문제를 전망해보는 것이 필요하
다. 앞으로 소비자 문제는 어떻게 변화될 것인가?

1) 상품 중심에서 서비스 중심 소비자 문제 증가

소비자 문제는 종래 식품, 가전제품, 자동차 등 유형의 상품에 대한 문제가 주류를 이루었
으나 근래에 와서는 소비생활에 있어서 무형의 상품인 각종 서비스, 금융, 보험, 의료, 여가
등이 큰 영역을 차지하고 있다. 소비자들은 왜 서비스 영역에 대해 더 많은 문제를 느끼게
될까? 서비스는 상품과 몇 가지 점에서 차이가 있어 구매의사결정을 하기 어렵기 때문이
다. 즉 서비스는 소비와 생산이 분리된 것이 아니기 때문에 구매하기 전에 경험할 수가 없

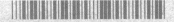

데이터3법
(개인정보 보호법·정보통신망법·신용정보법 개정, 2020.2.9 국회 통과)

1. 개인정보 판단 기준
   개인정보 여부는 결합할 수 있는 다른 정보의 입수 가능성, 식별에 소요되는 시간·비용·기술 등을 합리적으로 고려하도록 했다. 요건에 해당하지 않는 익명화된 정보는 개인정보보호법을 적용하지 않는다.

2. 데이터 이용 활성화
   가명정보 개념을 도입하고 데이터 간 결합 근거를 마련했다. 가명정보(추가 정보 없이는 특정 개인을 알아볼 수 없는 정보)는 통계작성·과학적 연구·공익적 기록 보존 등을 위해 정보 주체의 동의 없이 적절한 안전조치하에 이용할 수 있다.

3. 보안시설을 갖춘 전문기관을 통해 기업 또는 기관 간 데이터 결합 허용
   통신·금융·유통 등 서로 다른 분야의 데이터가 안전하게 결합·이용된다.

4. 데이터 활용에 따른 개인정보 처리자 책임 강화
   가명정보 처리나 데이터 결합 시 안전조치 의무를 부과하고 특정 개인을 알아보는 행위를 금지하며, 위반 시 과태료나 형사처벌 외에 전체 매출액의 3%에 해당하는 과징금도 부과할 수 있다.

5. 개인정보 보호 관련 법률 유사·중복 규정 정비 및 추진체계 효율화
   행안부, 방통위, 금융위에 다루던 개인정보보호 기능을 개인정보보호위원회로 일원화했다. 중앙행정기관으로 격상, 조사·처분권 부여 등을 통해 개인정보 감독기구의 독립성을 확보했다.

으며, 서비스는 소유할 수도, 저장할 수도 없는 무형의 것이기 때문에 그 질을 비교할 수 있는 명확한 표준도 없으며, 소비자 문제가 발생한 경우에 상품의 경우처럼 문제를 해결할 수도 없다.

2) 개인정보 활용 및 사생활 침해 소비자 문제 심화

급속하게 진전되고 있는 정보화로 인해 이제까지 생각하지 못했던 새로운 소비자 문제가 나타나고 있다. 한 예로 각종 온라인 게임에서 사용되고 있는 가상 화폐인 사이버머니의 환금성이 높아지면서 이를 확보하기 위한 수단으로 일부 네티즌들이 다른 사람의 주민등록번호를 불법 매매하고 있는 것으로 드러났다. 특히 거래되고 있는 주민등록번호의 상당수가 수십만 명에 달하는 고객의 개인정보를 관리하는 대기업 등에서 유출된 것으로 알려져 충격을 주고 있다.

개인정보 유출 사고는 다수 발생하였다. 유출 사례는 2000년대 이후 일반적으로 알려진 대규모 유출 사태만도 50여 건이 넘는다. 2006~2008년에는 하나로텔레콤이 600만 명의 개인정보를 텔레마케팅 회사에 제공하여 법적 제재를 받았다. 2008년 2월에는 옥션 회원의 개인정보 1,863만 건이 유출되었고, 2010년 3월에는 신세계몰, 아이러브스쿨, 보배드림 등 25개 업체에서 2,000만여 건의 개인정보가 유출되었다. 이 정보 중 상당수가 중국 해커에게 넘어갔다.

2011년 7월에는 SK커뮤니케이션즈의 네이트와 싸이월드의 회원 3,500만 명의 개인정보가 해킹으로 유출되었고, 같은 해 11월 넥슨 메이플스토리의 회원 1,300만 명의 개인정보가 유출되었다. 2014년 1월에는 국민카드, 농협카드, 롯데카드의 개인정보 1억 명 분이 유출되었고, 같은 해 3월에는 KT, 티몬, 올레뮤직의 개인정보 1,200만 명이 해킹으로 유출된 것이 밝혀졌다. 같은 시기에 SKT와 LGU+의 가입자 1,230만 명의 정보가 유출되었다.[4]

3) 글로벌 경제 환경에 따른 소비자 문제의 보편화

다국적 기업에 따른 반소비자적 관행, 국제경제의 진전에 따르는 소비자 문제의 발생도 무시할 수 없다. 한 예로 미국에서 판매 금지된 농약·의약품이 비싼 가격으로 제3세계에서 판매되고 있으며, 산업폐기물도 수출되고 있다. 무역마찰 해소책으로 식품첨가물 규제완화조치에 따른 안전문제 등은 앞으로 중요한 소비자 문제로 재검토되어야 할 것이다. 또한 수입품의 표시제도와 관련하여 자국에서는 위해성 경고에 대해 강력한 문구를 삽입하도록 되어 있으나 수출할 경우 이 문구를 약하게 기입하거나 아예 기입하지 않아서 소비자 안전을 위협하고 있다.

소비자가 해외 온라인 쇼핑몰에서 직접 물품을 구매하는 해외 직접구매가 사회적 트렌드가 되기 시작하는 것은 대략 2010년대에 들어와서부터이다. 그동안 국내 산업은 대기업의 독과점적 구조로 인해 같은 제품이라고 하더라도 국내 가격이 해외에 비해 비싸 소비자의 불만이 되어왔다. 또 20~30대 젊은 소비자 층을 중심으로 생활 수준이 향상되면서 고가의 유명 수입품에 대한 욕구도 늘어나고 한·미 FTA 협정으로 면세 혜택이 늘어나는 등 제반 요인이 해외직구 활성화에 기여하였다고 볼 수 있다. 해외직구는 대체로 세 가지 방식이 활용되고 있는데, 직접 해당 쇼핑몰에서 물품을 구매하는 직접 배송, 물품은 직접 구매하고

---

[4] 대법원은 2014년 고객 개인정보를 유출한 KB국민카드, 농협카드에게 고객 1인당 10만 원의 보상액을 지급하라고 판결한 바 있다.

배송은 대행업체에 맡기는 배송대행, 사고 싶은 제품만 정하고 구매부터 배송까지 모든 것을 위임하는 구매대행이 있다. 이 가운데 국내 사업자가 거래 과정에 어떤 형태로든지 관여하는 배송대행과 구매대행 과정에서 발생하는 소비자 피해는 소비자 정책 당국에게 새로운 도전을 제기하였다.

4) 취약계층 소비자 문제 심화

고령자 인구의 증가로 노인들을 둘러싼 소비자 문제가 많이 발생할 것이다. 고령 소비자는 '불리한 소비자'로 특별한 보호를 필요로 한다. 노인 소비자는 낮은 소득, 낮은 교육 수준, 신체적 이동성의 제한, 심리적 외로움, 정보를 접할 수 있는 기회의 부족 등으로 기만적인 상행위(특히 식품과 약품 영역)를 심각하게 경험하고 있다. 노인들을 대상으로 한 실버마켓에서 새로운 상품과 서비스가 다양한 형태로 나타나고 있으므로, 노인 소비자 보호 문제는 앞으로 커다란 과제로 될 것이다.

불리한 소비자(disadvantaged consumer)의 경우 소비자 피해에 직면할 가능성은 더 많으나, 소비자 피해를 해결하는 데는 시간, 비용, 정보 면에서 제한이 있기 때문에 이들의 피해 구제에 특별한 관심이 주어져야 한다.

앤드리아젠(Andreasen, 1975)은 불리한 소비자에게 소비자 문제가 특히 심각할 것이라는 가정하에 이들을 중심으로 그 원인을 규명하기 위해 다음과 같은 모형을 사용하여 접근하고 있다.

첫째, 개인적 특성으로는 불리한 소비자 집단이 너무 나이가 많고, 소득이 낮으며, 교육 수준이 낮고, 순진하여(unsophisticated) 시장에서 효율적인 소비자가 될 수 없다는 것이다.

둘째, 시장 구조는 불리한 소비자들이 쇼핑을 해야만 하는 장소와 관련된 것으로, 편리하면서도 저가인 상품을 대량으로 생산하는 업자의 부족, 전문점의 부족, 높은 관리비용, 비합리적인 관리, 저소득층 소비자가 살고 있는 소매점의 특성(높은 가격과 제품 구색의 한정)으로 인해 소비자 문제가 발생한다는 것이다.

셋째, 상인의 기만은 상인들이 미끼광고(bait and switch ads), 비양심적인 가격정책, 기만적인 판매행위, 비합법적인 신용조건 등을 이용하기 때문에 소비자 문제가 발생한다는 것이다.

5) 금융 혁신과 금융 소비자 문제

글로벌 금융위기를 겪으면서 세계 각국에서는 금융시장과 산업에서의 소비자 신뢰 회복을 위한 각종 법규의 제정 및 제도 개선이 이루어졌다. 유럽연합을 비롯한 금융선진국은 금융시장의 안전(safety), 안정성(stability), 정직성(integrity)을 보장해줄 재무건전성 원칙과 영업행위 원칙의 조화를 도모할 새로운 제도를 확립하기 위하여 노력하였다.

우리나라에서 발생한 금융소비자피해 사건이 다수 발생하였다. 사회적 파장을 일으킨 사건을 보면 다음과 같다. 2007년의 환해지상품인 KIKO상품의 불완전판매로 인한 다수의 중소기업이 도산하였고 2011년부터 2012년 5월까지 세 차례에 걸쳐 20개의 저축은행이 영업 정지되고 총 21조 원의 공적 자금이 투입된 저축은행 사태가 있다. 저축은행 불완전판매 피해사례로 피해자 수는 총 9만 3,656명에 달하고 1인당 피해 규모도 약 1,164만 원이나 되었다. 동양그룹 CP 불완전판매로 인한 소비자 피해는 개인투자자 4만 937명이 피해를 당했고, 1인당 피해액은 3,003만 원에 달한다. 그 밖에 LIG건설 CP 불완전 판매 피해, 파워인컴펀드 불완전판매 피해, 카드론 피싱사례, 생명보험사 이율 담합으로 인한 피해사례 등이 있다.

이러한 금융상품의 불완전판매 피해가 급증하는 것은 금융상품이 복잡해지고 다양화됨에 따라 금융회사와 소비자 간의 정보와 교섭력 불균형이 더욱 심각해지고 있기 때문이다. 소비자들은 적절하고 충분한 금융정보를 얻기 어려우며, 금융상품의 효용성과 적절한 가격 등을 정확하게 판단하기 힘들고, 정보에 대한 이해나 활용도 측면에서도 금융회사보다 열위에 있다.

반면 금융 혁신으로 핀테크 산업이 발달하고 온라인 금융 거래가 주류가 되고 있다. 금융 혁신은 금융 포용을 증가시키고 금융 산업을 활성화하는 긍정적인 측면이 있는 반면에, 금융소비자 보호가 어려워질 것이라는 부작용도 예상된다(한국소비자원, 2019). 첫째, 온라인 비대면 투자 권유가 증가하는데 투자 상품의 투자 위험을 인지하고 분석하기 더 어려워진다. 둘째, 일반 소비자가 투자하기 전에 투자 상품에 대한 설명을 듣고 투자 적합성을 판단해야 하는데 온라인에서는 설명 의무의 실행이 어렵고 분명치 않으며 적합성 테스트 수행도 어려워진다. 셋째, 인공지능 플랫폼이 보편화될 경우 인공지능을 활용한 판매 보수가 높은 상품 위주로 시장이 형성되기 때문에 투자자의 비용 부담이 증가할 것이다. 넷째. 인공지능이나 핀테크 등을 이용한 금융거래에서 분쟁이 발생할 경우 법적 책임 소재를 가리기 어렵다. 다섯째, 새로운 지급결제수단이나 소매대출이 다양해지고 경쟁이 치열해지면서 이를 악용하는 불법행위도 발생할 수 있다. 여섯째, 해킹이나 개인정보 유출의 피해 가능성이 증가한다.

참고문헌

국회사무처(2016). 국회본회의록(제347국회 본회의, 국정조가결과채택의건), p. 19.

김기옥, 허경옥, 정순희, 김혜선(2001). 소비자와 시장경제. 학지사.

김영신, 서정희, 송인숙, 이은희, 제미경(2012). 소비자와 시장환경(제4판). 시그마프레스.

정준(1997). 소비사회의 실상과 바람직한 소비문화의 모색. 한국소비자원.

한국소비자원(2019). 신기술과 소비자이슈. 한국소비자원.

Andreasen, A. R. (1975), *The Disadvantaged Consumer*. Free Press.

Robert, N. M. (1989). *The Consumer Movement: Guardians of the Marketplace* (Social Movements Past and Present). Twayne Pub.

Klaus, S. (2017). *The 4th Industrial Revolution*. Crown Business.

공정거래위원회 www.ftc.go.kr

한국소비자원 www.kca.go.kr

금융감독원 www.fss.or.kr

독일소비자보호청 https://www.bmjv.de/G20/EN/ConsumerSummit/G20_node.html

국제소비자기구 www.consumersinternational.org

소비자 문제 해결

현대사회에서 소비자는 생산자와 비교하여 정보, 기술 조작, 부담 전가, 조직력에서 입장이 대등하지 못하다. 오늘날의 소비자 문제는 거래의 구조에 기인하고 있으므로 소비자 문제를 해결한다는 것은 소비자 개인의 능력을 넘어서고 있다. 따라서 소비자 문제가 발생했을 때 그 원인은 소비자, 기업, 정부 모두에서 찾아볼 수 있다. 구체적으로 살펴보면 첫째, 소비자가 주의를 충분히 하지 않았거나, 둘째, 생산에서 판매까지의 과정에서 사업자가 주의 의무를 태만히 했거나, 셋째, 국가 및 공공기관이 소비자의 기본권리가 실현되도록 하는 의무를 소홀히 하였기 때문에 발생하게 된다.

소비자, 기업, 정부는 소비자 문제를 해결하고 소비자 주권을 실현하는 데 있어 각자 책임을 가지고 있기 때문에 이들이 각각의 해당 분야에서 노력을 하면 상당한 효과를 거둘 수 있을 것이다. 따라서 이 장에서는 먼저 소비자 문제 해결의 주체와 방법에 대해서 알아본 후 거래관계에서 소비자 주권을 실현하기 위해서 소비자, 기업, 정부가 각각 어떠한 역할을 해야 하는가를 살펴보자.

1. 소비자 문제 해결의 주체와 방법

소비자 문제 해결의 주체는 소비자와 기업, 그리고 정부이다. 소비자는 정보를 탐색하고 비교하며 스스로 합리적인 소비를 하고, 기업은 불량한 제품과 서비스를 제공하지 않고 거래

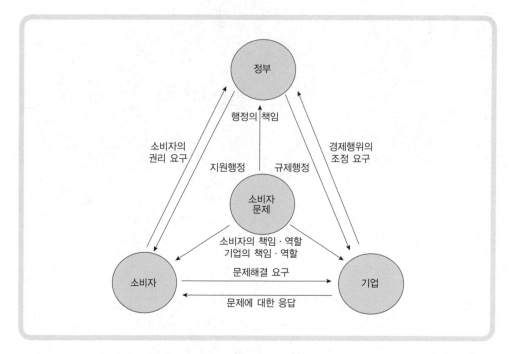

그림 11-1 소비자 문제를 해결하기 위한 소비자, 기업, 정부의 역할
출처 : 김영신 외(2015). p. 24.

상대방인 소비자가 합리적인 판단을 할 수 있도록 협조할 필요가 있다. 정부는 소비자와 사업자의 거래관계에서 사업자에 의한 부당한 거래행위 등을 배제함으로써 실질적인 대등성이 유지되도록 해야 한다(그림 11-1).

1.1 소비자의 역할과 소비자 문제 해결 방법

소비자 문제를 해결하기 위해서는 무엇보다 소비자 개개인의 자각이 전제되어야 할 것이다. 다시 말해 소비자는 스스로의 안전과 권익을 향상시키기 위하여 필요한 지식을 습득하는 동시에 자주적이고 성실한 행동을 함으로써 스스로의 권익을 보호해야 할 것이다. 이렇게 자각된 소비자들이 단체를 조직하여 행동하게 되면 사업자에 대항할 만한 강력한 존재가 될 것이다. 그러나 우리나라는 미국이나 서구 제국에 비하여 소비자 자신이 소비자 문제를 해결하려는 의식이 약한 편이다.

우리들이 생활하고 있는 사회에서는 "권리 위에서 자고 있는 자는 보호되지 않는다"라는 원칙이 있는데 이것이 소비자 보호의 기본원칙을 말해 주고 있다. 이는 소비자가 소비자 권리의 자각과 자신이 권리의 주체자로서 행동을 해야 한다는 것을 의미한다. 소비자 정책의 기본은 소비자의 권리를 실현하는 것이므로 먼저 소비자의 권리가 명확하게 인식되어야 한다. 제10장에서 살펴보았듯이 소비자 권리는 다양하다. 소비자가 권리를 주장하고 보호받기 위해서는 권리를 확보하고 지키기 위한 노력을 해야 한다. 권리의 주체로서 적극적인 행동을 해야 하는 데 반해서 일반적으로 소비자의 책임에 대해서는 소홀히 다루어지고 있다. 다음은 소비자 문제 해결을 위한 소비자 역할을 살펴본다.

1) 거래상에서 소비자 책임 실천

오늘날 요구되는 소비자는 자기 판단에 따라 행동하고 자신의 결정에 대해 스스로 책임을 지는 자주적인 소비자이다. 소비자도 자신의 권리만을 주장할 것이 아니라 시장경제의 한 주체로서 걸맞은 역할을 수행해야 한다는 것이다. 소비의 선택에서 사회적 책임 인식이 중요하게 등장하면서 패러다임 전환이 이루어졌다. 즉 개인적인 소비 만족의 추구가 사회 전체의 복지와 조화를 이루어야 한다는 것이다. 소비의 목적을 개인적인 소비 욕망을 충족하는 것에 두기보다는 지속가능한 소비, 친환경 소비, 사회적 약자를 배려하는 소비, 지역공동체의 삶을 복원하는 소비, 간소한 삶 등 윤리적인 소비 목표 추구로 이전하는 것이다.

소비자는 '사업자 등과 더불어 자유시장경제를 구성하는 주체임을 인식하여 물품을 올바르게 선택'해야 한다. 그리고 소비자에게는 소비자기본법에 의해 여덟 가지 기본적 권리가 주어져 있지만 그러한 권리를 남용할 것이 아니라 정당하게 행사해야 한다. 그리고 기업의 바람직하지 못한 행태, 예를 들면 소비자 복지 무관심, 자원 낭비, 비윤리적인 행동 등에 대하여 화폐투표(소비자 선택)를 통하여 경제적 주권을 실현할 수 있어야 한다.

시장경제에서의 중요한 원칙인 정직성, 신의성실의 원칙, 공정성과 같은 윤리적 가치가 전제되어야 한다. 거래상에서의 소비자의 책임이 매우 중요한데 판매자나 다른 소비자에게 피해를 입히지 않도록 하는 소비, 사용자가 제시한 주의 의무를 지키는 소비자 행동, 계약 이행 의무를 지키고 예약을 준수하는 소비자 행동이 대표적인 예이다. 윤리적 소비 실천을 위해서는 윤리적 소비운동에 참여하고 실천하여 일상적인 소비생활에서 사회적 책임 구현하려는 노력이 필요하다. 대표적으로 구매운동과 불매운동(보이콧)이 있다. **불매운동**이란 비윤리적인 제품을 구매하지 않고 비윤리적인 기업을 이용하지 않는 것이다. 반면 **구매운동**이란 윤리적인 제품이나 서비스를 적극적으로 구매하고 이용하는 운동을 말한다.

2) 소비자의 조직화 : 소비자 단체

소비자기본법 제4조는 **소비자 단체**의 역할에 관하여 "소비자 단체는 국민 경제의 균형 있는 발전과 소비자의 기본 권익을 확보하기 위한 제반시책을 국가·지방자치단체 및 사업자에게 건의하고 소비자를 위한 계몽지도 등을 행한다"고 규정하고 있다. 구체적인 내용은 시행령 제5조(소비자 단체의 기능)에 규정하고 있는데, 소비자 단체의 업무를 다음과 같이 예시하고 있다.

- 국가 또는 지방자치단체에 대한 소비자 보호 시책에 관한 건의
- 물품 또는 용역에 대한 시험·검사 또는 조사와 실시와 그 결과의 공표
- 거래 조건이나 방법에 대한 조사와 그 결과의 공표
- 소비자 문제에 관한 조사연구
- 소비자의 교육 및 계몽
- 소비자의 불만 처리
- 기타 소비자 보호에 관하여 필요한 업무

소비자기본법 규정 이외에도 소비자 단체는 다양한 사회적 역할을 수행해왔다. 첫째는 소비자 단체는 다양한 소비자 교육 및 소비자 토론회 등을 통해 소비자 역량 계발에 기여하였다. 둘째로 시장의 감시 기능으로 시장 모니터 활동과 언론 보도 그리고 소비자 관련 소송 지원을 통해 시장의 감시자로서 역할을 해왔다. 셋째, 소비자 단체는 조사 및 검사를 통해 수집된 소비 정보를 사회 일반 대중에게 제공함으로써 시장의 정보 비대칭성 문제 해소에 기여해왔다. 넷째, 소비자 단체는 사회경제적 보호의 기능을 함으로써 소비자 피해 구제 및 상담을 무료로 제공함으로써 약자 보호에 기여해왔다.

3) 소비자 역량 강화를 위한 노력

소비자는 스스로의 권익을 증진하기 위하여 필요한 지식과 정보를 습득하도록 노력해야 한다. 또한 자주적이고 합리적인 행동을 해야 한다. 오늘날 요구되는 소비자는 자기 판단에 따라 행동하고 자신의 결정에 대해 스스로 책임을 지는 자주적인 소비자이다. 자주적이고 합리적인 소비자 선택을 위해서는 정보이용 능력이 절대적으로 필요하다. 디지털 정보사회에 소비자의 정보탐색 활동과 이해력은 더욱 중요해졌다.

한편 소비자 역량의 강화를 위하여 소비자 교육의 활성화를 요구할 수 있다. 소비자 정보가 충분히 시장에 제공되고 활용될 수 있다 하더라도 소비자가 소비자 정보의 존재 자체를 모르거나, 안다 하더라도 그 내용을 이해할 수 없거나, 또 소비자 선택에 적용할 수 없다면 소비자 정보의 제공 효과가 낮으며 시장은 제대로 작동하지 못한다. 소비자가 소비자 정보를 제대로 이용할 수 있도록 그리고 합리적 선택을 할 수 있도록 훈련받을 수 있는 기회가 증가되어야 한다. 미래에는 디지털 정보나 지식의 활용 정도가 소비생활의 격차를 더 크게 할 수 있기 때문에 디지털 격차문제가 커지므로 디지털 이해력 증진을 통한 소비자 역량 강화가 필요하다.

4) 환경 친화적 소비생활 추구

소비생활 특히 자원을 절약하지 않고 한 번 쓰고 버리는 소비생활은 날로 심화되어가는 환경오염의 주범 가운데 하나이다. 소비자들은 자신의 소비 행태가 바뀌지 않은 한 환경 문제 해결이 어렵다는 점을 인식하고 환경 친화적이고 지속가능한 소비활동을 할 책무를 가지고 있다. **지속가능한 소비**란 소비를 줄이는 것, 재사용 및 재활용, 지속가능하지 않은 상품을 가급적 피하거나 DIY 상품을 이용하는 것을 말한다. 녹색소비, 로컬소비, 공정무역, 공동체운동, 절제와 자발적 간소화, 기부·나눔 활동이 대표적인 예다.

1.2 기업의 역할과 방법

오늘과 같이 상품이 고도화·복잡화·다양화되면서 소비자가 가지고 있는 지식과 정보만으로는 거래를 할 때 자주적인 판단을 내린다는 것이 매우 곤란하다. 거래에 있어서 입장의 대등성이 상실된 것이며 이런 조건에서는 시장이 제대로 작동할 수 없다. 소비자 자신이 노력해도 대등성을 가지지 못한다면 가질 수 있도록 협조하는 것이 거래의 상대방인 기업의 책무이다. '소비자가 합리적·자주적인 판단을 내릴 수 있도록 협조하는 것'이 기업의 사회적 책임이다.

　　기업이 소비자 문제에 대처하기 위해 고객만족경영 전략, 소비자중심경영, 기업의 자율규제를 활용하고 있다.

1) 고객만족경영
고객만족경영은 종래의 생산자 지향(manufacturer orientation)으로부터 고객 지향(customer

orientation)으로의 이행을 의미한다. 고객만족경영이 기업들의 주요 전략으로 정착된 기저에는 고객 만족의 증대가 곧 기업의 성과 증대에 직결된다는 가정하에 제품의 기획, 생산, 유통, 판매, 판매 후 관리에 이르는 전 과정에 걸쳐 고객 만족을 중심으로 의사결정을 하고 그 결과를 평가하는 것을 말한다. 한 기업이 제공하는 상품과 서비스에 만족하는 고객은 그 기업의 상품을 계속 구입할 뿐 아니라 다른 친구나 주변 사람에게 이야기하여 새로운 고객을 창조하게 된다.

미국 기업들은 이미 1980년대 초반부터 고객중시사상을 경영의 기본으로 삼는 고객만족경영을 도입하기 시작하여 빠른 속도로 미국 내 전 기업에 전파되어 상당한 효과를 거두고 있다. 일본 기업들도 1980년대 후반부터 품질관리의 다음 기법으로 고객만족경영을 시행하고 있다. 이들 미국과 일본은 이미 고도의 기술, 생산, 품질과 같은 기업경쟁력의 기본적 토대 위에 고객존중사상을 접합하여 고객을 만족시킨다는 목표를 설정하고 있다. 우리나라에서도 1991년도 후반 이후부터 많은 기업들이 고객만족경영의 중요성을 깊이 인식하고 이를 도입·추진하고 있다.

고객만족경영을 효과적으로 추진하기 위해서는 소비자 만족을 결정하는 요소가 무엇인가를 파악하는 것이 매우 중요하다. 소비자 만족은 상품과 서비스, 그리고 기업 이미지로 구분된다. 오늘날에 와서는 소비자들의 욕구와 가치관이 급속히 변화하고 다양해짐에 따라 소비자들은 상대적으로 디자인과 사용감 등을 중시하는 경향이 있으며, 상품 그 자체뿐만 아니라 구매 시의 점포 분위기와 판매원의 접객에도 관심을 갖게 됨으로써 차츰 서비스가 차지하는 비중이 높아지게 되었다.

고객만족경영은 기업 이미지 형성에 기여하므로 사회공헌활동과 더불어 '사회와 환경의 문제에 진지하게 대응하는 기업'으로서 이미지가 높아지고, 고객에게 좋은 인상을 주게 된다. 기업의 이미지 제고는 기업의 사회적 책임을 강조하고, 단순히 기업 차원의 이윤 추구가 아니라 좀 더 높은 차원의 기업 활동을 요구하는 것이다.

2) 소비자중심경영인증제도

소비자중심경영인증제도(consumer centered management, CCM)란, 기업이 수행하는 모든 경영활동을 소비자 관점에서 소비자 중심으로 구성하고 관련 경영활동을 지속적으로 개선하는지를 평가·인증하는 제도다(그림 11-2). 기업 및 기관의 소비자 지향적 경영문화 확산과 소비자 권익 증진 노력을 통한 경쟁력 강화 및 소비자 후생 증대에 기여할 것으로 기대된

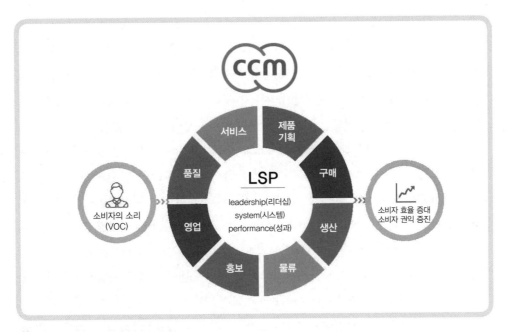

그림 11-2 소비자중심경영인증제도
출처 : 한국소비자원 홈페이지

다. 소비자중심경영인증의 인증기관은 공정거래위원회이고 운영기관은 한국소비자원이다.

소비자중심경영은 다음의 소비자 중심적인 경영전략 채택과 실행을 강조한다. 첫째로 사회적 책임을 인식하고 경영이념을 철저히 하는 것을 강조한다. 기업의 실무자뿐 아니라 최고 경영자가 전사적으로 소비자 중심적인 경영이념으로 철저한 의식개혁이 이루어져야 한다. 둘째, 소비자 관련 정보와 소비자 불만을 신속하고 정확하게 파악하여 기업의 의사결정에 반영해야 한다. 기업은 소비자 문제의 본질과 중요성을 인식하여 소비자가 상품 및 서비스에 대하여 제기하는 문제점과 잠재적 욕구를 적극적으로 기업 내 품질 제고와 서비스 개선으로 연결시켜야 한다. 셋째, 소비자에게 투명하고 충분한 정보를 제공하려고 노력한다.

3) 기업의 자율규제

기업의 **자율규제**(self-regulation)는 기업들이 스스로 그들이 행할 윤리강령, 산업에서의 제품이나 서비스의 표준 등을 정하고 실행하는 것을 의미한다. 자율규제는 기업이 정부의 개입 없이 소비자의 욕구에 반응할 수 있는 능력을 나타내는 것이다. 따라서 자율규제가 효과를 거두기 위해서는 문제의 인식, 그 심각성의 인지, 그리고 행동에 옮기려는 동기가 있어야 한다. 또한 자율규제는 시장에서 특정 기업의 잘못을 정정하려는 것으로, 일반적으로 자율규제가 잘된 산업은 정부의 강한 규제를 피할 수 있으며 좋은 이미지를 유지할 수 있다. 소비자도 자율규제를 통해 시장에서 신뢰감을 가지고 거래를 할 수 있으며 자율규제가 없었더라면 정부규제를 위해 소요될 비용을 지불하지 않아도 되므로 세금이 줄어드는 효과도 있다. 자율규제는 신속성, 비형식성, 비용 절감 효과의 장점을 가지고 있다.

한 예로 경영개선위원회(better business bureau, BBB)는 미국에서 가장 오래되고 가장 잘 알려진 기업의 자율규제조직이다. 민간재원에 의한 기업인들의 결성단체로 거의 200개 정도의 지방지부를 가지고 있으며, 각 지역별 단체들이 회원이 되고 있다. 주요 업무는 ① 기업영업에 관한 정보 수집 및 보급, ② 기업의 윤리적 기준의 설정 및 이러한 기준을 따르지 않는 기업과 기만행위의 공개, ③ 소비자 고발에 대한 처리, ④ 구매 전 소비자에게 기업에 대한 정보제공 등이다. 매년 1,000만 회 이상 개별 기업에 대한 구매 전 문의가 쇄도하고 있으며, 소비자 문제를 해결하기 위해 230만 명 정도가 BBB에 도움을 요청하고 있다. 우리나라 소비자 관련 부서의 담당자들은 기업소비자전문가협회(organization of consumer affairs professional in business, OCAP)를 구성하여 기업 내외에서 소비자 불만 처리 및 교육/정보 활동을 공유하고 있다.

4) 소비자 상담부서의 역할 증대

대부분의 기업들은 고객의 요구를 해결하기 위해 소비자 상담부서를 운영한다. 고객들의 요구가 크게 증가하고 매우 다양해지고 있음에도 불구하고 아직도 소비자 상담부서를 단순히 고객의 불만을 처리하거나 고객의 문의에 대해 응답하는 곳으로 생각하는 기업도 많이 있다. 최근에는 소비자 상담부서가 고객과의 만남을 통해 고객의 서비스 경험에 긍정적 영향을 주어 판매 증대를 기할 수 있으며, 더 나아가 고객과의 대화를 유도하고 그들의 생각을 수용할 수 있는 중요한 조직이 되고 있다는 것을 점차 인식하고 있다. 고객과의 관계 구축을 위해서는 소비자 상담부서의 역할이 매우 중요하다. 왜냐하면 기업과 고객 사이의 모든 접촉은 정보수집과 향상된 서비스를 제공할 수 있는 기회이고, 기업과 고객의 관계를 증진시킬 수 있는 기회가 되기 때문이다.

소비자 상담부서는 사람, 프로세스, 기술, 그리고 전략이 한데 어우러진 시스템으로, 고객과 기업의 가치를 동시에 창조할 수 있는 상호작용이 가능한 다양한 커뮤니케이션의 수단을 공유하고 있다. 더욱이 오늘날의 발달된 과학기술은 음성, 화상, 데이터가 하나로 통합되는 것이 가능하게 되었고, 이에 따라 소비자 상담부서의 업무도 실시간으로 이루어지게 되어 그 중요성이 더 커지고 있다. 소비자 상담부서가 고객과의 만남을 통해 고객의 서비스 경험에 긍정적인 영향을 주고 고객 정보를 축적하여 미래의 수익으로 연결시키는 '이익을 주는 부서(profit center)'로서의 역할로 발전하고 있다.

최근 인터넷 기반의 CTI(computer telephony integrate) 솔루션이 가능해짐에 따라 전화통화가 중심이던 소비자 상담부서의 업무영역이 전자우편, 인터넷 폰, 채팅, 메신저 등으로 다양지고 있다. 다시 말해 소비자 상담부서가 과거에는 영업 지원 전화 센터에서 최근에는 온라인상에서 고객과 접촉하고 관계를 갖는 통합적인 고객접점센터로 변모되어 가고 있다.

기업의 소비자 전담부서는 소비자 불만을 처리하는 것뿐 아니라 소비자 요구를 고려하여 소비자 정보와 소비자 교육 프로그램을 제공하고 있다. 따라서 미래 지향적인 기업은 소비자전담부서에 소비자 이익이 기업의 가장 중요한 이윤 추구와 일치하고 있다고 생각하는 사람들을 많이 배치하고 있다. 왜냐하면 소비자 전담부서를 통하여 새로 대두되는 중요한 문제들을 소비자 관점에서 전망할 수 있으며, 소비자 견해를 최고 경영자에게 전달할 수 있기 때문이다.

1.3 정부의 역할과 방법

소비자란 상품 및 서비스를 구입하여 소비하는 주체로서의 국민 모두를 포함하므로 국민경제에 있어서 최대의 집단이다. 여기에 국민의 이익을 대표해야 할 국가가 소비자와 사업자의 거래관계에 적극적으로 개입하여 사업자에 의한 부당한 지배를 배제함으로써, 사업자와의 사이에 실질적인 대등성이 유지되도록 해야 할 것이다.

시장의 기능이 소비자 보호를 제대로 실행하지 못하고 있을 때 시장실패가 나타나게 되는데, 이때 정부는 시장의 기능을 회복하기 위하여 개입하게 된다. 정부가 소비자의 이익을 보호하고 시장에서 거래 당사자 간의 신뢰감을 유지하기 위해서 다음의 역할을 수행하고 있다(CCAC[1], 1992). 다음의 여섯 가지 역할은 고정된 것이 아니라 환경의 변화와 시장의 요구에 따라 조화를 이루면서 수행되어야 할 것이다.

---

[1] CCAC(consumer and coporate affairs canada)는 캐나다의 소비자 정책 주관 부서인데 1967년 설립되었다가 1995년 다른 부서로 소비자 정책 업무가 이관되었으며 현재 소비자 정책 업무는 Office of Consumer Affairs 에서 담당

- 규칙 제정자 : 정부는 법과 규제를 제정하고, 시장 규칙을 확립하고, 생산자와 소비자에게 의무를 부과하는 **규칙 제정자(rule maker)**의 역할을 한다. 의무는 사법에 의해 강화되고 있다.

- 중재·조정자 : 중재·조정자(referee)는 규칙 제정자의 역할에 따라 규칙을 따르도록 하며, 규칙을 위배했을 때 그 보상을 요구할 수 있는 수단을 마련해야 한다. 어떻게 해야 규칙이 잘 지켜질 수 있는지는 법의 형태, 소송 의뢰인의 특성, 이용 가능한 자원에 따라 다르다.

- 옹호자 : 소비자 이익을 보호하기 위해서 관련 부서를 마련해야 한다. **옹호자(advocater)**로서의 역할은 모든 시장 참여자, 즉 다른 정부 관련 부서, 지방자치단체, 국내외 기업·단체들과 함께하는 것이다.

- 정보 중재자 : 정부는 국내·국외 정보원으로부터 다양한 정보를 접할 수 있으므로 소비자와 기업, 다른 지방자치단체 등에 이 정보를 제공해야 한다. **정보 중재자(information broker)**로서의 역할은 무역이 확대되고 국제화가 촉진되고 국제 간의 협상이 국내 시장에 많은 영향을 미치게 됨에 따라 그 중요성이 더 커지고 있다. 각국이 세계화된 시장에서 우월한 경쟁력을 확보하기 위해서는 더 많은 정보를 필요로 하기 때문이다.

- 촉진자 : 시장 참여자들이 상호 협조적으로 소비자 문제를 해결할 수 있도록 도와주고 있다. 최근에는 소비자 문제를 해결하는 데 드는 비용을 줄이기 위해서 **촉진자(facilitator)**로서의 역할이 더 자주 나타나고 있다.

- 서비스 제공자 : 정부는 교통, 건강, 교육, 실업보험 등의 다양한 서비스를 제공하는 서비스 제공자(service provider)의 역할을 한다. 소비자들은 정부가 제공하고 있는 서비스에 대해 정확히 알고 있지 못하나, 이러한 서비스의 상당 부분은 시장의 기능을 원활하게 하기 위해서 필수적이라고 할 수 있다.

1) 소비자 보호에 관한 법률 제정

소비자 보호를 위한 정책이 실현되기 위해서는 관련 법률이 제정됨으로써 그 근거가 마련되어야 한다. 우리나라 헌법에도 "국가는 건전한 소비자를 계도하고 생산품의 품질 향상을 촉구하기 위한 소비자 보호운동을 법률이 정하는 바에 의하여 보장한다"(헌법 제124조)고 되어 있다. 소비자 보호와 관련된 법은 크게 소비자기본법과 소비자 보호와 관련된 법으로 나눌 수 있다.

(1) 소비자기본법 제정

소비자기본법은 1980년 '소비자보호법'으로 제정되었으며, 1982년 시행령이 제정되어 이 때부터 시행되기 시작하였다. 그 후 소비자 욕구에 보다 능동적으로 대처하고 소비자 보호 업무를 보다 효율적으로 추진하기 위하여 여러 차례의 개정이 이루어져 왔다. 2006년 9월 소비자기본법으로 재탄생하였으며, 2018년 12월 31일 현재 11개 장 86개 조문으로 이루어 져 있다. 〈표 11-1〉을 보면 소비자기본법의 주요 내용은 ① 소비자의 8대 권리 ② 국가 및 지방자치단체, 사업자, 소비자의 의무와 역할을 밝히고 있으며, ③ 소비자 정책의 추진체계 와 ④ 소비자 분쟁 해결 방법을 제시하고 ⑤ 행정적 최고 의사결정기관인 소비자정책위원 회와 그 추진기관인 한국소비자원의 설립 등이다.

(2) 금융 소비자 보호에 관한 법률

금융 위기를 계기로 금융 소비자 보호 강화가 하나의 중요한 의제로 자리 잡은 후 금융 소 비자 보호에 관한 법률이 2020년 3월 24일 제정되었고 2021년 3월 25일부터 시행되었다.

표 11-1 소비자기본법의 구성 체계(2018년 개정 기준)

각 장의 제목	주요 내용
제1장 총칙	목적, 정의, 다른 법률과의 관계
제2장 소비자의 권리와 책무	소비자의 기본적 권리, 소비자의 책무
제3장 국가 · 지방자치단체 및 사업자의 책무	국가 및 지방자치단체의 책무, 사업자의 책무
제4장 소비자 정책의 추진체계	소비자 정책의 수립, 소비자정책위원회, 국제협력
제5장 소비자 단체	소비자 단체의 업무, 등록 및 보조금 지급
제6장 한국소비자원	한국소비자원의 설립, 업무, 임원 및 이사회, 회계 · 감독
제7장 소비자 안전	취약계층의 보호, 소비자 안전조치, 위해정보의 수집
제8장 소비자 분쟁의 해결	사업자의 불만처리, 한국소비자원의 피해구제, 소비자 분쟁 조정, 소비자 단체 소송
제9장 조사절차 등	검사와 자료 제출, 소비자 정보요청
제10장 보칙	시정조치, 권한 위임 · 위탁
제11장 벌칙	벌금, 과태료

6대 판매원칙[2]을 모든 금융상품에 확대 적용하여 금융 소비자들이 금융 거래를 하는 과정에서 발생할 수 있는 문제를 최소화하였다. 금융 소비자의 권익을 보호할 수 있는 구체적인 제도로 청약철회권을 확대하여 숙려 기간을 제공하였으며, 소비자의 재산상 피해 발생 우려가 제기되는 금융상품에 대해서는 판매금지 등의 명령 제도를 시행할 수 있도록 하는 방안이 마련되었다.

금융 소비자를 보호할 수 있는 하나의 기틀이 마련되었다는 점에서 금융소비자보호에 관한 법률은 금융 소비자 친화적 시장으로 가기 위한 긍정적인 밑거름이 될 수 있을 것으로 보인다. 대안적 분쟁조정제도와 관련해서는 금융회사가 분쟁조정 과정 중 소제기를 하여 조정절차를 중지하여 조정을 방해하는 행위를 하지 못하도록 소송중지제도가 신설되었다. 한편 소비자가 분쟁조정과 소송 등을 목적으로 금융회사 측의 자료를 열람하기를 원할 때 이를 수용할 의무가 추가되었으나, 단서조항으로 해당 정보가 영업 비밀을 현저하게 침해한다면 거절하거나 제한할 수 있다고 명시하였다. 한편 집단소송제도는 금융소비자보호 법안에서 제외되었다. 징벌적 과징금제도는 제한적으로 도입되었으며 설명의무, 불공정 영업행위 금지, 광고 규제 등 주요 판매행위 규제를 위반하였을 경우 이를 통해 발생한 이익의 50%까지 과징금을 부과하는 제도이다.

(3) 소비자 보호 관련 법률의 제정

우리나라에서는 기본적인 소비자기본법 이외에도 많은 개별법이 있어 소비자 보호가 이루어지고 있다. 소비자 보호와 관련된 주요 법률을 살펴보면 〈표 11-2〉와 같다.

2) 소비자 행정
(1) 소비자 행정의 유형

국가가 소비자 보호를 위한 방안은 크게 규제를 통한 보호(규제행정)와 소비자 교육 및 정보제공을 통한 보호(지원행정) 두 가지로 나누어 볼 수 있다.

① 규제행정

규제행정이란 기업에 대하여 지켜야 할 사항을 규정해 놓고 이를 준수하도록 지도·권고하며 위반하는 행위를 적발하여 공표나 처벌의 방법을 통해서 규제해 나가는 것을 말한다.

---

[2] 적합성 원칙, 적정성 원칙, 설명 의무, 불공정 영업행위, 부당 권유 금지, 광고 규제

표 11-2 소비자 보호 관련 주요 법률

내용	대표적인 관련 법률
위해 방지를 위한 법률	• 식품위생법, 건강기능식품에 관한 법률 등 • 약사법, 의료법, 화장품법 등 • 제품안전기본법, 품질경영 및 공산품질관리법 등 • 농수산물 품질관리법, 축산물 위생관리법 등 • 어린이놀이시설 안전관리법, 승강기시설 안전법 등
계약관계의 적정화를 도모하기 위한 법률	• 약관규제에 관한 법률 • 표시 · 광고에 관한 법률 • 할부거래에 관한 법률 • 방문판매 등에 관한 법률 • 전자상거래 등에서의 소비자 보호에 관한 법률
금융거래에 관한 법률	• 은행법 • 보험업법, 민법(보험편) • 자본시장 및 금융투자에 관한 법률, 증권 관련 집단소송법 • 대부업의 등록 및 금융이용자보호에 관한 법률 • 여신전문금융업법
정보통신, 정보보호에 관한 법률	• 전자서명법 • 정보통신망 이용촉진 및 정보보호에 관한 법률 • 개인정보 보호법 • 신용정보 이용 및 보호에 관한 법률 • 위치정보 보호 및 이용 등에 관한 법률
소비자 피해규제에 관한 법률	• 제조물책임법 • 의료사고 피해 구제 및 의료분쟁 조정 등에 관한 법률 • 금융위원회 등의 설치에 관한 법률(금융분쟁조정제도)

이러한 규제행정은 기업에 대한 규제의 결과로서 소비자를 보호한다는 데 그 의의가 있지만 어디까지나 행정과 기업과의 관계로서만 성립하고 있다. 따라서 소비자와의 관계는 간접적인 것에 머물고 있다는 점에서 소비자 주권에 근거한 완벽한 소비자 행정이라고는 할 수 없다. 또한 규제행정은 법률에 의한 규제가 중심이 되므로 국가가 통일된 기준을 규정하고 이와 관련된 제도를 계속적으로 보완해야 할 것이다.

② 지원행정

지원행정이란 행정이 적극 개입함으로써 소비자 피해를 미연에 방지하고 또한 피해를 당한 소비자의 구제를 촉구하는 행정체제를 말한다. 다시 말해 지원행정은 소비자 주권을 옹호하는 입장으로 소비자를 단순히 피보호자로만 보지 않고 소비자가 사업자와 대등한 관계에서 거래가 이루어질 수 있도록 하려는 데 그 목적이 있다. 지원행정의 내용은 계몽활동 및 교육의 추진, 시험, 검사시설의 설치·운영, 소비자 불만 처리를 위한 기구의 정비, 소비자 단체 활동 지원 등이다.

(2) 소비자 행정기구

우리나라는 소비자 정책을 전담하는 독립된 규제기관은 없는 대신 여러 행정부처 및 기관에서 소관 업무별로 나누어 수행하고 소비자 정책의 총괄·조정기구를 별도로 두어 조율하는 시스템이다. 공정거래위원회는 소비자정책위원회의 심의·의결을 거쳐 소비자 정책에 관한 기본계획을 3년마다 수립한다.

① 공정거래위원회

2006년 소비자기본법의 개정에 따라 '한국소비자보호원'의 명칭을 '한국소비자원'으로 변경하여 공정거래위원회에 이관되었으며 2008년 정부조직의 개편에 따라 소비자 정책 추진체계를 공정거래위원회로 일원화하였다. 소비자 정책 또한 종래의 단년도 위주 시책에서 벗어나 중장기적 관점에서 소비자 정책을 체계적이고 일관성 있게 추진해 나갈 수 있도록 3년 단위 소비자 정책에 관한 기본계획을 수립하고 있다.

　이 밖에 공정거래위원회가 소비자 주권 확립을 위해 하는 주요 기능은 다음과 같다.

- 공정 약관으로 인한 소비자 피해를 방지 : 소비자에게 일방적으로 불리하게 만들어진 약관조항을 시정, 표준약관 보급
- 중요정보 공개를 통해 소비자에게 정확한 정보 제공 : 허위·과장의 표시·광고를 시정, 소비자 선택에 꼭 필요한 중요정보를 공개하도록 함으로써 소비자가 정확한 정보를 바탕으로 합리적인 선택에 도움
- 특수한 유형의 소비자 피해 방지 : 할부거래, 방문판매, 전자상거래 등 특수한 거래 분야 피해 방지

② 소비자정책위원회

소비자정책위원회는 소비자기본법 제23조에 의거하여 소비자의 권익 증진 및 소비생활의

향상에 관한 각 부처의 기본적인 정책을 심의 · 의결하기 위해 국민총리실에 설치된 기구로 위원장 2인을 포함 25인 이내의 위원으로 구성된다.

소비자정책위원회의 기능은 기본계획 및 종합시행계획, 소비자 정책의 종합적 추진, 소비자 보호 및 안전 확보, 소비자 정책의 평가 및 제도 개선에 관한 사항 등에 관한 심의 · 의결이다.

③ 중앙 각 부처

중앙정부(각 부처)에서는 소비자 보호를 위한 각종 법령의 제정 및 개발 등의 업무를 담당하고 있으며, 피해보상기구 설치 업무 사업자를 지정하여 사업자로 하여금 피해보상기구를 설치 · 운영하게 하고 있다(〈표 11-3〉 참조).

④ 지방자치단체(서울특별시, 광역시, 각 도 · 시 · 군 · 구)

1995년 지방자치제가 본격적으로 실시된 이후, 소비자 보호문제가 지방자치단체의 새로운 정책과제로 부각되면서 각 지방자치단체들이 소비자보호조례를 제정하고, 소비자고발센터 등을 설치하여 소비자 피해 구제 업무를 수행하고 있다.

2001년 개정된 소비자기본법에서는 위해 방지 업무, 물품의 수거 및 파기, 법 위반 사실의 공표, 과태료 부과 등의 업무를 광역자치단체에 대폭 위임하고 있다. 2001년부터는 광역시와 도에 '소비생활센터' 또는 '소비자정보센터', '소비자행복센터'가 생겨나 소비자 교육 · 정보제공, 소비자 피해 구제 업무 등을 수행하고 있다.

⑤ 한국소비자원

한국소비자원은 1987년 7월 1일 소비자보호법에 의하여 '한국소비자보호원'으로 설립된 후, 2007년 3월 28일 소비자기본법에 의해 '한국소비자원'으로 기관명이 변경되었다. 한국소비자원은 소비자의 권익을 증진하고 소비생활의 향상을 도모하며 국민 경제의 발전에 이바지하기 위하여 국가에서 설립한 전문기관으로 주요 업무 내용은 다음과 같으며, 특히 소비자 불만의 처리 및 피해 구제 업무는 가시적인 중요성을 지닌다.

- 소비자 권익 관련 제도와 정책의 연구 및 건의
- 물품, 용역의 규격 · 품질 · 안전성 등에 관한 시험검사 및 거래조건 · 방법에 대한 조

표 11-3 우리나라의 소비자 정책 유관 중앙행정기관의 주요 소관업무

행정기관	소비자 정책 관련 주요 업무
공정거래위원회	• 소비자 정책의 주무부처 • 소비자 정책 일반 • 표시광고 약관 규제 • 특수거래 규제, 전자거래 통신판매 규제 • 소비자 안전, 정보, 교육, 분쟁 해결
기획재정부	• 소비자 물가 관리 • 서민생활 안정 대책 추진
교육부	• 학교 소비자 교육
미래창조과학부	• 인터넷 서비스, 모바일, 콘텐츠 소비자 보호
법무부	• 소비생활 범죄 예방
행정자치부	• 개인정보 보호 • 지방소비자행정 지원
문화체육관광부	• 위해 간행물 규제 • 관광서비스 소비자 보호
농림축산식품부	• 농산물 및 식품 표시제도 • 농 · 축산물 안전
산업통상자원부	• 공산품 가격표시제도 • 소비자 제품 안전기준 관리 • 위해 제품 시장 감시 및 리콜
보건복지부	• 식품위해정보제공 • 위해식품 시장감시 및 리콜
환경부	• 친환경상품 및 지속 가능한 소비의 확산 • 소비생활 속 위해물질 피해 예방
여성가족부	• 다문화 가족 소비자 보호
국토교통부	• 자동차 리콜제도 운영
방송통신위원회	• 방송통신 소비자 보호
금융위원회	• 금융 소비자 보호
식품의약품안전처	• 식품, 의약품 안전관리

출처 : 김영신 외(2015)에서 수정

   사 · 분석
- 소비자의 권익 증진 · 안전 및 소비생활 향상을 위한 정보의 수집 · 제공 및 국제 협력
- 소비자의 권익증진 · 안전 및 능력 개발과 관련된 교육 · 홍보 및 방송사업
- 소비자 불만 처리 및 피해 구제
- 소비자 권익 증진 및 소비생활 합리화를 위한 종합적인 조사 · 연구
- 국가 또는 지방자치단체가 소비자 권익 증진과 관련하여 의뢰한 조사 등의 업무
- 그 밖에 소비자의 권익 증진 및 발전에 관한 업무

2. 소비자 피해 구제제도

소비자는 경제적 피해뿐 아니라 신체와 생명에까지 심각한 피해를 당했을 경우 피해보상을 받기 위해 제품 및 서비스의 제공자인 사업자에게 피해보상을 요구하거나 제3자, 즉 민간 소비자 단체, 행정기관, 한국소비자원에 피해구제의 도움을 요청할 수 있다. 사업자가 소비자피해보상을 했을 경우에는 제3자를 통해 소비자피해구제를 진행하지 않아도 된다. 소비자가 사업자를 통해 피해보상을 받지 못했거나 직접적으로 제3자를 통해 피해보상을 협상하고자 할 경우 일반적으로 소비자 상담 → 소비자 피해 구제 → 소비자 분쟁 조정 → 민사소송의 과정을 거친다.

   소비자 피해에 관한 상담 절차는 〈그림 11-3〉과 같다.

2.1 사업자에 의한 소비자 피해 구제

소비자가 구입한 상품이나 서비스에 대하여 불만이 있거나 피해를 입은 경우, 가장 먼저 거래한 판매자에게 그 구제를 요구하는 것이 일반적이다. 따라서 소비자가 적절한 보상을 받을 수 있다면 가장 바람직한 피해 구제 방법이며, 실제로 가장 많이 이용되고 있다.

   최근 우리나라에서도 소비자주의가 높아짐에 따라 기업은 소비자에 대한 태도가 변화하고 있으며, 소비자 불만의 처리와 상품지식을 보급하기 위해서 기업은 대부분 소비자 업무를 담당하는 전문부서를 설치하고 있다.

그림 11-3 소비자 상담 절차

출처 : 한국소비자원(www.kca.go.kr)

2.2 소비자 단체에 의한 소비자 피해 구제

소비자 단체는 소비자 피해 구제 과정에서 제3자로서 대안을 제시하고 분쟁 당사자 간의 합의를 유도할 수 있는 합의 권고 기능을 수행하고 있다. 만약 합의가 이루어지지 않을 경우 소비자 단체는 소비자를 대신하여 한국소비자원의 소비자분쟁조정위원회에 분쟁 조정을 신청할 수 있다. 소비자 단체는 업무를 추진함에 있어 필요한 자료를 사업자에게 요청할 수 있으며, 사업자는 정당한 사유가 없는 한 이에 응해야 한다(소비자기본법 제78조). 전화, 인터넷, 방문상담 접수를 받고 있으며 전화상담은 국번 없이 1372로 할 수 있다. 1372 소비자상담센터는 공정거래위원회가 운영하고 한국소비자원, 민간 소비자 단체, 16개 시ㆍ도 지방자치단체가 공동으로 참여하여 상담 서비스를 제공하고 있다.

2.3 행정기관에 의한 소비자 피해 구제

행정기관이 소비자 피해와 관련된 분쟁에 개입하여 양 당사자 간에 중재와 조정을 행하거나, 시정명령 등으로 소비자 피해를 구제하는 방법이다. 그러나 행정기관에서의 소비자 분쟁의 조정은 객관적인 심사절차나 판정권한이 없기 때문에 간접적인 공권력 행사에 그치고 있다. 분쟁 해결에 시험ㆍ검사가 필요하거나 합의 권고안에 대해 양 당사자의 수락이 되지 않을 경우 그 목적 달성을 위해 한국소비자원에 처리를 의뢰할 수 있다. 각 지방자치단체들도 '소비자 불만 처리 기구'를 설치ㆍ운영하여 양 당사자 간의 요구를 중재ㆍ조정하거나 시정명령 등으로 소비자 피해를 구제하고 있다. 전화상담은 국번 없이 1372로 할 수 있다.

2.4 한국소비자원에 의한 피해 구제

한국소비자원에 의한 피해 구제는 소비자뿐만 아니라 소비자 단체, 국가, 지방자치단체, 소비자로부터 피해 구제를 요구받은 사업자도 그 처리를 의뢰할 수 있다. 한국소비자원은 소비자 피해를 보다 효율적으로 추진하기 위해 소비자분쟁조정위원회를 설치하고 있다. 한국소비자원은 사건을 처리함에 있어서 피해에 관한 사실 확인을 위하여 필요한 경우에는 사업자에게 검사 및 자료제출을 요구할 수 있으며, 관계인의 법령 위반 사실이 확인된 때에는 관계기관에 이를 통보하고 적절한 조치를 의뢰해야 한다. 한국소비자원에 의한 피해구제 대상은 사업자가 제공하는 물품 또는 용역을 소비생활을 위하여 사용하거나 이용하는 과정에서 발생한 소비자 피해이다. 그러나 소비자와 사업자 사이의 분쟁이 아닌 경우나 소비자 기본법이 정한 제외사유에 해당하는 경우는 피해 구제 대상에서 제외된다. 한국소비자원에 접수된 건은 상담, 합의 권고, 분쟁 조정 등의 절차를 거쳐서 처리된다(그림 11-4).

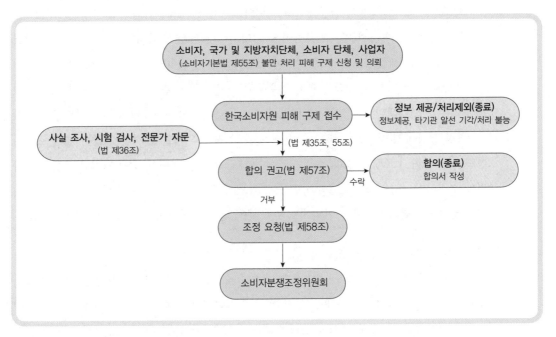

그림 11-4 한국소비자원의 피해 구제 절차
출처 : 한국소비자원 홈페이지(www.kca.go.kr)

1) 한국소비자원의 상담

상담 신청은 전화, 인터넷, 서신 등을 통해서 할 수 있다. 전화상담은 국번 없이 1372로 할 수 있다. 전화상담은 한국소비자원과 전국에 소재한 민간 소비자 단체, 지방자치단체가 함께 신속한 상담 서비스를 제공하고 있으며, 인터넷 상담은 소비자 상담센터 홈페이지에서 상담으로 신청할 수 있으며 답변을 받을 기관을 한국소비자원과 민간 소비자 단체 중에서 선택할 수 있다.

2) 한국소비자원의 합의 권고

한국소비자원은 피해 접수 건에 대해 사실 조사, 전문가 자문 등을 거쳐 당사자들 간의 원만한 합의를 권고한다. 피해 구제 신청일로부터 30일 이내에 원만한 합의가 이루어지지 않을 경우에는 소비자분쟁조정위원회에 조정을 신청한다.

3) 한국소비자원의 분쟁 조정

소비자분쟁조정위원회는 위원장 1인을 포함하여 50인 이내의 위원으로 구성되어 있으며, 회의는 위원장 및 상임위원을 포함하여 5~9명의 위원들로 개최된다. 분쟁 조정은 신청일로부터 30일 이내에 종결되는 것이 원칙이나 위원회 일정에 따라 연장될 수 있다. 조정위원회는 비공개를 원칙으로 하되 필요한 경우에는 양 당사자가 참석하여 의견을 진술할 수 있으며 최종적으로 내린 조정 결정에 대하여 15일 이내에 양 당사자에게 수락 여부를 확인한다. 조정 결정에 대해 양 당사자가 서면으로 수락 거부 의사를 표시하지 않는 경우 조정은 성립된다. 성립된 조정 결정 내용은 재판상 화해와 동일한 효력을 갖게 되지만 비성립된 사건은 소비자가 소송 등의 별도의 방법을 통해 해결해야 한다. 그 외 금융, 법률, 의료 등의 전문 분야에서 한국소비자원 이외에도 피해 구제 업무를 담당하는 분쟁조정위원회가 있다.

4) 한국소비자원의 집단분쟁조정제도

집단분쟁조정제도는 다수의 소비자에게 같거나 비슷한 유형의 피해가 발생한 경우 한국소비자원 내에 설치된 소비자분쟁조정위원회에서 일괄적으로 분쟁 조정을 할 수 있는 제도이다. 피해가 같거나 비슷한 유형의 소비자 피해를 입은 소비자의 수가 50인 이상이고 사건의 중요한 쟁점(피해의 원인이나 결과)이 사실상 또는 법률상 공통되어야 신청할 수 있다.

2.5 사법에 의한 피해 구제

1) 민사소송

피해를 입은 소비자가 마지막으로 호소할 수 있는 방법은 법원의 판결에 의한 것이다. 그러나 사법에 의한 소비자 피해 구제는 다음과 같은 어려움을 가지고 있다. 오늘날의 소비자 피해가 소액 다수 피해라는 점을 고려해 보면 다음과 같은 이유에서 소송에 의해 피해 구제를 받는다는 것은 어렵다.

- 소송절차가 까다롭고 복잡하기 때문에 전문적인 법률지식이 없는 대부분의 소비자는 접근하기가 어렵다.
- 소송을 제기하였을 경우에 소요되는 시간과 비용이 많이 들기 때문에 피해가 소액인 경우 그 구제를 포기하는 경우가 많다.
- 소비자들이 소비자 피해의 원인규명이 곤란하기 때문에 책임, 인과관계를 입증하기가 어렵다.

소비자가 개별적으로 민사소송을 통해 피해보상을 받기 어려울 뿐만 아니라 대량생산과 대량유통이라는 구조적 원인 때문에 동일한 제품과 서비스와 관련된 소비자 피해가 발생하고 있다. 이러한 집단적으로 발생한 동일한 소비자 피해에 대한 민사소송제도는 단체소송제도, 집단소송제도가 있으며 대안적 집단소비자 피해구제제도로서 집단분쟁조정제도가 있다. 세 가지의 특징은 〈표 11-4〉와 같다.

표 11-4 집단분쟁 관련 제도별 비교표

제도	특징	근거 법률
집단분쟁조정제도	• 동일·유사 피해자 50인 이상 신청, • 분쟁 조정을 통해 신속 해결 가능 • 사업자가 조정 결정을 거부하면 조정 비성립	소비자기본법
단체소송제도	• 소송을 통해 사업자의 소비자권익침해 행위를 중지·금지 • 손해배상청구 불가능	소비자기본법
집단소송제도	• 미국, 캐나다 등에서 시행되고 있는 제도 • 피해자 중의 1인 또는 다수가 피해자 전체를 대표하여 소송을 수행 • 손해배상청구 가능	국내 도입 논의 중

2) 소액사건 심판제도

소비자 피해를 구제하기 위한 전문적인 소송제도는 아니지만 3,000만 원 이하의 금전·유가증권의 사건을 간단한 절차에 따라 신속히 처리할 수 있는 소액사건 심판제도(small claims)가 있다. 이 제도는 소액을 간단한 절차로 취급하기 때문에 소액다수 피해의 특징을 가지는 소비자 피해를 구제하는 데 적합한 면이 있다. 소액사건 심판제도는 서면으로 된 소장뿐만 아니라 구두로도 청구가 가능하고, 당사자 쌍방이 임의로 법원에 출석하여 진술하는 방법으로도 소를 제기할 수 있어 간편하다. 또 소액사건심판은 신속한 절차의 진행을 위해 판사는 1회의 변론기일로 심리를 종결하고 필요한 경우 근무시간 외 또는 공휴일에도 열리므로 편리하다. 소액사건 심판제도는 1회의 변론기일로 심리를 종결하기 때문에 소비자가 불참할 경우에는 절대적으로 불리하다. 소액사건소송에서는 변호사가 아니더라도 원·피고의 처, 남편, 부모, 자식, 형제자매 등이 법원의 허가 없이도 대리하여 소송을 할 수 있다. 소액사건 심판은 약 30일 소요되므로 일반 민사소송심판에 비해 빠르게 종결된다.

3. 소비자 보호 관련 법과 제도

3.1 소비자 안전 관련 법과 제도

1) 제조물책임법

제조물책임(product liability)이라 함은 시장에 유통되는 상품의 결함으로 말미암아 그 상품의 이용자나 제3자의 생명, 신체, 재산에 손해를 입힌 경우에 그 상품의 제조자나 판매자에게 그들의 손해의 배상책임을 지우는 것을 말한다.

제조물책임법에서 **결함**이라 함은 당해 제조물에 다음의 세 가지에 해당하는 제조·설계 또는 표시상의 결함이나 기타 통상적으로 기대할 수 있는 안전성이 결여되어 있는 것을 말한다.

- 제조상의 결함 : 제조업자의 제조물에 대한 제조·가공상의 주의의무의 이해 여부에 불구하고 제조물이 원래 의도한 설계와 다르게 제조·가공됨으로써 안전하지 못하게 된 경우를 말한다.
- 설계상의 결함 : 제조업자가 합리적인 대체설계를 채용하였더라면 피해나 위험을 줄이

거나 피할 수 있었음에도 대체설계를 채용하지 아니하여 당해 제조물이 안전하지 못하게 된 경우를 말한다.

- **표시상의 결함** : 제조업자가 합리적인 설명 · 지시 · 경고 기타의 표시를 하였더라면 당해 제조물에 의하여 발생될 수 있는 피해나 위험을 줄이거나 피할 수 있었음에도 이를 하지 아니한 경우를 말한다.

현재 제조물책임법에서 정의하고 있는 이상의 결함의 종류에 대해서는 현실적으로 보다 소비자를 보호하기 위한 방향으로 논의될 필요성이 있다는 의견도 존재한다. 이 법은 사업자에게 제품안전에 관한 엄격한 책임을 부과하여 제품안전에 관한 사전규제의 미비점을 보완하고, 품질관리를 철저히 하도록 하는 요인이 된다. 제조물책임제도가 기업에게는 부담이 될 수 있으나, 다른 한편으로는 기업의 발전, 특히 국제시장에서 경쟁력 확보에도 도움이 될 것이다.

최근 제조물 책임법의 시행에 따라 제조물 결함에 의한 피해 구제를 보다 쉽게 할 수 있도록 PL상담센터를 2003년 5월부터 운영하고 있다. PL상담센터에서는 제조물책임과 관련한 신청이 접수되면 우선 자료 제공과 조언 등의 상담으로 원만한 해결을 유도한다. 해결이 이뤄지지 않을 경우 소비자의 피해 내용과 사업자의 대응 내용을 확인한 후 소비자와 사업자에게 공정하다고 판단한 '합의알선안'을 권고하게 된다. 알선에 의해 분쟁이 해결되지 않으면 분쟁 심의를 통해 변호사와 소비자 문제 전문가 등으로 구성된 위원회에서 '합의'에 이르도록 한다.

2) 소비자위해감시시스템

소비자위해감시시스템(consumer injury surveillance system, CISS)은 위해정보제출기관인 전국의 병원 및 소방서와 1372 소비자 상담센터, 소비자 위해정보 신고 핫라인(080-900-3500) 등을 통해 위해정보를 수집하고 분석 · 평가하여 관련 조치를 취할 수 있도록 구축된 소비자 위해상황 상시감시 시스템이다(그림 11-5).

3) 리콜제도

리콜제도(recall)란 안전성에 문제가 있는 결함상품의 경우 제조업자가 제품결함을 스스로 공개하고 시정하는 제조자 결함시정제도이다. 우리가 사용하고 있는 모든 제품은 아무리

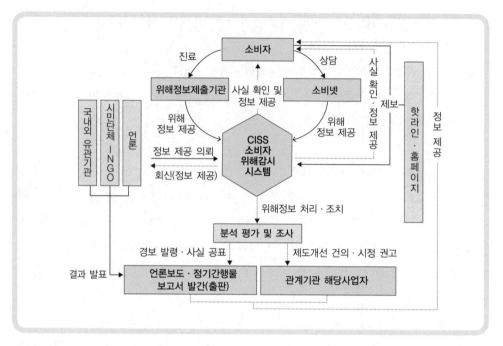

그림 11-5   소비자위해감시시스템 구조

출처 : 한국소비자원 위해정보감시시스템(http://www.ciss.go.kr/www/contents.do?key=193)

엄격한 검사를 거친 제품이라고 해도 100% 완벽하다고 장담할 수는 없다. 실제로 우리 주변에는 평소에 안전할 것으로 믿었던 가전제품에서 예기치 않은 화재가 발생했다거나, 식품에 좋지 않은 성분이 들어 있어 소비자들이 위해를 입는 경우를 종종 볼 수 있다. 따라서 판매되고 있는 어떤 상품의 안전성에 문제가 발견되면 그 제품을 제조, 수입, 유통, 판매한 사람이 이 사실을 소비자에게 알림과 동시에 시장에서 문제 상품을 전부 거두어들여 환불이나 교환, 수리해 줌으로써 소비자의 위해를 사전에 예방하는 활동을 리콜제도라고 한다.

우리나라의 리콜 관련 규정은 품목별로 개별법에서 규정되어 있으며, 개별법에 적용을 받지 않는 모든 물품들을 대상으로 하는 리콜규정은 소비자기본법을 적용받아 리콜이 진행된다. 기업이 안전성의 문제가 있는 것을 소홀히 하게 되면 대형 사고를 유발할 수 있을 뿐 아니라 사고 발생 후 피해보상 규모가 매우 커지며 무엇보다 해당 제품과 기업의 이미지가 크게 실추된다. 리콜제도가 소비자 입장에서는 결함상품에 의한 피해를 사전에 예방할 수 있으며 기업의 입장에서는 리콜제도를 통해 더 큰 사고를 예방할 수 있을 뿐만 아니라 소비자의 신뢰를 얻을 수 있다.

리콜제도는 결함상품 공급자의 자율적 조치를 원칙으로 하지만, 제품 제조 후 또는 유통 후 안전에 문제가 발생하였음에도 자발적으로 위해한 제품을 제거 또는 회수하지 않을 경우 정부가 강제적으로 리콜 실시를 요구할 수 있다. 사업자가 중앙행정기관의 장의 물품 수거·파기 명령 또는 용역의 제공금지명령 등을 위반한 경우에는 3년 이하의 징역 또는 5,000만 원 이하의 벌금에 처할 수 있다. 리콜을 실행할 때는 결함 내용, 결함 관련 주의사항, 시정 방법들을 리콜 실시 주최(제조자 또는 사업자)가 우편 또는 언론들을 통해 알릴 의무가 있다.

3.2 소비자 분쟁 해결 관련 제도

1) 단체소송과 집단소송

현대 소비경제시대는 대량생산과 대량소비로 특징되고 있기 때문에 피해가 발생할 경우에는 집단적으로 광범위하게 피해가 발생하게 된다. 최근에 우리 사회에서 문제가 되어왔던 집단적인 피해 사례를 살펴보면 이러한 특징을 쉽게 알 수 있다. 예를 들면, 벨기에산 돼지고기의 다이옥신 파문, 자동차 급발진 사고 피해자의 집단소송, 14만 명의 시티폰 가입자 기본료 환불요구 등이다.

집단피해사건의 특징은 피해자에게 입히는 손해는 다액인 경우도 있지만 대부분은 소액이므로 손해배상청구를 귀찮아하거나 무심코 지나쳐 버리는 경우가 많다는 점이다. 그러나 피해자가 입은 소액의 손해를 모으면 가해자 쪽에서는 거액의 부당이득을 취하게 되는 경우가 대부분이다. 나아가 집단피해사건의 가해자는 제품의 판매나 서비스의 제공에서 선량한 관리자로서의 주의의무를 태만히 하고 있거나 고의적인 부당이득을 취하려는 의도도 있다는 점에서 그 심각성을 드러내고 있다.

집단적 소비자피해를 효율적으로 구제하기 위한 제도로 소비자단체소송과 집단소송제도가 있다(표 11-5). 소비자단체소송제도는 2006년 개정된 소비자기본법에 새롭게 규정된 집단피해구제 제도이다. **소비자단체소송제도**란 일정한 요건을 갖춘 소비자 단체 사업자 단체, 비영리 단체가 다수 소비자의 생명, 신체, 재산 등 권익을 침해하는 사업자의 위법행위에 대해 법원에 금지 또는 중지를 청구하는 제도이다. 소비자단체소송제도는 소송 대상으로서 손해배상의 청구는 배제하고 사업자의 위법행위에 대한 금지 및 청구만 할 수 있다. 소송 제기를 할 수 있는 단체가 무엇인지가 중요한데, 현재 공정거래위원회에 등록된 단체

표 11-5 단체소송과 집단소송의 비교

구분	단체소송	집단소송
근거법	소비자기본법	증권 관련 집단소송법
개념	사업자가 소비자의 생명·신체 또는 재산에 대한 권익을 직접 침해할 경우 법에서 정한 단체가 권익침해행위의 금지·중지를 구하는 소송	다수인에게 피해가 발생한 경우 그중 1인 또는 수인이 대표 당사자가 되어 수행하는 손해배상 청구소송
절차	소장 및 소송허가신청서 제출(법정단체) → 소송 허가결정(법원)	소장 및 소송허가신청서 제출(대표당사자가 되려는 자) → 집단소송 제기사실 등 공지(법원) → 소송허가결정(법원) * 대표당사자는 구성원 중에서 법원이 선임
허가 요건	• 다수 소비자의 권익보호·피해예방을 위한 공익 필요 • 소제기단체가 사업자에게 서면으로 침해 중지 신청 후 14일 경과	• 구성원이 50인 이상 • 법률상·사실상 중요쟁점이 모든 구성원에 공통되어야 함 • 집단소송이 권리실현에 효율적·적합한 수단이어야 함
원고 적격	법정단체 (① 공정위 등록 소비자 단체, 상공회의소 등 전국단위 경제단체, 비영리민간단체 ② 회원 수 등 일정요건 충족)	제한 없음 (피해자는 제한 없이 가능)
판결 효력	모든(일반) 피해소비자	모든(집단소송) 구성원
특징	좌동(다만, 원고만 해당)	(변호사 강제주의) 원고·피고 모두 변호사를 소송대리인으로 선임 필요
	좌동	(허가주의) 집단소송에 대한 법원 허가 필요

출처 : 문상일, 서은숙, 조혜진, 빈기범(2017).

와 대한상공회의소나 중소기업협동조합중앙회 및 대통령령이 정하는 전국 단위 경제단체가 이에 해당한다. 소송의 남발에 대한 우려가 제기되어 소송허가 제도를 도입하고 있다.

집단소송제도(class action)는 다수의 소비자나 투자가들이 공통의 원인이나 쟁점으로 소액의 손해배상 청구권을 갖고 있는 경우에 그 피해자군(class) 중에서 대표자가 나서서 피해자군에 속하는 총원의 청구금액을 일괄하여 소송하여 전체의 권리를 실현시키는 소송 형태로 미국에서 최초로 성문화되었다. 우리나라에서는 증권거래에서 집단소송제도를 허용하고 있으며 그 외에는 '선정당사자제도'가 유사하다. 이러한 집단소송제도는 다음과 같은 몇 가지 장점을 가지고 있다.

- 소비자 피해가 개별적으로는 적은 액수이나 다수인에게 피해가 미치기 때문에 이 제도를 도입하게 되면 소액인 소비자가 스스로 권리를 포기하는 것을 막을 수 있다.
- 소비자 입장에서 소액피해로 소송을 포기할 경우 기업의 입장에서는 엄청난 손해배상을 하지 않게 되므로, 계속적으로 손해발생을 유발할 수도 있다. 따라서 기업의 위법행위나 손해발생을 억제하는 측면에서 이러한 제도가 필요하다.
- 동일한 사안에 대해 모든 소비자가 개별적으로 소송을 제기하는 것은 사회적 낭비를 초래한다.

2) 징벌적 손해배상제도

징벌적 손해배상이란 주로 불법행위소송에서 가해자에게 주관적인 악의 등의 가해의사가 있는 경우, 보상적 손해배상에 덧붙여 징벌적으로 손해배상을 가중하는 제도를 말한다. 이 제도는 피해를 발생시킨 행위의 악성이 강한 경우 큰 금액의 배상액을 부과함으로써 해당 가해자를 징벌하고 미래에 동종행위를 억제하기 위한 목적이 있다.

주로 영국과 미국 등 영미법 체계를 갖춘 국가에 도입된 징벌적 손해배상제도로 인정될 수 있는 행위에는 악의적인 인신침해, 타인 재산에 대한 고의적인 침해, 헌법상의 권리 침해, 명예훼손, 제조물책임, 환경침해, 소비자 보호에 관한 제반 법률위반, 식품관련 사범 등 다양한 불법행위를 포함한다. 그러나 이러한 불법행위는 가해자가 악의를 가지거나 고의적으로 행했다는 것이 인정될 때 효력을 발휘하나 단순한 과실에 의해 피해가 발생하는 경우는 해당하지 않는다. 이는 가해자가 악성이 높은 행위를 한 경우 실제 보상에 더하여 손해배상이 인정되는데 그 배상액은 피해자의 손해보다 가해자의 악의와 고의성을 중심으로 고려하여 산정된다. 우리나라 소비자피해구제에 징벌적 손해배상제도는 2020년 현재 도입되지 않았다.

국내의 징벌적 손해배상제도는 2011년 하도급거래 공정화에 관한 법률에 처음 규정이 신설되었고, 기간제 및 단시간근로자 보호 등에 관한 법률, 파견근로자 보호 등에 관한 법률, 대리점거래의 공정화에 관한 법률, 정보통신망 이용촉진 및 정보보호 등에 관한 법률 등 총 9개 법률에 순차적으로 도입되었다. 신용정보의 이용 및 보호에 관한 법률은 2014년 초 카드사의 대규모 개인정보 유출사태를 계기로 징벌배상제도 도입이 추진되어 신용정보회사 등 신용정보 이용자가 고의 또는 중대한 과실로 신용정보가 누설되거나 분실, 도난, 누출, 변조 또는 훼손되어 신용정보 주체에게 피해를 입히는 경우 해당 신용정보 주체에 대

해 그 손해의 세 배 이내에서 배상할 책임을 지도록 하였다.[3]

3) 소비자분쟁해결기준

소비자는 각종 물품의 사용이나 서비스를 이용하는 과정에서 제품의 하자, 부당거래, 계약불이행 등 다양한 피해를 입을 수 있다. 이런 경우 소비자가 사업자로부터 적절한 보상을 받을 수 있도록 품목별·피해 유형별로 보상기준을 마련해 놓은 것이 **소비자분쟁해결기준**이다. 소비자분쟁해결기준은 법률이 아니고 행정적 지도지침인 공정거래위원회 고시이기 때문에 강제력은 없다. 그러나 규정의 제정 및 개정 시 정부, 소비자 단체, 사업자 단체가 협의하여 그 기준을 정하였기 때문에 실질적인 분쟁 해결의 기준으로 활용되고 있다. 소비자분쟁해결기준은 일반적 소비자분쟁해결기준과 품목별 소비자분쟁해결기준이 있다. 품목별 소비자분쟁해결기준에서 해당 품목에 대한 분쟁해결기준을 정하고 있지 않은 경우 같은 기준에서 정한 유사 품목에 대한 분쟁해결기준을 준용할 수 있다. 품목별 소비자분쟁해결기준은 공산품 30개 업종, 식료품 19개 업종, 의약품 및 화학제품 10개 업종, 공공서비스 3개 업종 등 다양한 품목의 업종을 대상으로 마련되어 있다.[4]

소비자분쟁해결기준에 의한 배상은 경제적 피해배상을 원칙으로 하므로 정신적 배상이나 당해 제품의 하자로 인하여 발생한 손해의 배상에 대해서는 적용되지 않는다. 따라서 이러한 손해에 대해서는 별도로 법원에 손해배상을 청구해야 한다.

4) 소비자 피해 보상 신청과 내용증명

소비자가 제품이나 서비스로 인한 피해에 대한 보상을 신청할 때 법적 효력이 있는 서면으로 신청해야 한다. 가장 대표적인 방법은 내용증명 우편을 활용하는 것이다. 내용증명 우편은 언제, 누구에게 어떤 내용의 문서를 발송했다는 사실을 우체국이 보증하는 특수우편으로서, 서면내용의 정확한 전달은 물론 보낸 사실에 대한 증거가 된다. 방문판매, 전화권유판매, 통신판매, 할부거래 등에서 청약철회나 계약의 해지요구는 서면으로 알려야 한다. 내

---

[3] 신용정보의 이용 및 보호에 관한 법률 제43조(손해배상 책임) 제2항
 ② 신용정보회사 등이나 그 밖의 신용정보 이용자(수탁자를 포함한다. 이하 이 조에서 같다)가 고의 또는 중대한 과실로 이 법을 위반하여 개인신용정보가 누설되거나 분실·도난·누출·변조 또는 훼손되어 신용정보 주체에게 피해를 입힌 경우에는 해당 신용정보 주체에 대하여 그 손해의 세 배를 넘지 아니하는 범위에서 배상할 책임이 있다. 다만, 신용정보회사 등이나 그 밖의 신용정보 이용자가 고의 또는 중대한 과실이 없음을 증명한 경우에는 그러하지 아니하다.
[4] 참고 : http://www.kca.go.kr/odr/pg/pi/osPgBjResolvW.do

용증명은 다음과 같은 경우에 이용한다.

- 전화권유에 의해 회원권, 어학교재, 학습지, 월간지 등을 구입 또는 이용계약을 한 후 철회기간 이내(14일)에 청약의 철회를 요구할 때
- 방문판매로 자격증 교재, 건강식품, 유아용 교재, 가전제품 등을 구입 또는 스포츠센터 이용계약을 한 후 철회기간 이내(14일)에 청약의 철회를 요구할 때
- 인터넷 쇼핑몰, TV홈쇼핑, 통신판매를 이용하여 물품이나 서비스상품을 구입한 후, 철회기간 이내(7일)에 청약의 철회를 요구할 때, 할부로 물품을 구입한 후, 철회기간 이내(7일)에 청약의 철회를 요구할 때
- 상행위를 목적으로 (할부계약을 체결한 경우 제외) 물품 등을 할부로 구입 후, 다음과 같은 사유로 매도인과 신용제공자에 항변권을 행사하고자 할 때 할부계약이 무효·취소 또는 해제된 경우
  - 목적물이 약속된 날짜까지 인도되지 않은 경우
  - 매도인이 하자담보책임을 이행하지 않은 경우
  - 기타 매도인의 채무불이행으로 인하여 할부계약의 목적을 달성할 수 없는 경우
  - 기타 서면에 의한 의사표시 및 이에 대한 증빙자료가 필요할 때
  - 정기간행물 구독, 스포츠센터 이용, 피부관리실 이용 등 일정기간 동안 구독 또는 이용계약을 하고 그 기간 중에 구독 또는 이용을 중단하거나 계약을 해지하고자 할 때

계약의 청약철회 또는 취소·해제·해지를 구두나 전화로 요구하는 것보다는 내용증명우편과 같은 서면으로 발송해야 상대방에게 의사표시를 한 사실 및 표시한 일시 등을 차후 증명할 수 있다. 내용증명우편은 우체국에서 공적으로 증명하는 등기 취급 우편제도이다. 특별한 양식은 없으며 다음과 같은 내용이 포함되어야 한다.

- 수신인(받는 사람) : 상호, 주소, 전화번호
- 수신인(신용카드사 : 신용카드로 결제한 경우)
- 발신인(보내는 사람) : 이름, 주소, 전화번호
- 내용 : 상품명, 계약일, 대금, 해약사유 등을 육하 원칙에 의해 기록

내용증명서(예시)

수신 1 : ○○ 사 대표 귀하

　　　　서울시　○○구　○○동　○○번지

수신 2 : ○○신용카드사 대표이사 귀하

　　　　서울시　○○구　○○동　○○번지

발송인 : 서울시 서초구 염곡동　○○번지 ○○○

1. 상품명　：

2. 계약일　：

3. 계약금액 ：

4. 기지급액 ：

5. 전화번호 ：

6. 내용(아래의 내용을 포함 기록하되 본인의 요구사항에 대하여 구체적으로 기재)

　　가. 계약경위(당시 상황) :

　　나. 청약철회 또는 해지를 통보하는 사유 :

　　다. 기타 내용 :

　　　　　　　　　　　　　　　　　　　　년　　월　　일

　　　　　　　　　　　　　　　　　　　　○ ○ ○　　(인)

　위 사항을 수신인과 발신인의 수에 해당하는 수에 1부를 추가로 복사하여(위의 경우처럼 수신인이 2곳인 경우는 총 네 장) 우체국에서 내용증명우편으로 발송하면 각각의 수신인에게 발송되며, 본인(발신인)이 1부를 보관하고 우체국에서도 1부를 보관하게 된다. 인터넷으로도(인터넷우체국 http://www.epost.go.kr/) 내용증명을 발송할 수 있다. 발송한 후 수일 후에 업체와 연락하여 해지요구를 하고, 원만한 합의가 어려울 경우 다음과 같은 내용의 피해구제신청서를 간략히 작성하여 소비자피해구제 기관에 신청하면 된다. 피해구제 신청에는 작성한 피해구제신청서, 내용증명사본, 계약서사본, 카드내역서 사본 또는 매출전표(또는 영수증) 등이 필요하다.

참고문헌

강병모(2008). 소비자권리실현을 위한 징벌적 손해배상제도의 도입에 관한 연구. 정책연구보고서, 8-128.

김영신, 서정희, 송인숙, 이은희, 제미경(2012). 소비자와 시장환경(제4판). 시그마프레스.

문상일, 서은숙, 조혜진, 빈기범(2017). 외국금융당국의 금융상품 판매규제 현황과 핀테크 금융확산에 따른 소비자 보호 방안 및 시사점. 금융감독원 용역보고서.

법제처(2019). 소비자기본법, 국가법령정보센터.

한국경제연구원(2016). 집단소송제 확대도입의 쟁점과 과제 – 유럽연합(EU) 집단소송제 도입논의와 권고안의 정책적 시사점.

경영개선협회(Better Business Bureau, BBB) www.bbb.org

한국소비자원 위해정보감시시스템 http://www.ciss.go.kr/www/contents.do?key=193

한국소비자원 www.kca.go.kr

Office of Consumer Affairs, Canada https://www.canada.ca/en/services/finance/consumer-affairs.html

12

소비자 역량 강화

혁신적인 기술의 발전과 시장 자유화로 인해 오늘날의 소비자는 과거 어느 때보다 편리한 소비생활을 하고 있다. 하지만 이전에 경험해보지 못한 소비자 문제도 함께 경험하고 있다. 소비자가 능동적으로 새로운 소비자 문제에 대처하며 현명한 소비생활을 영위하기 위해서는 전 생애에 걸친 교육과 경험을 통해 축적된 소비자 역량이 요구된다.

소비자 정책의 패러다임 역시 '소비자 보호'에서 '소비자 역량 강화'로 전환되어 책임 있는 경제주체로서 소비자의 역량 강화는 소비자 정책의 핵심목표 중 하나이다. 제4차 소비자정책기본계획에 따르면 '소비가치를 주도하는 역량 있는 소비자 양성'을 기본 방향으로 설정하여 소비자 문제의 근본적인 해결방안이 되는 소비자 역량 강화를 위한 '소비자 정보제공 및 소비자 교육 정책'의 확대를 추진하고 있다. 유럽연합의 소비자 정책에 대한 시각도 소비자를 수동적인 보호대상이 아닌 적극적으로 시장에 경쟁 압력을 가하는 소비자 역량 강화로 변화하고 있다.

1. 소비자 역량

소비자 역량 강화는 소비자 주권 실현을 위한 전제조건이며 소비자 교육의 기본적인 목표가 된다. 여기서는 소비자 역량의 개념과 구성요소, 사회경제적 환경의 변화에 따라 요구되는 소비자 역량을 살펴볼 것이다.

1.1 소비자 역량의 개념과 내용

소비자 역량(consumer competency)은 소비자가 시장에서 다양한 역할 및 활동을 효과적으로 수행하기 위해 갖추어야 하는 전반적인 능력을 의미한다. 즉 소비자 역할을 효과적으로 수행하기 위한 인지적 영역의 소비자 지식(knowledge), 정서적 영역의 소비자 태도(attitudes), 실천적 영역의 소비자 기능(skills)을 포함한 다면적인 소비자 능력을 말한다.

소비자 역량 강화는 소비자로 하여금 개인적인 이익을 얻게 할 뿐만 아니라 사회적으로 지속가능한 소비를 함으로써 소비자 주권을 실현하도록 바람직한 시장을 형성하는 책임을 지는 것으로까지 확대될 수 있다(Nam, 2019). 다시 말해 소비자 역량은 생산자가 더 나은 품질의 제품을 더 효율적이고 더 저렴한 가격에 공급하도록 영향력을 행사하는 소비자 능력을 포괄하며, 소비자로 하여금 합리적인 존재가 되게 하여 전반적인 소비자 복지 수준을 향상시키며 사회적 발전을 가져오게 한다(Denegri-Knott, Zwick, & Schroeder, 2006).

유럽연합은 유럽 소비자의 소비지출이 유럽경제를 부흥시킬 수 있다고 생각하며 정책전략수립에서 소비자를 기업만큼이나 중요한 정책대상으로 인식하였다. 기업을 자동차의 엔진으로, 소비자를 운전자로 비유하며 유럽연합의 경제 성장을 위해서는 공급시장의 경쟁과 강력한 수요가 모두 필요함을 강조하였다. 유럽연합은 소비자들이 정당한 권리와 자신감, 공정한 취급을 받는다면 시장의 혁신과 성장을 촉진시킬 수 있다고 하면서 소비자정책전략에서 소비자 역량, 즉 소비자가 정보를 가지고 활용하는 능력뿐 아니라 소비자의 권리와 시장에서의 보호를 위한 기술, 소비자 참여를 포괄하는 다면적 개념을 사용하였다.

한국소비자원은 소비자 정책 수립의 기초자료를 수집하기 위해 우리나라 성인 소비자 역량을 측정하였다. '2018 한국소비자역량지수'에서 소비자 역량을 '소비자로서의 역할을 효과적으로 수행하기 위해 갖추어야 하는 소비자 능력의 총체'로 정의하고 〈표 12-1〉과 같이 소비자 재무역량, 소비자 거래역량, 소비자 시민역량이라는 3개 대영역과 7개 중영역의 지식, 태도, 실천을 측정하였다. 소비자 재무역량은 소비자가 가계 내에서 금전자원 배분의 의사결정권자로서의 역할을 수행하기 위해 갖추어야 하는 지식, 태도, 실천의 총체로서 재무설계 역량과 재무관리 역량을 포괄한다. 소비자 거래역량은 소비자가 시장경제환경에서 거래당사자로서의 역할을 수행하기 위해 갖추어야 하는 지식, 태도, 실천의 총체로서 소비자 정보 이해 및 활용역량, 가격과 품질 및 계약조건을 비교하여 구매의사결정을 하는 역량, 제품과 서비스를 안전하게 사용하는 역량, 구매 후 발생한 소비자 분쟁을 해결하는 역

표 12-1 소비자 역량의 내용영역 분류 및 정의

대영역	중영역	정의	측정
소비자 재무 역량	재무설계	소비자가 자신의 재무니즈를 알고 장·단기적인 재무계획을 세우고 이를 실천하기 위해 갖추어야 하는 잠재적·실천적 능력	• 재무설계 • 수입·지출 관리 • 노후설계
	재무관리	재무계획에 따라 투자를 수행하고 부채 및 위험을 관리하기 위해 소비자가 갖추어야 하는 잠재적·실천적 능력	• 저축·투자 • 신용카드 부채 관리 • 보험관리
소비자 거래 역량	정보이행 활용	구매의사결정에 필요한 정보를 탐색 이해 비교하기 위해 소비자가 갖추어야 하는 잠재적·실천적 능력	• 정보탐색·선별 • 표시 정보 이해 • 정보통신기술 활용
	구매의사 결정	구매대안을 비교 분석하여 구매의사결정을 내리기 위해 소비자가 갖추어야 하는 잠재적·실천적 능력	• 가격 • 계약·거래조건 • 품질 비교
	사용·분쟁해결	구매 후 소비자 피해가 발생한 경우, 문제를 해결하기 위해 소비자가 갖추어야 하는 잠재적·실천적 능력	• 분쟁해결 • 안전한 사용
소비자 시민 역량	권리주장	소비자 권리를 주장하기 위해 소비자가 갖추어야 하는 잠재적·실천적 능력	• 소비자 관련 법·제도의 이해 • 소비자 권리 인식 및 권리 사용
	책임수용	소비자에게 기대되는 사회적 책임을 수행하기 위해 소비자가 갖추어야 하는 잠재적·실천적 능력	• 윤리적 소비 • 녹색소비 • 소비자 참여

출처 : 오수진, 배순영(2018).

량을 포괄한다. '소비자 시민역량'은 시민사회의 구성원으로서 소비자가 자신에게 기대되는 사회적 책임을 다하기 위해 갖추어야 하는 지식, 태도, 실천의 총체로 소비자로서의 권리를 주장할 수 있는 능력, 소비자로서의 책무를 이행하는 능력, 주체적인 소비문화를 확립하고 소비사회에 적응할 수 있는 능력을 포괄한다.

가계부채의 증가로 인한 경제위기와 청년층 및 노년층의 빈곤문제가 사회적 문제가 되면서 소비자의 재무역량이 더욱 강조되고 있다. 가족생애주기의 각 단계에서 발생하는 재무적 수요에 대응하여 재무설계와 관리를 함으로써 개인 및 가계의 경제적 복지수준을 유지하고 향상시킬 수 있는 것이다. 또한 신기술의 발달로 소비자가 거래에서 처리해야 하는 정보가 양적·질적으로 확대되어 정보과부하와 혼란을 더욱 많이 경험하게 되었고 거래방식이 다양하게 되어, 거래 과정에서 소비만족을 극대화하는 소비자 거래역량이 요구된다. 한편 우리 사회의 경제수준이 향상됨에 따라 소비자의 성숙한 시민의식이 요구된다. 소비자는 사회시민으로서 소비의 전 과정에서 개인의 만족과 함께 사회의 공익을 추구해야 할 책무가 있으며, 이를 소비자 시민역량이라고 할 수 있다(손지연, 이경아, 2014).

한편 유럽연합은 2010년 회원국 간의 비교자료를 수집할 목적으로 소비자 역량(consumer empowerment)을 측정하였다. 소비자 법에 대한 인식(awareness of consumer legislation), 소비자 기능(consumer skill), 소비자 참여(consumer engagement)의 3영역으로 측정 내용을 구성하였다. '소비자법에 대한 인식'은 불법적인 상거래행위에 대한 지식, 청약철회 및 보증기간 등에 대한 지식으로 구성되었다. '소비자 기능'은 가격비교 및 이자율 계산과 같은 기본연산기능과 금융기능의 기본기능이 해당되고, 식품의 유통기한 및 함량표시 등의 로고 및 라벨 해석능력이 포함되어 있다. '소비자 참여'는 제품 비교행동, 거래용어 및 구매조건 확인, 소비자 정보에 대한 관심, 소통 능력, 소비자 피해 구제행동 등이 포함되어 있다(오수진, 2018).

1.2 소비자 역량의 구성요인

역량은 투입자원을 산출물로 변화시키는 도중에 만들어지는 무형자원으로 지식과 기술 등의 자원이 통합된 프로세스로 볼 수 있다(Vorhies & Harker, 2000). 소비자 역량 역시 효과적인 소비자 역할 수행이라는 산출물을 얻기 위해 소비자의 지식, 태도, 기술 등이 통합된 프로세스로 볼 수 있으며, 이때 소비자 역량을 구성하는 하위요인으로 인간의 지·정·의(知情意) 능력에 기반하여 인지적 영역의 소비자 지식, 정서적 영역의 소비자 태도, 실천의지적 영역의 소비자 기능으로 나눌 수 있다.

많은 국내 학자들도 소비자 역량의 구성요인을 지식과 태도, 기능으로 나누어 다양한 소비생활 영역에서의 소비자 역량 수준을 측정하고 있다. 즉 소비자 주권의 관점에서 소비자 역량 수준은 소비자 권익을 보호하기 위한 소비자의 지식, 동기나 태도, 기능에 의해 설명된다(Nelson, 2002; Sirgy & Su, 2000).

〈그림 12-1〉은 소비자 역량의 구성요인인 지식, 태도, 기능이 소비자 행동에 미치는 영향을 설명한 소비자 역량 모델이다(Atkinson et al., 2007).

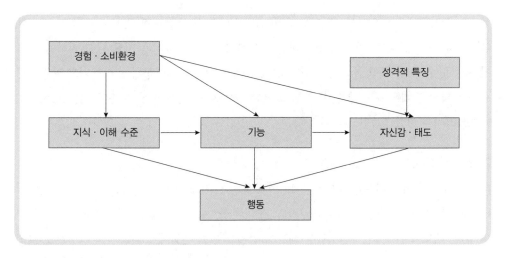

그림 12-1 영국 금융감독청의 소비자 역량 모델

출처 : Atkinson et al. (2006, 2007); 손지연, 이경아(2014). p. 39 재인용.

1) 소비자 지식

소비자 지식은 소비자 역량의 구성요소 중 인지적 영역에 해당되며, 소비자 역할 수행을 위해 필요한 정보 탐색, 이해, 평가에서 요구되는 지식수준을 총칭하는 인지적 능력이다. 소비자 지식은 소비자 태도와 기능 변화를 가져올 수 있으므로 태도나 기능에 비해 근본적인 성격을 지닌다. 시장에서 소비자가 제대로 역할을 수행하기 위해서 필요한 기본적인 시장경제 개념이나 이론에서부터 실제적인 시장정보에 이르기까지 경제 제반사항에 대해 소비자가 알아야 하는 정보들이 소비자 지식이다. 소비자 지식은 시장거래와 환경, 개인과 가계의 재무관리, 소비자 권리와 책임, 소비가치, 컨슈머리즘 등에 대해 소비자가 알고 있어야 하는 사항을 뜻한다.

유럽연합은 소비자 관련 법규에 대해 얼마나 정확하게 인식하고 있는지를 가지고 소비자 지식을 평가하였다. 구체적인 내용으로는 불공정한 계약조건이나 거래, 보증, 청약철회에 관하여 소비자에게 법적으로 보장된 소비자 권리에 대한 지식, 상품 로고 및 라벨 등의 표시에 대한 지식, 가격에 대한 지식, 정부 및 관련 기관의 소비자 보호에 대한 지식, 소비자 문제의 다양한 정보원천에 대한 지식으로 구성하여 소비자의 지식 수준을 객관적으로 평가하였다.

시장에서 소비자는 스스로 정당한 권리를 주장하며 공정한 대우를 받고 적극적으로 시장에 경쟁압력을 가해야 하는데 이는 소비자가 소비에 대한 풍부한 지식을 가질 때 가능하다. 소비자 지식을 갖출 때보다 효과적인 의사결정을 할 수 있고 무지로 인한 피해를 사전에 예방할 수 있다. 특히 급변하는 최근 환경 속에서 새로운 시장상황에 적용되고 활용되는 소비자 지식은 매우 중요한 인적 자원이 된다. 역으로 소비자 지식 수준이 낮은 소비자는 비효율적이며 비합리적인 소비자 행동과 그로 인한 권익침해를 받을 수 있다.

2) 소비자 태도

태도는 개인이 어떤 대상물에 대해 어느 정도 일관성 있게 나타내는 느낌이나 감정, 신념이라고 할 수 있다. 태도는 개인의 감정적 느낌 외에도 가치 인식, 행동 의도와도 밀접한 관련이 있다. 태도에 관한 최근 연구들은 태도를 단일 차원적 개념에서 다차원적 개념으로 확대하여 해석하고 있는데, 이는 태도가 하나의 속성에 의해 파악되는 것이 아니라 대상에 대한 속성과 이들 속성에 대한 소비자의 중요도에 의해 결정되는 것을 의미한다. 즉 태도는 특정한 대상에 대하여 일관성 있게 우호적 혹은 비우호적으로 반응하도록 하는 학습된 경향이라고 할 수 있다(김형재, 이준관, 2017).

소비자 태도는 소비자 역량의 구성요인 가운데 정의(情誼)적 영역으로 소비자가 특정 대상이나 현상에 대하여 지속적으로 가지고 있는 신념과 감정, 평가를 의미한다. 소비자 지식과 소비자 기능이 비교적 측정이 용이한 외면적 요인이라면 소비자 태도는 소비생활에서 발현되는 가치, 신념, 자신감, 감정 등과 같은 비인지적이고 내적인 동기요소를 포괄하여 지칭하는 내재적·잠재적 요인이다(손지연, 이경아, 2014).

소비자 태도는 소비자의 내면적 신념과 평가가 발현된 것으로 소비자 행동과 역할 수행에 중요한 영향을 미치며, 소비자의 지식과 기능 수준이 높더라도 적절한 태도가 동반되지 않는다면 소비자 행동의 변화는 기대하기 어렵다.

3) 소비자 기능

소비자 기능은 소비자 역량의 구성요인 가운데 실천적 영역에 속하며, 소비자 지식과 태도를 바탕으로 하여 개인적으로나 사회적으로 합리적인 의사결정능력을 발휘하는 것이다. 즉, 현실 소비생활에서 책임 있는 소비자 역할을 수행하는 데 있어서 소비자 지식과 태도를 응용하고 실천하는 활동능력이다.

영국 공정거래청(Office of Fair Trading, OFT, 2004)은 소비자에게 필요한 일반적인 기능과 특별한 기능의 대표적인 능력을 여섯 가지로 제시하였다. 소비자 기능의 대표적인 능력에는 ① 개인의 니즈에 따라 정보를 연구하며 이해하고, 비판적으로 분석하는 능력, ② 효과적으로 자원을 관리하는 능력, ③ 위험을 평가하고 책임 있는 의사결정을 하는 데 있어서 균형 있게 판단하는 능력, ④ 다양한 환경 속에서 효과적으로 의사소통하는 능력, ⑤ 소비자 문제가 발생할 때 신속하게 해결할 수 있는 능력, ⑥ 특정 제품이나 산업, 생활주기 단계와 관련된 소비자 기술을 개발하는 능력이 필요하다고 보았다.

1.3 사회경제적 환경변화에 따른 소비자 역량

OECD 소비자정책위원회(2009)는 사회경제적 환경변화를 크게 '시장의 변화'와 '소비자의 변화'로 분류하여, '시장의 변화'로는 규제개혁, 교역 자유화, 신기술, 서비스의 성장, 높은 교육수준과 낮은 정보이해력을 들었으며, '소비자의 변화'로는 인구분포변화, 가계금융위기, 시간제약을 언급하고 이로 인해 야기될 수 있는 소비자 문제를 제시하였다. 여기에 배순영과 손지연(2014)은 '환경·에너지'와 '사회 정의'를 추가하여 사회경제적 환경변화와 소비자 문제, 요구되는 소비자 역량의 내용을 〈표 12-2〉와 같이 정리하였다.

- 규제 개혁 : 금융과 통신, 운송 등의 시장자유화 바람의 규제 개혁은 시장경쟁을 촉진시켜 상품의 다양성과 선택의 범위를 확대하고 가격 저하의 이익을 가져다준다. 이것이 진정한 소비자 이익으로 결실을 맺기 위해서는 계약조건이나 차별적 요소에 대해 소비자가 제대로 이해하고 있어야 하며 소비자에게 정보이해 및 활용능력, 구매의사 결정능력이 요구된다.
- 교역 자유화 : 교역 자유화 또한 다양한 종류의 상품 제공으로 소비자에게 이익을 가져다준다. 소비자는 원산지와 제조국가의 정책이나 노동환경, 제품표시기준에 대한 정보에 관심을 가져야 하며, 소비자에게 필요정보에 대한 소비자 권리 주장능력과 소비자 정보 이해활용능력, 분쟁해결력 등의 역량이 요구된다.
- 신기술 : 신기술은 상품과 서비스의 종류와 구매방식에 큰 영향을 준다. 이에 따라 인터넷 및 모바일 사기와 같은 새로운 소비자 문제도 야기되어 안전한 사용 및 분쟁해결능력, 정보이해활용능력, 구매의사결정능력이 소비자에게 요구된다.
- 서비스의 성장 : 가계지출의 절반 이상을 차지하는 서비스의 성장은 소비자로 하여금

표 12-2 사회경제적 환경변화에 따른 소비자 문제와 소비자 역량

	변화 이슈	유발되는 소비자 문제	필요한 역량
1	규제 개혁(금융, 통신, 운송 등 시장자유화)	• 소비자 선택 폭 확대로 현명한 선택을 위해 소비자는 시장에 대해 더욱 많이 알아야 함 • 소비자는 복잡한 시장에서 최선의 선택이 아닌 차선의 결정에 머무르게 되는 경우가 많음	• 정보이해 · 활용능력 • 구매의사결정력
2	교역 자유화	• 원산지, 제품의 품질, 안정성 등에 대한 정보 부족 야기 • 외국 판매자와의 전자상거래 분쟁해결 및 피해구제 어려움 야기	• 필요정보에 대한 권리주장능력 • 정보이해 · 활용능력 • 소비자 분쟁 해결력
3	신기술	• 정보통신기술발전으로 구매방식 변화가 급격해지고 인터넷 사기 및 모바일 소비자 문제 증가 • 신제품 출시주기가 짧아지면서 제품구매 시기 결정이 소비자에게 부담이 커짐	• 안전한 사용 및 분쟁해결력 • 정보이해 · 활용능력 • 구매의사결정력
4	서비스의 성장(가계 지출의 절반 이상)	• 서비스는 제품과 달리 구매전후 평가가 어렵고, 되돌릴 수 없고 피해구제가 어려움 • 소비자 개인적 니즈와 변화하는 환경을 고려한 맞춤형 서비스가 증대함에 따라 소비자의 과도한 비용 부담 및 실패 유발(특히 금융)	• 소비사회 적응력 • 정보이해 · 활용능력 • 구매의사결정력
5	높은 교육수준, 낮은 정보이해력	• 전체인구 중 대학교육이수자는 증가했으나, 정보 이해력은 시장의 정보속도를 따라가지 못함 • 소비자 정보처리능력이 낮으면 표시, 공시, 계약서, 각종 정보제공정책의 효과가 낮음	• 소비사회 적응력 • 정보이해 · 활용능력
6	인구분포 변화 (젊은층 감소, 고령자 증가)	• 고령자의 방문판매 및 신상품 수용 취약성 증가 • 젊은층은 합리적 선택에 필요한 지식 및 기술 부족 또는 충동구매 등으로 부채 증가	• 구매의사결정력 • 정보이해 · 활용능력 • 재무설계능력 • 자산 · 부채관리력
7	가계금융 위기	• 소비자는 금융문제에 근시안적이고 부채관리를 상대적으로 자신하는 경향 존재 • 은퇴 후 기대수명증가로 은퇴소요자금 절적 부족	• 자산 · 부채관리력 • 재무설계능력 • 위험대비능력
8	시간제약	• 맞벌이가정 증가 등으로 구매대행서비스가 증가, 과잉 구매 유도 • 소비자 불만제기 과정에서 시간문제 부각	• 구매의사결정력 • 정보이해 · 활용능력
9	환경 · 에너지	• '탄소배출'이 소비자 가격(특히 기회비용)의 새로운 요소로 등장하나 소비자는 이에 둔감 • 친환경상품, 재활용, 재사용 등 지속가능소비에 대한 소비자 인식 제고 필요	• 정보이해 · 활용능력 • 소비자 책임 수용력
10	사회정의	• 소비자 개인의 만족뿐 아니라 다른 소비자의 이익, 사회 전반의 공익에 관심을 가져야 함 • 공정한 거래, 윤리적 소비 등 실천영역 관심 필요	• 소비자 책임 수용력 • 소비사회 적응력

출처: 배순영, 손지연(2014).

유형 상품선택과는 다른 면을 고려하게 한다. 이러한 문제를 해결하기 위해서는 소비 사회 적응력, 정보이해활용능력 및 구매의사결정력이 필요하다.

- **높은 교육수준과 낮은 정보이해력** : 소비자의 높은 교육수준이 시장 정보의 복잡성을 따라가지 못해서 소비자 문제를 야기하므로 이를 해결하기 위해 소비사회적응력과 소비자 정보 이해활용능력이 필요하다.

- **인구분포의 변화** : 고령층 증가 및 젊은층 감소의 인구분포의 변화는 고령층에게는 방문판매 및 신상품 적응문제를 젊은층에게는 구매경험 및 지식 부족 등으로 인한 충동구매 및 부채관리 문제를 겪게 한다. 이러한 문제를 해결하기 위해서는 소비자에게 구매의사결정력 및 정보이해활용능력, 재무설계능력 및 자산·부채관리능력이 요구된다.

- **가계금융위기** : 가계금융위기는 소비자에게 자산부채관리능력과 은퇴를 대비한 재무설계능력을 요구한다.

- **시간제약** : 시간제약은 소비자의 신중한 구매의사결정을 제약하며 소비자 정책의 보다 신속한 대응을 필요로 하며, 소비자에게 구매의사결정력, 효율적인 정보이해활용능력을 요구한다.

- **환경·에너지** : 탄소배출이 소비자 가격 산출에 새로운 요소로 등장하나 소비자는 이에 둔감해 지속가능한 소비에 대한 소비자 제고가 필요하며, 소비자 문제로서 정보이해활용능력, 지속가능소비 실천이라는 소비자 책임 수용력이 필요하게 된다.

- **사회정의** : 소비자들에게 소비 패러다임의 변화를 요구하는 이슈이다. 소비자 개인의 만족을 넘어 인류 전체 소비자의 상호이익과 사회 전반의 공익에 대한 관심, 공정한 거래 및 윤리적 소비실천을 의미하며, 소비자의 책임수용력과 관련 정보에 대한 포괄적인 이해력, 상충된 상황에서도 최선의 의사결정을 할 수 있는 역량이 요구된다.

2. 소비자 정보 활용

고도로 발달된 과학기술과 혁신적인 마케팅 노력으로 새로운 기능의 복잡한 제품들이 쏟아져 나와 소비자는 선택의 어려움을 겪고 있다. 선택에서의 불확실성을 최소화하며 소비자의 합리적이고 효율적인 의사결정을 돕기 위해서는 적절한 소비자 정보가 제공되어야 한다. 오늘날의 시장경제체제에서 소비자 정보제공은 소비자 스스로 자신을 보호할 수 있게 해주는 수단이 되어 시장의 순기능을 활성화시킬 것이며, 시장에서 기업의 기만적이며 비윤리적인 활동으로 인해 발생하는 소비자 피해를 줄일 수 있기 때문에 필수적이다.

많은 내용의 사실과 지식이 생산되어 소비자에게 제공되지만 모든 정보가 유용한 것만은 아니다. 넘쳐나는 정보 속에서 필요한 지식을 찾아내어 이해하고 실제 소비생활에 잘 활용할 수 있어야 비로소 소비자 정보가 된다. 소비자가 정보에 의존하여 혹은 정보의 영향을 받아 소비자 선택을 하는 것은 정보화 사회에서 자연스러운 소비생활이며, 이때 정보문제가 발생하게 되면 소비자 문제로 이어지기 쉽다. 여기서는 소비자 정보의 개념과 내용, 소비자정보 활용을 살펴보고자 한다.

2.1 소비자 정보의 개념과 내용

1) 소비자 정보의 개념

소비자 정보(consumer information)는 소비자 의사결정에서 불확실성을 감소시켜주면서 소비자의 욕망 충족 및 목표 달성에 유용하고 의미 있는 가치를 지닌 사실, 지식 등을 말한다(이은희, 1993). 소비자 정보를 최초로 획득하는 데에는 인적 자원이나 물적 자원이 사용되어 비용이 발생하므로 소비자 정보는 자유재(free goods)가 아니며 오히려 경제적 가치를 지닌 재화이지만 사유재보다는 공공재적인 성격을 띤다. 소비자 정보는 사용 가능한 수준으로 가공되어 소비자 의사결정에 지침을 제공해준다는 점에서 단순한 사실이나 데이터, 지식과는 구별되며, 다음과 같은 성격을 지닌다.

- 비소비성과 비이전성 : 소비자 정보를 사용하고 활용하여도 소진되지 않고 계속적으로 사용할 수 있으며 다른 사람에게 양도해도 자신에게 그대로 남아 있다. 이러한 특성으로 인해 다수의 소비자가 추가 비용지불 없이 소비자 정보를 함께 사용할 수 있다.
- 비배제성과 비경합성 : 소비자 정보는 일반적인 경제재화가 갖는 배제성과 경합성이 없고 오히려 비배제성과 비경합성을 갖는 공공재적 특성을 가진다. 배제성은 한 사람이 특정 재화를 구입함으로써 타인을 소비로부터 배제할 수 있는 특성이며, 경합성은 한 사람이 더 많이 소비하게 되면 다른 사람들은 덜 소비해야 하는 특성을 말한다. 소비자 정보는 한 사람이 정보를 소비하더라도 타인의 활용을 배제할 수 없고, 많이 사용한다고 해서 다른 사람이 적게 사용해야 하는 것이 아니며, 정보의 생산비용을 직접

부담하지 않으면서도 이용할 수 있다. 다른 공공재들과 마찬가지로 소비자 정보의 비배제성과 비경합성으로 인해 소비자들은 직접 정보를 생산하기보다 다른 사람들이 정보를 생산하여 주기를 기다리는 무임승차 경향이 나타난다. 이 같은 소비자 정보의 공공재적 특성을 반영하여 정부는 소비자에게 적절한 정보를 제공하기 위한 각종 정책을 펼치는 것이다.

- **정보의 비대칭성** : 거래당사자 가운데 생산자나 판매자는 상품에 대한 많은 정보를 가지고 있지만 소비자는 판매자가 공개한 불완전한 정보만을 가지고 있어서 양 당사자 간에 비대칭적인 정보의 격차가 존재한다. 설사 수많은 정보가 존재할지라도 소비자는 정확한 정보를 찾고 분석하는 정보처리능력에 한계가 있으므로 불완전한 정보상태에 놓여 있다. 즉 소비자는 판매자에 비해 정보의 정확성과 적시성, 신속성, 충분성 등 질적·양적으로 모두 불리한 입장에 놓여 있다.

- **비귀속성** : 생산자나 판매자는 상품에 대한 좋은 정보만을 소비자에게 공개하고 상품의 단점과 관련된 정보는 숨기는데 이는 판매자와 소비자 사이에 존재하는 정보의 비귀속성 때문이다. 거래당사자로서 판매자와 소비자는 이해가 완전히 상반되기 때문에 자기의 이익을 최대로 하고 피해를 최소로 하기 위해서 판매자는 상품의 단점을 설명하지 않으며, 어쩌다가 상품의 결점을 알게 된 소비자는 그 상품을 선택하지 않고, 자신이 얻은 정보를 다른 소비자에게 알리게 된다. 이처럼 사업자와 소비자 사이에는 정보의 비귀속성이 존재하므로 사업자가 제공하는 소비자 정보는 바람직한 수준과 내용에서 한계가 있다.

2) 소비자 정보의 내용

소비자 정보는 개별성을 가지므로 사용하는 사람의 활용목적에 따라 유용성이 다르다. 소비자 정보의 내용 역시 구매 시 필요한 정보에 따라, 구매의사결정단계에 따라 다양하다. 먼저 구매 시 필요한 정보에 따라 상품정보, 품질정보, 가격과 판매점 등의 시장정보로 분류할 수 있다(김영신 외, 2012).

- **상품정보** : 상품정보는 일반적으로 생산자나 판매업자가 상품을 판매할 목적으로 장점을 부각한 정보가 보편적이다. TV, 잡지의 매스컴을 통한 광고와 상품설명서 등 상업적 원천의 정보와 주변 사람이나 타인이 제공하는 정보, 공공기관 및 인터넷을 통한

정보가 제공되고 있다.

　소비자들이 필요로 하는 상품정보 내용에는 ① 소비자의 구매목적에 부합하는 상품의 존재와 가용성, 즉 선택 가능한 상품들에 대한 정보, ② 각 상품군의 세부적인 상표와 모델의 속성과 기능에 대한 정보, ③ 신상품의 기능 정보가 있다. 시장에 너무나 많은 제품과 다양한 상표, 복잡한 모델이 있어 이러한 정보 파악은 점점 더 어려워지고 있으며, 기존의 제품을 이해하고 평가하기도 전에 새로운 제품이 쏟아져 나오고 있다.

- **품질정보** : 과학기술의 발달로 상품의 기능과 구조, 작동원리가 더욱 복잡해져서 소비자가 상품의 품질을 평가하기가 더욱 어려워졌다. 고도의 기술을 구사하는 전문적인 상품일수록 소비자는 품질을 판단하기 어려워 유명상표 등의 인지도가 높은 상표의 상품을 선택함으로 구매위험을 감소시키려는 경향이 있다.

　소비자가 알아야 할 품질정보로는 ① 상품의 품질이나 성능을 결정하는 상품속성으로 품질 평가기준과 가중치에 대한 정보, ② 품질 평가기준에 비추어 봤을 때 각 선택대안(상품)들의 특성과 장단점에 대한 정보, ③ 소비자가 품질을 직접 측정할 수 있다면 어떻게 측정해야 하는지에 대한 정보, ④ 소비자가 품질을 직접 측정할 수 없을 경우 품질표시, 품질테스트 결과 등을 이용하는 방법에 관한 정보가 있다.

- **가격과 판매점 등의 시장정보** : 소비자가 상품과 서비스를 구매하는 대가로 지불하는 금액인 가격에는 기본가격, 특별가격, 부대비용이 포함된 가격이 있으며, 똑같은 상품을 구매하더라도 판매점별로 가격이 다르며, 구매방식이나 지불방법에 따라서도 가격이 다를 수 있다. 소비자가 필요로 하는 가격과 판매점 등의 시장정보는 ① 선택 가능한 각 상품의 가격의 범위, 그리고 각 가격범주에 따라 제공되는 부대 서비스, 부품, 설치, 교환, 할부 등의 가격 대비 구매혜택에 대한 정보, ② 가격의 특별 할인 시기와 장소, 방법에 대한 정보, ③ 판매장소, 구매방식, 지불방법 등에 따른 가격차이에 대한 정보, ④ 가격과 품질의 상관관계, 즉 품질 대비 가격의 적정성에 대한 정보, ⑤ 가격을 포함한 시장정보를 제공해줄 수 있는 정보원의 존재와 정보획득방법에 대한 정보가 있다.

　구매의사결정 단계에 따라 소비자 정보를 분류하면 구매를 기준으로 하여 구매 전과 구매 후 단계로 구분할 수 있다(송순영, 황은애, 2008).

- 구매 전 단계의 소비자 정보로는 일반생활 정보나 정책제도 관련 일반정보와 상품정보나 가격정보, 판매처 거래조건 정보, 사용정보, 비교정보 등의 구매 관련 정보가 있다.
- 구매 후 단계 소비자 정보로는 상품사용정보, 배송정보, 사후 서비스(A/S) 정보, 교환 및 피해보상 정보 등이 포함된다.

2.2 소비자 정보의 활용

정보는 소비자 의사결정과정의 투입요소로서 선택대안, 대안평가 및 결정에 영향을 미치며, 구매 후 만족을 증대시켜줌으로써 효과적인 구매의사결정을 가능하게 한다. 디지털과 네트워크에 기반한 디지털경제가 등장하면서 소비자 정보가 양적인 측면에서 크게 증가되어 다양하고 많은 정보가 소비자에게 제공되고 있으나 소비자에게 의미 있고 유용한 정보가 되기 위해서는 정보의 내용을 선별하여 체계적으로 분류하고 정리된 질적인 정보제공이 필요하다.

1) 유용한 소비자 정보의 요건과 활용

우선 소비자 정보가 유용한 정보로 활용되기 위해서는 다음과 같은 요건을 갖추어야 한다.

- **최신성과 적시성** : 소비자 정보는 최신성과 적시성이라는 시간적 가치를 지니고 있다. 과거에 생산된 소비자 정보보다 최근에 생산된 정보의 가치가 더 크며, 소비자가 정보를 필요로 할 때, 즉 적시에 제공될 때 정보의 활용성이 극대화될 것이다. 적시에 제공되는 정보가 모두 최신 정보이어야 할 필요는 없지만 대개는 최신 정보가 적시에 제공될 때 정보의 활용은 배가된다.
- **정확성과 검증가능성** : 소비자 정보는 사실에 근거한 정확한 것이어야 하며, 편파적이거나 왜곡되는 등 사실과 다른 내용이어서는 안 된다. 정보의 정확성은 의사결정에 중대한 영향을 미치나 긴급한 상황의 의사결정에서는 정확성이 조금 떨어져도 정보를 활용할 수밖에 없다. 검증가능성은 정보의 정확성을 확인할 수 있는 것으로 검증할 수 없는 정보는 신뢰할 수 없어서 소비자 정보로서 가치가 낮다.
- **적합성** : 아무리 정확한 소비자 정보일지라도 소비자의 특성과 의사결정 상황에 맞지 않는 불완전한 정보가 제공되어서는 안 된다. 즉 유용한 소비자 정보는 정보가 제공되는 대상과 상황에 적합한 것이어야 한다. 예를 들어 땅콩이 어린이 간식으로 영양가가

높다는 정보는 정확한 정보이지만 알러지가 있는 어린이에게는 생명과 건강을 위협할 수 있다는 정보가 함께 제공되어야 한다.

- 접근가능성과 저장가능성 : 유용한 소비자 정보는 필요로 할 때 획득이 용이하여야 하고, 다음에 또 필요로 할 때 쉽게 다시 사용할 수 있어야 하며 처음과 같은 효용을 제공해야 한다.

이상과 같은 요건을 갖춘 유용한 소비자 정보를 활용하는 데 있어 상품의 종류에 따라 정보의 양과 내용이 달라질 수 있다. 상품(서비스) 자체를 탐색하거나 경험함으로써 상당량의 소비자 정보를 얻어낼 수 있는 상품과 탐색하고 경험하여도 상품의 품질이나 효능을 판단하기 어려운 것이 있는데, 이에 따라 상품을 탐색상품, 경험상품, 신뢰상품으로 분류할 수 있다(김영신 외, 2012).

- 탐색상품 : 탐색상품(search goods)은 상품을 훼손시키지 않는 범위 내에서 눈으로 보고, 만져보고 착용하는 탐색과정을 통해 소비자가 제품의 품질정보, 품질 대비 가격비교 정보 등을 쉽게 얻을 수 있는 상품을 의미한다. 상품을 관찰하고 탐색함으로써 신선도, 풍미, 스타일, 착용감 등을 알 수 있는 과일, 채소, 고기, 생선과 같은 농축수산물이나 의복과 구두, 문구류 같은 것이 이에 속한다. 이런 상품은 일반적으로 상품 자체의 특성이 비교적 단순하기 때문에 소비자가 올바른 선택을 할 수 있는 가능성이 높으나 소비자 입장에서 스스로 품목별 올바른 선택방법이나 자신에게 맞는 스타일 인지 등의 대안평가 기준에 관련된 지식을 습득해두어야 한다. 또한 탐색상품의 경우에는 소비자가 상품을 보다 쉽게 비교할 수 있도록 단위가격표시나 제품표준화 정책이 보다 유용하며, 기업 입장에서는 소비자들이 보다 깊이 있는 정보탐색을 할 수 있도록 샘플 시식이나 체험사용을 확대하는 것이 필요하다.
- 경험상품 : 경험상품(experience goods)은 상품 자체를 탐색하여서 얻을 수 있는 정보의 양이 매우 적고 실제로 사용하여 얻은 경험으로 상품의 품질이나 성능에 관한 소비자 정보를 얻을 수 있는 상품이다. 가공식품, 가전제품, 자동차 등이 이에 속하며, 자신의 사용경험이 없는 상태에서 이런 상품을 구매할 때 소비자는 믿을 만한 기관에서 제공하는 제품에 대한 객관적인 정보를 수집해야 하며 주변 사람의 이용경험이나 타인의

사용 후기 등의 정보를 활용해야 한다. 정부는 이런 상품에 대한 테스트 결과나 객관적인 성능자료를 생산하여 제공하여야 하며, 기업의 허위 과장광고는 규제되어야 한다. 기업의 입장에서는 한시적으로 소비자의 경험을 허용하여 사용해본 후 구매하는 전략이나 체험관 설치 이용 등으로 소비자에게 실제적인 제품사용 정보를 제공해 줄 수 있다.

- **신뢰상품** : 신뢰상품(credence goods)은 상품 자체를 탐색하여 좀처럼 정보를 얻기 어려우며 직접 사용하여 경험하여도 품질이나 효능을 정확하게 판단하기 어려운 상품이다. 개별 소비자의 경험적 사용 판단이 항상 옳다고 할 수는 없으며 품질이나 효능에 대한 논란의 여지가 많은 상품으로 일부 의약품과 화장품, 의료도구, 건강식품 등이 이에 속한다. 믿고 살 수밖에 없는 신뢰상품의 경우 정부에서 다양한 상품에 대한 전문적인 분석 결과의 공표 등 과학적인 정보 공개가 바람직한 정보제공 방법이 된다. 신뢰에 의존해서 살 수 밖에 없는 이런 상품을 구매할 때에 소비자는 공신력 있는 중립적 기관에서 생산한 객관적인 정보를 적극 탐색하여 활용하여야 한다.

2) 소비자 정보의 활용증진방안

시장환경이 그 어느 시대보다 급속하게 변화하고 있는 현 상황에서 합리적인 소비자 선택을 위해 소비자는 적극적으로 소비자 정보를 탐색하여 활용하여야 하며, 이를 증진시키기 위한 방안을 제시하면 다음과 같다(허경옥, 2010).

- 소비자 정보 탐색 및 활용의 중요성을 소비자가 인식하고 있어야 제대로 된 정보가 제공되었을 때 활용될 수 있다. 과거에는 상품가격이 경직적이었으나 지금은 판매처나 구매시기, 구매방식 등에 따라 가격이 크게 차이가 나며, 가격뿐 아니라 품질, 디자인 등 여러 측면에서 소비자 선택의 범위가 넓어지고 있으므로 적극적인 정보탐색과 활용이 가져다주는 구체적인 혜택 등을 제시하면서 중요성을 인식시키는 소비자 의식교육이 필요하다.
- 소비환경의 변화 속도가 빠른 만큼 새로운 소비상황에 대응하는 신속하고 정확한 소비자 정보가 적당량 제공되어야 한다. 소비자 정보를 제공하는 기관의 특성에 따라 소비자가 원하는 그리고 소비자에게 필요한 정보가 무엇인지 시의 적절하게 파악하여 정보를 생산, 가공하여 제공하여야 한다. 기업은 상품의 장점을 부각한 정보를 제공할

것이므로 정부는 이를 관리·감독하여야 하며, 한국소비자원과 정부, 공공기관에서는 기존의 소비자 정보를 모니터하여 수정·보완하며 새로운 소비상황에 적절한 구체적이며 명확한 정보를 생산·제공해야 할 것이다.

- 기업, 소비자와 소비자 단체, 한국소비자원, 유관 공공기관 등이 신속하고 적극적으로 소비자 정보를 생산·제공할 수 있도록 하는 정부정책이 필요하다. 정부는 기업에게 상품의 기본적인 정보를 표시하고 약관의 내용을 공개하는 등의 방법으로 소비자 정보를 제공하도록 하는 정책을 펼치고 있으나 보다 실질적이며 효과적인 정보제공이 될 수 있는 정보공개정책을 모색하여야 한다.

3. 소비자 정보정책

우리나라 소비자기본법과 세계 여러 나라, 그리고 국제소비자기구에서 제시한 소비자 권리 가운데 공통적으로 명시되어 있는 권리가 **정보를 제공받을 권리**(the right to be informed)이다. 소비자는 자유로운 선택을 위해 충분하고 적절한 정보를 제공받을 권리를 가지고 있다. 하지만 소비자의 특성상 누군가가 적절한 정보를 탐색하여 분석, 가공하여 일목요연한 상태로 제공해주기를 바라고 소비자 스스로 정보탐색을 위한 시간과 비용을 들이려 하지 않는 경향이 크다. 게다가 소비자에게 필요한 정보가 제공되더라도 개별 소비자에 따라 소비자 정보를 처리하는 능력이 다르며, 정보처리능력이 있다고 하더라도 현대 소비자들은 시간적 제약 때문에 주어진 소비자 정보를 제대로 활용할 수 없는 경우가 있다.

소비자 정보정책은 불완전한 시장에서 충분하게 공급해줄 수 없는 소비자 정보를 소비자에게 직접 제공해주거나, 기업에게 유용한 정보를 소비자에게 공급해줄 것을 강제함으로써 개별 소비자의 정보탐색비용을 절감시키며 사회적으로도 막대한 자원의 낭비를 줄일 수 있다. 또한 시장을 투명하게 하며 정보를 적극적으로 탐색하지 않는 소비자에게도 **시장의 완전화에 기인한 외부적 이익**(market perfecting external benefit)을 제공하게 된다.

소비자 정보정책은 정부가 사업자로 하여금 소비자 정보를 제공하도록 강제하고 잘못된 정보제공을 규제하거나 혹은 자발적으로 정보를 제공하도록 촉진하는 등의 내용도 포괄하고 있다. 소비자 정보정책에 의한 정보공개는 소비자가 쉽게 판별할 수 없는 상품정보를 제공하도록 강제하는 것이므로 소비자의 정보요구에 따라 다양한 형태가 있을 수 있다. 여기서는 표시제도, 품질인증제도, 등급사정제도 등의 정보정책을 살펴볼 것이다.

3.1 표시제도

표시제도는 상품이나 서비스의 가격 및 품질에 관한 기본적인 정보를 생산자나 공급자가 상품의 포장이나 용기에 의무적으로 표시하도록 하는 것이다. 일반적으로 제품명과 제조회사, 품질 및 성분, 효능 및 성능, 제조일자 또는 유효기간, 사용방법, 수리 보증, 반품 및 교환, 환불방법 등에 관한 기본적인 사항을 표시하도록 하고 있고 식품, 의류, 가전제품 등 각 상품과 관련하여 소비자의 안전을 위해 중요한 영향을 미치는 사항을 표시하도록 하고 있다.

식품은 제조일자, 유통기간, 영양성분 및 함량, 중량, 가격, 재료의 원산지, 소비자 문제 발생 시 연결할 연락처 등을 표시하도록 하고 있다. 의류는 제조일자, 옷의 치수, 겉감과 안감 섬유의 성분 및 혼용률, 세탁방법, 다림질의 온도 및 방법, 가격 등을 표시하도록 하고 있다. 기타 공산품도 재질이나 재료, 성능, 구조, 소비전력, 사용 또는 보관관리상의 주의사항 등을 표시하도록 하고 있다. 서비스 상품은 약관의 표시를 의무화하고 있다.

주로 소비자가 쉽게 판별할 수 없으면서 상품의 품질을 판단하는 데 도움을 주는 정보들을 의무적으로 표시하도록 하며, 이는 표시의무자 입장에서는 소비자에게 상품에 대한 정확한 정보를 제공하면서 표시한 정보의 내용에 대한 책임을 지겠다는 의사표시를 함으로써 책임감을 높이는 역할을 하며, 소비자는 표시정보를 확인함으로써 효과적인 상품선택을 하여 스스로 권리를 보호하는 역할을 한다. 표시제를 통해 제공되는 몇 가지 정보를 제시하면 다음과 같다.

1) 가격표시정보

가격표시제도는 소비자에게 정확한 가격정보를 제공하고 업체 간 건전한 경쟁을 촉진·유도하기 위해 사업자가 생산·판매하는 물품에 대해 가격을 표시하도록 한 제도이다. 물가안정에 관한 법률 제3조의 규정에 따라 농축수산물 등을 포함한 공산품의 가격 표시와 소비자기본법 제12조의 규정에 의해 사업자의 부당한 행위로 지정된 권장소비자가격 등의 표시 금지에 관한 사항을 규정한 소비자권익보호와 공정한 거래를 지원하기 위해 도입된 제도이다. 즉 권장소비자가격 등 표시가 금지되고, 판매가격표시제와 단위가격표시제가 실시되고 있다(표 12-3).

표 12-3 가격표시제 주요내용

구분	의무자	대상점	대상품목	주요 경과	근거
권장소비자 가격 표시 금지	사업자(제조·유통·수입업자) 또는 판매업자	해당 없음	가전제품, 의류 등 47개 품목	• '99년 최초 도입 (12종) • 변경('04 32종 →'09 279종 →'11 274종 '17 47종)	소비자기본법 제12조
판매가격 표시	판매업자	• 대규모 점포 • 33m²(대도시 17m²) 이상 소매점포 • 시·도지사 지정시장 또는 지역	백화점, 슈퍼마켓 등 51개 소매업종에서 판매되는 모든 품목	'73년 최초 도입 후 표시 대상 지속 확대	물가안정에 관한 법률 제3조
단위 가격 표시	판매업자	• 대규모 점포(전통시장 제외) • 준대규모점포(대기업 및 대규모 점포 경영 회사와 그 계열 회사의 직영·가맹 슈퍼마켓)	가공식품, 일용잡화, 신선식품 등 84개 품목	• '99년 최초 도입 (15종) • 확대('04 30종 →'09 83종 →'13 84종)	물가안정에 관한 법률 제3조

출처 : 산업통상자원부 2019년 가격표시제 실시안내 리플릿

(1) 권장소비자가격 등의 표시금지

권장소비자가격 등의 표시금지는 대리점체제의 유통구조가 일반적인 품목으로서 권장소비

표 12-4 권장소비자가격 등의 표시금지 품목

구분	가전제품	의류	기타
총 47종	(10종) TV, 오디오, 세탁기, 냉장고, 에어컨, 캠코더, 전기면도기, 청소기, 전기밥솥, 전자레인지	(23종) 남자 외의, 남자 상의, 남자 학생복, 남자 하의, 남자 내의, 여자 외의, 원피스, 여자 상의, 여자 학생복, 여자 하의, 여자 내의, 점퍼, 티셔츠, 스웨터, 청바지, 운동복, 등산복, 아동복, 유아복, 양말, 모자, 넥타이, 장갑	(14종) 운동화, 러닝머신, 롤러블레이드, 손목시계, 카메라, 가스레인지(오븐레인지를 포함), 침대, 장롱, 책상, 소파, 장식장, 데스크톱, 컴퓨터 모니터, 노트북

출처 : 산업통상자원부 고시 제2017-201호

자가격 또는 희망소비자가격 등의 표시가 가격경쟁을 제한할 가능성이 높아 소비자의 합리적인 선택을 방해할 우려가 있는 품목, 그리고 사업자가 의도적으로 권장소비자가격 등을 높게 표시하여 소비자로 하여금 높은 할인율을 적용받는 것처럼 인식시켜 구매를 유도할 우려가 있는 품목으로 가전제품, 의류 등 47가지 품목에 대해 제조, 유통, 수입, 판매업자가 권장소비자가격 등을 그 상품 및 광고물, 우편, 전기통신, 신문, 잡지 등에 표시를 해서는 안 되는 제도이다(표 12-4).

(2) 판매가격 표시

판매가격표시제(open price)는 백화점, 슈퍼마켓 등 대규모 소매업을 영위하는 판매업자가 일정 판매시점에서 제품에 표시된 가격으로 판매한다는 것을 소비자에게 알리는 제도이다. 제조업자가 판매할 가격을 정했던 과거의 권장소비자가격과는 달리 최종 판매업자가 실제 판매가격을 결정하고 표시하는 제도로 가격경쟁을 촉진하기 위한 목적으로 실시되었다. 제조업자는 유통업체에 물건을 납품할 때 납품가격만 동일하게 주고 최종 판매가격은 간섭하지 않고 판매가격은 유통업체가 책정하는 것이다. 개별 상품에 라벨, 스탬프, 꼬리표 등을 만들어 표시하며, 다만 개별상품에 표시하기가 곤란할 경우는 진열대에 종합적으로 제시하는 것도 가능하다.

소규모 소매 점포는 가격표시 의무자가 아니나 남대문시장과 이태원 등 특별시장 등이 지정한 시장이나 지역은 가격표시 의무자가 된다. 할인판매 시 일정 기간 할인판매 후 즉시 판매가격을 환원하여 판매할 경우 그리고 현수막, 포스터 등으로 할인율을 게시할 경우는 개별상품별로 정상 판매가격을 수정할 필요가 없으며, 할인 전 판매가격을 수정하고 할인 판매가격을 표시하는 것도 가능하다. 하지만 재고처리, 계절상품 등과 같이 상시 할인판매의 경우는, 즉 당초에 표시된 판매가격보다 인하된 가격으로 계속 판매할 때에는 개별상품별로 실제 판매가격을 수정하여 표시하여야 한다.

(3) 단위가격 표시

단위가격표시제는 수량 단위 또는 중량으로 거래되는 품목에 대하여 단위가격, 즉 상품의 가격을 단위당(예 : 10ml, 100g 등)으로 표시함으로써 소비자에게 보다 정확한 가격정보를 제공하여 합리적인 선택을 도모하기 위해 1999년에 도입된 제도이다(표 12-5).

〈단위가격표시 예〉

품목	내용량	판매가격	10ml당 가격
고소한 참기름	300ml	10,800원	360원

상품의 용량, 규격 등의 종류가 다양하여 판매가격만으로는 가격비교가 어려운 가공식품, 일용잡화, 신선식품 등 15품목으로 시작해 2004년에 33품목, 2009년에 83품목, 2013년에 84개 품목이 대상품목으로 늘려 가고 있다. 개별상품에 라벨, 스탬프, 꼬리표 등을 만들어 표시하며, 개별상품에 표시가 곤란할 경우 진열대에 소비자가 알아보기 쉽게 표시하는 것도 가능하다.

표 12-5 단위가격 표시의무 품목

구분	가공식품	일용잡화	신선식품
총 84종	(62종) 햄류(10g), 우유(100㎖), 설탕(100g), 커피(액상 제외, 10g), 치즈(10g), 식용유(100㎖), 참기름(10㎖), 마요네즈(100g), 간장(100㎖), 맛살(10g), 식초(10㎖), 복합조미식품(10㎖), 식염(100g), 참치캔(10g), 라면(개), 분유(100g), 유산균발효음료(10㎖), 고추장(100g), 된장(100g), 과 · 채쥬스(100㎖), 소스류(액상, 100㎖), 소스류(액상 제외, 100g), 케첩(100g), 청국장(100g), 과자(10g), 껌(10g), 캔디류(10g), 빙과류(10g), 아이스크림류(10g), 초콜릿류(10g), 초코파이(상자, 10g), 잼류(100g), 베이컨류(10g), 소세지류(10g), 만두류(냉동, 100g), 젓갈(10g), 액젓(10㎖), 차류(액상 제외, 10g), 과 · 채음료(100㎖), 탄산음료(100㎖), 코코아(10g), 식물성크림(커피용, 10g), 마카로니(100g), 스파게티(100g), 버터류(100g), 마가린류(100g), 벌꿀(100g), 빵가루(100g), 빵류(10g), 시리얼(100g), 식용기름(100㎖), 와인류(100㎖), 생선통조림(10g), 생수(100㎖), 주류(100㎖), 드레싱(100㎖) 건포류(중량단위, 100g)	(19종) 랩(m), 호일(m), 화장지(롤, 10m), 분말세제(100g), 섬유유연제(100㎖), 종이기저귀(개), 생리대(개), 세면비누(고형, 개), 샴푸(100㎖), 린스(100㎖), 주방세제(액상, 100㎖), 칫솔(개), 치약(10g), 티슈(상자, 10매), 위생백(장), 가루비누(100g), 세탁비누(고형, 100g), 세탁비누(액상, 100㎖), 합성세제(액상, 100㎖)	(3종) 농산물(중량단위, 100g), 수산물(중량단위, 100g), 축산물(중량단위, 100g)

출처 : 산업통상자원부 고시 제2017-201호

2) 원산지 표시정보

원산지 표시제도는 농수산물의 원산지 표시에 관한 법률 등에 의해 국내에서 유통되는 농산물 및 그 가공품과 음식점에서 판매되는 쌀, 배추김치, 콩, 축산물에 대한 원산지 표시 관리제도로서 소비자의 알 권리와 선택권을 보장하고 유통질서를 확립하여 생산자와 소비자를 보호하기 위한 제도이다.

원산지란 농산물이 생산, 채취된 국가 또는 지역을 말하며, 국제적 거래에서는 일반적으로 그 물품이 생산된 정치적 실체를 지닌 국가를 가리키고 국내적으로는 지역 또는 지방을 의미한다. 원산지 표시제도는 국제규범에서 허용하고 있는 제도로서 미국, 유럽연합, 일본 등 대부분의 국가가 운영하고 있는 제도이다(국립농산물품질관리원, 2019).

대상품목은 국내산 농산물과 농산물 가공품, 수입 농산물 및 가공품으로 국내 농업에서 차지하는 비중이 큰 품목, 국내산과 외국산의 가격차가 커서 원산지를 거짓으로 표시할 우려가 큰 품목의 국내산 농산물, 국내산 원료로 한 가공품의 질적 차별화가 필요한 품목, 대외무역법에 따른 수입 농산물 및 가공품으로 이들 품목이 거래될 때는 반드시 원산지를 표시하여야 한다.

국산 농산물은 '국산(또는 국내산)' 혹은 생산, 채취, 사육한 시, 도나 시, 군, 구를 표시한다. 국산 가공품의 경우 물이나 식품첨가물, 주정 및 당류는 배합비율 순위와 표시 대상에서 제외되고, 배합 비율이 높은 순으로 세 가지 원료에 대해 표시한다. 만일 한 가지 원료가 98% 이상인 경우는 그 원료에 대해서만 표시하고, 두 가지 원료의 배합 비율이 98% 이상인 경우에는 배합 비율이 높은 2순위까지 표시한다.

수입 농산물 및 가공품은 대외무역법에 따른 통관 시의 원산지를 표시하고, 남북교류협력에 관한 법률에 따라 반입한 농수산물과 그 가공품은 반입 시의 원산지, 예를 들어 '북한산'이라고 표시한다. 원산지 표시는 포장재의 원재료명 표시란에 직접 인쇄하는 것을 원칙으로 하되, 스티커, 전자저울에 의한 라벨지, 그물망 포장의 경우는 꼬리표, 안쪽 표지 등으로 표시가 가능하다. 포장재에 표시하기가 어려운 경우에는 스티커나 푯말, 안내표시판, 일괄 안내표시판에 소비자가 쉽게 알아볼 수 있도록 표시하며, 필요한 경우 한문 또는 영문을 추가하여 표시할 수 있다.

음식점은 예식장, 장례식장, 뷔페 등의 일반음식점과 패스트푸드점, 분식점 등의 휴게음식점, 학교, 기업체, 기숙사, 공공기관, 병원 등 상시 1회 50명 이상 급식하는 위탁급식영업

소나 집단급식소가 대상 업소가 되며 쇠고기, 돼지고기, 닭고기, 오리고기, 양고기, 염소고기, 쌀(밥, 죽, 누룽지), 배추김치(배추와 고춧가루), 콩(두부류, 콩국수, 콩비지), 넙치, 조피볼락, 참돔, 미꾸라지, 뱀장어, 낙지, 명태, 고등어, 갈치, 오징어, 꽃게, 참조기 품목의 원산지 표시를 강제하고 있다(농림축산식품부고시, 2019).

음식점에서는 소비자가 알아볼 수 있도록 모든 메뉴판과 게시판에 표시하는데, 다만 소비자가 잘 보이는 곳에 '원산지 표지판'을 부착하는 경우는 메뉴판이나 게시판에 원산지 표시를 생략해도 가능하다. 음식점 메뉴판 원산지 표시 방법의 예시는 그림 12-2와 같다.

집단급식소와 위탁급식소는 취식장소에 월간 메뉴표, 게시판 등의 형태로 표시하며, 교육·보육 시설은 원산지가 표시된 주간, 월간 메뉴표를 전자적 형태를 포함한 가정통신문으로 통보하거나 인터넷 홈페이지에 추가로 공개하여야 한다. 장례식장과 예식장, 병원 등 많은 사람이 이용하는 장소는 소비자가 쉽게 볼 수 있는 장소에 푯말, 게시판 등으로 표시할 수 있다. 원산지 표시 글자 크기는 메뉴판이나 게시판 등에 적힌 음식명의 글자 크기와 같거나 그보다 커야 한다.

한편 음식점에서 식재료로 식육가공품, 배추김치·쌀·콩 가공품을 사용하는 경우, 그 가공품에 사용된 주원료의 원산지를 표시하여야 한다(농수산물의 원산지 표시에 관한 법률 시행령 제3조2항, 2019.9.10.개정). 음식점에서의 가공품 주원료 원산지 표시방법의 예시는 그림 12-3과 같다.

3) 유통기한 표시정보

식품과 약품 등의 유통기한에 관한 정보는 소비자 안전에 필수적인 것이다. **유통기한**은 유통업체 입장에서 식품 등의 제품을 소비자에게 판매해도 되는 최종시한으로 이 기한을 넘긴 식품은 부패나 변질이 되지 않았더라도 판매할 수 없고, 제조업체로 반품된다. 유통기한의 표시는 연월일까지 표시하여야 하고, 유통기한을 일괄표시 장소에 표시하기가 곤란한 경우에는 당해 위치에 유통기한의 표시위치를 명시하여야 한다. 다만, 수입되는 식품 등에 있어서 단순히 수출국의 연월일의 표시순서가 전단의 표시순서와 다를 경우에는 소비자가 알아보기 쉽도록 연월일의 표시순서를 예시하여야 한다.

유통기한의 표시는 사용 또는 보존에 특별한 조건이 필요한 경우 이를 함께 표시하여야 한다. 냉동 또는 냉장보관, 유통하여야 하는 제품은 '냉동보관', '냉장보관'을 표시하여야 하고, 제품의 품질유지에 필요한 냉동 또는 냉장온도까지 표시하여야 한다. 그리고 유통기

예시 한식 일괄표시	예시 한식 개별표시
메뉴판	**메뉴판**
삼겹살(돼지고기: 국내산) 육회(쇠고기: 국내산 한우) 김치찌개(배추김치: 중국산, 돼지고기: 멕시코산) 갈비탕(쇠고기: 국내산 한우와 호주산 섞음) <u>차돌된장찌개(쇠고기: 캐나다산)</u> 배추김치(배추: 국내산, 고춧가루: 중국산) <u>공기밥, 누룽지</u> 후식 된장찌개(돼지고기: 멕시코산) 우리 업소에서는 '국내산 쌀과 중국산 콩(두부)'만을 사용하고 있습니다.	삼겹살(돼지고기: 국내산) 육회(쇠고기: 국내산 한우) 김치찌개(배추김치: 중국산, 돼지고기: 멕시코산) 갈비탕(쇠고기: 국내산 한우와 호주산 섞음) <u>차돌된장찌개[쇠고기: 캐나다산, 두부(콩): 중국산]</u> 배추김치(배추: 국내산, 고춧가루: 중국산) <u>공기밥, 누룽지[쌀: 국내산]</u> 후식 된장찌개[돼지고기 : 멕시코산, 두부(콩): 중국산]

그림 12-2 음식점 원산지 표시방법 예시
출처 : 국립농산물품질관리원(2019).

사골우거지국(식품유형: 식육추출가공품): 소정육 20.5%(호주산), 배추우거지 14.5%(국내산), 사골농축액 2.3%[우사골 추출물(고형분: 1BX), 우사골(국내산), 우골(국내산), 정제수], 정제염(국내산)], 사골우거지 양념 1.5%, 정제수

사골우거지국: 쇠고기(호주산)

※배합비율 3순위 내에 원산지가 표시된 식육(소정육)의 원산지 표시

김치볶음밥(식품유형: 즉석조리식품): 쌀 42.3%(국산), 김치 38.5%[배추(국산), 무(국산), 고춧가루(중국산), 마늘, 대파], 옥수수기름 5.2%[옥수수배아(미국산)], 양파, 그린빈, 대파, 설탕, 고추장, 복합조미식품 1, 복합조미식품 2, 파프리카 추출 색소

김치볶음밥: 쌀(국내산), 배추김치 (배추: 국내산, 고춧가루: 중국산)

※배합비율 3순위 내에 원산지가 표시된 쌀 및 배추김치(배추, 고춧가루)의 원산지 표시

그림 12-3 음식점에서의 가공품 주원료 원산지 표시방법
출처 : 국립농산물품질관리원(2019).

한이 서로 다른 여러 가지 제품을 함께 포장하는 경우에는 그중 가장 짧은 유통기한을 표시하여야 한다.

유통기한 표시가 소비자 안전성 측면에서 장점이 있지만, 소비 가능한 식품의 폐기를 유도한다는 지적이 잇따르자 보건복지부는 2012년 7월부터 판매할 수 있는 유통기한과 먹어도 안전하다고 판단되는 소비기한을 나눠 표기하는 시범사업을 시행하고 있다. 유통기한이 상품을 판매할 수 있는 시한을 정한 것에 비해 소비기한은 해당 상품을 소비해도 소비자의 건강이나 안전에 이상이 없을 것으로 인정되는 최종시한을 말한다. 소비기한은 유통기한보다 긴 것이 일반적이며 이미 많은 나라들이 소비기한을 사용하고 있다. 미국, 영국, 호주 등은 유통기한과 함께 소비기한, 품질유지기한을 주로 활용하고 있다. 변질이 되기 쉬운 식품에는 소비기한을, 오래 두어도 내용물에 큰 변화가 없는 품목에는 품질유지기한을 사용하여 식품의 낭비를 막고 있다. 한편 의류, 생필품, 가전제품 등 거의 모든 상품은 제조일자와 유효기간이 중요한 상품정보가 된다.

4) 내용물의 표시정보

의류 및 각종 상품의 경우 재료와 재질 등에 대한 정보를 제공하고 있고, 식품의 경우 원재료명, 내용량, 제조일자 및 유통기한, 영양성분 등에 대한 정보를 상품의 포장이나 용기에 표시하도록 하고 있다.

품질경영 및 공산품 안전관리법 제22조1항에 따라 안전품질 표시대상인 섬유제품에서부터 킥보드에 이르기까지 공산품의 안전품질표시기준을 규정하고 있다. 그 가운데 의류, 한복, 수의류 등 섬유제품의 경우 섬유의 조성 또는 혼용율, 원단의 생산 또는 가공업자, 치수, 발수가공여부, 방염가공여부, 취급상 주의사항 등을 표시기준과 방법에 따라 표시하도록 하고 있다.

식품표시제는 식품에 관한 정보를 제품의 포장 겉면에 표시하도록 함으로써 소비자가 식품의 안전성을 유지하면서 적합한 상품을 선택할 수 있도록 돕는다. 식품위생법 규정에 따라 식품, 식품첨가물, 기구 또는 용기, 포장의 표시기준과 영양표시에 관한 내용을 규정하고 있다. 이러한 식품 등의 표시기준에 의거해 포장 겉면에 표시된 내용을 '식품라벨'이라 하며, 식품라벨에는 제품명, 식품의 유형, 제조연월일, 유통기한, 소비기한 또는 품질유지기한, 원재료, 주원료, 복합원재료, 성분, 영양소, 영양강조, 영양소 기준치, 1회 제공량, 당류, 트랜스 지방 등이 표시되어 있다.

3.2 품질인증제도와 등급사정

소비자가 상품 구입 시 품질에 대한 정보를 탐색하는 데 많은 시간과 비용이 든다. 특히 어린이나 노인 소비자는 시간과 노력을 들여도 양질의 품질정보를 얻기가 어렵다. 이러한 문제를 해결하기 위해 정부 또는 공인기관에서 지정제품의 품질이나 기능, 안전 등이 특정 표준이나 규격에 적합한가를 심사하여 상품에 품질인정마크를 붙이도록 하는 것이 **품질인증제도**이다. 즉, 품질인증제도는 생산자가 규격 또는 사양에서 적합한 품질의 제품 또는 서비스를 공급한다는 것을 공신력 있는 정부나 기관에서 보증하고 특정 마크를 부여하는 제도이다(최용진, 1996).

등급사정은 특정 제품에 대한 품질을 사정하여 그 판정등급을 상품에 부착하도록 하는 방법으로 소비자가 상품을 선택할 때 구매에 대한 정보를 제공해주는 데 그 목적이 있다. 예로는 에너지 소비효율 등급표시, 자동차 안전성 등급표시, 농수축산물 등급표시 등이 있다. 등급사정은 상대적으로 품질의 수준이 매우 다양한 경우에 사용하는 방법이고, 품질인증제도는 품질 등급사정이 비교적 단순한 형태라고 생각할 수 있다(김기옥 외, 2012).

품질인증마크와 등급사정은 소비자의 상품선택 과정에서 품질수준을 나타내는 표시로서 정보제공의 기능을 하고 있다. 실제로 품질인증마크와 등급사정 표시제도는 기업의 대외 이미지를 고양시키고 제품의 품질향상을 가져오며, 소비자에게 제품의 품질에 대한 정보가 주어지므로 생산자에 대한 신뢰가 높아져 소비자가 안심하고 구입할 수 있게 한다.

품질인증제도는 법적 근거의 유무에 따라 법정인증제도와 민간인증제도로 구분되며 법정인증제도는 다시 강제성의 유무에 따라 강제인증과 임의인증으로 나눠진다. 또한 품질인증제도는 추진 주체에 따라 국제인증, 국가인증, 기관인증, 단체인증으로도 나누어지며, 인증 대상의 특성에 따라 다양한 명칭으로 운영되고 있다.

국제인증으로 대표적인 것이 국제표준화기구(ISO/IEC/ITU) 인증으로 국제기구에서 정해 놓은 기준에 적합한 평가를 받아 인증을 획득한 제품은 국제무역에서 품질확인을 위한 시험검사를 따로 하지 않는다. 국가인증은 국가에서 정한 기준에 따라 인증하는 제도로 공신력이 크며 국가통합인증(KC), KS표시인증 등이 이에 속한다. 기관인증은 민간시험검사기관에서 제조업체의 품질인증에 대한 신청을 받아 해당 제품이 일정 기준에 적합하면 품질을 인정하는 것으로 'Q'마크, 태극마크 등이 이에 속한다. 단체인증은 조합이나 협회, 진흥회 등에서 자체규격 기준을 설정하여 평가, 인증하는 것으로 정수기 물의 냄새, 맛, 색도,

탁도, 일반세균 기준의 적합성으로 인증하는 '물' 마크가 이에 속한다.

1) 국제품질인증제도 : ISO 9000시리즈

국제표준화기구(ISO)에서 공급자의 품질시스템을 평가하는 제도로서 국제품질인증제도 ISO 9000시리즈는 제품의 생산 및 유통과정 전반에 걸쳐 국제규격을 제정한 소비자 중심의 품질보증제도이다. 국내제품의 해외 수출 시 ISO 9000의 인증을 요구하는 사례가 늘고 있어 공업진흥청은 ISO 9000시리즈를 KS규격에 채택하고 인증기관을 지정해 1993년부터 시행하고 있다. ISO 9000은 단순히 제품의 품질규격 합격 여부만을 확인하는 일반품질인증과는 달리 해당 제품이나 서비스의 설계에서부터 생산시설, 시험검사, 애프터서비스 등 전반에 걸쳐 규격준수 여부를 확인해 인증해주는 제도이다.

ISO 9000 규격은 4개 규격으로 구성되어 있는데 ① 9001은 제품의 디자인 및 개발과 생산, 서비스 등을 내용으로 하는 가장 광범한 적용범위를 가진 규격이다. ② 9002는 디자인 개발 또는 서비스에 대해 공급자의 책임이 없는 경우에, ③ 9003은 디자인·설치 등이 문제가 되지 않는 극히 단순한 제품의 경우에 적용되고, ④ 9004는 품질관리시스템을 개발하고 실행하기 위한 일반지침이다. 그리고 9000은 이들 4개 규격의 안내서이다.

2) 국가통합인증마크(KC마크) : 법정의무인증

우리나라 법에 근거를 둔 법정인증제도는 총 186개이며 이 가운데 79개가 강제성을 띤 법정의무인증제도이다. 많은 수의 다소 중복적인 법정의무인증제도로 인한 기업의 부담과 소비자의 혼란을 줄이기 위해서 그리고 국가 간 거래에서 상호인증이 되지 않아 재인증을 받아야 하는 등 국제 신뢰도 저하와 국부유출의 문제를 해결하기 위하여 법정의무인증마크를 **국가통합인증마크**(Korea Certification Mark, KC마크) 하나로 통합하였다. 2009년 10개 인증마크를 통합하여 출범하였으나 이후 8개 부처 23개 법정의무인증제도가 KC마크를 사용하고 있다(국가기술표준원, 표 12-4).

현재 국가표준기본법이 개정되면서 국가 간 협정을 준수하거나 통상마찰을 방지하기 위한 경우를 제외하고, 제품 등에 마크를 표시하도록 법령에 규정하는 경우 반드시 KC마크를 도입하도록 하고 있다. KC마크가 도입되는 제품은 자동차, 가전제품, 유모차, 승강기, 조명기기, 저울, 전기계량기, 전화기, 소화기 등 730여 개 품목이다. 예를 들어 '전기용품 및 생활용품 안전관리법(이하 전안법)'에 의하면 국가에서 제품이 안전하다는 의미를 나타

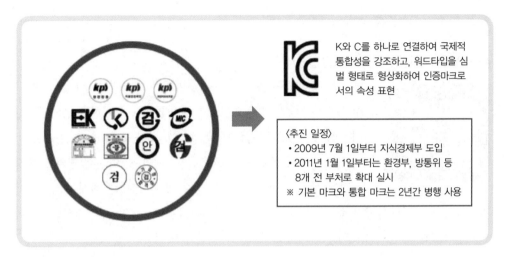

K와 C를 하나로 연결하여 국제적 통합성을 강조하고, 워드타입을 심벌 형태로 형상화하여 인증마크로서의 속성 표현

〈추진 일정〉
• 2009년 7월 1일부터 지식경제부 도입
• 2011년 1월 1일부터는 환경부, 방통위 등 8개 전 부처로 확대 실시
※ 기본 마크와 통합 마크는 2년간 병행 사용

그림 12-4 국가통합인증마크
출처 : 국가기술표준원, e나라표준인증

내기 위해서 전기용품과 생활용품에 KC인증마크 표시를 의무화하고 있다.

인증마크통합 사례로 유럽연합(EU)은 1993년부터 회원국 간 무역의 편리성을 위해 안전 환경 및 소비자보호와 관련된 강제인증을 CE로 통합하여 사용하고 있다. 일본은 2003년부터 전기제품과 공산품 등에 대해 PS마크(제품안전마크)로 단일화하여 사용하고 있으며, 중국은 WTO 가입 이후 국내제품(CCEE)과 수입제품(CCIE)에 달리 적용하던 강제인증제도를 2002년부터 CCC제도로 통합하여 사용하고 있다.

3) 국가표준 표시인증제도(KS마크) : 법정임의인증

한국산업표준(Korean Industrial Standards, KS)은 산업표준화법에 의거하여 산업표준심의회의 심의를 거쳐 국가기술표준원장이 고시함으로써 확정되는 국가표준으로서 약칭하여 KS로 표시한 것이다. 즉 산업표준화법에 따라 산업표준을 널리 활용함으로써 업계의 사내표준화와 품질경영을 도입, 촉진하고 우수 공산품의 보급 확대로 소비자 보호를 위하여 특정 상품이나 서비스가 한국산업표준 수준에 해당함을 인정하는 제품 및 서비스 인증제도이다. 국가기술표준원에서 지정받은 KS인증기관은 인정신청을 받으면 인증심사를 하여 그 제품 또는 서비스가 한국산업표준(KS) 및 KS인증심사기준에 적합한 경우 제품인증서 또는 서비스인증서를 발급해준다. 인증을 받은 후에도 주기적으로 정기심사, 시판품조사 및 현장조사 등 인증 사후관리를 하고 있다.

4) 품질우수인증(Q마크) : 기관인증제도

제품의 품질 향상을 도모하고 소비자가 제품을 안심하고 구입할 수 있도록 제조업체의 요청으로 해당 분야 민간시험검사소에 품질 테스트를 마쳤음을 인증해주는 민간인증마크다. 전기전자제품 및 기타 공산품의 품질을 보증하고 성능평가 및 안전성 평가를 거쳐 합격된 제품은 Q마크를 부착할 수 있다. 2012년 현재 한국기계전 기전자시험연구원, 한국건설생활환경시험연구원, 한국화학융합시험연구원, 한국의류시험 연구원, FITI시험연구원 등의 기관에서 Q마크를 인증해 주고 있다.

5) 물마크 : 단체인증제도

물마크는 한국정수기공업협동조합에서 부여하는 정수기 품질인증마 크로 물의 색도, 염소, 유기화학물질 등 검사규정에 합격한 제품에 한 하여 마크를 부여하며, 이를 획득한 정수기는 품질에 대해서 민간단 체인증을 받았다고 할 수 있다.

4. 소비자 역량의 발현, 소비자 운동

4.1 소비자 권익 보호 이념으로서 소비자주의

현대 자본주의 사회에서 소비자 문제는 대개 사회경제적 구조로 인한 문제가 주를 이루고 있어서 소비자 피해가 보편적으로 발생하며 광범위하게 확산되는 경향이 있다. 이에 경제 적 약자인 소비자의 힘을 강화하고 사회경제 부분에서 소비자의 주권을 확립하려는 소비 자중심주의 혹은 소비자제일주의라고 할 수 있는 '소비자주의'라는 용어가 1960년대에 출 현하여 소비자주의에 입각한 현대적 소비자 운동이 전개되어 발전되고 있다. **소비자주의** (consumerism)는 소비자의 권익보호를 위한 소비자, 정부, 기업 등의 조직적인 활동으로 소 비자 우선이라는 철학과 사상이 포함된 운동이다.

소비자주의를 소비자 운동과 동일한 의미로 간주하는 견해에 따르면, 1900년대 초기에 발생한 소비자 운동이 그 개념과 영역이 확대됨에 따라 소비자주의로 발전되었다는 것이다. 단지 소비자의 피해를 구제하고 예방하는 차원의 과거 소비자 운동에서 소비자 주권의 달성과 소비자 복지를 지향하는 보다 높은 차원의 현대적 소비자 운동으로 발전한 것이 바로 소비자주의라는 주장이다.

반면 소비자주의와 소비자 운동은 개념적으로 본질적인 차이가 있다는 견해도 있다. 이들은 소비자주의를 소비자제일주의의 이념 내지 사상으로 보며, 소비자주의의 실천적인 면으로 소비자들의 소비자 운동, 기업에서의 소비자 중심 마케팅, 정부의 소비자 권익 증진을 위한 행정을 들고 있다. 다시 말해 소비자주의가 인간복지, 사회, 생태학적 균형을 지향하고 소비자 주권을 실현하는 이념이라면, 이를 구체적으로 실천하고자 하는 소비자들의 활동이 바로 소비자 운동이라는 것이다(이기춘 외, 2001).

4.2 디지털 시대의 소비자 운동

1) 소비자 운동의 의의

소비자의 권익 증진과 복지 향상을 위한 소비자 운동의 경제적, 정치적, 사회적, 교육·문화적 의의를 살펴보면 다음과 같다(이기춘 외, 2001).

소비자 운동은 소비자 개인에게는 건전하고 합리적인 경제생활을 영위하도록 해주고, 기업에는 부정·불량상품이나 위해상품 추방, 적정가격, 계량 및 표시의 적정화, 공정한 거래질서 확립, 허위과장광고의 규제 운동 등을 통해 기업경영인의 경제적이고 합리적인 기업 활동을 할 수 있도록 돕는다. 이러한 소비자 운동은 소비자나 기업으로 하여금 가장 합리적인 경제활동을 전개하도록 유도하기 때문에 경제적 의의가 크다. 예를 들어 불량상품이나 부당한 가격의 상품에 대한 소비자들의 불매운동은 소비자나 기업의 경제적 합리화를 실현시켜주기 때문에 경제적 의의가 있는 것이다.

오늘날 소비자 운동은 많은 국가 정당들이 정치 강령으로 내세울 만큼 정치적인 문제로 대두되었다. 보다 체계적으로 조직화된 소비자 운동은 정치권력에 영향을 주어 독과점규제 및 공정거래제도 확립, 소비자 관련법 시행, 소비자보호기구 및 소비자피해전담기구설치 등 각종 소비자 보호정책을 수립하여 시행하게 하는 등 정치적 의의를 지니고 있다. 즉 소비자 단체 등에서 조직적으로 소비자 운동을 펼쳤기 때문에 정부와 정당, 기타 정치인들이 소비자 권익에 관심을 보였고, 이러한 활동은 소비자 관련법의 제정과 소비자보호정책을 촉진시켰다.

오늘날의 소비자 운동은 소비자의 경제적 보상을 추구하거나 정치적 권익보호를 추구하는 행동만을 의미하는 것은 아니다. 인간의 기본권을 보호하며 신장시키려는 인간중심운동이고, 사회의 부정과 불법을 제거하려는 사회개혁운동이며, 소비자의 건강과 안전을 향상시키고 생활의 질을 높이려는 생활향상운동이다. 경제적 약자인 소비자를 보호하여 소비자의 권익을 증진, 강화시키고 일부 악덕기업에 의한 각종 부정, 불법 상행위에서 오는 상호불신을 제거하여 기업윤리를 세우고 인간성을 회복하게 한다는 데서 사회적 의의를 찾아볼 수 있다.

소비자 운동은 소비자에게 인간생활의 절제와 품위의 참뜻을 알게 하고, 소비자의 장기적 복지향상과 가치 있는 문화생활을 영위할 수 있도록 소비자의 지위와 역할, 권리와 책임을 자각시키며, 건전한 소비생활을 영위하는 데 필요한 지식, 기술, 태도를 습득시켜 올바른 가치관과 생활문화를 형성하도록 하는 교육·문화적 의의가 있다.

2) 우리나라 소비자 운동과 소비자 단체

소비자 운동은 소비자가 스스로 거대한 조직인 기업으로부터 자신을 보호하려는 운동이다. 이윤극대화를 추구하는 기업논리로부터 소비자의 권익을 지키고 나아가 소비자 주권을 확립하기 위하여, 소비자는 개인적인 차원에서뿐 아니라 조직적인 차원에서도 다양한 활동이 필요하며, 소비자의 조직적인 활동은 소비자 단체를 통하여 구체화된다.

외국의 경우와 마찬가지로 우리나라 소비자 운동의 역사는 소비자 단체와 기관을 통해 전개된다. 우리나라의 소비자 운동은 1955년 YWCA 활동을 효시로 한국부인회(1964년), 대한어머니회(1965년), 주부교실중앙회(1972년), 대한주부클럽연합회(1972년), 한국여성단체협의회(1973년) 등 기존 여성단체의 일부 활동으로 시작되었으며 절약 및 소비관련 계몽활동, 소비자불만창구 개설 등의 활동을 전개하였다.

전문 소비자 단체로는 1970년 한국소비자연맹이 조직되었으나 인적·재정적인 뒷받침이 어려워 활동을 중단하였다가 재개하였다. 1970년대 중반 서울시가 소비자 단체에 대한 예산지원을 하게 되어 대한YWCA연합회(1962년), 대한주부클럽연합회(1969년), 전국주부교실중앙회(1972년), 한국여성단체협의회(1976년), 4개 단체로 '소비자보호단체협의회(현, 한국소비자단체협의회)'를 조직하여 재정적 지원을 받았다. 이후 한국소비자연맹(1970년), 공익문제연구원(1977년), 한국소비자생활교육원(1981년), 소비자 문제를 연구하는 시민의 모임(1983년) 등이 한국소비자단체협의회와 경제기획원에 등록하여 활동하였다(〈표 12-6〉).

표 12-6 한국소비자단체협의회 회원단체의 변화

1970년대 한국소비자보호단체협의회 출범 이전 및 초기 활동	**1976** 한국소비자보호단체협의회 창립 　[가입 단체 : 4개] 　한국여성단체협의회 　전국주부교실중앙회 　대한주부클럽연합회 　대한YMCA연합회 　**1979** 한국소비자연맹 추가 　　[가입 단체 : 5개]
1980년대 한국소비자보호단체협의회 시대	**1985** 소비자 문제를 연구하는 시민의 모임 추가 　[가입 단체 : 6개] 　**1988** 4개 단체 추가 　　[가입 단체 : 10개] 　　3월 : 한국공익문제연구원, 한국소비자 교육원 　　5월 : 한국부인회 　　12월 : 한국YMCA전국연맹
1990년대 한국소비자보호단체협의회 시대	**1996** 한국공익문제연구원 탈퇴 　[가입 단체 : 9개] 　**1999** 녹색소비자연대 추가 　　[가입 단체 : 10개]
2000년대 이후 한국소비자단체협의회 시대	**2000** 한국소비생활연구원 추가, 한국부인회 탈퇴 　[가입 단체 : 10개] 　**2001** '한국소비자단체협의회'로 명칭 변경 　　[가입 단체 : 10개] 　**2007** 한국여성단체협의회 탈퇴 　　[가입 단체 : 9개] 　**2009** 한국부인회 재가입 　　[가입 단체 : 10개] 　**2017** [가입 단체 : 10개] 　**2020** 현재 [가입 단체 : 11개] 소비자 교육중앙회(구 전국주부교실중앙회), 한국여성소비자연합(구 대한주부클럽연합회), 소비자공익네트워크(구 한국소비생활연구원), 한국YMCA전국연맹, 한국YWCA연합회, 한국소비자연맹, 한국소비자 교육원, 한국부인회총본부, 녹색소비자연대전국협의회, (사)소비자시민모임, 대한어머니회

출처 : 여정성 외(2017)에 최근 자료를 수정함.

표 12-7 시대별 소비자 단체의 활동

	시대별 주요 소비자 문제와 소비자 단체의 활동
1970년대	1970년 비소가 든 소다 사건, 1971년 공업용 석회를 사용한 횟가루 두부 사건, 1975년 콜라병 폭발 사건, 1978년 번데기 식중독 사건, 1979년 수입 고춧가루 타르색소 검출 사건 등 소비자 피해 급증으로 소비자 단체의 소비자 운동이 활발하게 펼쳐짐. 소비자 문제의 사회적 인식 증가로 소비자 정책 전개되기 시작
1980년대	1986년 인공감미료 MSG 안전성 문제, 1988년 콩나물 농약 사건, 1989년 수입식품 및 사료의 오염문제, 비식용 우지를 사용한 라면 사건, 백화점 사기 바겐세일 사건, 1989년 발암성 알라 성분이 검출된 수입산 자몽 사건, 어린이 영양제 사카린 사용 등으로 사회적 문제제기 및 금지, 불매운동의 소비자 운동
1990년대	1992년 변압기 폭발 사건, 1993년 미국산 밀가루 발암물질 농약 검출, 1994년 녹즙기 손가락 절단 사건과 뇌염백신 사건, 1995년 고름우유사건, 1996년 우유와 분유의 발암물질검출 사건, 중국음식점의 비위생 문제, 화학간장의 유해물질 검출 사건, 1997년 미국 수입산 쇠고기에서 O157병원균 검출, 수입 아이스크림에서 유해물질 검출 사건, 1999년 벨기에산 돼지고기의 다이옥신 검출, 유전자조작 콩 문제 등으로 소비자 단체는 각종 불매운동 및 캠페인 전개, 소비자 입법에 대한 활동
2000년대	2002년 식음료 당 함량 표시 건의, 2005년 진공청소기 미세먼지 방출량 검사 시행하여 기술표준원에 규격기준 마련 건의, 2008년 진공청소기 미세먼지 KS 규격기준 도입. 소비자 단체들이 시장 감시차원에서 방문판매법 위반이나 부당담합행위, 부당약관 관련 건들을 공정거래위원회에 고발.
2010년대	2012년 가습기 살균제 피해사실 조사, 피해보상요구, 집단분쟁조정 신청. 2015년 통신서비스와 교통카드 관련 소비자 단체 소송을 제기. 가습기 살균제 사건, 통신사 요금제 피해, 동의 없는 개인정보 활용 등 대형사건과 새롭게 대두되는 이슈들에 맞서 소비자 단체들의 피해조사, 고발, 소송 증가

    우리나라는 소비자보호법(현, 소비자기본법)이 1980년에 제정되어 소비자 단체를 조직할 수 있는 법적 장치가 마련되어 과거 여성단체 중심의 소비자 운동에서 본격적으로 전문 소비자 단체 활동이 전개되었다. 1980년대에는 국제적인 교류도 활발해져서 국내 소비자 단체가 국제소비자기구의 정회원으로 가입하기 시작했고, 국제회의에 참석하거나 국제적인 소비자 문제에 동참하기 시작하였다. 1986년 개정된 소비자기본법은 소비자 단체의 업무내용 및 보조금 지급에 대한 내용을 추가하여 소비자 단체의 활동을 보장하고 더욱 활성화시켰다.

    1990년대 소비자 운동은 기존의 소비자 문제와 시장개방으로 인한 수입품 증가로 소비자안전문제가 계속적으로 제기되었다. 그리고 소비자 단체에 의한 소비자 권리의 법적 행사가 활발해졌으며 환경운동이 중요성이 특히 강조되었다. 1993년 소시모는 백화점 사기 세일소송의 대법원 승소판결을 받아냈으며, YWCA 시민권익변호인단은 200회가 넘는 소비자법률구조활동을 펼쳤다. 한국소비자단체협의회에서는 1994년 소비자기본법 개정, 1996년 리콜제도와 제조물책임법 제정 촉구, 1997년 소비자협동조합법 제정을 적극적으로 요구하여 그 결과 대부분의 제도와 법이 제정되었다.

2000년대 소비자 운동은 과거 피해의 사후구제라는 소극적인 소비자 보호에서 보다 능동적인 소비자주권확립 운동으로 패러다임이 전환되었으며, 인터넷 정보화를 기반으로 한 사이버 소비자 운동이 전개되었다. 또한 과거 경험을 바탕으로 소비자 정책의 추진과정에서 소비자 단체의 영향력을 활발하게 행사하였다. 일련의 소비자 관련법규의 제·개정 과정에서 소비자의 이해관계를 개진하여 반영시켰으며, 정부의 소비자 정책 수립과정에서 다양한 정책자문위원회 구성 시 그 일원으로 참여하여 실질적인 의사반영의 기회를 가지고 이를 적절히 활용하였다.

우선 법제 관련해서 소비자 단체들은 2000년 1월 방문판매법 개정을 위한 공청회, 2001년 2월 유전자조작식품(GMO) 관련 간담회, 2002년 7월 제조물책임법 시행에 따른 지원상황 및 향후 대책점검회의 개최, 2004년 7월 식품안전기본법 제정을 위한 공청회 등을 개최하였다. 소비자 시책 관련해서도 2003년 12월에는 소비자분쟁조정위원회와는 별도로 소비자 단체가 자율적으로 시행하는 자율분쟁조정위원회도 발족시켰다.

2014년 소비자에게 필요한 정보를 알리는 미션을 수행하고자 '소비자와 함께'라는 단체가 설립되었다. 기존의 소비자 단체와 달리 다음 세대인 청년들이 주체가 되고, 전문가가 함께 하여 IT와 신뢰네트워크를 기반으로 한 소비자 정보 공유를 목적으로 하고 있다. '소비자와 함께'는 소비자 권리를 침해하는 잘못된 시장관행과 정책을 바로잡고, 사회적으로 책임있고 윤리적인 소비문화를 실천하며, 공동체적 가치를 회복하고자 과감하게 정부의 부실한 정책과 기업의 공공정한 거래행위를 비판하는 강력한 소비자 운동을 전개하고 있다.

3) 국제소비자기구

국제소비자기구(Consumer International, CI)는 1960년 미국, 서유럽 및 호주의 5개 소비자 단체에 의해 국경을 넘는 캠페인과 정보공유를 위해 창립되었다. 2020년 현재 120개국의 250개 이상의 소비자 단체를 회원조직으로 둔 대표적인 소비자국제기구이다. 개별 소비자 단체가 해결할 수 없는 소비자 문제를 다른 회원단체들과 함께 해결하며 소비자의 삶을 개선시키고자 세계시장에서 변화를 일으키는 소비자 운동을 주도하고 있다.

1995년 IOCU(International Organization of Consumer Union)에서 CI로 영문 명칭을 변경하였으며, 제품의 표준, 환경, 건강, 사회정책 등에 대한 소비자의 권리를 강화하고 옹호하기 위해 일해 왔으며 최근에는 전자상거래 등 새로운 디지털 경제현상과 세계무역기구 등 국제기구의 의사결정과정에서 소비자 권리가 침해당하지 않도록 노력하고 있다. 우리나라는 소비자 문제를 연구하는 시민의 모임과 한국소비자연맹, 한국부인회가 회원으로 가입되어 있다.

국제소비자기구의 주요활동을 요약하면 다음과 같다(허경옥, 2010). 국제소비자기구는 회원단체들에게 상품과 서비스의 조사결과, 뉴스레터, 연구보고서 등 각종 정보제공, 기술적 지원, 아이디어 상호교환의 매개체로서의 활동을 주도한다. 또한 소비자 단체 및 소비자 보호기구가 약화될 때 이를 지원하고 소비자 단체가 없는 국가는 소비자 단체 혹은 기구의 설립을 지원한다. 개발도상국이나 후발 신흥공업국가의 소비자 권익 옹호와 증진에 노력하며 소비자 문제와 관련된 다양한 국제기구들을 지원하고 연대하여 활동을 펼치고 있다.

국제소비자기구는 소비자의 권리와 책임에 대한 인식을 높이는 동시에 국가의 정책 및 기업행동의 변화를 꾀하고자 하여, 소비자 보호, 식품정책, 디지털 소비자 권리, 지속가능성 등에 관심을 가지고 정크 푸드 마케팅과 비윤리적인 약물 광고, 기업의 사회적 책임, 기업과 정부의 비윤리적이거나 지속불가능한 행동과 같은 이슈들에 대해 캠페인을 벌여왔다.

1979년 국제소비자기구는 유니세프 등 여러 시민단체들과 함께 영유아의 질병 및 사망률을 줄이기 위해 국제아기운동네트워크(International Baby Food Action Network, IBFAN)의 창립을 도왔다. IBFAN은 영유아 식품 기업의 허위·과장광고로부터 소비자를 보호하고 정부가 영유아 식품기업의 사회적 책임을 관리, 감독하도록 지원하는 활동을 펼치고 있다. 1981년에는 국제건강기구(Health Action International, HAI)의 설립을 도왔으며, 소비자국제경찰(Consumer Interpol)의 활동에도 전폭적인 지원을 하고 있다.

1983년 안와르 파잘(Anwar Fazal)의 제안으로 소비자의 기본 권리를 옹호하기 위해 3월 15일을 '세계 소비자의 날'로 지정하고 국제적인 소비자 운동 보고 등 연례기념행사를 벌이고 있다. 2018년 세계소비자의 날의 주제는 '공정한 디지털 시장'으로 공정하고 안전한 인터넷 접속, 사기와 기만에 대한 조치, 온라인 소비자 보호 등에 대해 요구하였다. 2019년 주제는 '신뢰할 수 있는 스마트 제품'으로 스마트폰이나 웨어러블과 같은 IoT 상품에서 소비자가 필요로 하는 것을 강조하였다. 2020년은 전 세계 100여 개 국가의 160개 소비자 단체 회원들과 UN과 같은 국제소비자기구 파트너들이 모여 '지속가능한 소비자'라는 주제로 환경 파괴를 막기 위한 전 세계적인 변화를 요구하였다. 토론, 소셜 미디어 캠페인, 라디오 및 TV 쇼, 모바일 앱, Z세대 참여자들과의 창의적인 활동 등을 활용하여 소비자들이 지속가능한 소비자로서의 역할을 다할 수 있도록 라이프 스타일을 변화시키고, 지속가능성을 소비자들이 쉽게 선택할 수 있도록 정부와 기업이 어떠한 일을 해야 할지 모색하기를 촉구하였다(CI, 2020).

4) 디지털시대 소비자 운동의 전개방향

디지털 기술의 발전은 오프라인과 온라인 사회의 경계를 허물고 인터넷으로 연결되는 대상의 범위가 '모든 것'으로 확장되는 혁명적인 디지털시대의 문을 열었고 소비자 운동 부문에도 새로운 형태로의 변화, 즉 사이버 소비자 운동이 매우 강력한 수단으로 부각되고 있다.

시공간의 제약 없이 연결되어 있는 인터넷의 폭넓은 활용으로 소비자 운동의 내용, 형식, 방법에서 혁신적인 변화가 나타난 것이다. 사이버공간에서 상품과 서비스의 이용후기 게재, 소비자 불만이나 피해사례 소개, 구매정보 제공, 제품의 문제점 지적 및 서비스 개선 촉구, 소비자 소모임 활동 등이 이미 활발하게 이루어지고 있으며, 다양한 형태로 더욱 활성화될 것으로 예측된다.

구체적인 소비자 운동의 형태로는 첫째, 소비자 정보의 교환활동으로서 소비자 운동이다. 제품의 가격정보를 포함한 다양한 상품정보와 소비생활정보, 상품사용경험과 평가정보, 추천 쇼핑가이드 등을 온라인 사이트에서 쉽게 얻고 제공하는 소비자 정보 교류가 활발하게 되고, 나아가 소비자들의 다양한 의견이 기업에 효과적으로 반영될 수 있다. 둘째, 소비자 피해보상 및 예방을 위한 소비자 운동의 형태로 적절한 소비자피해보상을 받지 못한 경우, 동일한 피해를 입은 소비자들이 연대하여 불만호소 및 피해내용 공개, 보상 및 문제해결 촉구, 단체소송 등을 진행하는 소비자 운동이다. 이는 온라인 반기업 활동으로 이어지기도 한다. 셋째, 각종 사이버 소비자 단체의 활동으로 인터넷상의 새로운 소비자 단체나 소비자 사이트가 발족되어 소비자 운동을 펼칠 수 있다.

디지털 초연결시대의 소비자 운동의 특징은 다음과 같이 요약할 수 있다(김기옥 외, 2015).

(1) 소비자 주도의 운동

소비자 간의 정보교류가 활발하고 폭넓은 의견수렴을 할 수 있어서 여론이 매우 신속하고 광범위하게 형성되면서 소비자 주권이 신장되고 있다. 동일상품을 사용하는 소비자가 온라인 커뮤니티를 형성하여 정보와 경험을 공유하며 문제점의 개선을 기업에 요구하고, 요구가 받아들여지지 않을 때 집단적으로 움직이는 소비자 운동으로 발전하기도 한다. 과거의 소비자 운동이 특정 활동가나 소비자 단체의 기획과 활동에 의존하는 운동이었고 개별 소비자는 무임승차자로 혜택을 보는 식이었다면 초연결시대의 소비자 운동은 개별 소비자 스스로가 정보제공자이며 가공자가 되면서 소비자 운동을 이끌어 가는 주체가 된다.

(2) 전문성과 다양성을 살린 소비자 운동

디지털 정보의 관한 상업적 가치가 인식되면서 다양한 분야에서 소비자 운동을 주목적으로 하는 전문 사이트가 등장하고 있으며, 공공의 이익을 추구하는 수준 높은 소비자 시민운동으로써 그리고 개별 소비자에 의해 제기된 특수한 운동형태가 인터넷을 매개로 하여 관심 있는 소비자들을 참여시킴으로써 전문성과 다양성을 살린 소비자 운동을 가능하게 한다.

(3) 초국가적 연결의 소비자 운동

시장의 개방과 국제화로 소비자 문제가 국가를 초월하여 나타나며 소비자 운동 역시 전 세계적인 연대와 네트워킹 협력의 필요성을 증진시켰다. 국제소비자기구의 결정이 각 나라 소비자에게 미치는 영향이 크며 전 세계적 차원의 캠페인을 벌이고 있다. 바로 디지털 통신 수단의 발달로 전 세계 소비자 단체가 동시다발적으로 소비자 운동을 펼칠 수 있는 것이다.

인터넷을 통한 소비자 정보력과 소비자 단결력이 높아져서 소비자 주도의 적극적인 사이버 소비자 운동의 흐름은 디지털시대에 더욱 강력해질 것이며, 국가를 초월하여 다양하고 전문적인 국제 소비자 운동으로 방향을 잡을 것이다.

참고문헌

국가기술표준원. 국제표준협력활동.

국가기술표준원. e나라표준인증.

국립농산물품질관리원(2019). 원산지관리, 원산지표시제.

김기옥, 김난도, 이승신, 황혜선(2015). 초연결사회의 소비자정보론. 시그마프레스.

김기옥, 정순희, 허경옥, 김혜선(2012). 시장경제와 소비자. 교문사.

김영신, 서정희, 송인숙, 이은희, 제미경(2012). 소비자와 시장환경. 시그마프레스

김형재, 이준관(2017). 소비자행동론. 박영사.

농림축산식품부(2019). 농수산물의 원산지 표시요령.

박희주, 박성용, 이득연, 김성천, 송순영, 강성진(2007). 소비자정책의 평가와 과제. 한국소
  비자원 정책연구보고서.

배순영, 천현진(2010). 소비자역량의 측정 및 평가. 한국소비자원 정책연구보고서.

산업통상자원부(2017). 산업통상자원부고시 제2017-201호

손지연, 사지연(2017). 한국의 소비자역량지표의 타당화 연구. 소비자 문제연구, 48(1), 81-
  107.

손지연, 이경아(2014). 2014 한국의 소비자역량지표. 한국소비자원 정책연구보고서.

송순영, 황은애(2008). 소비자정보정책의 새로운 방향 모색. 한국소비자원
  정책연구보고서.

여정성, 사지연, 고대균, 구명진, 이선명(2017). 우리나라 소비자 단체 현황 분석과 소비자
  운동을 위한 제안. 소비자학연구 28(5), 115-135.

오수진(2018). EU 및 인도네시아의 소비자 역량 조사 동향 및 시사점. 한국소비자원 소비
  자정책동향, 제89호, 1-23.

오수진, 배순영(2018). 2018 한국의 소비자역량지수. 한국소비자원. 정책연구보고서.

이기춘 외 15인(2001). 소비자학의 이해. 학현사.

이득연, 황미진(2013). 사이버 소비자 운동의 동향과 전략. 한국소비자원 정책연구보고서.

이은희(1993). 소비자정보의 요구에 관한 연구. 서울대학교 박사학위논문.

주벨기에 EU대사관(2014). EU의 소비자역량 강화 노력 개관 및 평가-EU 정책시리즈:
  EU경쟁력 ②.

채정숙, 유두련, 김정희(2005). 정보사회의 소비자와 시장. 도서출판 신정.

최선경(1993). 소비자단체의 발전방향에 관한 연구. 한국소비자원 정책연구보고서.

최용진(1996). 품질인증제도 개요. 한국소비자원 정책연구보고서.

허경옥(2010). 소비자학의 기초. 교문사.

황혜선, 왕연첩, 김기옥(2014). 한국과 중국 청년소비자의 소비자역량지수 비교. 소비자정책
교육연구, 10(4), 1-29.

Atkinson, A., McKay, S., Kempson, E., & Collard, S. (2006). Levels of financial capability in the UK: Results of a baseline survey. Prepared for the Financial Services Authority by Personal Finance Research Centre University of Bristol.

Atkinson A., McKay, S., Collard, S., & Kempson, E. (2007). Levels of financial capability in the UK. *Public Money & Management, 27*(1), 29-36.

Denegri-Knott, J., Zwick, D., & Schroeder, J. E. (2006). Mapping consumer power: An integrative framework for marketing and consumer research. *European Journal of Marketing, 40*(9), 950-971. http://lps3.doi.org.libproxy.jnu.ac.kr/10.1108/03090560610680952.

Nam, Su-Jung(2019). The effects of consumer empowerment on risk perception and satisfaction with food consumption. *International Journal of Consumer Studies, 43*(5), 429-436.

Nelson, W. (2002). All power to the consumer? Complexity and choice in consumers' lives. *Journal of Consumer Behaviour, 2*(2), 185-195. http://lps3.doi.org.libproxy.jnu.ac.kr/10.1002/cb.99.

OECD(2009). Consumer Education: Policy Recommendation of the OECD's Committee on consumer Policy. October 2009.

Sirgy, J., & Su, C. (2000). The ethics of consumer sovereignty in an age of high tech. *Journal of Business Ethics, 28*(1), 1-14.

Vorhies, D. W., & Harker, M. (2000). The Capabilities and Performance Advantages of Market Driven Firms: An Empirical Investigation. *Australian Journal of Management, 25*(2), 145-171.

Consumer International. www.consumersinternational.org. 2020.05.03.

찾아보기

지은이

이은희
서울대학교 생활과학대학 소비자학과 졸업
서울대학교 대학원 졸업(석사, 박사, 소비자학 전공)
현재 인하대학교 사회과학대학 소비자학과 교수

제미경
서울대학교 생활과학대학 소비자학과 졸업
미국 오리건주립대학교 대학원 졸업(석사, 소비자학 전공)
경희대학교 대학원 졸업(박사, 소비자학 전공)
현재 인제대학교 사회과학대학 소비자가족학과 교수

김성숙
서울대학교 생활과학대학 소비자학과 졸업
서울대학교 대학원 졸업(석사, 박사, 소비자학 전공)
현재 계명대학교 사회과학대학 소비자정보학과 교수

홍은실
전남대학교 생활과학대학 생활복지학과 졸업
전남대학교 대학원 졸업(석사, 박사, 소비자학 전공)
현재 전남대학교 생활과학대학 생활복지학과 교수

유현정
성균관대학교 사회과학대학 소비자학과 졸업
성균관대학교 대학원 졸업(석사, 박사, 소비자학 전공)
현재 충북대학교 생활과학대학 소비자학과 교수

윤명애
가톨릭대학교 생활과학대학 소비자주거학과 졸업
가톨릭대학교 대학원 졸업(석사, 박사, 소비자학 전공)
현재 가톨릭대학교 강사, 성균관대학교 초빙교수